外汇
交易圣经

魏强斌 著

第5版
The 5th Edition

经济管理出版社
ECONOMY & MANAGEMENT PUBLISHING HOUSE

图书在版编目（CIP）数据

外汇交易圣经/魏强斌著. —5 版. —北京：经济管理出版社，2020.9
ISBN 978-7-5096-7363-8

Ⅰ.①外⋯　Ⅱ.①魏⋯　Ⅲ.①外汇交易—基本知识　Ⅳ.①F830.92

中国版本图书馆 CIP 数据核字（2020）第 152435 号

组稿编辑：郭丽娟
责任编辑：郭丽娟　李月娥
责任印制：黄章平
责任校对：张晓燕

出版发行：经济管理出版社
　　　　　（北京市海淀区北蜂窝 8 号中雅大厦 A 座 11 层　100038）
网　　　址：www. E-mp. com. cn
电　　　话：（010）51915602
印　　　刷：三河市延风印装有限公司
经　　　销：新华书店
开　　　本：787mm×1092mm/16
印　　　张：31
字　　　数：554 千字
版　　　次：2020 年 9 月第 1 版　2020 年 9 月第 1 次印刷
书　　　号：ISBN 978-7-5096-7363-8
定　　　价：108.00 元

要想成为一个货币市场专家，首先要成为一个自我控制者。

——J. P. 摩根

那些通过学习历史对现实领悟最多的人，恰恰是成就最大的人。

——H. S. 登特

《外汇交易圣经》（1~4版）读者赞誉

书中写的方法还是比较实用的，但我看了以后，觉得突出的思想不是把这本书作为外汇交易盈利的《圣经》，而是要把有计划的执行交易和严格执行交易计划奉为《圣经》。我把这本书放在枕头边，有空就翻翻，不断提醒自己。

——jinqiu614

专业人士提升技能的法宝！通宵夜读，收获颇多，唯有实战之后才可有所顿悟，如遇良友，惺惺相惜！

——t***8

看过第一版受益匪浅，这次第四版修订再次购买，准备再读一遍，或许有不一样的收获！

——金融大饿

一如既往的好，金融投机，不学习不行！买了作者另外两本书，看到有评论说这三本可以视为是一套。所以，趁着双"十一"超值优惠，买来看看。看了简介和目录，虽然有些策略和自己的观点并不一致，但是，我觉得，兼听则明。对不同的思路和观点进行思考才能得到营养，而不会陷入刚愎自用。

——Sundaysnewworld

为我们交易团队的人一共订了30本，好好学习。哈哈！对于这么好的书，只能说相见恨晚。得抓紧时间学习，用钱赚钱就靠它了。

——泽珠123

很好的书，外汇入门排行前三推荐！这套书好几个版本了，这次更新很多。有研究价值，对投资外汇很有帮助！内容翔实，对思维很有启发，开阔眼界。

——b***2

内容实在，从实战出发，对新手来说还是有一定的接受难度。不过魏强斌老师的书籍个人感觉都很好，值得仔细品读实践！

——j*** 间

本书非常棒！是国内外汇交易的扛鼎之作。全新再版！作者魏强斌是实力派！

——Freejanes

内容由浅入深，面面俱到。可以帮助我通向财富自由之路。很多内容需要意会，方可领略书中的黄金屋。

——阿哦

很经典的好书，将外汇交易相关知识讲得很细致，涉及其他相关书籍的知识点比较多，一本书可以读到很多其他的书。

——jd_273798661

书写得很透彻，深入地列举，通俗易懂。好好研读，对自己会有帮助。

——C***g

很好！很强大！很牛！很厉害！第二版和第四版都买了。很好，我个人觉得还不错，挺满意的！

——看景 LM

若真的想学外汇交易，就认真读完它。当然，你还必须要看系统性的其他作品才行。如果你没有基础，那这本书对你的作用不大。可我想说的是：作者以及作品绝对都是极品，虽然我没见过人只见过书。

——坦然

首先，从质量上讲，印刷、纸张、排版一点毛病都没有，纸张也很厚，质量满分。其次，从内容上讲，内容得到了更新，里边加入了英国脱欧的举例，从书本的厚度还可以看到，内容充实了不止一星半点，而且也很通俗易懂，内容满分。

——UIC911

很不错的书，只不过要有一定基础，看《外汇交易进阶》后再看此书，收获更大！

——涝水钓客

外汇进阶者必备的书籍，在黄金分割上纠结了一段时间，有种恍然大悟的感觉。

——exchangee

这是一本非常全面地讲外汇操盘技术的书，非常适合想炒外汇的朋友。

——chandeman

自己几年前就买了第一版，书很好，外汇入门必读教材。

——期指军师

这本书写得真不错，分析得很透彻，让我对外汇加深了了解！

——金石 668

与国内作家不一样的视角，更贴近读者！本书值得购买，收到后内容质量非常好。

——Stocksatan

确实是圣经，内容不错，排版紧凑，很好！

——老库克

内容正在看，有很多东西值得借鉴！个人觉得外汇方面的书主要是为了给大家一个分析市场的轮廓，或完善你的交易系统，每本书多多少少都有值得肯定借鉴的地方。

——当当买书 0

非常的专业，最新的外汇技术，不看太可惜。

——月光剑气寒

层次分明、条理清晰，分析得很有道理，符合实际，适合初学者阅读！

——Lovelylucia

绝品书籍，通往财富之门的敲门砖。

——茅屋小酌

早读此书，早发财！我是将《外汇交易圣经》和《外汇交易三部曲》这两本书同时阅读的，这样的结合效果非常好，当然前提是阅读者必须要有一年或以上的实战经验而且有过爆仓的经历才能深刻地体会其中的内涵！《圣经》中"真假突破""边缘介入法""反身介入法""英镑择时交易法"这几个章节是值得大家去细细研读的！《外汇交易三部曲》的心理分析也是可以给大家更大的想象空间以帮助我们的交易。

——gmchm2008

外汇交易方面的东西基本上面面俱到，看得出来，是汇集了很多人的智慧和经验，也正如封面所说，还包括了技术分析和基本面分析方面的全球最新进展。但是读者阅读此书的时候，应该注意，成功的操盘手不需要掌握所有方面的知识和技能，而是找到适合自己的方法和道路，专攻一项或几项就可以了，全面发展恐怕适得其反。这也是操盘手和分析师（或学者）的区别。

——流浪兔 2008

用了 1 个月的时间读完了本书。虽然许多地方给读者的感觉是重复太多，太啰唆，但是在我看完之后，还是深深地感受到了作者的善意——不要盲目去想怎样赚钱，保护自己不损失才是第一重要的！书中警示我们：严峻的现实统计表明，90%

的交易者会在一年内被市场清洗出局。人们贪婪的心理让我们幻想"将利润翻倍"，墨菲定律才是金融市场的铁律！所以，我看到并且记住了——没有相当的把握，坚决不操作！外汇交易是个概率游戏，有赚必然有亏，怎么样把亏控制在最小，把赢放到最大是我今后还要不断学习的内容，直到在理论上自己感觉已经很强壮了，再真枪实弹地上战场。

——超级老妪

应该是我看到过介绍外汇交易的书籍中为数不多的几本实用的书之一，对黄金外汇交易很有帮助，值得一看。

——水中的空气

这本书对于炒外汇的朋友来说，是个不错的心理辅导，上面的一些方法，可以尝试采用，总的来说还不错啦，因为外汇没有定式，只要符合自己的就是好方法。

——麻辣口味虾

言简意赅地涵盖了交易各方面的知识和经验，需要慢慢咀嚼，多看几遍，同时配合模拟交易才能完全了解本书的深意。

——Roundface

感觉是国内写外汇写得比较实在的一本书。

——cinzyc

实用价值非常高，没有虚的内容，全是具有实战价值的操作技巧，我看过这个作者的好几本书。可以先看《外汇交易进阶》，再看这本。这两本书真是太棒了，以后还会买这个作者的其他书籍。

——小红帽版小洛

本书是《外汇交易三部曲》的进一步延伸，如果能综合地看整套书会是一件辛苦但很值得的事情。但是并不能照本宣科，完全按照书上写的来。市场中唯一不变的就是变化。市场环境和心理时刻都在变化。

——Anthonykg

很实用的一本书，专业性还是很强的，适合已有一些外汇实盘经验的人来好好研读一下。

——Hytlmm

外汇交易的杰出之作，此书还是以普及知识为主，对基本手法、技术都有详细的说明。

——Pyramids

既然是业内销量数一数二的图书，是不错的。

——竞争力传媒

讲解得比较详细，基本面、技术面分析得透彻、明了。书中还对货币分类讲解，以及对基本面分析核心——经济分析进行了详细讲解。是入门和通往高手的必备。

——Hytee

外汇投资必读之书！这本书分析得很透彻，不过对外汇有些基础的人来看更好。

——hongzhao_shi

我是一个炒汇的新手，看了这本书的前几十页，学到不少东西。文章的风格也不像教科书式的那种死板，很不错的一本书。

——Duke

这是我看过的此系列书籍的第二部，很通俗易懂，对刚涉足外汇投资的新手是很有帮助的，会反复多看，加深印象。

——g***4

一看就知道是实战派高手写出来的书，强烈推荐魏强斌全系列的书。该书内容涵盖外汇交易的基本理念、基本分析、技术分析、交易的手法及策略以及交易心理。学习过《外汇交易进阶》后再学习这本书应该会更好一些。该书也是修订后的第三版。

——熊猫大侠

早就想买的书，建议新手先看《外汇交易进阶》那本，然后再看这本，会有一个质的提升。介绍得挺详细的，销量第一的书，果然名不虚传，值得一读！

——读书郎 K1

《外汇交易圣经》，入门必选经典书目，值得购买！

——Victor168

很快看了书的大部分内容，然后来评价，很不错，讲解细致清楚，是初入外汇市场的人必读之书。对股市也很有帮助！

——洪门道

这本书是《外汇交易进阶》的提升版本，上本书的讲解虽然简明易懂，但是结构有点乱，这本《外汇交易圣经》则根据作者的实际经验，归纳总结出一个学习的系统，更加简明易懂，而且两本书互为补充，其中《外汇交易进阶》以基础知识为

主，如果有不太明白的，看着本书基本就清楚了其中的缘由。

——Propina

做外汇的必看书籍，老师推荐的，书的作者据说是外汇界的大咖，前人的经验值得借鉴，前人的心血弥足珍贵，前人已经踏出的路我们要沿着走下去……

——g***a

最近研究外汇交易，伙伴均推荐魏强斌老师的书，共收了三本，准备仔细研读。

——礼***乐

这是一本开卷有益的好书，是一本进入汇市交易殿堂的引路者！

——jd_zhengj425

写得非常细致，是作者长久经验积累的结果，魏老师很棒！期盼从本书中得到真传，未来不断提高收益率。

——l***o

经典书籍，但是因为看过系列丛书24堂精品课，内容似曾相识，不过我觉得这本书值得购买，常看常新！

——大***煌

经典的炒汇书，作者介绍的是行业的概括！并没有技术性的东西，是一本扫盲的百科书，值得拥有。

——林怀空

写得很中肯，最起码不再去寻找一个百战不败的方法，客观地面对分析。

——海上阿叔

很不错，是我想买的书！上面很多东西都很实用，使我找到做外汇这块的方向方法！

——yihan098

魏老师，你好！感谢您和您的团队分享了很多关于交易的经验和经历总结，对我的影响非常巨大，您们的著作我也读了不少，有些是重复研读，在实际操作中也偶尔犯错误，不过比以前好了很多。在此非常感谢！

——乐在其中

2016年做得最正确最得意的一件事就是拜读老师的书！非常感激老师！今天市场大跌，自己没受伤，账户资金反而增多了……一切都是因为牢记老师的教诲，格局有大多，福报就有多大。

——鸡汤

您的整套书都买了，已经看了一半了，很尊重作者的原创内容和独立思考，希望借助您的经验能有所斩获。

——邓龙辉

我们公司推荐了您的书，很多细节讲得很好，我受益良多，尤其是《斐波那契》和《外汇交易进阶》。我需要时间和金钱，把您书上的东西转化为适合我自己的，谢谢。

——初心至極

魏老师，我是你的忠实学生，你的书我基本都读过，确实很好，可以盈利了，还要努力。

——A 重庆枫旭演出庆典

感觉最早跟着魏老师走的那部分汇友真的会赚得盆满钵满。自从看完老师的全套书后，严格按照老师的方法实盘外汇，两个多月下来不仅没亏，还略有盈余，平台风控估计要气死了，就是不输钱给他们，哈哈！老师的作品真是业界良心啊，以前看老外的大作不下五十本，好是好，但是不着调难以指导实战，国人写的书就不说了，不是抄来抄去，就是瞎扯蛋，尤其股票类的，害人不浅！没早几年接触（你的书），亏死了……

——杀破狼

导言　成为伟大交易者的秘密

◇ 伟大并非偶然！

◇ 常人的失败在于期望用同样的方法达到不一样的效果！

◇ 如果辨别不正确的说法是件很容易的事，那么就不会存在这么多的伪真理了。

金融交易是全世界最自由的职业，每个交易者都可以为自己量身定做一套盈利模式。从市场中"提取"金钱的具体方式各异，而这却是金融市场最令人神往之处。但是，正如大千世界的诡异多端由少数几条定律支配一样，仅有的"圣杯"也为众多伟大的交易圣者所朝拜。我们就来一一细数其中的最伟大代表吧。

作为技术交易（Technical Trading）的代表性人物，理查德·丹尼斯（Richard Dannis）闻名于世，他以区区 2000 美元的资本累积了高达 10 亿美元的利润，而且持续了数十年的交易时间。更令人惊奇的是，他以技术分析方法进行商品期货买卖，也就是以价格作为分析的核心。但是，理查德·丹尼斯的伟大远不止于此，这就好比亚历山大的伟大远不止于建立地跨欧、亚、非的大帝国一样，理查德·丹尼斯的"海龟计划"使得目前世界排名前十的 CTA 基金经理有六位是其门徒。"海龟交易法"从此名扬天下，纵横寰球数十载，今天中国内地也刮起了一股"海龟交易法"的超级风暴。其实，"海龟交易"的核心在于两点：一是"周规则"蕴含的趋势交易思想；二是资金管理和风险控制中蕴含的机械和系统交易思想。所谓"周规则"（Weeks' Rules），简单而言就是价格突破 N 周内高点做多（低点做空）的简单规则，"突破而作"（Trading as Breaking）彰显的就是趋势跟踪交易（Trend Following Trading）。深入下去，"周规则"其实是一个交易系统，其中首先体现了"系统交易"（Systematic Trading）的原则，其次体现了"机械交易"（Mechanical Trading）的原则。对于这两个原则，我们暂不深入，让我们看看更令人惊奇的事实。

巴菲特（Warren Buffett）和索罗斯（Georgy Soros）是基本面交易（Fundamental Investment & Speculation）的最伟大代表，前者 2007 年再次登上首富的宝座，能够时隔

多年后再次登榜，实力自不待言；后者则被誉为"全世界唯一拥有独立外交政策的平民"，两位大师能够"登榜首"和"上尊号"基本上都源于他们的巨额财富。从根本上讲，是卓越的金融投资才使他们能够"坐拥天下"。巴菲特刚踏入投资大门就被信息论巨擘认定是未来的世界首富，因为这位学界巨擘认为巴菲特对概率论的实践实在是无人能出其右，巴菲特的妻子更是将巴菲特的投资秘诀和盘托出，其中不难看出巴菲特系统交易思维的"强悍"程度。套用一句时下流行的口头禅就是"很好很强大"，恐怕连那些以定量著称的技术投机客都要俯首称臣。巴菲特自称85%的思想受传于本杰明·格雷厄姆的教诲，而此君则是一个以会计精算式思维进行投资的代表，其中需要的概率性思维和系统性思维无须多言便可以看出"九分"！巴菲特精于桥牌，比尔·盖茨是其搭档，桥牌游戏需要的是严密的概率思维，也就是系统思维，难怪巴菲特首先在牌桌上征服了信息论巨擘，然后征服了整个金融世界。由此看来，巴菲特在金融王国的"加冕"早在桥牌游戏中就已经显出端倪！

索罗斯的著作很多，以《金融炼金术》最为出名，其中他尝试构建一个投机的系统。他师承卡尔·波普和哈耶克，两人都认为人的认知天生存在缺陷，所以索罗斯认为情绪和有限理性导致了市场的"盛衰周期"（Boom and Burst Cycles），而要成为一个伟大的交易者则需要避免受到此种缺陷的影响，并且进而利用这些波动。索罗斯力图构建一个系统的交易框架，其中以卡尔·波普的哲学和哈耶克的经济学思想为基础，"反身性"是这个系统的核心所在。

还可以举出太多以系统交易和机械交易为原则的金融大师们，比如，伯恩斯坦（短线交易大师）、比尔·威廉姆（混沌交易大师）等，实在无法一一述及。

那么，从抽象的角度讲，我们为什么要迈向系统交易和机械交易的道路呢？请让我们给出几条显而易见的理由吧。

第一，人的认知和行为极容易受到市场和参与群体的影响，当你处于其中超过5分钟时，你将受到环境的催眠，此后你的决策将受到非理性因素的影响，你的行为将被外界接管。机械交易和系统交易可以极大地避免这种情况的发生。

第二，任何交易都是由行情分析和仓位管理构成的，其中涉及的不仅是进场，还涉及出场，而出场则涉及盈利状态下的出场和亏损状态下的出场，进场和出场之间还涉及加仓和减仓等问题。此外，上述操作还都涉及多次决策，在短线交易中更是如此。复杂和高频率的决策任务使带有情绪且精力有限的人脑无法胜任。疲累和焦虑下的决策会导致失误，对此想必每个外汇和黄金短线客都是深有体会的。系统交易和机械交易可以流程化地反复管理这些过程，省去了不少心力成本。

第三，人的决策行为随意性较强，更为重要的是每次交易中使用的策略都有某种程度上的不一致，这使绩效很难评价，因为不清楚 N 次交易中特定因素的作用到底如何。由于交易绩效很难评价，所以也就谈不上提高。这也是国内很多炒股者十年无长进的根本原因。任何交易技术和策略的评价都要基于足够多的交易样本，而随意决策下的交易则无法做到这一点，因为每次交易其实都运用了存在某些差异的策略，样本实际上来自不同的总体，无法用于统计分析。机械交易和系统交易由于每次使用的策略一致，这样得到的样本也能用于绩效统计，所以很快就能发现问题。比如，一个交易者很可能在 1，2，3，…，21 次交易中，混杂使用了 A、B、C、D 四种策略，21 次交易下来，他无法对四种策略的效率做出有效评价，因为这 21 次交易中四种策略的使用程度并不一致。机械交易和系统交易则完全可以解决这一问题。所以，要想客观评价交易策略的绩效，更快提高交易水平，应该以系统交易和机械交易为原则。

第四，目前金融市场飞速发展，股票、外汇、黄金、商品期货、股指期货、利率期货、期权等品种不断翻出新花样，这使得交易机会大量涌现，如果仅仅依靠人的随机决策能力来把握市场机会无异于杯水车薪。而且大型基金的不断涌现，使得单靠基金经理临场判断的压力和风险大大提高。机械交易和系统交易借助编程技术"上位"已成为这个时代的既定趋势。况且，期权类衍生品根本离不开系统交易和机械交易，因为其中牵涉大量的数理模型运用，靠人工是应付不了的。

中国人相信人脑胜过电脑，这绝对没有错，但也不完全对。毕竟人脑的功能在于创造性地解决新问题，而且人脑的特点还在于容易受到情绪和最近经验的影响。在现代的金融交易中，交易者的主要作用不是盯盘和执行交易，这些都是交易系统的责任，交易者的主要作用是设计交易系统，定期统计交易系统的绩效，并做出改进。这一流程利用了人的创造性和机器的一致性。交易者的成功，离不开灵机一动，也离不开严守纪律。当交易者参与交易执行时，纪律成了最大问题；当既有交易系统让后来者放弃思考时，创新成了最大问题。但是，如果让交易者和交易系统各司其职，需要的仅仅是从市场中提取利润！

作为内地最早倡导机械交易和系统交易的理念提供商（Trading Ideas Provider），希望我们策划出版的书籍能够为你带来最快的进步。当然，金融市场没有白拿的利润，长期的生存不可能夹杂任何的侥幸，请一定努力！高超的技能、完善的心智、卓越的眼光、坚韧的意志、广博的知识，这些都是一个至高无上的交易者应该具备的素质。请允许我们助你跻身于 21 世纪最伟大的交易者行列！

Introduction   Secret to Become a Great Trader!

◇ Greatness does not derive from mere luck!

◇ The reason that an ordinary man fails is that he hopes to achieve different outcome using the same old way!

◇ There would not be so plenty fake truths if it was an easy thing to distinguish correct sayings from incorrect ones.

Financial trading is the freest occupation in the world, for every trader can develop a set of profit –making methods tailored exclusively for himself. There are various specific methods of soliciting money from market; while this is the very reason that why financial market is so fascinating. However, just like the ever–changing world is indeed dictated by a few rules, the only "Holy Grail" is worshipped by numerous great traders as well. In the following, we will examine the greatest representatives among them one by one.

As a representative of Techincal Trading, Richard Dannis is known worldwide. He has accumulated a profit as staggering as 1 billion dollar while the cost was merely 2000 bucks! He has been a trader for more than a decade. The inspiring thing about him is that he conducted commodity futures trading with a technical analysis method which in essence is price acting as the core of such analysis. Nevertheless, the greatness of Richard Dannis is far beyond this which is like the greatness of Alexander was more than the great empire across both Europe and Asia built by him. Thanks to his "Turtle Plan", 6 out of the world top 10 CTA fund managers are his adherents. And the Turtle Trading Method is frantically well–known ever since for a couple of decades. Today in mainland China, a storm of "Turtle Trading Method" is sweeping across the entire country. The core of Turtle Trading Method lies in two factors: First, the philosophy of trendy trading implied in "Weeks' Rules"; second, the philosophy of mechanical trading and systematic trading implied in fund

management and risk control. The so-called "Weeks' Rules" can be simplified as simples rules that going long at high and short at low within N weeks since price breakthrough. While Trading as breaking illustrates trend following trading. If we go deeper, we will find that "Weeks' Rules" is a trading system in nature. It tells us the principle of systematic trading and the principle of mechanical trading. Well, let's just put these two principles aside and look at some amazing facts in the first place.

The greatest representatives of fundamental investment and speculation are undoubtedly Warren Buffett and George Soros. The former claimed the title of richest man in the world in 2007 again. You can imagine how powerful he is; the latter is accredited as "the only civilian who has independent diplomatic policies in the world". The two masters win these glamorous titles because of their possession of enormous wealth. In essence, it is due to unparalleled financial trading that makes them admired by the whole world. Fresh with his feet in the field of investment, Buffett was regarded by the guru of Information Theory as the richest man in the future world for this guru considered that the practice by Buffett of Probability Theory is unparallel by anyone; Buffett' wife even made his investment secrets public. It is not hard to see that the trading system of Buffett is really powerful that even those technical speculators famous for quantity theory have to bow before him. Buffet said himself that 85% of his ideas are inherited from Benjamin Graham who is a representative of investing in a accountant's actuarial method which requires probability and systematic thinking. The interesting thing is that Buffett is a good player of bridge and his partner is Bill Gates! Playing bridge requires mentality of strict probability which is systematic thinking, no wonder that Buffett conquered the guru of Information Theory on bridge table and then conquered the whole financial world. From these facts we can see that even in his early plays of bridge, Buffett had shown his ambition to become king of the financial world.

Soros has written a large bucket of books among which the most famous is *The Alchemy of Finance*. In this book he tried to build a system of speculation. His teachers are Karl Popper and Hayek. The two thought that human perception has some inherent flaws, so their students Soros consequently deems that emotion and limited rationality lead to "Boom and Burst Cycles" of market; while if a man wants to become a great trader, he must overcome influences of such flaws and furthermore take advantage of them. Soros tried to build a systematic framework for trading based on economic ideas of Hayek and philosophic thoughts

of Karl Popper. Reflexivity is the very core of this system.

I may still tell you so many financial gurus taking systematic trading and mechanical trading as their principles, for instance, Bernstein (master of short line trading), Bill Williams (master of Chaos Trading), etc. Too many. Let's just forget about them.

Well, from the abstract perspective, why shall we take the road to systematic trading and mechanical trading? Please let me show you some very obvious reasons.

First, A man's perception and action are easily affected by market and participating groups. When you are staying in market or a group for more than 5 minutes, you will be hypnotized by ambient setting and ever since that your decisions will be affected by irrational elements.

Second, Any trading is composed of situation analysis and account management. It involves not only entrance but exit which may be either exit at profit or exit at a loss, and there are problems such as selling out and buying in. All these require multiple decision-makings, particularly in short line trading. Complicated and frequent decision-making is beyond the average brain of emotional and busy people. I bet every short line player of forex or gold knows it well that decision-making in fatigue and anxiety usually leads to failure. Well, systematic trading and machanical trading are able to manage these procedures repeatedly in a process and thus can save lots of time and energy.

Third, People make decisions in a quite casual manner. A more important factor is that people use different strategies in varying degrees in trading. This makes it difficult to evaluate the performance of such trading because in that way you will not know how much a specific factor plays in the N tradings. And the player can not improve his skills consequently. This is the very reason that many domestic retail investors make no progress at all for many years. Evaluation of trading techniques and strategies shall be based on plenty enough trading samples while it's simply impossible for tradings casually made for every trading adopts a variant strategy and samples accordingly derive from a different totality which can not be used for calculating and analysis. On the contrary, systematic trading and mechanical trading adopt the same strategy every time so they have applicable samples for performance evaluation and it's easier to pinpoint problems, for instance, a player may in first, second...twenty-first tradings used strategies A, B, C, D. He himself could not make effective evaluation of each strategy for he used them in varying degrees in these tradings,

but systematic trading and mechanical trading can shoot this trouble completely. Therefore, if you want to evaluate your trading strategies rationally and make quicker progress, you have to take systematic trading and mechanical trading as principles.

Fourth. Currently the financial market is developing at a staggering speed. Stock, forex, gold, commodity, index futures, interest rate futures, options, etc, everything new is coming out. So many opportunities! Well, if we just rely on human mind in grasping these opportunities, it is absolutely not enough. The emergence of large-scale funds makes the risk of personal judgment of fund managers pretty high. Take it easy, anyway, because we now have mechanical trading and systematic trading which has become an irrevocable trend of this age. Furthermore, derivatives such as options can not live without systematic trading and mechanical trading for it involves usage of large amount of mathematic and physical models which are simply beyond the reach of human strength.

Chinese people believe that human mind is superior to computer. Well, this is not wrong, but it is not completely right either. The greatness of human mind is its creativity; while its weakness is that it's vulnerable to emotion and past experiences. In modern financial trading, the main function of a trader is not looking at the board and executing deals—these are the responsibilities of the trading system—instead, his main function is to design the trading system and examine the performance of it and make according improvements. This process unifies human creativity and mechanical uniformity. The success of a trader is derived from tow factors: smart idea and discipline. When the trader is executing deals, discipline becomes a problem; when existing trading system makes newcomers give up thinking, creativity becomes dead. If, we let the trader and the trading system do their respective jobs well, what we need to do is soliciting profit from market only!

As the earliest Trading Ideas Provider who advocates mechanical trading and systematic trading in the mainland, we hope that our books will bring real progress to you. Of course, there is no free lunch. Long-term existence does not merely rely on luck. Please make some efforts! Superb skill, perfect mind, excellent eyesight, strong will, rich knowledge—all these are merits that a great trader shall have to command. Finally, please allow us to help you squeeze into the queue of the greatest traders of this century!

第5版序　心积和平气，手成天地功

本书是不断迭代完善的心血结晶，能够再版是外汇交易界和读者们认可和大力支持的必然结果。

在此前四个版本的序言中，我们谈了外汇交易与历事练心的关系，谈了刻意练习与外汇交易能力的关系，谈了外汇交易水平层次进阶与境界的关系。

在第5版序言里面，我们希望能够以更从容淡然的态度来对待外汇交易。如果我们能够更多地享受这个过程，心平气和地对待学习和成长过程中的曲折与不如意，那么进步会更快，心情也更加轻松和愉悦。

持续可观的盈利是外汇交易追求的"事功"，绝大多数人都是因为对金钱的渴望和追逐来到了外汇市场。欲望是推动个体和系统发展的动力，但它本身却可能成为自己的障碍，正如人不能提着自己的头发摆脱地球的引力一样。欲望也不能成就欲望本身！

"从外汇交易中挣钱"这是一个发心，要实现它，靠的不是强烈但经不起挫折的渴望。坚持不懈地从反馈中吸取经验教训，进而不断迭代升级自己的交易策略，这才是不忘发心的有效做法。

交易是追求个体成功的道路，没有任何人能够代替你体察自我、揣摩市场的努力。能否在这个过程中坚持到成功的那天，需要耐心和信心。

心境平和的人，在耐心和信心上占有绝对的优势。急于事功的人，必然浮躁，经不起挫折，也无法延迟满足，结局自然是再而衰，三而竭。

这篇序言以于右任先生的"心积和平气，手成天地功"作为标题，就是希望大家明白"平和中正之气"才是真正的王者之道，行之弥坚，有始有终。

如何在外汇交易中做到心气平和呢？与行情的微小波动保持距离是一种有效的方法。

君子所取者大，则能稳如磐石；

君子意求者远，则能不动如山。

所谓"无欲速,无见小利。欲速则不达,见小利则大事不成。"

专注于研究和捕捉外汇市场的大行情能够达到宁静致远的效果。除此之外,化繁为简,不断基于奥卡姆剃刀原理精简自己的交易策略也是让自己心平气和的有效方法。

时时刻刻盯着市场的波动,犹如久处声色犬马之中,轻浮气躁只会愈演愈烈。不断在各种交易策略中徘徊斗转或者是贪多求全,交易策略越来越复杂,底气只会越来越不足,信心只会逐渐被消磨。

对于初学者而言,专注于大行情,不断去伪存真,采用迭代策略,这才是真正的外汇交易圣经!

魏强斌

2020 年 6 月 26 日

梵净山

第4版序　拾级而上，登顶之路

本书第1版在2008年面世，出版后一直饱受好评，因此有了第2版和第3版，因为交易事务繁忙这三个版本并未做太多的修改，但我对书中的内容还是有许多不满意的地方。借着这次再版的机会，我重新批阅了全书，并对正文和附录做了大幅的修改和增补。

本书的难度介于《外汇交易进阶》和《外汇交易三部曲》之间，是一本中级的进阶指南，承前启后是本书的定位。毕竟，《外汇交易进阶》属于最为初级的读物，虽然最受欢迎，经常名列当当网外汇书籍的榜首，但却非我们的重点所在。《外汇交易三部曲》属于我们外汇交易框架的精华版本，但对于很多读者而言却过于晦涩，缺乏足够实践经验的人认为理论太多，具体案例太少，没有什么简单具体的指标和方法。

"当机说法"和"因材施教"是我们撰写这三本书的初衷，毕竟读者的经验和理解能力存在差别，不可能一本书满足所有人的需要。根据自己经验的多寡和实践的程度选择适合自己的进阶指南，这才是正确的技能提升之道。

外汇交易之路充满荆棘，学习之路永无止境，在本书出版后多年，我对很多问题有了更全面的体悟。如果说有些原则以前只是了解的话，现在应该说是彻悟，这种彻悟不是来自于逻辑思辨或者人云亦云，而是来自于更多和更久的实践与反思。

当然，如果你与我们一样选择了远方，那么就必须选择风雨兼程了。**拔剑四顾心茫然，这是在外汇交易界待了一两年之后的必然心态，也是入门开始的一个表现**。从这一刻开始，你才真正开始攀登外汇交易这座"世界级高峰"。登顶是你的目标，严格来讲是穷其一生都不能完全达到的目标。那么，具体的阶梯次第又是怎样的呢？我想要在第四次修订这本书的时候来谈一谈这个问题。

第一重境界是"欲赋新词，强说愁"。刚开始进入外汇交易的时候，你会接触一些"大而化之"的原理，比如"顺势而为""严格止损"等。其实，这些原理与你没有半点的关系，因为这些不过是极少数人切身体会的浓缩版和大多数人拾人牙慧

的不知所谓而已。不是体会，则不能作为你的层次标志。

第二重境界是"拔剑四顾心茫然"。随着你开始实践操作，账户的亏损一直像噩梦一样缠绕着你，指标换了又换，增加了一个又一个，别人的策略试了又试，都难以令你满意。一切努力如泥牛入海，犹如深陷沼泽，总是感觉无处着力，找不到方向，找不到着眼点。很多人在这个阶段开始后不久就放弃了，这是常人和超人的"分水岭"。能否真正成就，就看你能否度过这个阶段。

第三重境界是"衣带渐宽终不悔，为伊消得人憔悴"。极少数人从第二重境界来到此层次。这个境界的具体表现就是不服输，不断失败，不断总结。有一段英文讲的就是这种精神：

The greatest glory in living lies not in never falling,

but in rising every time we fall.

If you win,

win with dignity and enjoy the moment.

If you lose,

lose with grace,

because it's a valuable learning lesson.

But always come back stronger, hungrier

to prove yourself you can do better.

交易日志在这个阶段具有最为重要的作用，而且你必须尝试建立一个不断完善的系统，在实践中不断完善并修改它。系统最初的构架并不重要，关键你要有一个明确的起点，这样你才谈得上进步。毫无章法地乱试一气，则无法获得明确的反馈，也无法进行明确的调整，当然也就无法获得真正的进步。

第四重境界是"蓦然回首，那人却在灯火阑珊处"。在这个躬身实践的过程中，你肯定会迷茫，但每到一个特殊的时刻你便能真正获得一点进步。当这种进步逐步累积，到达一定程度之后你便会有"顿悟"的那一刻，这个时候你体会到那些"大而化之"的原理确实是真实不虚的，不过这个时候你是用自己的具体系统和体会证悟了一切。

第五重境界是"会当凌绝顶，一览众山小"。当你可以从市场中持续挣钱之后，你开始"俯瞰"绝大多数还不能持续盈利的交易者，你有一种尝尽世间百态之后君临天下的豪情，不过这并非真正的登顶。

第六重境界是"欲穷千里目，更上一层楼"。在持续盈利之后，经过一段实践，

你会有新的体会，让你的系统效力更上一层楼，这个过程每过一段时间就会发生。"吾生也有涯，而知也无涯"，你心里明白"远方永远在远方"，登顶只是一个努力下去的目标而已，从未有人真正登顶，也从未有人一直在路上。

朋友们，市场是浓缩的人生，起起伏伏，为的是让你不忘初心，从而体悟实相。交易者的境界有层次之分，却无终点可见可言，唯有奋力前行，才不负初心！让我们沿着生命的刀锋滑行，践行庖丁解牛的伟大不二哲学！

魏强斌

2017 年 7 月 4 日

成都　太古里

第3版序 技能需要持续而正确的练习来获得

《外汇交易圣经》第一次修订的时候主要针对一些笔误进行了勘正，这是第二次修订。本书与《外汇交易进阶》两本书一直名列外汇类书籍的前两名。此后，有人模仿这两本书的书名出过同名的书，但是销量和欢迎程度仍旧远远不及本书。这是第二次修订，我们想借着这个机会讲讲外汇交易学习中最容易出现的一个误解。

任何技能都需要一个习得的过程，这是毫无疑问的。那么，外汇交易算不算一种技能呢？外汇交易需要很强的专业技能，无论你是通过编写程序还是人脑决策来完成交易，这都需要用到很多专业知识。外汇交易与外科手术医生以及律师的区别在于专业知识和技能的不同。一个律师想要在法庭上获得胜利，必然要经过足够的学术训练和素质训练。而一个外科手术医生要上手术台之前肯定经过了很多严格的训练，并且还要在手术过程中逐步提高和完善自己，这样才能胜任越来越高难度的手术。

律师与外汇交易者的性质比较相近，因为这里面有一个博弈的性质在其中。外科手术由于面对的物理属性对象，因此与外汇交易存在差别。一个律师要想获得法庭上的胜利，他不仅要对自己一方的情况有相当的了解，而且还要对彼方的情况相当了解，外汇交易何尝不是如此。国际象棋也与外汇交易非常类似。与律师素养一样，国际象棋大师的获胜是一种能力运用的获胜。你不能认为律师懂了某些书本知识就可以在业务中大展拳脚了吧；你也不能认为国际象棋大师只需要看几本棋谱，凭着聪明就可以笑傲棋坛。那你凭什么认为可以凭着你的高智商，短期内就可以精通如何做交易？交易与赌博一样，看起来很简单，只需要选择下注。这与律师需要非常多的准备工作，需要口若悬河存在表面的极大差别；这与国际象棋大师需要精通各种开局、中局、残局以及子力的工作似乎也存在巨大的差别。其实，看起来交易只有两个方向——多或者空，只有两个行为——开仓或者平仓，但实际上问题并没有那么简单，两个方向和两个行为背后涉及精深的专业技能和素养。

一阴一阳谓之道，天下万物无不由阴阳所来。市场无非涨跌，但是两者的搭配

可以让交易者完全摸不着北。涨跌的搭配可以先涨再跌，也可以先跌再涨，涨了之后还可以涨，跌了之后还可以跌，以至于可以衍生出更为复杂的行情。如果说要么涨，要么跌非常简单，那么如果市场是涨跌涨跌，跌涨跌涨……你还弄得清楚吗？交易也是如此，开仓还是平仓，无非就两个动作，但是在什么位置开仓，在什么位置平仓，开仓量的多少，平仓量的多少，这样组合搭配下去就复杂了。

市场复杂了，操作复杂了，搭配起来就更复杂了，而现实行情和操作就是这么复杂。要掌握这么复杂的技能，就需要一个学习过程。要学会电脑维修技术，你不可能明白了简单的电脑配件及其功能就能胜任。交易也是，不可能你会几个指标和图形，会下单就算掌握了。实际情况肯定不是这样的，但是很多做外汇的人却认为交易无非就是开仓和平仓。动作上是简单了，但是决策上的复杂程度却大大出乎于大家的预期。你不能将下单动作上的简单等同于交易决策上的简单。

从上面的叙述可以知道，交易是一门要求很高的技能，所以需要耗费大量的时间和精力去掌握。况且这项技术的训练还需要一定的资本，因为这项技能是关于运作资金的技能，交易员之于资金，正如飞行员之于飞机，赌徒之于筹码，游泳运动员之于泳池。一个交易员学习的过程不可能永远借助于虚拟的账户，就像一个游泳运动员不可能永远在陆地上练习和提高某些游泳技能一样。下水你才能学会游泳，下水练习的次数越多，思考总结得越多，才能学得更快。所以，不要抱着看了一本好书就可以让你立马下水就会游泳的想法，同样也不要认为存在某些秘诀，让你看了之后马上就可以在交易场中大放异彩。交易是一种技能，不是知不知道的问题，而是能不能做到的问题。

交易是一门技能，而不是一项常识。这意味着，仅仅知道是不够的。要学习一门技能需要投入大量的时间和精力，但是，学习任何一项技能都是有规律的，遵循规律地投入时间和精力才能事半功倍，否则就是事倍功半，甚至南辕北辙。学习外汇交易也是同样的道理，必须遵循提高技能的客观规律。本书只是一个外汇交易行为指南，为了逐渐实现这一行为指南，你必须具备这种能力，这就涉及技能提高的客观规律。

下面我们谈一下提高外汇交易技能的原则，首先你必须找出外汇分析和交易的核心构件，《外汇交易圣经》和《外汇交易三部曲》详细地介绍了这些构件。接着，你必须依照这些构件重复地让自己的行为接近指南，这就需要敏锐地注意到你行为的普遍后果，注意几十笔交易结果给你的一致反馈。面对单一交易结果，你需要放松，不要把它们看得那么重。所有这些过程中你都需要专心投入。随着你对某项子

技能达到熟练程度，你就应该进一步提高要求或者转向下一项子技能的学习。好了，我们扼要地将提高外汇交易技能的原则放在下面：

1. 确定核心行为。

2. 专注于提高交易技能系统中你所欠缺的部分。

3. 坚持和重复直到精熟。

4. 放松地对待交易结果，只是反馈而非失败。

5. 根据一致反馈，改善结果。

大家在使用《外汇交易圣经》作为教程的时候，一定要恪守上述技能学习和提高的原则。东一榔头西一棒槌式的学习是绝大多数外汇交易初学者的通病，在阅读和学习本书的过程中一定要克服这一通病。记住，你在学习技能，不是了解常识，也不是学习知识。

魏强斌

2014 年 3 月 10 日星期三

莫干山

前言　外汇交易是最好的人生修炼之道

美国著名的效率和个人成就专家斯蒂芬·科维曾经说过这样一句话：

在静寂的精神世界里，每天都在进行着生命的最大战争。

著名的混沌交易大师比尔·威廉姆认为金融交易是促进个人心智开发和身心平衡的最好良药，因为市场可以纠正人类天性中的很多弱点，市场可以让你的缺点变得如此显而易见。不进入金融市场，你也许永远不知道自己是多么的脆弱，多么的盲从，多么的缺乏自制，多么的疏忽大意。对于一个人而言，最为重要的是知道顺应社会和经济发展的趋势，而第二重要的则是凡事考虑最坏的情况，留下防备措施和退路。而这两条人生法则，在金融市场的修炼中，你将很快学会。

记得一位顺势交易的外汇好手曾经告诉我，他在做人做事，乃至对政治的看法上也是顺势而为，不为局部的现象所迷惑。长期居住在香港的国际交易大师克罗，极为推崇墨菲定律和《孙子兵法》，其实金融交易就是让你在一次完整的进出场中体会一次完整的人生，所以，交易如人生，人生如战场，交易所遵循的原理与人生，与战争都是内在相通的。

外汇作为全世界最大的交易市场，其展开的空间范围，其涉及的交易主体，其延续的交易时间都是世界第一。全球外汇交易量和全球股票交易量的比较如下图1所示，可以看见外汇的日交易量大约为证券的20倍，发达国家的外汇交易额和股票交易额比率一般在这个水平附近，中国作为全球最大的外汇持有国，在逐步开放资本市场和人民币升值的大趋势下，势必在未来十年内接近这一比率。

同时，中国政府逐步提高了银行外汇交易的杠杆比率，逐步放开了外汇保证金交易的管制；香港人民币债券和外汇交易中心地位的逐步树立；地下炒汇逐渐走向阳光，国外的外汇交易商逐步与国内银行合作提供个人保证金交易服务；中国成立国家外汇投资公司；政府转向"藏汇于民"的政策，逐步放松外汇管制，开放私人资本项目。

外汇市场在30年内从无到有，并成为全球最大的金融交易市场，在中国正在

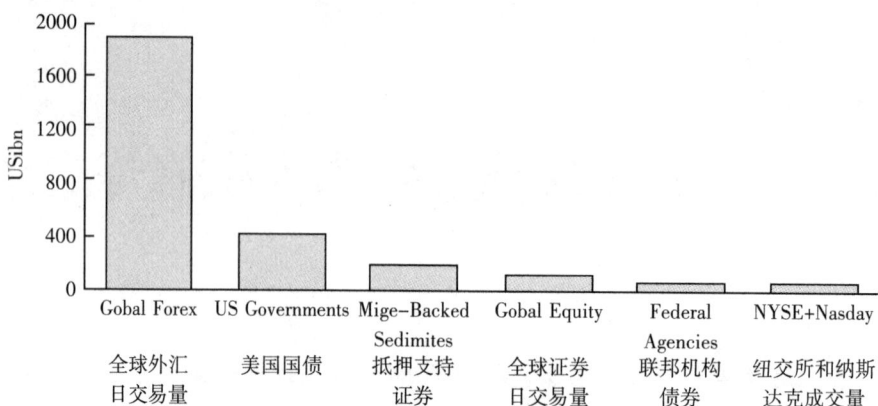

图1 全球外汇交易量和全球股票交易量的比较

上演这种局面，2001年国家正式放开个人外汇买卖之后，汇民以每年翻一番的速度增加。

在此平台上，你可以与全世界的顶尖好手一同竞技。吉姆·罗杰斯曾经对索罗斯说："我就喜欢我们两个对抗整个世界的感觉，这确实很酷！"在外汇市场上，无论你身处世界哪个角落，无论你出身何等卑微，无论你学历是否源自哪所名校，这一切都不重要。外汇市场是全世界唯一公平的竞技场，你要出道世界，挑起万丈风云，外汇交易正是一个最佳的舞台。索罗斯的主要交易对象就是外汇，他是当代吕不韦，为了全球开放社会而战。外汇交易就是他实践金融炼金术的法场，也是他积累财富以动员全球智力和政治力量的源泉。

正心诚意，格物致知，修身，齐家，治国，平天下。这是中国士大夫精神的最伟大写照，通过外汇交易，我们可以让自己的心魄更加坚忍不拔，让自己的眼界更加宽广，让自己的见识更加深邃，积累财富助于天下人民。

所以，我们真诚地邀请你加入外汇交易者的行列，这是21世纪最伟大的竞技场。其交易量20倍于全球证券市场，其30年的发展速度远快于证券市场300年的发展速度。发达国家的个人交易者已经转向外汇市场，因为这里更加透明，更加公平，交易时间更加灵活，交易手段更加便捷。

本书很多内容都是国内同类书籍没有的，比如交易理念、交易手法、基本分析和技术分析有效的前提、交易时间规律、货币走势的季节性、外汇与股票指数的关系、数据行情的交易方法、收益曲线用于外汇交易、技术分析的重新构造、"势位态"三要素分析法、真假突破的辨析、金融市场间的差异、螺旋历法、Gartley理论、英镑择时交易法、交易心理控制等，其实我们觉得本书最为精彩的部分还是

"波幅分析和交易方法"，这里我们将告诉你主要货币的走势规律，从中你可以估计到具体的当日波幅和走势，由此展开交易。我们不再将那些股票市场上的蜡烛图硬套到外汇市场上，总之我们不想"炒剩饭"。根据我们在外汇市场上的多年实践，我们需要进行交易思路和手法上的创新，传统的股票交易方法不能照搬。

作为跨国的私人基金，我们希望与你携手于全球最大的对战平台，沿着生命的刀锋滑行，为明日喝彩！

魏强斌

2007 年 11 月 30 日

系列丛书的使用说明

	综合性教程	专门性教程	个人经验教程
初级	《外汇交易进阶》		5 分钟动量交易系统
中级	《外汇交易圣经》	顺势而为：外汇交易中的道氏理论	
中高级	《外汇交易三部曲》	斐波那契高级交易法：外汇交易中的波浪理论和实践	外汇狙击手
高级	《外汇短线交易的 24 堂精品课》		

外汇交易丛书体系

不少读者可能已经看过了我们丛书中的《外汇交易进阶》一书，那么《外汇交易圣经》又能给读者带来什么样的重大利益呢？

首先，《外汇交易进阶》是一本现存外汇交易理论下建构的进阶式书籍，以初学者的实际交易学习和实践里程为主线，虽然在书后增加了我们自己的一些具体交易策略，但它仍旧是传统的外汇交易理论模式。

而《外汇交易圣经》应该说是我们根据自己的外汇交易实践重新构建、组织和发展的一种交易理论体系，将原本支离破碎的外汇交易技术形成一个有机的整体，这个体系包括驱动分析（基本面）和行为分析（技术分析）。下面还有完整互斥的子类，比如驱动分析下面的经济、地缘、货币三个子目录，对于货币的协同原理和货币与各大股指的互动，都是国内所有外汇书籍所没有的，在《外汇交易进阶》中也是没有的。

其次，《外汇交易进阶》主要是针对初学者的，是既有知识的继承，而《外汇交易圣经》则是我们对外汇理论创新和再造的结果。

目前，世界范围内的外汇交易理论及实践以英国与日本的交易员为最高代表，即便如此，他们也没有超越既有的西方技术分析和蜡烛图分析传统。在本书中，我

们把基本分析和技术分析统一到交易理念下，将基本分析细化为三个方面，技术分析则分为空间分析和时间分析。

空间分析中的要素分析虽然也包括了蜡烛图理论，但已经将蜡烛图的上百种形态归纳为几种，这也不属于《外汇交易进阶》中介绍的传统蜡烛图形态，而且"势位态"这一空间要素分析体系是在《外汇交易圣经》中首次提出的，并不是简单地将西方技术指标和蜡烛图放在一起。

最后，《外汇交易进阶》中的知识基本上是基础的，虽然也有传统技术分析中的高级策略，比如波浪理论，但我们认为这也属于"旧大陆"的范畴，像 Gartley 这类新的技术还没有进入到外汇交易书籍的内容中，所以《外汇交易圣经》引进了一些新的高级技术分析。

总体而言，两本书的整体定位和区别是这样的：

第一，《外汇交易进阶》是对传统外汇交易理论的全面继承，而《外汇交易圣经》则是对外汇交易理论的全面重构。

第二，《外汇交易进阶》局限于 20 世纪 80 年代以前的技术分析和基本分析，而《外汇交易圣经》则将最近 5 年的基本面统计和新的交易技术引入其中。

第三，《外汇交易进阶》是学习教程，针对学习者；《外汇交易圣经》则是技术手册，针对现有的交易者。

第四，《外汇交易进阶》是按照时间展开的，《外汇交易圣经》是按照空间展开的。

《外汇交易圣经》是一本囊括了全球最新外汇交易技术的宝典，它提出外汇交易的全新体系，兼顾技术面和基本面，囊括时间和空间走势，总括"势位态"三大要素。

本书在 2008 年首次出版时创造了国内外汇交易书籍的多个第一：

☆ 它是国内首本介绍 Gartley 所有形态的书

☆ 它是国内首本介绍著名股指对外汇定量影响的书

☆ 它是国内首本给出主要汇率日内波动规律的书

☆ 它是国内首本给出外汇交易手法和交易心理控制的书

☆ 它是国内首本给出波浪理论具体可操作蓝图的书

☆ 它是国内首本给出外汇走势季节周期的书

总体而言，《外汇交易进阶》是面向初学者的进阶教程，《外汇交易圣经》是面向现存交易者的革新技术手册。而其他与外汇相关的系列书籍则是针对外汇交易的特定领域，比如系统交易、波浪理论交易、统计性技术分析、外汇交易流程和交易案例等。

目　录

在金融市场中亏损是很正常的，也是必然的，亏损的次数不是最重要的事情，也就是说胜率WIN%不是最重要的，许多中长线和波段交易者的胜率可能还不到50%，但他们能持续地以客观而稳定的速度积累利润，其原因在于他们有很好的防御措施，也就是在进场的同时就结合阻力支撑位置为失误定下自己可以承受的代价。

严峻的现实统计表明，90%的交易者会在一年之内被市场清洗出局。因为他们缺乏防守意识，他们的主要精力集中于"将利润翻倍"。心存幻想是人类的天性，但金融市场不太喜欢这个天性，墨菲定律是金融游戏的最大定律。记住，是最重要而且是唯一重要的事情：只要你学会防守，市场就会在1/2的概率游戏中让你尝到甜头。

市场中价格所处的位置是理性和有效率的，是对基本面有限但理性的理解，是对已经兑现和确定无疑将兑现的基本面的反应。图表反映的都是自然的生长节点，无论是时间上还是空间上的都是驱动的能量在其中得到了抑制或者助长，时间上的称为螺

旋历法，空间上的称为波浪理论。黄金率和圆周率是其中的主宰：黄金率主宰发展，圆周率主宰平衡。能量总是一个根源因素，是个本质的东西，是个关乎质的变量，而图表显示的行为是一种现象，一种关乎数量和程度的变量。

第四章　技术分析 …………………………………………………… 211

主流的技术分析是从分析群体行为的角度建立起来的。所以，对于市场流动性缺乏的市场，对于庄家聚集垄断的市场和品种，技术分析是不太适合的。当然，对于这类市场也要一些非主流的技术分析出现，比如分时图理论和跟庄战术、博弈分析等。但是我们一再提醒大家需要注意的是，主流技术分析假设市场上的价格运动是群体行为的结果，在波浪理论中这个前提则更为重要。

第五章　交易手法 …………………………………………………… 369

在没有重大的基本面持久改变的情况下，区间市的可能性更大，所以我们先运用边缘介入，失败后再利用反身介入；而在具有明显重大基本面持久改变，也就是结构性因素改变的情况下，趋势市的可能性更大，所以我们先运用反身介入，失败后再利用边缘介入法。

第六章　交易心理和实务 ·· 391

胜率的提高有两种方法：一种是过早兑现盈利，将停损拖得过久；另一种是通过顺势而为。第一种方法会把胜率提升到一个很高的水平，但却让风险报酬率很难看；第二种方法不仅可以提高胜率，而且可以协助风险报酬率提高。所以，正确控制方法就是顺势而为。

第七章　结篇语 ·· 409

不设定停损，意味着你认为自己的假设不可能错误，你对市场的看法没有错误。如果设定止损，则意味着在市场碰到你的止损前，之前关于市场的认识都是正确的。坚持设定止损就是坚持了交易的可证伪性，只有坚持可证伪性，交易水平才能提高。这是我们对哈耶克思想在交易方面的发展，也就是对索罗斯反身理论的延伸，表明除了人的不完备性之外，交易还要注意提供可以证明错误的条件，也就是设定止损。

【开放式思考题】和【进一步学习和运用指南】 ······························ 413

附　录 ·· 421

第一章

开 篇 语

KEY TO FOREX TRADING

我凡事先做好最坏的打算，其余的就交给上帝了。

——拿破仑

第一节 先立于不败之地，而后求胜

新手在外汇交易中，往往急切地想要争取翻番的利润，仿佛掌握各种分析手段后就能做到战胜其他交易者。其实金融交易是一项最具挑战性的工作，混沌交易大师 Bill William 这样描述交易工作：**"沿着生命的刀锋滑行。"**

在华尔街聚集了来自美国乃至全世界最具智慧水平的天才级人物，他们大多来自斯坦福、MIT 这样的世界级名校，论智力水平肯定在大多数人之上，而且先进的大型电脑系统和专门的研发机构使他们有不可比拟的某些优势。

但是，似乎市场的结果证明这种优势并不绝对，也就是说他们在市场中的盈利水平并没有显著提高。答案是虽然有着进攻所需的种种优势和便利，但是胜利似乎总属于坚持防守为主的一方。

因为外汇交易是一种概率的游戏，就像国际象棋、军

旁注（对应正文中的黑体部分或相应段落，此后不再注明）：交易是一种博弈，无论是投机还是投资，都需要利用对手的非理性。智能交易能否利用对方的非理性呢？如果对手盘也是智能交易呢？

事斗争、功夫格斗一样，没有 100% 的胜率。所以**任何一种做法都可能导致失败的结局**，即使取胜的可能性极其大的时候也是如此。所以，我们要保护好自己，为自己留好退路，在亏损后仍然能够在市场中继续战斗。

在金融市场中亏损是很正常的，也是必然的，亏损的次数不是最重要的事情，也就是说胜率 WIN% 不是最重要的，许多中长线和波段交易者的胜率可能还不到 50%，但他们能持续地以客观而稳定的速度积累利润，其原因在于他们有很好的防御措施，也就是在进场的同时就结合阻力支撑位置为失误定下自己可以承受的代价。

经过这样的防护措施，虽然会遭受亏损，但总能继续保持着实力参与市场竞争。所以，这里的**不败不是不亏损，而是能限制亏损**。

止损，英文是 "stop loss"，很明显地意味着我们要制止继续的亏损，让亏损不超出一个客观上和主观上可以接受的范围，这个客观和主观同时限定的止损范围在后面的课程中会具体提到，但大家先要有这个意识。

例如有一句经常引用的话："cut losses short，let profits run." 这里的砍掉亏损其实本意是限制亏损，保证有生力量，使我们在金融圣战中可以继续战斗，但不可以绝对化理解为不允许亏损的发生或是任意的止损。

正确的做法是根据客观原则做出主观的止损，然后严格执行这个止损。有了止损还不够，我们还要让利润奔跑。所以，在防守的态势下，我们要把握机会取胜，生存是第一位的，保存有生力量是第一位的，但这些都是为了能够取胜，能够赚取利润。

成熟的交易员的一个关键特征是"防守态度"，他们往往认为行情分析是最后一位的。中国期货界一位战功卓著的人物李斌说过这样一句话："60%基于纪律，30%基于资金管理，10%基于行情分析。"

败的定义不在于单次的盈亏，也不在于短时间的盈亏，而在于账户的生存周期有多长。

良好的资金管理是生存下来的第一要素，其次才是等待进攻的最佳机会。无论是日内交易还是趋势跟踪，或许在盈利处理上存在分歧，但在严格止损上却出奇的一致。

第二节　先为不可胜，以待敌之可胜

既然我们已经采取了保护性措施，预防最坏的结果发生，那么胜利的取得应该采取什么样的态度呢？在亏损中保持有生力量，我们已经做到孙子兵法中讲的"先为不可胜"了，但这样的意义仅仅是**生存**。

但是，生存似乎并非"Surf on the Market"（市场冲浪），**生存只是一种前提**。我们必须能创造出意义，讲得现实、具体一些就是要获取能自由享受的利润。

我们开始进入市场时抱有的急切愿望，可以发挥发动机的作用。当然，我们绕了一个圈子——先防守，再进攻，最后是攻防合一。但，这是必需的！

正如西方当代最伟大的战略大师 L. Hart 所提出的"间接战略"一样，**我们必须迂回才能取得最后的胜利**。那么取胜的关键行为是什么呢？也许你想到"追求"，或者是"争取"，又或者是"打败"。

但这些思路都是错误的，虽然词语表达上差异甚微，但反映的态度却截然不同，其实市场是一个混沌的系统。科学无能为力的两个领域，金融市场都具有，一个是涡流，另一个是人心，金融市场恰好是由它们构成的。这样的一个系统是群体行为演化出来的，所以在非极端情况下（极端情况指大户和庄家操纵的市场）**我们不能去制造胜利的机会，只能等待市场给出一个潜在风险能够很好控制、潜在利润丰厚的机会，然后出击**。

仿佛猎豹一般，平时潜伏，等待时机，而且总是以老弱病残的个体为猎取目标。所以**"胜可知，不可为"**，胜利的机会是可以预先掌握并了解的，但却不能凭主观制造。

金融市场中的生存只是手段，而非目的。我们在金融市场上存在的唯一目的就是盈利。

趋势跟踪交易者对于"不可为"应该有更为深刻的体会，2008~2016 年的外汇市场可谓风起云涌。次贷危机、欧债危机、量化宽松、退出量宽和脱欧等一系列事件都给趋势交易者带来丰厚的利润，但这些机会却不是交易者主观能够创造出来的。

第三节　时间是第一重要的因素

重视时间的交易大师莫过于江恩（W.D.Gann）。江恩认为时间和价格是市场的两维因素，而且两者之间存在客观的相关性，这种相关性基于几何原理。所以，江恩的市场几何学不外乎角度和各种平面图形，例如，江恩角度线、江恩六边形、江恩圆形、江恩正方形。

华人技术分析界中，研究江恩之大成者不外乎香港的黄陌中先生，他将江恩理论与中国传统历法结合的开创性举措富有极其重要的意义，使得我们可以窥见时间对价格意义的广泛基础所在。

提到时间对价格的意义，我们不能不提到**嘉路兰历法**，这个历法弥补了艾略特波浪在时间比率方面的欠缺，将黄金比率和斐波那契数列乃至鲁卡斯数列引进了时间领域的研究。

对市场运行的时间节律的研究主要包括以下几个方面：第一，基于江恩市场几何学的关键点；第二，基于中国和犹太传统历法的关键日期，比如二十四节气；第三，基于月相，例如满月；第四，基于嘉路兰螺旋历法；第五，市场内在循环周期；第六，基于生活作息节奏以及节假日，数据公布时间表。

对于第一到第五的各项研究，只能作为提醒交易机会的辅助工具，不能单独使用，因为光靠时间上的确认无法找到合适的进场点，而且也很难知晓市场的具体情况。因为我们不知道目前的位置是顶部还是底部，所以我们只能将这些分析得出的结论作为提醒交易机会，确认交易机会的过滤器，单单凭时间上的关键节点就进场交易，非常的玄学化和不切实际。

> 艾略特波浪理论的基础是斐波那契比率，后者比波浪理论的普适性更强。至于一些市场历法，可以作为辅助判断工具，但最后与驱动面结合起来。一些重大的基本面事件如果出现在重要历法日期，那么后者可以作为一种技术确认工具，用来确认基本面的动向。

关于第五个研究分析方面的**市场内在循环周期**，其主要作用之一在于提供一个市场周期，为其他分析工具的参数设定提供基准，例如移动平均线的参数设定。但要注意的是，这种市场的内在周期不是一成不变的；相反，市场不时会变换内在的周期。

我们的兴趣集中在非玄学方面的第六个研究分析领域，也就是生活作息节奏和数据发布，以及节假日对市场波动的影响。由于市场上交易的主体的最小单位是人，而人肯定要睡觉、吃饭、休息，而且不同国度和民族的节日生活习惯也强烈地制约着交易主体的交易活动。

表 1-1 外汇时间交易

地区	城市	开市时间	收市时间
大洋洲	悉尼	7：00	15：00
亚洲	东京	8：00	16：00
	中国香港	9：00	17：00
	新加坡	9：00	17：00
	巴林	14：00	22：00
欧洲	法兰克福	16：00	0：00
	苏黎世	16：00	0：00
	巴黎	17：00	1：00
	伦敦	18：00	2：00
北美洲	纽约	20：00	4：00
	洛杉矶	21：00	5：00

另外，数据的发布也会对市场产生程度不等的影响，比如非农就业率公布时对外汇市场产生的强烈冲击经常导致百点以上的剧烈行情波动。由于数据的公布，特别是美国数据的公布是按照日程表的，所以这些行情的剧烈的波动都是在关键的时间点上，这导致了一个可以预先估计的时间节律。

第一至第五方面的内容和分析技巧，我们会在技术分析部分详细讲解，而第六部分的内容，我们主要在基本分析部分详细讲解，这是最实用和最实际的关于时间节律的分析工具。

关于价格的时间节律还有一个方面在大中华地区比较热门，那就是关于阴阳和易学对汇价涨跌的预测。按照西方"集体无意识理论"缔造者荣格的说法，西方的思想学说基于"因果关系说"，而东方的思想学说基于"时间同步说"。

什么是时间同步说？是指在同一时间上不同空间发生的事情性质是相同的以及宇宙是全息的，从某些局部可以推测其他局部和整体的情况。现在出现了所谓的**金融易学，**易学预测占卜的几个技术，比如奇门遁甲、六爻，甚至四柱都在金融市场上指导部分交易者进行交易，但它们主要还是在预测大体走势和关键时段上起部分提醒作用。

由于金融易学很难提供具体的进场位置，很难提供止损指令放置的具体位置，也很难提供目标价格，所以完全根据金融易学进行交易的可行性较差。因此，我们不提倡将金融易学作为主要的交易技术，只是作为一种辅助的手段。

但不可否认的是，**金融易学在时间节律上的研究是大有可为的，**比如将江恩几何学、螺旋历法与易学结合起来开创新的时间节律理论。然而这种研究的最终结果可能也只是辅助的过滤器作用，不像现在很多人想的那样，能作为一种完全独立的交易技术。毕竟，还不可能完全按照某种交易分析技术进行持续的买卖，实际上我们都采用的是某种正式或者非正式的交易系统进行交易，有时用传统的图表技术，有时用波浪理论，有时用蜡烛图方法，有时用OX图等，而且往往是上述技术的混杂综合使用。

近年来，占星学也开始进入了对冲基金的大雅之堂。现在已经有对冲基金以占星术作为自己的首要预测工具，具体效果还有待长期观察。实践是检验真理的唯一标准，行不行我们说了不算，市场说了才算。

第二章

基本理念

THE PRICIPLES AND LAWS OF FOREX TRADING

保护性止损就像是红灯，你可以冲过去，但这么做并不英明！如果你去镇上的时候闯过了每一次红灯，那么就可能无法快速或者安全地到达目的地。

——理查德·哈丁

第一节 外汇交易是一种概率游戏

伟大的交易奇才理查德·丹尼斯在训练"忍者龟"时，其招募的对象主要是职业赌徒和桥牌高手。所谓职业赌徒是指能够以赌博为生的人，而不是指仅仅沉醉赌博而不能自拔的人。不管是职业赌徒，还是桥牌高手，其共同特点在于精确和熟练地根据概率管理风险和收益，**任何步骤都是基于对潜在风险和收益的概率估算。**

交易中最大的错误在于认为存在能够100%地把握行情的可能，认为绝对性的因果关系是存在的。由于混沌系统的存在，由于分形的市场根本特征，使得这种完全的因果关系并不简单地存在。每一种方式和交易的技巧都存在不完善性，这是由于人的有限理性和认知偏差导致的。正是由于这种缺陷不可避免，才存在交易技巧的永无止境地提

这几年得州扑克开始在交易界里面盛行。

高可能性。

外汇交易是一种金融投资，涉及金钱问题，钱是安身立命的根本，引用孙子的一句话："生死之地，存亡之道"，其实交易如此形容也不为过。正因为关系存亡之道，所以每次交易都要如履薄冰。要像作战一般做到"知己知彼，知天知地"，对各种优劣条件做出充分估计，考虑到各种影响因素，然后制订作战计划，交易中也是**如此**。

由于外汇交易中涉及的情况都是非确定性的，所以概率和统计的思想在交易中占据着核心。**在思维的习惯上，我们必须坚持以概率思维和博弈思维进行分析和操作，以统计思维进行评估。**桥牌和国际象棋，以及赌博都是这样。有些人认为赌博不存在科学，其实是一种误解，所有赌博形式都涉及数学问题。

那么如何培养概率和统计思维呢？首先在交易系统的设计中要利用历史数据对系统进行检验得出各种统计特征，比如最大单笔亏损，以及胜率等。只有凭借大量的统计数据得出的检验结论才能形成优良的交易系统，同时利用新的行情数据对已经初步建立的交易系统进行外推检验，并根据统计结果对系统进行针对性的检验。

然后，在正式交易中利用交易日志对系统进行定期的修正和改进。另外，在非自动化交易和多系统综合研判中涉及概率分析，也就是说，当诸多矛盾因素合成时，必须在赋予不同因素的不同权重的基础上进行交易决定，而这涉及概率和潜在风险及报酬分析。

交易方法和系统的改进过程中会出现一种极其错误的观念，称为"过度优化"，或者**"优化陷阱"**。由于交易系统的胜率存在改进的余地，导致我们存在朝着100%胜率迈进的冲动。这种冲动有两个误区：

第一，胜率WIN%不是持续成功交易的决定性因素，很多成功的交易者胜率不足50%，但仍然能以可观的速度积累利润。相反，很多胜率很高的交易者却因为一两笔单

如果没有形成自己的交易系统和思考框架，那么必然无法高效处理各种信息，自然也无法做到知己知彼，知天知地了。如何拥有自己的系统呢？第一，看书归纳；第二，实践总结。这是一个长期的过程，并非一蹴而就，要有思想准备。海龟交易法的形成也花费了丹尼斯很长的时间。在最初从事交易的几年里面他不断总结和完善，才有了此后非常系统完备的交易框架。

多年的交易之后，资深的交易者都会对交易系统化繁为简，当然刚开始由简入繁也是必然的，否则就没有第二步了。

前功尽弃，关键的原因在于，每笔赚的要多，每笔亏的要少，也就是单笔最大亏损要小，平均盈利比平均亏损要大。追求胜率是一个新手的主要冲动，其实在交易中有很多试探性的举动，这些举动必然很多都是亏损的，但赢利的那单必定能在弥补了所有的亏损后还能带来丰厚的赢利。就像期货交易中的突破一样，虽然假突破占了多数，但我们很难区分突破的真假，所以即使是假突破，在事前我们不知道的情况下，多半还是要买进，因为毕竟相比损失而言，**潜在的利润**是丰厚的。

日内交易对胜算率的要求要比趋势交易高，这是事实。

第二，追求胜率会导致模型的过度优化，也就是增加太多限制条件而力图囊括所有的数据。我们在宣传中经常看到胜率在 90% 多的交易软件，其实这明显是过度优化的伎俩。其中的流程是：首先根据数据建立交易系统，其次将交易系统不能阐释的数据找出来，最后在交易系统中加入新的规则使得这些数据能够得到说明。

随着这个过程的持续，几乎所有的数据都得以在交易系统中得到阐释，而每段行情都可以抓住，这个系统在这段数据上表现完美，但如果运用在其他数据段上，要么发不出信号，要么错误信号太多。这就是过度优化。一般来说，胜率超过 90% 以上就存在过度优化的嫌疑。

第二节 防守是外汇交易的最重要前提

正如在开篇语中引用的两句孙武子名言，再怎么样强调**防守的首要位置**都不为过。在国际象棋中，乃至一切对抗性竞技中，防守是保存自己实力的唯一办法，以便有机会打败对手。

无论是国际象棋中的开局阶段，还是中国武术的试手阶段，都是为了先建立利于自己的安全态势，然后才是伺

防守是为了反击，防守绝不是为了防守。金融交易中保存自己的唯一目的是挣更多的钱，而不是仅仅为了保存本金，否则货币基金更适合你。

机进攻，光想着进攻的人永远只有失败。假如你下过任何一种棋类，你都应该体验过这个道理。由于外汇交易是一种涉及概率分布的游戏，任何不利的情况都存在发生的可能性，也就是市场在两个方向上都有运动的可能，只是这种情况的发生概率存在差别而已。

外汇交易的这种概率性特征和实际风险的不确定性，使得我们在交易的时候不能忽视最坏的情况发生。即使最坏情况发生的概率非常小，如果真的发生也是担当不起的，没有了了存在，任何美好的东西都无法期待。

投资大师克罗十分推崇孙子兵法，除此之外，他还在其著作中提到了**墨菲定律**。墨菲定律的大概意思就是："**最坏的事情总是最可能发生**"。在政治倾轧中，在军事斗争中，我们必须做最坏的打算，以便提前做好准备。因为最坏的后果是无法承担的，也就是一旦遭遇最坏的后果，那么对于后来再好的情况我们也没有机会享受了。

在概率论中，小概率事件可以看成是系统的噪声，可以忽略不计。然而，在外汇交易中，这样的认识是致命的。在外汇交易中，我们对大概率的方向是顺着操作，但同时要保留完全措施来应对小概率的相反方向。很多人总是能以很高的胜率获得快速的增长本金，但往往在小概率的反方向行情中功败垂成。笔者亲眼目见了很多这样的外汇作手，但他们并没有反思，而只归咎于运气或者行情判断能力不够，这样又走入了前面提到过的"过度优化陷阱"。其

实他们分析行情的概率分解能力在笔者看来已经相当不错了，他们唯一缺乏的是预防最坏情况发生的**防守意识**。

其实学习防守技术的效率要比学习进攻技术的高，因为防守相对于进攻更加简洁和具有一致性。进攻涉及行情方向的估计，看起来市场就是有两个方向可以导致账户金额变化，要么上，要么下，各占50%。中间盘整对账户没有实质影响（可能有时间上的亏损，短期内可以忽略不计）。

但是，市场方向的分析手段是最多的，所以在短期内

交易者要有很大提高是很难的。向上为阳，向下为阴，然而阴阳的组合有四种，四种组合又可能演化。看似简单的行情分析在实际操作中会遇到曲曲折折的百变行情，这时就不是当初认为简单的50%问题了。

在进攻中，江恩理论，艾略特波浪理论，Gartley 图形分析，传统西方图形分析，蜡烛图分析，OX 图分析等，没有哪种理论能很快掌握。但防守主要涉及的是**关键位置**，也就是天然位置，包括阻力位置和支撑位置。关键位置的掌握比行情分析要系统些、简单些，体系比较单一。

主要的天然位置集中于前期高点、低点、黄金分割位置，前期成交密集区。外汇的阻力和支撑位置绝大多数就是这几类，找到天然位置了，我们再结合资金管理就能很好地建立起防御阵地。

找天然位置和判断行情方向，前者学起来要比后者快，掌握起来也比后者快，并且比较客观，标准比较统一。从学习收益曲线看，防守技巧的学习比进攻技巧的学习收效更大、更快。而且，对于新手来说，迅速提高进攻技巧的可能性极其小，客观来说，方向判断需要更加漫长的磨炼才行，但对于一个新手来说，如果没有充足的资金，要走完这个磨炼期是很难的。

如果我们在这个交学费的阶段中能够控制交学费的频率和数量，那么我们在这个上下 50%的市场中可以生存得更久，从而得到的锻炼时间就越充分。所以，在初学外汇交易时，对防守技术的迅速掌握将为进攻的学习提供充裕的时间。另外，防守在度过学习阶段后的收获阶段也同样重要，因为防守是我们有能力采取进攻并有机会享受胜利的果实。

不管进攻还是防守，最重要的是要用**纪律**保证两者得到实施。在防守中更是如此，因为防守涉及市场中的生存，一旦疏忽防守态势，那么后果是无法承担的，而防守是容易在知识上掌握，在执行中容易不一致和违背常识。所以，

> 如何判断趋势？目前最有效的方法：一是丹尼斯传承下来的高低点突破法，二是克罗传承下来的均线交叉法。这些方法并不完美，但却是接近交易现实的方法。如何判断位置？就算你只看了《外汇交易进阶》这类入门读物也能够游刃有余。《顺势而为：外汇交易中的道氏理论》着重讲如何判断趋势；《斐波那契高级交易法：外汇交易中的波浪理论与实践》着重讲如何判断位置。

> 没有纪律，你无法检验既有策略；没有纪律，你无法运用有效策略获利。

军人般的纪律意识要得到遵循。

进攻是最好的防守，是被误解的一句话。这句话不是在强调进攻比防守重要，而只是说进攻包括于防守之中，防守是母亲，是总概念，进攻是一种积极的防守策略中的一个重要部分。不过，防守和进攻都是手段，持续盈利才是目的！

第三节　墨菲法则与汇市

在前言里面我们已经提到了墨菲定律，那么什么是墨菲定律呢？"墨菲法则"、"派金森定理"和"彼德原理"并称为 20 世纪西方文化中最杰出的三大发现。

如果你把一片干面包掉在地毯上，这片面包的两面均可能着地。但假定你把一片一面涂有一层果酱的面包掉在地毯上，常常是带有果酱的一面落在地毯上（麻烦）。

换一种说法：**如果某件事有可能变坏的话，这种可能就会成为现实。**这就是墨菲法则。它的适用范围非常广泛，它揭示了一种独特的社会及自然现象。它的极端表述是：如果坏事有可能发生，不管这种可能性有多小，它总会发生，并造成最大可能的破坏。

一、墨菲定律的含义

首先我们来看看墨菲定律的含义。1949 年，一位名叫墨菲的空军上尉工程师，认为他的某位同事是个"倒霉蛋"，不经意间开了句玩笑："如果一件事情有可能被弄糟，让他去做就一定会弄糟。"

这句话迅速流传，并扩散到世界各地。在流传扩散的过程中，这句笑话逐渐失去它原有的局限性，演变成各种各样的形式，其中一个最通行的形式是："如果坏事情有可

"抱最大的希望，尽最大的努力，做最坏的打算"这句警句中的"做最坏的打算"其实就是墨菲定律的一种典型运用。

能发生，不管这种可能性多么小，它总会发生，并引起最大可能的损失。"这就是著名的"墨菲定律"。

墨菲定律告诉我们，人类虽然越来越聪明，但**容易犯错误是人类与生俱来的弱点**，不论科技有多进步，有些不幸的事故总会发生。而且我们解决问题的手段越高明，面临的麻烦越严重。**错误是这个世界的一部分，与错误共生是人类不得不接受的命运**。但错误并不总是坏事，从错误中汲取经验教训，再一步步走向成功的例子比比皆是。因此，**错误往往是成功的垫脚石，错误是我们的影子**。

墨菲定律诞生于20世纪中叶的美国并非偶然。这正是一个经济飞速发展，科技不断进步，人类真正成为世界主宰的时代。在这个时代，处处弥漫着乐观主义的精神：人类取得了对自然、疾病以及其他限制的胜利，并不断扩大优势；人类不但飞上了天空，而且开始飞向太空；人类有能力修筑巨型水坝、核电站和空间站；人类能够随心所欲地改造世界的面貌。这一切似乎昭示着一切问题都是可以解决的——无论遇到怎样的困难和挑战，人们总能找到一种办法或模式战而胜之。

正是这种盲目的乐观主义，使人类**得意忘形**。对于亘古长存的茫茫宇宙来说，人类的智慧只能是幼稚和肤浅的。**世界无比庞大复杂，人类虽很聪明，并且正变得越来越聪明，但永远也不能完全了解世间的万事万物**。人类还有个难以避免的弱点，就是容易犯错误，永远不犯错误的人是不存在的。 正是因为这两个原因，世界上大大小小的不幸事故、灾难才得以发生。

近半个世纪以来，"墨菲定律"这个幽灵搅得满世界人心神不宁，它提醒我们：我们解决问题的手段越高明，我们将要面临的麻烦就越严重，事故依旧还会发生，永远会发生。

"墨菲定律"忠告人们：**面对人类自身的缺陷，我们最好想得更周到、全面一些，采取多种保险措施，尽量防止**

卡尔·波普和哈耶克是索罗斯的精神导师，他们都强调了人类认识能力的不完备性。

为人的四种弊病：好为人师，眼高手低，趋炎附势，得意忘形。

尽量符合系统思维，这样可以大幅度降低错误。

偶然发生的人为失误。

归根结底，"错误"与我们一样，都是这个世界的一部分，狂妄自大只会使我们自讨苦吃，我们必须学会如何接受错误，并不断从中学习。

二、墨菲法则在汇市中的应用

● 你若想提前知道，哪些交易有可能遭受损失，墨菲法则可告诉你：

（1）那些不曾建立保护性止损委托的交易；

（2）由于不谨慎而**持有过多的头寸**。

● 你怕跌，它偏偏跌给你看；你盼涨，它偏不涨；你忍不住卖了，它也开始涨了；你看好三种货币，买进其中的一种，结果除了你手中的那种外，其他两种涨得都很好。

● 问：我看好几种货币，买进其中的一种，结果除了手中的那种外，其他都涨得很好，怎么处理？我们的经验是：同时看好的几种货币中，买那种最没把握的；或这几种货币在你心目中排名最后的那个，可能效果最好。汇市交易中期望最高的可能，也最容易让人失望。

● 你找见丢失东西的地方是你寻找的最后一个地方。假如一周五个交易日，前三天涨、涨、涨，你没注意；后两天跌、跌。

● 每天都有好、坏结果的发生，二者的可能性同时存在。好的结果，没人注意。一旦出现坏的结果，只不过因结果太强烈，给人印象太深刻，就造成了一种必然的结论。在流动的市场中，**坏的地方就是你下结论的地方**，也就是墨菲法则起作用的地方。

● **墨菲法则重视的是可能性，主要是针对那些小概率事件，强调事物的变化及不确定性，拓展我们思维或观察的视野，防患于未然。**同时，它又告诉我们不要人云亦云，要看人所未见，想人所未想，哪些地方可能会出现赚钱的机遇。出其不意也同此理，这正是某些交易高手的法宝。

交易三大忌讳：逆势，重仓，不止损。

只有结论，没有证伪条件，那么危险往往来临。

● 有效管理注意力，是墨菲法则的一个方面。我们关注什么，是有选择的，世界呈现在我们面前的信息非常丰富。但通常我们都受到自己内心需求与认识和接受能力的制约而做出有限的选择，这些选择通常都是线性的、片面的、主客不协调的。所以有时事情发生后，我们注意并开始后悔。因此强调墨菲法则的目的是打破我们内心认识世界的自我屏障，尽可能让注意力发散、流动，观察到全局的变化。它像一个风险市场的守护神，让你备好逃路，然后坐享收获的喜悦；又像黑暗之中的探照灯，照亮你心灵的死角，让你发现常人遗忘的机会。墨菲法则让我们的注意力发散、流动，**观察到全局的变化**。

墨菲法则指出了人类的困境，人性的弱点或所遇的悖论，它的指向往往是物极必反后的方向或出常人意料之外的方向。因此，墨菲法则值得玩味。它在冥冥之中提醒我们，面对任何事情，应该考虑得更周到、更全面，要采取一定的保险措施，防止偶然失误给我们带来灾难和损失。

三、墨菲法则的另类表述

（1）如果第一次便成功，显然你已经做错某事。

（2）如果某事不值得去做，则不值得把它做好。

（3）绝不记住忘掉的事。

（4）当一切都朝一个方向进行时，最好朝反方向深深地看一眼。

（5）今天是你前半生的末日。

（6）寻求单纯，然后不信。

（7）寂寞是你赶不走的东西。

（8）自动消失的问题会自动回来。

只有一种思维是有效的，那就是全局下的重点思维。

第四节 提高盈利的三个因素

在西方的文化思维中，对事物进行分析可以求得本质，对成功因素进行分解可以找到方法。外汇交易盈利的因素有哪些呢？我们尝试对其进行分解。下面是我们得到的初步结果。

一、盈利第一因素："提高胜算率"

"**交易胜算率**"的提高可以增加我们盈利的效率。60%的准确度（即 100 次交易，60 次方向判断正确，40 次错误）和 70%的准确度（即 100 次交易，70 次方向判断正确，30 次错误），虽然只相差 10%，但带来的结果却是截然不同的。如表 2-1~表 2-3 所示。

最重要、最容易为人忽视的因素其实是报酬率，也就是盈亏比。最被人重视的是这里的胜算率。

表 2-1 不同准确度比较

准确度（%）	资金（万元）	仓位（%）	交易手数（手）	交易次数（次）	资金结果（万元）	盈利（万元）
60	10	20	2	10	12	+2
70	10	20	2	10	14	+4

参数：①初始资金：10 万元；②仓位比例：25%以下；③每手保证金：10000 元/手；④平均每次盈亏幅度：±5000 元/手。

随着交易次数增加，时间推移，结果的差别将更加显著。

表 2-2 60%准确度 50 次交易

阶段	初始资金（万元）	仓位比例（%）	交易手数（手）	交易次数（次）	盈利计算	资金结果（万元）
一	10	20	2	10	（6次盈利-4次亏损）×2手×0.5万元	12
二	12	20	2	10	（6次盈利-4次亏损）×2手×0.5万元	14
三	14	20	2	10	（6次盈利-4次亏损）×2手×0.5万元	16
四	16	20	3	10	（6次盈利-4次亏损）×3手×0.5万元	19
五	19	20	3	10	（6次盈利-4次亏损）×3手×0.5万元	22

表 2–3 70%准确度 50 次交易

阶段	初始资金（万元）	仓位比例（%）	交易手数（手）	交易次数（次）	盈利计算	资金结果（万元）
一	10	20	2	10	(7 次盈利–3 次亏损)×2 手×0.5 万元	14
二	14	20	2	10	(7 次盈利–3 次亏损)×2 手×0.5 万元	18
三	18	20	3	10	(7 次盈利–3 次亏损)×3 手×0.5 万元	24
四	24	20	4	10	(7 次盈利–3 次亏损)×4 手×0.5 万元	32
五	32	20	6	10	(7 次盈利–3 次亏损)×6 手×0.5 万元	44

因此，"提高胜算率"能大大提高我们外汇交易的盈利能力。要善于总结，积累经验，逐渐掌握各个货币对的走势规律，**从现实中找依据，结合货币的特性找到适合有效分析方法，不要局限于现有的某某理论。**这样，就能相应地将准确度提高到较高水平。

不过，从实际观察中发现，对"胜算率"影响最大的往往还不是分析方法，人们总是等不到完全具备信号的"最佳时机"，过早地参与一些符合部分信号要求、勉强的机会。此类机会的胜算率相对较低，出现次数反倒较多，如此必然大大冲抵整体的准确度，亏多盈少在所难免。所以，"提高胜算率"不仅要善于总结，不断磨炼完善分析技艺，更重要的是要学会放弃、忍耐和等待，杜绝模棱两可的"机会"，忍得了寂寞，才能集中精神做好完全符合信号要求的交易，提高综合准确度。

伏击，是一种正确的态度，值得玩味。所谓股市中的追涨停，其实也是有备而来的伏击。

二、盈利第二因素："提高报酬率"

就报酬率而言，平均盈利幅度要大于平均亏损幅度。同样 60%准确度，如果平均盈利幅度是亏损的 2 倍，最终结果将得到极大优化。如表 2–4 和表 2–5 所示的对照。

表2-4　平均盈亏幅度1：1

阶段	资金（万元）	仓位比例（%）	交易手数（手）	交易次数（次）	盈利计算	资金结果（万元）
一	10	20	2	10	（6次盈利–4次亏损）×2手×0.5万元	12
二	12	20	2	10	（6次盈利–4次亏损）×2手×0.5万元	14
三	14	20	2	10	（6次盈利–4次亏损）×2手×0.5万元	16
四	16	20	3	10	（6次盈利–4次亏损）×3手×0.5万元	19
五	19	20	3	10	（6次盈利–4次亏损）×3手×0.5万元	22

表2-5　平均盈亏幅度2：1

阶段	资金（万元）	仓位比例（%）	交易手数（手）	交易次数（次）	盈利计算	资金结果（万元）
一	10	20	2	10	（6次盈利×2×1）–（4次亏损×2×0.5）	18
二	18	20	3	10	（6次盈利×3×1）–（4次亏损×3×0.5）	30
三	30	20	6	10	（6次盈利×6×1）–（4次亏损×6×0.5）	54
四	54	20	10	10	（6次盈利×10×1）–（4次亏损×10×0.5）	94
五	94	20	18	10	（6次盈利×18×1）–（4次亏损×18×0.5）	166

趋势跟踪交易必须符合"截短亏损，让利润奔腾"的根本原则。日内交易中报酬率的要求存在一定的回旋余地，考虑交易成本后1：1的情况也是存在的，这就要求胜算率至少60%，这是我在圈子里面亲眼见过的实例。所以，任何理论都不能绝对化。

实际外汇交易中有两种相关的典型现象。第一种是**"截短盈利"**。无论有多么好的愿望和理想，实战中总是赚点就跑。造成这样结果的原因主要是"随意性交易"，交易前并未完全分析好，理由不充分，信心不足，只要一有盈利就无法抵御落袋为安的强烈冲动。每次交易所面对的潜在风险，并不因为"赚点就跑"而改变。一次亏损可以抵消几次的微薄进账。如此交易方式，平均盈利幅度小于平均亏损幅度，即使是盈利次数多于亏损，整体上仍然是亏损。

第二种是"将亏损幅度理想化变小"。对于可能产生不利状况下的亏损幅度估计不足。要真正做到提高盈亏幅度比，首先要对实行的交易行为（无论隔日长线还是当日交易）所可能发生的反向亏损，作现实客观的全面评估。在这样一个评估数据基础上，参与潜在盈利幅度高于该数值的行情，才能真正做到整体资金盈利状况的提高优化。

三、盈利第三因素：加码的决策

在判断正确的外汇交易中，相对判断错误交易而投入更大的仓位。同样的行情走势，获取的利润更加可观。但这实际上是一个思维误区。

首先，尽管每次交易都是建立在仔细分析、严格筛选、充分理由的基础之上，但仍然会出现一部分胸有成竹但却失败的行情走势，在结果出来之前不可能事先知晓，否则就不会去做。因此，有可能结果是判断错误的交易反被我们加重了仓位。

其次，既然要避免"仓位过重"导致单次风险过大，在行情介入之初，势必将仓位控制在一定比例以内。那么，当行情按判断方向发展一定幅度以后，增加仓位，也就是传统所谓"加码"，将会导致面临的风险瞬间提高。原因在于，行情当前走势的顺利，对未来走势的确定预示性，并不比建仓之初要高。而通过"加码"，当前持仓却超过初期仓位，步入"仓位过重"的状况。

行情继续发展，当然万事大吉，一旦就此反转，**所遭受的损失往往大大超过如不"加码"造成的损失**，同时回旋余地、抵御震仓、调整的能力都将大幅度降低，反作用于交易，致使出错的概率增加。

再次，如果"加码"后行情失败，将在资金和心态上发生极大的变化。致使该种交易行为很难连续实施，有时加码，有时不加码，导致多次交易后的综合结果难以预料。

虽然"获利加码"比"没获利重仓"要好很多，但其瞬间仓位加重，而非随着资金成倍增长仓位随之合理增加，仍然无法改变"冒大风险博利"的本质特征。所以，外汇日内交易还是舍弃加码为好。

最后，以一个数学公式来概括盈利各要素之间的关系：

盈利 = 资金 × (胜算率 × 平均报酬率 × 仓位水平)

对于外汇日内交易我们建议，在"及时止损"和杜绝

本部分的分析主要针对日内情况，至于日线上的趋势跟踪，不加码那就会错失暴利。

"仓位过重"的前提下，运用一定比例安全的仓位，放弃加码，则积极的结果得以清晰、简单地预见，提高分析能力，学会等待、放弃和忍耐以**提高准确度**，寻找客观的盈利预期幅度大于亏损幅度的行情交易。

在外汇交易中持之以恒，保持下去，资金一定会稳健、良性地增长壮大。

报酬率的估计需要运用不少非传统技术分析的工具，比如 ATR、作息规律和数据价值等，还要用到基本面/驱动面分析。

第五节　防守的方式

一、安全空间

严峻的现实统计表明，90% 的交易者会在一年之内被市场清洗出局。因为他们缺乏防守意识，他们的主要精力集中于"将利润翻倍"。心存幻想是人类的天性，但金融市场不太喜欢这个天性，墨菲定律是金融游戏的最大定律。记住，是最重要而且是唯一重要的事情：只要你学会防守，市场就会在 1/2 的概率游戏中让你尝到甜头。

安全空间除了依靠关键点位，往往还需要结合驱动面。安全空间这个概念最初源自价值投资领域的格雷厄姆，也就是来自于驱动面分析，但在投机交易中也值得我们去借鉴。

下面两句话要理解清楚：**没有相当把握，坚决不操作；在追逐利润前先留好退路。**防守的理念已经阐述得差不多了，那么如何具体执行呢？毕竟理念只是改变了最根本的东西，在这个基础上我们必须采取可操作性的步骤去落实防守的理念。

防守的方式包括安全空间和严格止损。前者来源于长线的价值投资，但经过扩展其内涵后可以在广义的市场交易中使用，当然在短线和波段操作中也有重要的应用价值。而严格止损则为大多数交易新手所熟悉，毕竟听得不少，然而具体如何严格止损法则是很有科学性的东西，不像一句"严格止损很重要"那么抽象和不可证伪。

安全空间是沃伦·巴菲特的核心理念之一。巴菲特曾经

是世界首富，也被大家认为未来极有可能成为有史以来的第一个千亿元富豪。相当有趣的是他是比尔·盖茨的桥牌搭档。其基金年复合增长率在 20%~30%。在 2007 年有报道说，他已经捐献了 85% 的私人财产到盖茨的慈善基金，这个基金由于捐款巨大，被誉为"首善基金"，当然这是题外话了。

价值投资的安全空间讲的是**买时在更为便宜时买，卖时在更为贵时卖**。这样就为看错时留有充分缓冲的余地，避免更大的损失。具体来说，在外汇交易中如此运用这一理念：在你打算卖出的时候，等待汇价上涨反弹的时候再卖出。同样，当你决定买入某一货币的时候，你要在其下跌调整时买入。

> "逢低买入，逢高卖出"也是斯坦利·克罗提倡的一种见位进场方式。也就是所谓的"顺大势，逆小势"。

从字面上看，这些话显得有些前后矛盾，但这种做法是帮助你，以避免在**"追涨杀跌"**的过程中套住赔钱。根据统计，多数人都在追涨杀跌的过程中赔钱，这是由于他们的进场点位选择不好，导致这些人经受不起合理的震荡。

> 高抛低吸是一种见位进场策略，追涨杀跌是一种破位进场策略，都是比较成熟的顺势策略，殊途同归。两者的胜算率提高都依赖于关键点位的把握。

谈完了我的安全空间概念，那么我们也应该知道最初被巴菲特使用的安全空间是怎么一回事。巴菲特的主要投资理念是基于市场对公司实际价值的认知偏差，也就是在市场明显低估公司长期价值时买入股票。

由于是明显低估，所以此时买进不仅是捡了便宜货，而且在错误的时候也能够承担相对低的风险。当然，便宜无好货的情况曾经一度困扰他的投资，后来他除了注重公司财务外开始注重公司的一些无形资产，包括管理层特质和市场性垄断等，这样保证了公司本身问题不大，增加了购入物美价廉的"商品"的概率。

二、严格止损

我们已经介绍完了"安全空间"这种防守的具体操作手法。现在我们接着谈提到最多，却提得最抽象、最肤浅的**"止损"**问题。止损在英语表达中称为"stop loss"，简写为 SL 所以我们又称它为停损。

> 止损的本质是知错能改。如何知错，如何改正，这涉及到原理落地的问题，否则就是虚头巴脑的口头禅而已。

由于外汇交易是一个概率的游戏，所以我们的每次行情判断都存在出现错误的可能。 由于我们的判断是基于某一个前提的，那么市场运动在没有否定这一前提时，我们的判断很大程度上被认为是正确的，我们可以继续持有头寸。

我们也要考虑市场运动否定我们的判断时，我们如何及时并且以最小的损失退出交易，这就是止损或者说停损。什么是前提？就是市场没有运行突破某个区域或者某个价格时，我们认为它会沿着我们赢利的方向前进。

前提的具体表现就是阻力支撑线，也就是 R/S。比如我们假设市场是上涨的，前提是市场不太可能跌破某一支撑；又比如我们假设市场是下跌的，前提是市场不太可能涨破某一阻力。当然阻力和支撑有水平的，也有倾斜的。倾斜的这些线和区域，我们通常称为趋势线和通道，或者是形态的边，比如三角形的边界。

严格止损包括两个步骤：

第一，合理设置止损。合理地设置止损，保证自己的交易错误后是及时的，并且以最小损失退出交易，并且最大可能地减少错误的结束交易，也就是被市场的噪声清洗出局，失去了很好的赢利头寸。合理设置止损包括两个方面：一是找到天然位置，这固定了最小止损值，具体而言，做多时止损设立在支撑线下方，做空时止损设立在阻力线上方；二是**最大止损比率**，一般在 8% 以下，最好是 5% 以下，也就是止损金额是账户总额的 5%~8% 以下，这个法则固定了最大止损值。上面两个因素确定了一个止损的客观区域，我们根据风险偏好，在客观的基础上进行主观的取舍；三是我们要考虑到市场噪声，一般可以将止损放置布林带外侧一定距离以过滤市场噪声。另外，还有一个小工具可以运用，这就是 "Forex VaR（Value At Risk）Calculator"（见图 2-1）。这个工具可以登录下面这个网址免费使用：https://www.oanda.com/forex-trading/analysis/historical-value-at-risk-calculator。

三角形突破是很多外汇和期货高手看重的机会。

在止损设置方面，海龟交易法有一条成熟科学的方法。

　　这个工具可以计算出在既定时间段内在极大概率下（特定置信区间）特性货币的平均波动幅度、波动幅度中值、标准差、最大值等数据。这些数据可以作为我们合理设定止损幅度的定量化决策依据，在使用这个工具的时候需要设定一些参数（见图 2-2~图 2-4），应根据你的交易情况决定。

图 2-1　Forex VaR（Value At Risk）Calculator

资料来源：oanda.

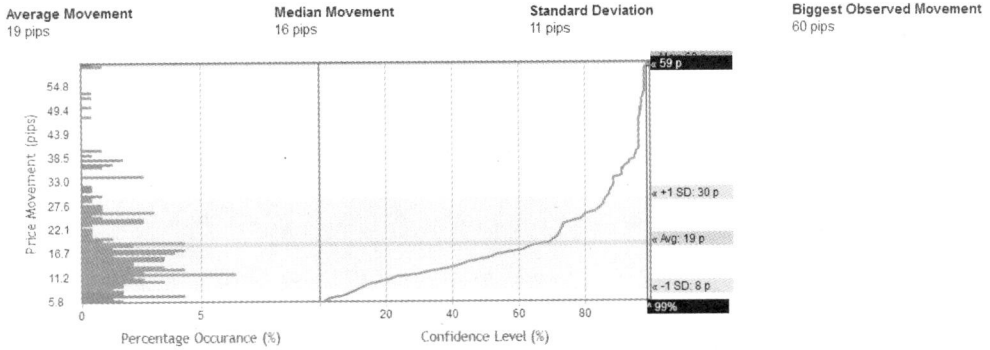

图 2-2　Forex VaR（Value At Risk）Calculator 选择货币对

资料来源：oanda.

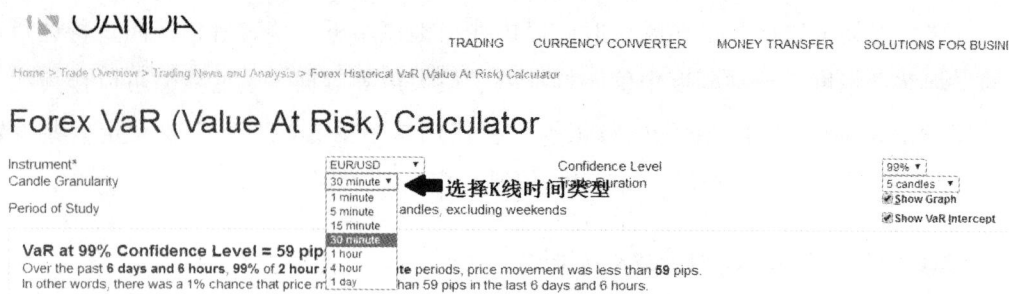

图2-3　Forex VaR（Value At Risk）Calculator 选择 K 线时间类型

资料来源：oanda.

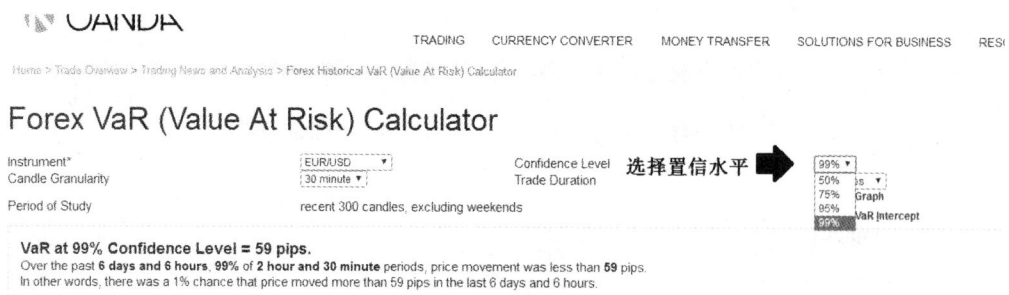

图2-4　Forex VaR（Value At Risk）Calculator 选择置信水平

资料来源：oanda.

　　第二，**严格执行止损**，在下单交易的时候，就要定好止损的位置，并且在碰到止损位置时坚决执行。纪律是市场生存的保证因素。严格止损包括进场设立止损，另外还有就是根据行情的有利发展，可以将止损跟进到下一个天然位置，但却不能

根据行情的不利发展将止损改大。另外，**在市场没有否定你的前提前，不要提前止损，因为在市场没有否定你的假设前提前，你的判断仍旧是正确的。要做到有理有据。**

如果有一天，你的一条胳臂被一只巨大的鳄鱼给咬住了，你选择和它搏斗，还是放弃一条胳臂，然后逃生？在外汇市场中，经常会遇到鳄鱼，也会经常被咬住胳臂，这个时候，我们需要壮士断臂来保全自己。

止损这个概念大多数投资人都知晓，但运用的时候却会遇到非常多的困难，因为很多人还停留在概念上，对于"如何"完全缺乏经验。我们再深入讲讲止损的理由。首先我们要了解一点，止损是赚不了钱的，止损了，那就是亏钱了，那为什么还要止损呢？我们都是人，不是神，连传说中的神都有犯错的，比如撒旦，何况是我们人呢。尤其**在外汇市场这样一个充满风险的地方，出错是难免的。**止损的目的是在我们跟随趋势，而趋势出现反转的时候，将我们的损失降到最低。

前提一定要记住，是我们在跟随趋势的时候，而不是我们在逆势的时候，逆势的时候，止损的必然性大于偶然性，本来趋势就是错的，止损也就失去了其本身的意义。止损应该是在不得已的情况下做出的选择。我们进入市场不是为了止损的，是为了赚钱的。就算你的止损每次都是20点，止损的次数多了，你的损失照样会扩大，**设下止损是长期平稳盈利的必要条件，而不是充要条件，止损无法带给你盈利。止损的最终目的是保存实力，提高资金利用率和效率，避免小错铸成大错。**所以，止损一定要设，但止损不能造成你在看对趋势的情况下，被市场的短期非线性波动给触及，造成不必要的损失。

在外汇市场中经历了一段时间的交易者，也许都感受过一股神秘的力量，似乎它无所不在。比如说顺势交易，当你看到欧元上扬以后，你就考虑进场做多欧元。但在开始的时候，你并无法确定，欧元的上涨是反弹还是反转。

止损是因为我们有犯错的可能性，止损是保险。

震荡行情往往在布林带之内展开，特别是收盘价很难突破布林带外轨。

心理分析和驱动分析其实可以帮助你预判趋势，行为分析/技术分析只能确认趋势。

市场总是以让大多数人亏损的方式运行的，所以所谓的洗盘很多时候并非主力刻意为之，而是市场自发的调节行为。市场通过调整走势，以便重新调节潜在赢家的数量到合理水平，使得市场得以继续存在和运行。

因此，你就在场外等待。经过长时间的考量，你认定，趋势已经产生了但你找不到合适的进场时机，看到价格不断上涨，你告诉自己，只要欧元回调我就一定买入。但市场好像知道你的想法，它就是不回调。

最后，你狠下心来，认准趋势买入。还真巧，市场还在继续上涨，但最后好景不长，市场急转直下。你认为这只是正常的回调，于是你加码买入。但市场却并没有像你想象中的那样顺着趋势上升，而是一路下调。你开始怀疑自己判断是否正确了，你觉得如果再坚持下去，等待自己的将是身体和资金的双重崩溃。你咬紧牙关，壮士断臂。但奇怪的是，市场不跌了，开始回升了。看上去，市场就是在等你的那一刻而壮士断臂。

经过刻苦的学习，你终于明白了原来前一段时间是**市场强力洗盘**，趋势并没有改变。重新进入市场之后，你设定好止损。但每一次市场好像就是针对你而来。打完你的止损，价格就马上上涨。这样的次数多了以后，你就开始放弃止损。市场已开始让你赚了点钱，却把你抬起来之后重重地摔下，直接把你的账户一次打爆。无奈之下，你继续刻苦学习，这一次，你不但设定止损，还设置了止盈。但时间长了，你又发现有问题。你的目标价总是差个 2~3 点到不了。一回头又把你的止盈给触发了。本来可以赢利 100 点，最后变成赢利 10 点出场。三天以后，你再一看，若当时不设止赢，你的资金都翻番了。最后你觉得这个主力太厉害了，斗不过他。

外汇市场有主力吗？最大的主力是美国政府，还有其他许多的金融大亨、对冲基金和各种各样的经济实体，甚至包括国家。但是，美国政府这个最大的主力，它一般并不会直接进入外汇市场交易干预，他们一般只是用口头的言论或者经济数据进行调控。除了美国政府之外，并没有证据证明政府直接进入外汇市场干预一定会成功。相反，经常可能短时间内取得了一定的干预成效，但时间不长，

市场就以更激烈的方式进行报复。国家的干预尚且如此，更不必说其他的机构和基金等。

再厉害的主力也只能乘势而为。天下大势，浩浩荡荡，顺之者昌，逆之则亡。

外汇市场无法创造财富，只能转移财富，你的钱是从别人的口袋里抢过来的。因此，必然是一个**零和游戏**的市场。也正因为这个原因，市场将永远是 7 亏 2 平 1 赢的格局。你想成为 10% 的赢家，理论上你就不能成为市场的多数，你想成为赢家，你就要成为少数，但如果你不能成为多数，你又如何进行垄断性操作。因此，所有的垄断性操作想取得浮动盈利是很容易的，但要想成为实际盈利却存在相当的困难。

真正的赢家可能不到 1%，现实是残酷的，你认为你是这百里挑一的高手吗？

你有足够多的钱，那么你能将欧元推倒 1.50，但你要兑现盈利的话，你就得卖出欧元，没人接手，欧元就只能下跌，就像一条鳄鱼进入水池，水位果然因为它的进入而升高，但当它离开时，必然地水位会降下来。所以，市场上的机构和主力或者庄家甚至国家的力量都不可怕。他们在庞大的市场里，有些优势，我们具备，他们却不具备。大资金机构的长处是在于市场研究的投入度和深度以及信息收集的速度和广度，还有信息处理的专业度。但大资金要转身很困难，这些大资金的操盘人，每年都有要求的收益。所以，他们需要创造空间来创造利润，而且，他们的出货不会在行情的尾端。因此，**一旦中期的趋势产生了，那么这个趋势就会延续相当的时间**。只要这些人还在，你看准了趋势，你胡乱止损了，就等于把筹码扔给了他们。所以请记住，**日线上的趋势是由大资金推动的**，资金推动趋势是为了赚钱，没有足够的盈利他们不会离场，只要他们还没赚够钱，那么，我们就跟着他们一起赚钱。

日线上的趋势是由大资金群体推动的，但却往往是因为驱动面存在一个重大的变化。

在交易的过程中，我们有非常多的经历，看准了趋势，趋势被趋势产生前的反向假突破给止损出局了，那么这些假突破是谁造成的？

第一种是那些市场上的主力或者主力资金，比如他们的资金带动欧元向上趋势，如果非常多的散户和他们同一方向，一起做多欧元，那么趋势从 1.25 开始，这些主力或者主力资金的目标盈利的位置在 1.35。由于非常多的散户参与，他们会在 1.32、1.30 甚至是 1.27 就离场了，他们离场会使市场上出现了抛盘。如果想要继续推动欧元上涨的话，那么就得用资金吸收这些抛盘，无疑成本也就增加了。所以，在趋势启动之前，这些主力的资金一定会反向地**反复洗盘**，将这些意志不坚定的投资人的仓位给止损掉，剩下的，都是些铁杆的中期看多或者看空的交易者，他们没有那么容易出场，所以在推动的途中，他们不会产生太多的抛盘。

市场以 N 字结构运动是为了维持合理的赢家比率，主力以 N 字结构驱动市场是为了提高对手盘的平均持仓成本。

第二种是**平台商**，可能这一点大家不是太同意。在平台商的内部，有 100 万元做多欧元的单，有 100 万元做空欧元的单，那么他们就可以内部对冲，不必把这个单拿到市场上去，他们赚了所有的利润。当其中的一些投资人觉得自己的方向似乎错了，啪，止损了，平台商就笑了，你亏的钱，就到了他的兜里了。所以平台商希望你们止损越多越好，他的钱就越赚越多。你的止损放在那里，平台商都知道。当然，平台商没有那么多的钱去推动止损，但市场上的那些大资金可有，到底平台商和这些大资金之间有没有什么联系，那就不得而知了。

前几年美国监管机构处罚了一些故意触发散户止损的机构外汇交易员，这表明日内交易确实存在大规模的操纵情况。趋势走势、次级折返和日内杂波这三个层次的运动中，日内杂波最容易为主力操纵，趋势走势则几乎不可能被主力操纵。

从概率上说，顺势交易止损的概率比逆势交易止损的概率要小很多。就像我们先前所说的，趋势是由资金推动的，只要资金的营利目标还没到，趋势就会延续，所以，尽量顺势交易。那些大资金最喜欢的是逆势交易，然后止损，你的止损单就变成了市场的推动盘，节约了他的成本。

所以，能顺中期趋势，尽量顺势，如果和中期趋势相反的，除非超级短线的投资人，最少要和 2 小时的趋势相吻合。不然趋势在延续，你的止损给别人出了一把力。不少投资人运用支撑线和阻力线作为止损的位置。笔者觉得非常可取，在选择上，笔者觉得平行的支撑比斜向的支撑来得更有效。就比如像英镑的这个底部的形态。

就资金的角度说，靠近前低或者前高的时候，在那些位置会有资金进场，应按照原先的趋势进行交易。当然在这些位置，也存在很多的变数，相比斜向的支撑位进场的资金来说，横向支撑位进场的资金会更多一些，也更安全。

不要和绝大多数交易者的止损放在一起。由于学习的素材都差不多，所以设的止损都在关键支撑位附近。所以基本上，被打止损，就是"一锅端"了，那些市场的主力资金也会专门挑着这些地方来打。

如图 2-5 和图 2-6 所示。但由于向外汇市场流通性很强，尤其是欧元这样的大

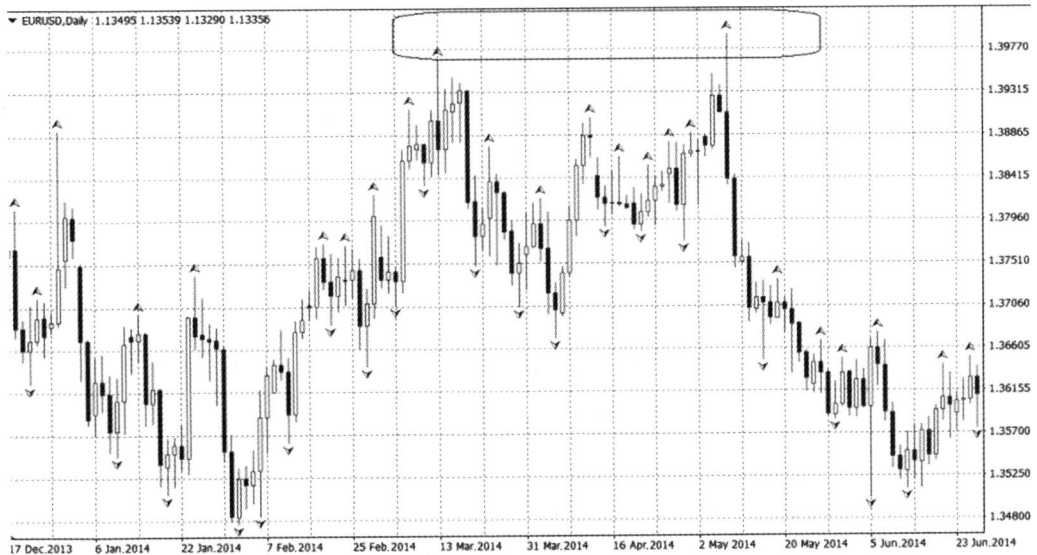

图 2-5　欧元兑美元日线走势中的虚晃一枪

图 2-6　美元兑日元日线走势中的虚晃一枪

币种，**如果是假突破的话，它不会走得很远，而且一般速度很快**，打了就跑，如果假突破走得太远了，就很有可能拉不回来了。所以止损可以设在离那些重要的支撑位置稍微远一点，离开个 30~50 点，会比较安全一点。

尤其是对于中线交易的交易者来说，仓位的合理非常重要。因为在**设下止损的时候，其实你已经将自己的风险锁定了**。如果仓位过重的话，一些比较合理的止损的位置，可能因为仓位的问题，而无法设到那个位置。这样有可能会造成不必要的损失。

不要轻易地提前止盈，虽然说不要把盈利变成亏损。但在看对趋势的情况下，趋势出现之前还会有震荡出现，当你提前止盈了，盈利 10 点出场了，之后再进场，心理上很难把握。我们建议在趋势形成突破之前，还是将止损的位置放在原来的位置，认定趋势改变的位置，不要轻易地改变。止损的目的是保护自己，反复的止损会伤害自己。所以要顺势而为，聪明地止损。

> 轻仓和止损这两点比较容易做到，顺势如何做到呢?

第六节　进攻的方式

防守不能保证你赚钱，进攻也不能保证你赚钱。由于人类的行为是不可完全预料的，存在多种不同**概率分布**的可能性，因此不能用确定性的逻辑思维应对行情进行交易。这里讲我们要利用各种分析工具，找出最有利于交易的概率。

所有的分析工具，无论是技术分析，还是基本分析，都有其局限性。从接触它们的第一天开始就要明白，它们存在不可忽视的失效情况，所以要知道亏损是难以避免的，而一个完美主义倾向和确定性喜好的人士要经过市场的反复磨炼，经历痛苦的过程才能适应这一特征。根据交易心理学统计表明，下列人士要注意克服自己的完美交易倾向

> 概率分布函数需要结合驱动因素和心理因素才能大致描绘出来，而且不能很准确。

和惧怕失败交易的心理：

（1）水性星座的人士，例如巨蟹座；

（2）A 型血的人士；

（3）经历过重大损失和人生变故，但还未完全恢复过来的人士；

（4）依赖型人格。

当然上述只是统计，不具有普遍性和歧视性。但对于一个伟大的交易者来说，这是有用的提醒。另外，提醒一下，市场无视你的、我的，以至于所有人的尊严，所以你可以是人们面前的狂人，但永远只是市场的**仆人**。

> 其实，仆人的说法也不太准确，市场的仆人就是被市场奴役的人。贴切来讲，应该做市场的友人，与市场相向而行。

一、概率分析

外汇交易是一种概率游戏，站在科学统计的角度看，我们必须坚持每次交易前进行充分的分析。当然，所谓超短高手例外，但我们也不相信这种人能长久在市场中靠"刮头皮"赚几个点稳定地增长。我们要做到"有理有据"，这些支持不同方向操作的因素就是概率分析的基础，没有这些基础，我们就是完全主观的游戏，就是忽略了概率的分布。

交易是个概率游戏，很多外汇的交易大师，都是桥牌高手，因为桥牌也是一个概率的游戏。所以我们只能在概率达到一定程度时才能采取行动，要避免过度交易。后面谈到的基本面分析和技术面分析都是概率分析的工具，即用它们来判断汇率上下的概率各是多少。

> 得州扑克是一个很好的交易思维训练工具，不过再好的工具也比不上市场实践本身。

由于是概率的游戏，并且我们是有限理性的，信息是无限的，所以抛弃那些完美交易系统和秘诀的想法，统计上讲，**60%~80%的成功率**是正常的，高于这个成功率就存在过度优化问题，低于这个水平的话，就存在改进的余地。

> 趋势跟踪的胜算率往往位于 20%~35% 的区间，所以 60%到 80%的胜算率应该属于日内交易高手的特征。

二、复合式头寸

所谓复合式头寸是相对于"一手单"而言。由于在进场后对何时出场不能确定，容易导致交易者的矛盾心理：如果出了，又不出早了，赚少了；不出，又怕回调，打回原形，甚至盈利变成亏损。为了解决单手单导致的这种矛盾心理，我们采用复合式头寸，即每次交易两手甚至更多的单（当然还要考虑可承受的风险）。这样，我们在某些位置先出一手，留一手追击利润，就可以避免矛盾心理，次优化利润。

日内交易者和热点题材投机者往往会采取复合式头寸出场。

三、风险报酬比

风险报酬比，是我们对潜在交易可能最大损失和利润的估计比率，一般认为 1：3 是标准，也有用亏损和盈利概率进行加权的。但至少有一点，1：1 的生意不能做，更不用说风险报酬比大于 1 的交易。但真正交易时，我们绝大多数人往往违背这条规则。由于**考虑到风险报酬比**，所以很多时候，我们即使很有把握，也会放弃很多交易，因为它们的风险远大于报酬。

风险控制涉及止损，而止损设置涉及两个因素：①你的账户客观上能承受的最大单次风险；②市场提供的最近的天然阻力支撑位。止损设立的两个方向决定了止损的客观区域，在主观的取舍上，我们能在每笔交易进行时就知道潜在的最大风险是多少。

风险报酬率的估计不能只看技术因素，除非是动量交易者或者高频交易者。

第三章

基本分析
BASIC ANALYSIS FOR FOREX TRADING

能够清楚给出其失效边界的方法才是有效的方法。

——乔治·索罗斯

第一节　基本分析的概况

一、基本分析的对象：驱动市场的因素

基本分析主要着眼于分析驱动市场的因素。**基本分析主要是通过对各种可能影响市场的现实因素和潜在因素进行归纳及演绎推导。**说简单些，就是对导致汇率变化的各种因素进行分析。这些因素包括资源、经济、政治、军事等诸多方面，但我们只能抓住其中对汇率有重要影响的方面，以便节省搜寻和分析成本。

外汇市场中的主要投资机构，比如对冲基金中的宏观基金等每次参与市场都涉及巨量的资金进出，如果按照技术分析操作难免有回波效应，所以他们通常采用基本分析这种偏重较长时间架构的分析方法。

又由于他们是市场的中坚力量，所以基本面对市场的

> 重要的驱动因素就是有限的几个，然后在不同的阶段这几个因素中的一个会成为主导因素。

方向是决定性的。**市场在较长的时间框架上是沿着基本面的方向前进的**，中途有反复，这是由于市场中参与者之间以及与市场交互影响形成的波动。但这个波动是绕着基本的趋势行进的，这种波动可以是基于索罗斯认为的反射性原理而存在。实际按照行为金融学的研究看，主要是两条途径造成了这种围绕基本趋势的波动，一是放大效应；二是反馈效应。

所谓**放大效应**是指由于人的有限理性和认知偏差导致对基本因素的过度反应，而**反馈效应**是指市场参与者因为市场的波动而强化了既有的行为，类似于索罗斯讲的反射性。

放大效应和反馈效应都属于心理分析的范畴。

由于基本面导致的驱动因素被以大交易机构为主的交易群体的不完全解读，导致出现放大效应，市场对基本面影响的认识在短期内失调，然后部分市场行为解读者（以技术分析人士为主）根据这种市场的失调反应做出自己的交易决定，这就是反馈效应，更加剧了市场波动。

但市场的大方向是清晰的，这种脉络基于国家经济大体和国家信用（包括货币的国家强权基础）。正是由于驱动市场的主要长期因素来源于经济社会或者政治以及地理方面，所以我们认为基本分析主要是分析驱动市场的因素，而后面第三部分讲的技术分析，主要是分析行为，市场上的交易群体行为，这种行为主要受制于基本面重大因素的影响。

驱动因素中最为重要的是利差趋势预期和风险情绪。

在这个纷繁复杂的世界中，时刻发生着与外汇市场存在某种直接或者间接联系的事件。根据"二八"定律，我们从能力上来说，不可能去跟踪分析每一事件，从效率上来讲，也没有必要去关注所有的事件。归而言之，**市场上少数事件成了市场的焦点，这个焦点主导着市场的走法**，每段行情，每个波段，背后总有若干（经常是一个）焦点事件主导着进程。**一段行情，一个焦点。**

正如郭富拿所说："人市之前，你会先考虑有一个明确的市势观点，基本因素分析帮助极大，但**除非我充分了解**

市势上升或者下跌的原因，我不会贸然因为图表美妙而胡乱入市。每一个买卖都有基本因素支持。**图表分析好比市场的温度计，**研究基本因素的专家扬言图表分析可以置之不理，此大错特错。医生诊病，对于病人的体温置之不理，又怎可以正确判断症状呢？实际上**图表分析与基本因素两者该相辅相成，**图表分析协助观察其他市场人士的动态，或供求失去平衡的情形，预早作出警号。”这段话其实我们可以这样理解：**“市场中价格所处的位置是理性和有效率，是对基本面有限但理性的理解，是对已经兑现和确定无疑将兑现的基本面的反应。图表反映的都是自然的生长节点，无论是时间上还是空间上的都是驱动的能量在其中得到抑制或者助长，时间上的称为螺旋历法，空间上的称为波浪理论。**黄金率和圆周率是其中的主宰：黄金率主宰发展，圆周率主宰平衡。能量总是一个根源因素，是个本质的东西，是个关乎质的变量，而图表显示的行为是一种现象，一种关乎数量和程度的变量。”当然这里理解的话是我们阅读了郭富拿原话后所做的批注，其中加入了其他东西去阐释。

驱动/基本面因素如何与行为/技术面因素结合起来？

最后把基本分析的关键地方总结一下：第一，随时**关注市场焦点的变化，以及市场对这个焦点反应的变化；**第二，应用发散思维大胆假设，**基于目前焦点以及未来可能的焦点变化推断未来可能的各种情况。**正如郭富拿的另一段话：“作为出色的炒家最重要的工作，便是**幻想**将来可能发生的不同局面。在脑海中对于世界未来的形势，我经常构思不同的影像，然后等待事实来证明哪一幅影像会幻境成真。当然，大部分幻想出来的影像都不会成为事实。”

外汇交易中，有效运用情景规划。

二、基本分析的两大前提

基本分析有两个根本的前提，其能够成立完全依赖于它们，如果你想知道在什么样的情况下基本分析会失去效力，请深入理解体会它们。

不知道假设和前提，则无法有效地运用理论与模型。

（一）有效市场

有效市场是指市场能够理性地对各种基本因素做出恰当的反应。稍有常识的人都知道由于参与者的过度反应，市场总是出现极端的波动。所以，**在短期内这一点前提是不成立的，因此基本分析侧重于大势分析，但也不能忽视消息这种基本因素的强大短期效应。**

长期看，市场是有效的，因为基本上是恰如其分地反映了国家本身的状况，**像利率和经济增长率以及国家权力坚实程度都是决定汇率长期走势的关键。**短期之内的市场反应总是趋向于过度的，**但目前这种过度往往是为了纠正以往的某种过度。**

有两种底部，第一种底部是震荡底部，这种底部往往是以时间换取调整空间，通过这种小幅度长时间的震荡来消化以前的驱动因素并为新的趋势运动积蓄力量。布林线是对付这种震荡底部的好工具，布林收口预示着可能的趋势突破行情。这种震荡行情通常在澳大利亚和东京市场出现。由于是震荡行情，所以通常给了我们充分的时间去分析前面的行情，同时也为我们寻找好的入场位置提供了充分机会。

第二种底部是 V 字底，**这种底部的形成往往是由于现在的基本因素突然纠正了前面一个基本因素的过度影响，**也就是超跌后突然遇到利好消息或者市场突然意识到这种超跌导致立即的反转。

其实所谓的 V 字底部的顶端部分也是一个小的震荡底，这种较低时间结构上的震荡底部形成了成交密集区。假如我们在一小时图上进行交易时遇见 V 字底部，那么通常在五分钟图上能看到这个 V 字的顶端的震荡底部。

在外汇的即日交易中，也就是通常在小时图上进行交易时，所有的底部突破都必然存在某种基本面的驱动因素，由于前后两个基本驱动因素的出现的时间间隔长短不同以及重要性不同，导致了震荡底部和 V 字底部的不同。这两

任何典型的技术形态背后都有典型的基本面情况对应，你搞清楚了吗？你做过归纳吗？

种底部都是市场力图做出有效反应的表现，**震荡底部代表目前缺乏驱动因素，而 V 字底部表明突然出现反向的驱动因素。**

同震荡底部和 V 字底部对应，存在着震荡顶部和 V 字顶部。两种波段连接结构后面出现的行情也是有区别的，震荡结构后面的行情既可以是与以前相反的，也可以是与以前同向的；而 V 字结构后面的行情必定是与前面相反的。从这种连接状况看，震荡底部要好把握一些，进场的计划性要更强些，进场的位置选择机会比较充裕。而 V 字结构由于是市场急剧地自我调整，导致进场的时机较短，交易前的计划性很弱，而且位置的把握很困难，对大众行为和情绪的即时解读能力要求很高，基本上是一种临盘的即时决策交易，加上止损位置摆放稍显困难，所以风险比较大。

（二）因果制约

因果制约指我们能确切知道每种基本因素与汇率的确定关系。但这个前提也是被有限理解的。比如影响汇率的因素就有无数，相互之间的关系也不是简单地一对一，汇率决定说的多样化就表明因果关系不那么确定。因为目前经济学就许多现象的解释也很确定化，所以导致外汇交易中我们就事件和经济数据进行的分析结论也不是唯一和确定的。

那么是不是基本分析就没有用了呢？也不是，这只是说明现实世界的关系是复杂的，**作为一个系统，我们的理论只是说明了这个系统的某种关系，要完整理解这个系统的交互作用，我们除了需要抓住关键外，还要从多个角度观察才能得出更可靠的结论，并且这种结论是概率性的。**

这种多种角度观察金融市场的方法来自于巴菲特的搭档查里·芒格所谓的"格栅理论"。**单一的因果关系在外汇市场是铁定的摇钱树，如果存在这种唯一的确定性的关系，那么全世界几个世纪以来的钱都能被你在 64 次交易后悉数纳入囊中。**正是由于因果关系的复杂化，使得我们这些有

系统论是我从事交易多年的一个最基本方法论基础。我的任何交易理论与策略，无论是针对外汇，还是黄金、股票和商品都是基于系统论。

限理性的生物在外汇市场进行基本分析时觉得千头万绪。

那么如何解决这个难题呢？**首先，要抓住市场的焦点**，这个焦点背后涉及的各种因果关系就是我们分析的对象，设想各种情况；其次，我们基本的经济学功底以及地缘政治理论素养同样要相当扎实，这需要一个不断学习思考和应用的过程。总的来说，就是磨好几把不同的刀，依据骨架结构去解牛。

三、基本体系

基本分析的体系构造主要涉及经济分析，包括国内生产总值（GDP）、经常项目、就业、通货膨胀，以及地缘项目，包括地缘政治、石油政治学、矿产分布，另外还有货币分析，包括各个货币的特点和货币联盟经济学等，本篇将具体展开**三大分析的结构**。在详细展开前，我们对各个因素进行一个勾勒。

（一）货币分析

在股票市场，每只股票都有自己的特色；在期货市场，每个品种都有自己的特点；在外汇市场，每个货币都有自己的特殊之处。只有把握了这些特殊的地方，你才能理解很多通用技术分析失效的地方；只有掌握了这些东西，你才能把通常的技术分析和基本分析在具体的环境中灵活地处置。

夫兵形象水，水因地制宜，兵因敌制胜，我们归纳一句"**因汇制胜**"。在管理和教育中，我们要根据被教育者和被管理者本身的性格特征来进行管理和教育工作，只有这样才能做到有的放矢。货币的特点源于其金融市场特点、主要交易机构、历史传统等。我们抓住了这些特点，就抓住了货币的个性，这些个性构成了外汇市场区别于其他金融市场的个性。

（二）经济分析

经济分析主要包括经济数据、经济事件、经济理论。

> 学习的时候要由简入繁，实践的时候要化繁为简。

> 外汇与股票，还有商品以及债券的走势特征是否完全一样呢？如果不完全一样，你觉得有些什么独特之处呢？

经济理论是基本分析的核心基础，经济数据的建立和阐释都是基于某种经济学理论，经济事件比如重大会议的召开。

中央银行的举措都是在应用某些经济理论进行决策，我们要了解这些决策的来龙去脉，则必须掌握相应的经济理论。在外汇交易中主要应用的经济理论是宏观经济学以及国际经济学。国际经济学包括两部分：一是国际金融；二是国际贸易。

在所有这些应用到汇率市场的理论经济学中，都围绕一个广义的货币经济学进行展开，所以货币经济学是我们掌握汇率市场波动的主要工具。货币经济学的代表主要是弗里德曼和冈德，前者是货币主义的开山鼻祖，后者是《白银资本》一书的著者。另外，中国的著名货币政治分析家王建先生的文章也是**货币分析**的经典。

经济数据的分析，主要价值在于观察经济各部分的繁荣状况，进而了解整体经济水平。由于一国货币好比一国的股票，国家发展得好，信用基础就扎实，货币就坚挺。

经济事件中涉及像 G7 这样的大事件，也有各国例行的央行会议纪要公布。事件的影响在于出乎意料，只有出乎交易者意料之外的事件进程和数据公布才能影响市场、驱动市场。因为这才是新的信息输入了系统，才会导致系统变化。

（三）地缘分析

地缘分析主要包括地缘政治分析和地缘资源人口分析等，主要是基于麦金德开创的地缘政治分析方法以及自然地理对国际政治和自然状况的经济影响进行剖析。地理决定论和**人口决定论**奠定了这种分析的理论基础，在西方政治流派中，现实主义流派的阐释力是最强的，而地缘政治理论则是这个理论流派的代表之一。人口决定论在登特的发展下，进入了科学和实用主义的新阶段，通过应用人口统计学对经济发展和各经济部门演化进行分析和预测，具体可以参见《下一个大泡泡》和《人口峭壁》等书籍。

货币分析是最近十年的热门领域，涌现了一批阴谋论的拥趸者。不过也正是这些作品和作者使得大众开始重视美元走势的意义，所以我们要辩证地看待这股潮流。

十年前国内的宏观经济学界不太重视人口因素，券商的经济学家们也是如此，不过这十年情况大大变化了。现在券商的报告经常会从人口角度来剖析宏观经济、房地产、证券市场等。外汇市场的中长期走势与人口趋势关系密切，但是人口绝不是唯一决定因素。

四、代表人物

基本分析的代表人物是乔治·索罗斯，以及他曾经的助手吉母·罗杰斯，他们在1993年打败英格兰银行，后来索罗斯又参与1998年东南亚经济危机。旗下量子基金年复合增长率是30%多，高于巴菲特的帕克夏—哈萨维公司。但由于中途捐款较多，起步较晚，所以财富总量远逊于巴菲特。

索罗斯早年毕业于伦敦政治经济学院经济学专业，并且对认知哲学有深入的研究，所以**在金融市场上习惯应用基本经济理论配合市场群体的认知偏差抓住重大转折机遇**。他的主要理论基础是管制和信贷周期，也就是由于主观和客观环境中存在的制约因素导致某些偏离趋势的自强化经济运动，这种运动最终会出现不可继续的自恢复修正。而他的目的是抓住这种**边缘**状态，利用极端不平衡的机会参与市场交易，这些思想体现在《金融炼金术》中。中国外汇界王晓萌先生的边缘介入手法与此有异曲同工之妙。

而索罗斯曾经的助手吉母·罗杰斯则是资金流向分析的高手，他在中国出版的主要投资著作是《热门商品投资》，另外还有几本环球游记。他透露自己主要的分析方法是基于供求这样简单的基本面来研究商品期货市场，应用简单的技巧分析决定性因素，是他推崇的基本分析方法。

下面我们就对这两位曾经的搭档做一个简单的介绍吧。

（一）索罗斯

关于索罗斯的传闻远多于巴菲特，而且其复合增长率可能要高于世界第一基金经理彼得·林奇。他可称是当今世界上最富传奇色彩、最具个人魅力的超级金融大亨。40年来，他纵横全球金融市场，操作宏观对冲基金，狙击英镑、泰铢、港元，进出各国股市，斩获甚丰，成为全球知名的亿万富翁。近十年来，索罗斯已减少了运营基金的工作，较多地致力于慈善事业。

1956年，26岁的他横渡大西洋到达美国时，心里有一

次贷危机中，索罗斯曾向后起之秀约翰·保尔森请教，然后自己也大赚了一笔。

边缘提供了相对较高的确定性机会。追求相对较高确定性的机会是巴菲特和索罗斯的共同之处。

真正的大师必然是系统思维基础上的重点论者。

东南亚经济危机时，他没有听取副手的意见去操作日元，而是选择了港元，结果功败垂成。

个明确的计划。他要在华尔街工作整整五年，不多不少，预估这段时间足以让他储蓄 50 万美元，再以这笔钱回到英国，以独立学者的身份研究哲学。这是他的五年计划，因为他并不特别喜欢美国。

索罗斯跟很多人一样，去美国纯粹是为了那里提供的经济机会。他搬到皇后区跟哥哥同住，而且几乎立刻就开始到梅尔公司工作。不久后，他在曼哈顿的河滨大道找到了一栋两居室的公寓，向北走几条街就是哥伦比亚大学，东边是哈莱姆区，索罗斯每天搭地铁到华尔街上班。

梅尔公司不是纽约证券交易所的会员，它的功能类似场外交易的交易商。索罗斯负责外国证券的套利交易，基本上像在伦敦时一样，负责交易黄金股和石油股。而套利交易在梅尔公司的业务中，所占的比例并不大。

但是，在索罗斯到达后不到一个月，他的运气来了，当时爆发苏伊士运河危机，变成流血冲突。在这一年夏季稍早的时候，埃及总统纳塞尔把苏伊士运河国有化，从国际共有、民间出资的股份有限公司手中夺取运河的控制权，到了 8 月，纳塞尔把英国石油官员驱逐出境。10 月下旬，以色列对埃及发动闪电攻击，夺取加沙走廊和几乎全部的西奈地区。英法两国趁着埃及战败，也对埃及发动空中攻击，重新控制运河区，一直到联合国强迫英法两国撤退，并且成立联合国维持和平部队为止。

大事件带来大机会，外汇市场上也是如此。

虽然外交运作迫使欧洲侵略者撤退，但沉船和运河水闸受损却使得整个苏伊士运河无法通行，航运公司的油轮运输石油时，被迫走比较长、成本比较高的航线。因为动乱的关系，石油股的市场变得很热，索罗斯利用他在英国建立的关系匆忙入市。他寻找欧洲市场的机会，取得出售股票的承诺，再把求售的股票刊列在经纪商之间流传的柜外交易行情表上。经纪商会代客户打电话买卖，行情则每分钟都在变动。

从专业上说，这段时间对初来乍到的索罗斯是积极创

造绩效的时候，因此他除了走路来回地铁站之外，没有太多时间探索新环境。

事实上，由于纽约和欧洲的时差，他连一夜都不能错过，而且几乎是一天24小时都在忙。他会收到由五个数字组成的暗码电报，用暗码的目的是节省电报费，数字代表股票的名称、数量和价格，是经由美国无线电公司或法国电报公司发来，而电报公司的收报员会打电话给他。接着等纽约白天的交易时间开始，他就会把夜里买进的股票，向买主推销。

最后，中东紧张局势缓和下来，狂热的石油股交易也冷淡下来。这时索罗斯在梅尔公司柯恩的帮助下，设想出一种新市场。他回忆说，他的第一次尝试跟加拿大的北班铀矿公司有关。这家公司要筹资开发新矿场，于是就发行可转换认股权债券，经过一段期间后，认股权可以转换成公司股票。索罗斯想出方法把债券卖给客户，客户再交还一种凭证，保证在转换期间交出股票，让债券和认股权分开交易，这样就为认股权凭证创造了一个市场。

这段期间里，他认识了葛林柏格。1957年，葛林柏格才28岁，掌管大券商贝尔·史蒂恩斯公司的套利部门。索罗斯会定时拿起专线电话，跟葛林柏格通话，讨论自己的构想。如果葛林柏格喜欢索罗斯的构想，两家公司就会一起买进。

史培利·兰德公司发行附认股权公司债时，认股权不太热门。索罗斯告诉葛林柏格，如果他们两个人销售债券，将来会变成很有价值的认股权，因此他们一起买进这种债券，再把债券卖掉。卖债券的投资者纯粹只操作债券，不了解股票，更不知道认股权是什么，但乐于用极低的价格脱手，让索罗斯和葛林柏格买走。结果认股权变得很有价值，他们就开始交易认股权凭证，大大地赚了一笔。

此后，他们两个人定期一起讨论事情，大部分是用电话联系，偶尔会共进午餐。在北班铀矿公司的案子后，他

发明金融衍生品，这是索罗斯初露锋芒之战。

把重心放在其他铀矿公司的认股权和认股权凭证上，然后把同样的方法用在天然气公司。除了跟贝尔·史蒂恩斯公司合作外，索罗斯在横越加拿大油管公司一案中，也找到一个特别大的客户，即伦敦的华宝公司。

索罗斯变得越来越有信心，此前他在伦敦推销不掉小礼品时，觉得自己是失败者，现在他觉得自己跟摩根士丹利、库恩·罗伯和华宝之流的大券商交易，也让小小的梅尔公司成为上得了台面的业者。他的薪水跟着业绩而增长，虽然他不记得当时赚多少，反正已比他的五年计划超出不少。

在梅尔公司工作三年后，他心也变得有些浮动，隐隐约约有异动的念头，但化为行动却是相当突然的事。

有一天，梅尔先生把他叫进办公室，质问他的业务决策。梅尔这样的质疑让他讨厌到了极点，所以决定离开。

他毫无困难地就在威特海姆公司找到新职。这家公司1917年创立，比梅尔公司大，也比较富有。而且威特海姆公司和梅尔公司不同，是纽约证券交易所会员公司，这表明索罗斯不必再通过公司外的经纪商进行交易。他觉得自己走对了方向，29岁的他担任外国交易部门主管的助理。这时候，欧洲煤钢共同体已经成立了七年，欧洲联盟的观念浮现。

不管这种想法多么不可能、多么不成熟，却激起一股购买欧洲股票的热潮，盛况甚至超过石油与黄金股票的国际市场，这又为索罗斯带来新的机会，而他懂得紧紧抓住。他现在不再只是交易员了，名片上增加了分析师的头衔，在他看来，这样确实是向前推进了一步。"我所做的事情，"索罗斯说，"是研究欧洲公司的信息，设法确定这些公司的价值。"当时整个欧洲的企业不像美国公司一样依法披露相关信息。"一切都很不透明，你必须运用想象力，去猜测一家公司的真正价值。"

有时候，他必须根据公司的报税资料回溯计算，才能得知公司拥有的资产，是否远超过草草写就的年报。他开

> 不顺的时候一蹶不振，苦心经营。同时，人挪活，要学会开创新局面。

> 事件驱动也好，题材投机也罢，索罗斯当年确实擅长此道。

043

外语确实是竞争力。

始拜访上市公司，这个做法当时还很罕见。"我经常是第一位去拜访管理层的人。"他英文、法文都说得很好，匈牙利文当然不是国际语言，但是，同样说匈牙利文的人总是觉得特别亲近，彼此也比较会分享信息和闲话。

他最初发掘的便宜货之一是德利银行。他从研究得知，德利银行拥有极庞大的德国产业股投资组合，结果买进德利银行变成他的重大成就。接着，索罗斯在 1960 年又研究德国的保险公司，发掘出更为庞大的隐藏资产。索罗斯计算后发现，安联保险公司投资组合中的股票，价值是安联公司股票市值的 3 倍。

事实上，安联公司流通在外的股票，只占股票发行数量的三成，其余股票都被德国企业集团锁住，作为交叉持股。他说："德国各家银行持有保险公司的三成股权，保险公司又持有各银行的三成股权，而且有些保险公司还持有其他保险公司的股权，形成相当混乱的交叉持股现象。"

对安联和其他保险公司的研究，为他带来另一次胜利，就像处理德利银行的报告一样，他不只是写出自己的研究结果而已，还拿去给有钱的大客户看，取得他们的订单。现在他全力施展，身兼分析师、业务员和交易员。

进入威特海姆公司不到一年，他就赢得大量的资金以及重要的客户，德瑞福斯基金和摩根银行就是两家最大的客户。要接触这些客户并不很困难，他提出的报告是根据旅行考察得到的，研究深入、写得又好，让人印象深刻，至少以当时的标准看，的确如此。不过多年以后，他回顾这些报告，不免觉得实在粗略。当时美国大概只有三个人有系统地研究欧洲证券，他就是其中一位。他说自己就像独眼的人在瞎子王国中称王。

利用好自己的优势很重要。你知道自己的优势吗？在外汇交易中，你觉得自己有什么优势可以从其他领域迁移过来？你会编程吗？你对大数据在行吗？你是宏观经济专家吗？你善于复盘总结吗？

索罗斯从四年前来到美国之后，开始创造了一连串没有中断的佳绩，一次又一次获得成功，也加强了他的信心，推动他进一步提升。

1961 年是索罗斯原定五年计划结束的时刻，他原本希

望赚到 50 万美元，然后全副精力奉献在哲学上，如今他已经超越了期望。但是，他的愿望也随之改变，精研哲学的雄心没有消失，但已经没有那么迫切了。

在新计划的激励下，索罗斯越来越热心。他在纸上记录自己不断出现的想法，而且写出每一个投资决定的原因，然后撰写月报，追踪投资绩效，并且把月报发给旧客户，重新建立原有的关系。

> 复盘是最好的老师，没有之一。

有一段时间，他对航运业很有兴趣，因此在 16 格中有 4 格填了航运公司，在很短的期间内，他就变成了航运股的专家。示范账户在 1967 年的获利良好，于是安贺·布莱施罗德公司决定把这个账户改名为第一老鹰基金，并开放给公司的客户购买，由索罗斯担任经理人。

> 对于航运股而言，BDI 指数很重要。关注 BDI 也能帮助你洞悉货币商品的动向。

这个基金设立时，资本额为 300 万美元，索罗斯父亲为家族设立的信托基金是原始的投资人之一，索罗斯也把自己的钱放在基金里，开始他后来为别人投资，也为自己投资的事业。

这个基金强劲成长。1969 年，索罗斯还在安贺·布莱施罗德公司时，设立了第二个基金——双鹰基金，资本额为 400 万美元。这个基金与第一老鹰基金不同，它不是共同基金而是避险基金，这表示索罗斯能够采用更广泛的投资方法和策略。

索罗斯多年来已经熟悉对冲基金的观念。他在威特海姆公司工作时，曾经跟琼斯的公司打过交道，发现管理避险基金的自主性对他非常有吸引力。除了自主性之外，双鹰基金和第一老鹰基金都是在海外注册的基金，只限于在美国拥有免税地位的外国人投资。

双鹰基金迅速壮大，索罗斯的精力和信心也急速提高。**在这段时间里，他开始把过去的哲思和金融市场的策略性概念结合。**古典经济学家和市场参与者长期坚持说，市场总是正确的，但索罗斯认为根本不是这样，市场始终只是不完美地反映经济活动。索罗斯也根据过去的一个观念，

> 索罗斯把自己的哲学技能迁移到了金融事业中。

断定自己以前探索人类经验时所指出的动力，也会表现在股价上，就像他后来在《金融炼金术》一书中所解释的一样，"股价并非只是被动地反映，而是决定股价与公司前途过程中的主动因素。"

总而言之，这些从索罗斯过去思想中引用的因素，形成了他对盛衰循环反射性分析的基础。索罗斯写出一些名言，例如："市场总是偏向一边或另一边"和"市场可以影响市场所预期的世界"。

他从其中分析出三个环环相扣的变量。第一个是基本趋势。基本趋势就是影响或造成股价变动的趋势，这种变动可能被投资人看出来，也可能在没有人察觉的情况下运作。第二个是主要偏差，主要偏差表现在股价的涨跌上。第三个是股价本身。索罗斯指出，股价由另外两个因素决定，但同时也会影响基本趋势与主要偏差。

> 基本趋势属于驱动面，主要偏差属于心理面，股价属于行为面。

三个因素处在彼此动态摩擦的状况下，互动时会不断地改变价值。在某些情况下，彼此可以互相增强，先向一个方向强力波动，然后再向另一个方向波动，这就是他所说的盛衰形态。能够快速辨认出这种形态的人，就会有绝佳的机会。

索罗斯的思想越来越复杂，而且具有原创性。这个理论并非总是很容易了解，有时候，这个理论似乎简单而明白，就像泡沫最后会破裂的说法一样，平凡无奇。有时候却又难以理解，互相矛盾。

索罗斯在《金融炼金术》一书中，承认很多投资人长久以来就了解盛衰循环。但从几乎可以自我证明的观察中，索罗斯的思想越来越复杂，而且具有原创性。就像他指出的，很多高明的投资人受到既有的错误观念误导，认为股价只是反映若干基本现实，本身不是主动的因素。股价是历史程序中的反应和刺激，投资人忽略这一点，会错失有价值的信号，反应远比他慢，这就是他掌握优势的地方。

> 股价一方面有估值属性，另一方面还有筹码属性。

对于自己在金融市场上的超凡运作能力，索罗斯总是

觉得有些惊讶。尽管他已撰写了一本这方面的书籍——《金融炼金术》，但他相信自己的天赋是不可能"传授"的，而且他也从未能真正成功地阐述过自己的这一本领。

索罗斯在金融市场方面的理论成果是：尽管金融市场在通常情况下只是发生一些我们能够从市场图表中了解到的错综复杂但又比较稳定的变化，但市场也有出现反常情况的时候，那时的市场瞬息万变，而市场的实际情况与投资者的预期之间所发生的互动，将导致强大的自我强化趋势——即泡沫和迸裂。绝大多数人会因此而感到惶恐、迷惑，而索罗斯却更愿意用一个让人听来放心同时又比较科学的术语来形容这种局势，即把它称作"严重失衡"。

索罗斯努力通过一些蛛丝马迹来辨别"看似平常"的事情如何演变为泡沫，何时转化为由盛及衰的恶性循环甚至是转化成危机。众所周知，如果蝴蝶不停地扇动翅膀，则预示着飓风即将到来，索罗斯却是个与众不同的人，他总是习惯性地观察弦外之音，**而这些迹象往往都来自于政治舞台**。索罗斯尤其擅长关注下列情况，即当重大经济或者社会问题的走势即将转变成危机（但还没有转变）并全面爆发之时，政客、财长和要员们对之做出的试探性的、片面的反应。

索罗斯和德鲁肯米勒因为投注 10 亿美元打赌英镑即将贬值而家喻户晓。索罗斯在《索罗斯谈索罗斯》一书中说，促使他进行那次豪赌的一系列事件皆源自于德国财政部长就里拉问题所发表的一番即兴评论。这番讲话使索罗斯确信，整个欧洲货币市场远没有大家想象的那般稳定。再后来，索罗斯参与东南亚经济危机，从此以后就淡出投资界了。次贷危机时闲不住的他又再度复出，不过岁月不饶人，精力不比从前。

（二）罗杰斯

其实，索罗斯的前任助手罗杰斯也是举世闻名的基本分析好手。曾被报纸上称作"投资天才"的吉姆·罗杰斯，

索罗斯应该算是较早对事件驱动/题材投机有所总结的金融巨擘。

生于 1942 年的亚拉巴马，是五个兄弟中的老大，家教很好。他在德摩保利斯长大，这是一个当时只有 7800 人口的小镇。当时，他家的电话号码是 5，非常简单，以至于罗杰斯在耶鲁大学读书时，往家里打电话，接线员怎么也不相信还有这么简单的电话号码。

他的父亲是一个古老的亚拉巴马州家族的成员，为博登化学公司管理一家生产埃尔默胶和甲醛的工厂。他的祖母格兰带丝在 20 世纪四五十年代是俄克拉荷马雨果市的一个通讯记者。在那个男权至上的社会里，她就像一个初生牛犊。一个小巧玲珑的女士（身高不过 5 英尺）总是大踏步地走过警长的办公室，采访那些杀人犯。但结婚后，她早年的梦想就变成了褪色的回忆。

罗杰斯说在他还是个孩子的时候，他就能看出他祖母内心深处的挫折感——一种愤怒。他祖母知道她错过了她最好的机会，并且明白生活能给的比她已经得到或能够得到的多得多。罗杰斯很爱他的祖母，也不想走她的路。这些认识促成了他后来在华尔街的成功。

长辈的经历和见识就是晚辈的人生起跑线。

罗杰斯是在德摩保利斯镇上读的高中，成绩很好，一直是班里的尖子。罗杰斯考入耶鲁大学，1964 年毕业。他一生热爱学习，很想继续他的学业，曾考虑过去上医学院、法学院和经济学院，也申请过几家研究生院，并在学校和几家公司的招聘会上洽谈过。

其中一位来自多米尼克公司的招聘员和他谈得很投机，于是罗杰斯就去了多米尼克公司，此时的罗杰斯还分不清债券和股票。但他很快就喜欢上了证券业务，并爱上了华尔街。他一向希望能尽可能多地了解时事，在这里他吃惊地看到，在这条街上有人会因为他估算出智利爆发的革命会使铜价上涨而付给他钱，当时的他刚从学校出来，很穷，急需钱用，华尔街对他来说简直就是一座金山。

夏天过完后，他取得了去牛津大学学习的奖学金，在那里他读的是巴利奥学院，学习政治、哲学和经济学。作

为一个矮个子，他成了从亚拉巴马的德摩保利斯出生的第一位曾在泰晤士河上参加过牛津—剑桥赛艇比赛的舵手，并荣获过比赛的冠军。

罗杰斯说话方式很谦逊，几乎有些害羞，但**能够迅速而准确地抓住要点**。他总是穿一件运动夹克和不相配的裤子，不穿大衣，甚至在纽约严寒的冬天也是这样。1965年夏天，他又回到多米尼克合伙公司，在该公司的场外交易部工作。在接下来的两年，他从军了。在此期间，他用指挥官的钱买了股票。由于赶上牛市，回报相当可观。服完役后，他又回到了纽约，先在巴赫公司工作，然后为迪克·吉尔德工作。再后来他又去了纽约格和伯曼公司。

1970年在安霍德和圣·布雷克罗德工作时，他认识了乔治·索罗斯。他们组成了投资领域中最成功的双子星。开始的时候，他们自己两个人和一个秘书，索罗斯做交易，罗杰斯专门进行研究。

他们合作之后没有一年是亏损的。从1969年12月31日到1980年12月31日，索罗斯基金的赢利率达到了3365%，而同时的标准普尔综合指数上升了大约42%。**这个基金的成功关键在于独立思考**。罗杰斯说："我们感兴趣的不是某个公司在下个季度的利润或者是1975年铝的运输的前景，而是更广泛的社会、经济。政治因素，在将来的某个时候如何改变某个产业或某个股票板块的命运。我们所预见的和当前的股票市场价格之间存在的差别越大越好，因为这样使我们更赚钱。"这也是被华尔街所称道的从上到下的分析方法。

1980年，罗杰斯37岁时，他决定退出股市，去尝试另一种事业。他在华尔街工作时，只顾埋头工作，使自己尽可能多地掌握世界范围内的资金、货物、原材料和信息的流通。1968年，他揣着600美元初入市场，到1980年退出时已拥有了1400万美元。

由于工作太投入，也为此付出了代价，他的前两次婚

发现和利用大众的盲点，这是投资和投机盈利的来源。

姻都失败了，妻子无法理解他那种与生俱来的拼命工作的热情。当他把一笔钱投入市场运转时，他怎么也不会想到家中对新沙发的需要。因为他一直认为投资比消费强。罗杰斯说自己是一个"极度的孤独者，特立独行者，厌世者。"

他渴望通过旅行去了解这个世界，真实地弄清脚下的这个星球。他认为骑摩托车旅行最好，这样可以边骑边看，去触摸这个世界，感受它。这要比坐在汽车的铁壳子里真实得多。他在哥伦比亚商业研究生院教授有价证券分析时，对他的学生说：**"学习历史和哲学吧。干什么都比到商学院学习好；当服务员，去远东旅行。"** 只有这样，才能对生活有一个全面的了解。1990 年 3 月 25 日，一个阳光灿烂的春日，罗杰斯终于开始实现他的梦想了，和年轻漂亮的女友一起踏上了环球旅行的征程。

为何不向历史学习？

罗杰斯天才的投资生涯可以追溯到他 5 岁时。他从父亲那里学会了拼命工作，明白了不管想要做出什么，都要付出努力去实现它。5 岁那年，他得到了第一份工作，在棒球场上捡空瓶。

1948 年，他获得了在少年棒球联合会的比赛中出售饮料和花生的特许权。在那个很缺钱的年代，他父亲借给了他 6 岁的儿子 100 美元，用来购置一台花生烘烤机。罗杰斯说："这笔贷款是我步入生意场的启动资金。" 5 年后，他用所赚的钱还清了贷款，并且在银行存了 100 美元，对一个 11 岁的孩子来说已相当富有了。他和父亲一起用这 100 美元到乡下做投机生意，用这些钱买了价格正日益飞涨的牛犊。并出钱让农民饲养这些牛犊，希望次年出售并卖个好价钱。由于买点太高，这次投机失败了。直到 20 年后，罗杰斯才从书本上明白失败的原因，由于朝鲜战争使他们在牛犊上的投资被"战后"价格的回落吞噬得一干二净。

大事件决定投资成败！

也许是幼小时的投资经历在他的脑海中留的印象太深，他一直认为学经济的最好办法是投资做生意。他在哥伦比亚经济学院教书时，总是对所有的学生说，不应该来读经

济学院，这是浪费时间。因为算上机会成本，读书期间要花掉大约 10 万美元，这笔钱与其用来上学，还不如用来投资做生意，虽然可能赚也可能赔，但无论赚赔都比坐在教室里两三年，听那些从来没有做过生意的"资深教授"对此大放厥词地空谈要学到的东西多。

尽管如此，罗杰斯的课讲得还是非常棒的。沃伦·巴菲特曾参加过他的一个班，巴菲特说："那是绝对令人激动的，罗杰斯正在重复着本·格雷厄姆生前的工作——**将真实的投资世界带入教室。**"

罗杰斯教的不是那种经济学院里通常学的金融课，那种由教授们空想出来的理论，而他们跟真正的金钱发生的唯一关系是每月的工资单。他教授学生他所知道的东西，教学生按他投资的方法去投资，按他的思路去看市场和机会。这不是正宗的传统的理论，讲什么复杂的经济数学模式、股市和指数的导数。

但罗杰斯用这一套思维方式不仅赚到了钱，而且保住了钱不会被赔掉。"金融杀手"索罗斯的所向披靡，已在亚洲金融危机中让很多国家损失惨重，他的成功理论与罗杰斯不无渊源，虽然罗杰斯后来离开了索罗斯。现在的罗杰斯，管着他自己的钱，他说："每个人都梦想着赚很多的钱，但是，我告诉你，这是不容易的。"他将很多成功都归于勤奋。当他还是一个专职的货币经理时，他就说："我生活中最重要的事情是工作。在工作做完之前，我不会去做任何其他事情。"当他和索罗斯合作时，他住在里佛塞德大道一所漂亮的富有艺术风格的房子里，每天骑自行车去哥伦市环道上的办公室，在那儿，他不停地工作——10 年期间没有休过一次假。

罗杰斯成功的关键在于他那新奇的投资方法。**他的投资是以整个国家为赌注。如果他确定一个国家比众人相信的更加有前途时，他就会在其他的投资者意识到之前，先把赌注投入到这个国家。**罗杰斯的整个一生，从耶鲁到哈

但是，如果这些人不来读经济学院，又怎么能够听到他的精彩课程呢？凡事都有两面，关键要行走于中道！

后来，罗杰斯卖掉了在美国的房产，搬到了新加坡，并且为女儿们请了中文家教。

佛再到华尔街，**先后学习了地理、政治、经济，并钻研了历史，他相信这些学科是相互关联的，他把所学到的知识都用到了全球证券市场的投资上。**他一直在等待时机，密切注意着一些国家及其投资市场，随时准备行动，寻求那些可以把他的投资翻两番、三番、四番的地方。

1984年，罗杰斯在奥地利的投资是一次惊人之举。他抱定信念，认为在维也纳投资股票的大好时机来了。当时奥地利的股票市场非常不景气，几乎达不到23年前，也就是1961年的一半水平。当时许多欧洲国家都通过刺激投资激励它们的资本市场。罗杰斯认为奥地利政府也正在准备这样做。

为了了解这座毫无生机的奥匈帝国的前首都的情况，他到奥地利的最大银行的纽约分理处，向那儿的经理打听如何才能投资奥地利的股票。他们的回答是"我们没有股票市场"。作为奥地利最大的银行，竟然没有人知道他们国家有一个股票市场，更不知道该如何在他们国家的股市上购买股票。

1984年5月，他亲自去了奥地利，在维也纳作了一番调查。在财政部，他向人询问有没有政治派别或其他的利益集团反对放开股票市场和鼓励外国投资。当得到的答案是没有时，他觉得不能错过时机。罗杰斯在奥地利的交易市场一个人也没见到，那里死一样的静寂，一周只开放几个小时。

在信贷银行的总部他找到了交易市场的负责人奥托·布鲁尔。在这个国家的最大银行里，他一个人操纵股票，甚至连秘书都没有。看到这种情形，罗杰斯觉得自己简直就是一个暴发户。当时的奥地利只有不到30种股票上市，成员还不到20人。然而在第一次世界大战以前，奥匈帝国的股票交易市场上有4000人，是那时中欧最大的，市场交易额也占头份，与今天的纽约和东京差不多。

罗杰斯在奥托的带领下见到了当时主管股票市场的政

府官员沃纳·梅尔伯格，他向罗杰斯保证，国家的法律将会有所变动，以鼓励人们投资股票市场，因为政府已经意识到他们需要一个资本市场。政府的具体做法是降低红利的税金。就是说如果你将红利投入到股市中，将享受免税待遇。相当于税金可以赊欠，如果用于投资股市的话。并且政府为福利基金和保险公司在股市中入股作了特殊规定，这也是以前没有过的。

其他已经这样做的国家，都取得了显著的成效。另外就地理位置而言，奥地利实际上就是德国的一个郊区。假如这里的市场开始启动。德国人会把这儿炒得火热。所有这些详细的调查，促使罗杰斯在奥地利投下了他的赌注。按照他的投资理念：**如果你对一个国家有信心，就应该购买交易市场中所有像样的股票**。如果你再经营有力，这些是都会升值的。在奥地利，当时资产负债表显示状况良好的公司他都入了股：一家家庭装修公司，一些金融和产业公司、银行，还有其他建筑公司和一家大的机械公司。几个星期后，罗杰斯在报上陈述了应该投资奥地利的理由。于是有从四面八方打来的电话要求买进奥地利的股票。

那一年奥地利的股票市场上涨了125%，后来上涨得越来越多。有人说是罗杰斯才撼动了奥地利这一沉寂的股票市场，唤醒了一个睡美人。1987年春天，罗杰斯将他在奥地利的股份全部售出时，股市已上涨了400%或500%。罗杰斯曾一度被称为"奥地利股市之父"。

另外，我们再来看罗杰斯国际商品指数。据巴克莱交易集团的数字，自从罗杰斯于1998年8月1日推出私募期货基金，追踪他编制的这个指数以来，到2004年该指数的完全回报率已高达194%，成为6年当中世界上表现最好的投资指数。不仅仅是商品类指数，而且是所有类别的指数。其投资回报率是罗素2000价值股指数同期的2倍多，是雷曼兄弟长期国债投资组合的3倍。和纳斯达克相比呢？罗杰斯指数的表现强于前者35倍。在扣除手续费后，罗杰斯

奥地利与德国的经济往来，类似于加拿大与美国。

私募基金的回报率为 153%。

要深入理解罗杰斯的投资哲学和手法可以参看《热门商品投资》一书，他的全球游记在中国出版的有两本，可以从中看看他大格局的投资风格。

索罗斯注重信贷周期，罗杰斯注重供求周期，也就是产能的蛛网周期。

第二节　基本分析的结构

基本分析主要包括货币分析、经济分析、地缘分析。经济分析里面涉及经济数据、经济理论、经济事件三个方面，如图 3-1 所示。

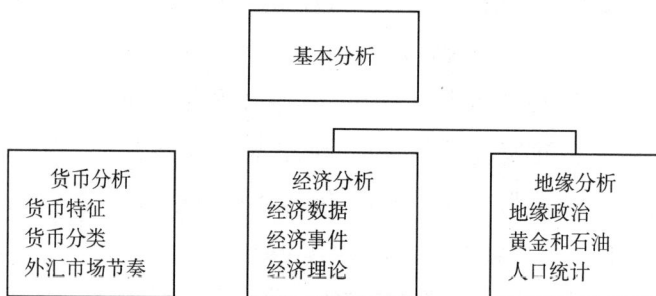

图 3-1　基本分析的结构

在《外汇交易进阶》一书中，我们对货币特性的介绍相对简单和概括，其实货币特性往往与该国的基本面和央行偏好有关。外汇交易中的经济分析着重点在于经济数据和经济事件，经济数据可以很及时地从专业类的外汇获得，经济事件中比较重要的是重要会议，比如 G7 和 FOMC 会议纪要等。地缘分析与风险偏好密切相关，而这是我们重点关注的两个维度之一。基本分析包络很广，但最终落脚点有两个：第一个是货币政策走向对利率差走向的影响预期；第二个是市场情绪，也即风险偏好。下面，我们对上述内容一一展开。

如何将基本面分析化繁为简呢？

第三节 基本分析之货币分析

在外汇交易中，为了便于集中精力更好获取和处理数据，取得操作建议，我们一般只操作与美元有关的汇率，在兑美元的汇率中，我们着重了解六大货币对，它们与美元的汇率称为直盘，即非美货币与美元的汇率称为直盘，而非美货币间的汇率称为交叉盘。usd［美元］分别兑 eur［欧元］，gbp［英镑］，chf［瑞郎］，jpy［日元］，cad［加元］，aud［澳元］构成六大货币对，也就是六大汇率。在习惯的标注中，是这样的：USD/JPY、USD/CHF、USD/CAD、AUD/USD、GBP/USD、EUR/USD。

一、货币分类

现在我们根据它们的特点，把这六对货币分类。

（一）商品货币

所谓商品货币主要是涉及这些货币所属国家的资源和出口倾向。澳元和加元是典型的商品货币。商品货币的特征主要有高利率，出口占据国民生产总值比例较高，某种重要的初级产品的主要生产和出口国，货币汇率与某种商品或者黄金价格同向变动。

澳大利亚在煤炭、铁矿石、铜、铝、羊毛等工业品和棉纺品的国际贸易中占绝对优势，因此这些商品价格的上涨，对于澳元的正面影响是很大的。另外，尽管澳洲不是黄金的重要生产和出口国，但澳元和黄金价格正相关的特征比较明显，还有石油价格。例如，21 世纪初代表世界主要商品价格的国际商品期价指数一路攀升。特别是 2007 年黄金、石油的价格大涨，一路推升了澳元的汇价。此外，澳元是高息货币，美国方面利率前景和体现利率前景的国

新西兰元也属于典型的商品货币，与农产品价格关系较大。

不能只看商品价格，还要看澳大利亚经济数据本身的好坏，因为利率政策预期才是决定汇率走势的关键因素。

债收益率的变动对其影响较大。

加拿大是西方七国里最依赖出口的国家，其出口占其GDP的四成，而出口产品主要是农产品和海产品。另外，加元是非常典型的美元集团货币。美元集团指的是那些同美国经济具有十分密切关系的国家，这主要包括了同美国实行自由贸易区或者签署自由贸易协定的国家，以加拿大、拉美国家和澳洲为主要代表。

加拿大出口的大部分是美国，与美国的经济依存度极高。表现在汇率上，就是加元兑主要货币和美元兑主要货币走势基本一致，例如，欧元兑加元和欧元兑美元在图形上保持良好的同向性，只是21世纪初美元持续下跌中，此种联系才逐渐减弱。

另外，加拿大是西方七国里唯一一个石油出口的国家，因此石油价格的上涨对加元是大利好，使其在对日元的交叉盘中表现良好。

（二）投机货币

英镑和日元都属于投机货币，恰好这两个国家处在欧亚大陆两边，而且都是岛国，有太多相似的地方了。英镑是曾经的世界货币，目前则是最值钱的货币，因其对美元的汇率较高，因而每日的波动也较大，特别是其交易量远逊于欧元，因此其货币特性体现为波动性较强。

而且伦敦作为最早的外汇交易中心，其交易员的技巧和经验都是顶级的，而这些交易技巧在英镑的走势上得到了很好的体现。因此，英镑相对欧元来说，人为因素较多，特别是短线的波动，那些交易员对经验较少的投资者的"欺骗"可谓"屡试不爽"。因而，短线操作英镑是考验投资者功力的试金石，而那些经验和技巧欠缺的投资者，对英镑最好敬而远之。

英镑属于欧系货币，与欧元联系紧密。因英国与欧元区经济政治密切相关，且英国一直为欧盟重要成员之一，即便退欧英国也仍旧与欧盟交往密切。因此，**欧盟方面的**

加拿大经济数据对美国经济数据有预示和佐证的作用。

英国、日本、美国、新加坡都属于海权国家，依靠海权繁荣起来。

日内级别的短线交易挑战非常大，一般人最好做日间的短线，持仓以日为单位。

经济政治变动，对英镑的影响颇大。

此外，英国发现北海石油使其成为 G7 里少数能石油自给的国家，油价的上涨在一定程度上还利好英镑，利空日元，此时英镑对日元的交叉就有较好的表现。

因为日本国内市场狭小，为出口导向型经济，特别是近 20 年经济衰退，出口成为国内经济增长的救生稻草。因此，日本经常性地干预汇市，使日元汇率不至于过强，保持出口产品竞争力成为日本习惯的外汇政策。

日本第 96 任首相安倍晋三 2012 年底上台后加速实施的一系列刺激经济政策，被称为"安倍经济学"（Abe-nomics）。"安倍经济学"这一系列政策由所谓的"三支利箭"组成。其一是宽松的货币政策；其二是大规模的财政刺激政策；其三是包括《跨太平洋战略经济伙伴协定》（TPP）、放松管制和促进创新等在内的"一揽子"增长战略。安倍经济学的基本原理是，通过向市场大量注入资金，造成通货膨胀率增加，日元贬值，出口增加，物价上涨，企业收益增长，员工收入也随之增加，最终摆脱通货紧缩，实现日本经济增长。**安倍经济学无论有多少措施，其实对日本经济产生作用的地方还是通过贬值日元来促进出口。**统计发现，从安倍履行的 2012 年 12 月 26 日到 2013 年 2 月 15 日不到两个月的时间，日元对美元贬值幅度就超过 8.4%，如图 3-2 所示。

日本央行是世界上最经常干预汇率的央行，且日本外汇储备丰富，干预汇市的能力较强。因此，对于汇市投资者来说，对日本央行的关注当然是必需的。日本方面干预汇市的手段主要是口头干预和直接入市。因此，日本央行和财政部官员的言论对日元短线波动影响颇大，是短线投资者需要重点关注的，也是短线操作日元的难点所在。

也正因为日本经济与世界经济紧密联系，特别是与主要贸易伙伴，如美国、中国、东南亚地区密切相关。因此日元汇率也较易受外界因素影响。例如，中国经济的增长

日本经济目前主要依靠出口拉动，原因在于：第一，日本老龄化，且抵制外来移民，因此国内消费不振；第二，日本城市化完成，基础设施完备，同时缺乏新技术革新，因此国内投资不振。通过让日元贬值促进出口，成为拉动经济的唯一引擎。日元贬值，日本股市往往是上涨，这与一般国家的情况相反。索罗斯抓住了这一机会，大肆做多日本股市，收获巨大。

(指数：2012 年 11 月 14 日=100)

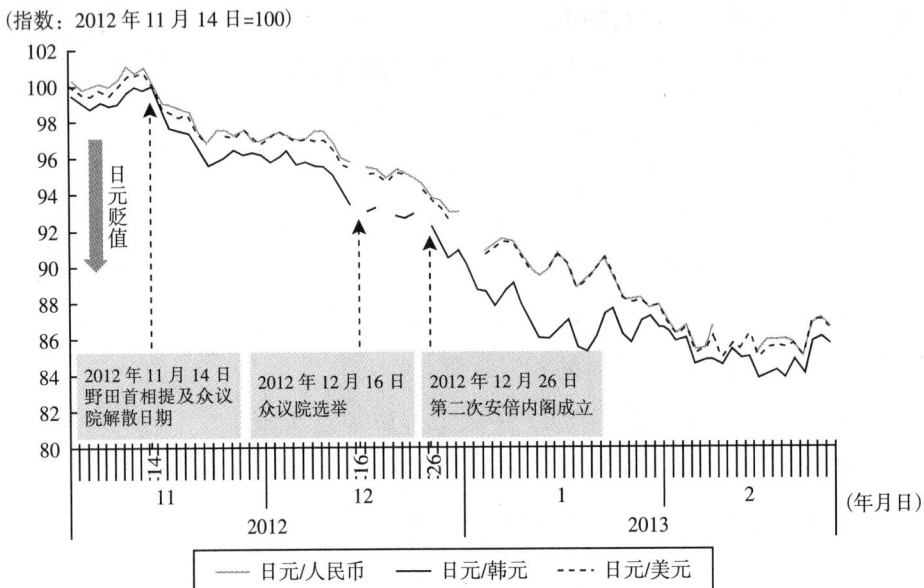

图 3-2　安倍第二次执政后日元汇率的贬值走势

资料来源：CEIC《日元贬值对亚洲经济的影响》（关志雄）。

对日本经济的复苏日益重要，因而中国方面经济增长放缓的消息对日元汇率的负面影响也越来越大。

日本虽是经济大国，但却是政治傀儡，可以说是美国的"小伙计"，唯美国马首是瞻。因此，从汇率政策上来说，基本上需要符合美国方面的意愿和利益。如 1985 年的"广场协议"正是政治上软弱，受制于人的结果。因此，上面所提到的干预汇率，也只能是在美国人"限定"的框架内折腾了。

石油价格的上涨对日元是负面的，虽然日本对石油的依赖日益减少，但心理上依旧。另外，朝鲜半岛的地缘政治动荡也会对日元的走势产生短期影响。

（三）避险货币

由于欧亚大陆各国纵横交错，所以国际争端较多，美国却有先天的地理优势，所以**美国在两次世界大战中都充当了避险的角色**，现在仍然如此。但是，传统意义上的避险货币则是瑞士法郎。瑞士是传统的中立国，瑞士法郎也是传统的避险货币，政治动荡期，能吸引避险资金流入。

美国因为强大而民主，并非因为民主而强大。

另外，瑞士宪法曾规定，每一瑞士法郎必须有40%的黄金储备支撑，虽然这一规定已经失效，但瑞士法郎同黄金价格仍具有一定心理上的联系。黄金价格的上涨，能带动瑞郎一定程度的上涨。

瑞士是一小国，因此决定瑞郎汇率更多的是外部因素，主要是美元的汇率。另外，因其也属于欧系货币，因此，平时基本上跟随欧元的走势。

瑞士法郎货币量小，在特殊时期，特别是政治动荡引发对其大量的需求时，能很快推升其汇率，且容易使其币值高估。

另外，由于美国拥有全球最强大的军事力量，处在欧亚大陆之外，所以当欧洲大陆的边缘和中心受到政治动荡和军事纷争困扰时，美国是很好的资金避险港，所以美元有时也充当避险货币的角色，但同时要考虑美国对这些政治动荡和军事纷争的程度和控制能力。

（四）欧系货币

在地理位置上属于欧洲的国家所发行的货币都属于欧系货币。**欧元占美元指数的权重为57.6%**，比重最大。因此，欧元基本上可以看作美元的对手货币，投资者可参照欧元来判断美元强弱。欧元的比重也体现在其货币特性和走势上，因为比重和交易量大，欧元是主要非美币种里最为稳健的货币，如同股票市场里的大盘股，常常带动欧系货币和其他非美货币，起着"领头羊"的作用。因此，新手入市，选择欧元作为主要操作币种，颇为有利。

同时，因为欧元面市相对较短，历史走势颇为符合技术分析，且走势平稳，交易量大，不易被操纵，人为因素较少。因此，仅从技术分析角度而言，对其较长趋势的把握更具有效性。除一些特殊市场状况和交易时段，比如2004年底，欧元在圣诞、元旦的节假日气氛和交易清淡状况下，对历史新高做出突破，后续行情表明此为假突破，为部分市场主力出货之狡猾手段。一般而言，对重要点位

低息资产，包括低息货币往往都具有避险属性。比如，日元最近二十多年利率一直很多，所以往往作为避险货币在市场风险厌恶情绪高涨的时候被追捧。风险偏好与利差趋势是我们在做驱动分析时重点考察的两个维度。风险厌恶情绪上升，避险交易主导外汇市场，低息货币受追捧；风险喜好情绪上升，套息交易主导外汇市场，高息货币受到追捧，这个时候低息货币成了融资货币。

和趋势线以及形态的突破，可靠性都是相对较强的。

一国政府和央行对货币都会进行符合其利益和意图的干预，区别在于各自的能力不同。上面提到美国方面，因其国家实力和影响力，以及政治结构带来政府对货币的干预能力颇强，可以说，基本上，美元的长期走势受到美国战略意图的影响，而欧元区的政治结构相对分散，利益分歧较多，意见分歧相应也多。因此，欧盟方面影响欧元汇率的能力也大打折扣，根本不能与美国方面同日而语。

当欧美方面因利益分歧在汇率上出现博弈时，美国方面占上风是毋庸置疑的。正如前面所说，2004年欧元上涨过程中，欧盟方面的口头干预只能对欧元短线的走势产生影响，没有实际入市干预，因为欧洲方面明了，如无美国方面的配合，效果也是不尽如人意的。

另外瑞郎和英镑也属于欧系货币，所以大部分时候波动一致。

（五）美系货币

美系货币是要关注的一个重点货币团体。所谓美元集团指的是那些同美国经济具有十分密切关系的国家，这主要包括了同美国实行自由贸易区或者签署自由贸易协定的国家，以加拿大、拉美国家和澳洲为主要代表。同时，将要成为美元集团货币的还有亚洲的新加坡，美国和新加坡已经签订了双边自由贸易协定。新加坡属于海权国家，在政治和地缘安全上需要依靠美国，但在经济上又要依靠中国，所以近年来李显龙的外交政策顾此失彼。另外，虽然新加坡处在亚洲深受日元的影响，但却在很大程度上追随美元的走势。新加坡元与港元的境地类似，一方面与美元挂钩，另一方面却与东亚经济圈关系紧密，货币制度难免削足适履。

这些国家同美国经济有着极为密切的关系。鉴于我们手中关于拉美国家的资料极为有限，且这些货币基本上同我们没有关联，因此不作分析。

> 但是，政府再怎么控盘外汇市场也无法与根本的基本面对抗。一国宏观经济状况决定了货币政策，而货币政策与风险偏好对汇率走势才是真正起作用的。

这里主要以加拿大为例，加拿大对美贸易约占加外贸总额的 81.6%，我们知道加拿大出口占据其 GDP 的四成。那么换句话说，也就是说加拿大的全部 GDP 中有 1/3 是美国购买的。相对而言，澳洲和美国的经济依存度相对较低，因此在随后的一系列问题中，我们将会看到这一点对于汇率的影响。

我们通常说的美元集团货币和商品货币有一些区别，这种区别主要表现在这些国家同美国的经济是否极为密切，表现在汇率上面，加元兑主要币种的走势同美元兑主要币种的走势基本一致，因此从严格意义上讲，加元是特别典型的美元集团货币，例如，我们可发现欧元兑美元和欧元兑加元的图形保持着良好的同向性，只是在美元普遍下跌的过程中，这种联系才慢慢减弱。同时，鉴于澳洲和美国经济联系相对小于加拿大，而其汇率和商品价格更有关联性，因此其商品货币的属性要大于加元，但通常基本上可以认为加元、澳元既是商品货币，又是美元货币。

另外，虽然同属于美元集团，或者说具有类似的特点和属性，但是各国的经济周期同美国并不完全一致，有的时候稍稍滞后一些，有的时候则会提前一些。因此商品货币的走势，特别是加元、澳元同美元的联系也不尽相同。

事实证明，澳大利亚的国内经济具有弹性，特别是在全球经济低迷和国内干旱导致农业部门受损的时候，它的经济还在稳步发展。当其他国家的经济发展速度放慢和面临通货紧缩的威胁的时候，澳大利亚的国内需求仍然保持活力。在国外，澳大利亚出口中国市场的大宗商品销售额大幅度增加。与其亚洲邻国印度尼西亚相比，澳洲经济更有实力。对于澳洲的决策者而言，未来如何保持这种相对有力的经济增长才是真正的难题，也许在中美之间维持平衡关系会保持这种活力。

（六）亚系货币

亚系货币主要以日元、韩元和台币为代表。此前，人

最近十几年，澳元与中国关系更大。中国经济的动向，比如官方 PMI 与财新 PMI 指数的走向对澳元影响其实更大。

最近十几年，商品货币的趋势要看中国经济"晴雨表"，亚洲货币的趋势也要看中国经济的"晴雨表"。

民币还未建立起浮动机制，那时如果中国经济面临全球经济不平衡风险，人民币的升值压力往往体现到日元的升值上。

二、货币特征

把货币分类后，我们现在对各个货币进行仔细研究。这样的研究对于外汇交易是非常重要的，因为对每个货币特殊性的掌握程度直接体现了一个外汇交易员的职业水平。关于各个货币的特征，我们在系列丛书中的《外汇交易进阶》中已经有详细的阐释，这里我们就扼要地介绍一下，为那些没有看过《外汇交易进阶》的读者补补课，同时也帮助那些看过《外汇交易进阶》的读者们温习一下。

（一）美元

我们主要是交易跟美元兑换的几种主要货币，因此美元必然是我们首先研究的对象。美元是全球硬通货，各国央行主要货币储备，**美国政治经济地位决定美元地位**。同时，美国也通过操纵美元汇率为其自身利益服务，有时不惜以牺牲他国利益为代价。美国相关当局的一言一行对汇市的影响重大，因此，从美国自身利益角度去考量美国对美元汇率的态度，对把握汇率走势就非常重要。

美国经济的竞争力是美元长期地位的基石，军事实力和货币政策都是建立在经济基础上的。

美国国内金融资本市场发达，同全球各地市场联系紧密，且国内各市场也密切相关。因为资金随时能在逐利目的下在汇市、股市、债市间流动，也能随时从国内流向国外，这种资金的流动对汇市的重大影响不言而喻。

市场对美国利率前景的看法可以从利率期货上获得。

比如，美国国债的收益率的涨跌，对美元汇率就有很大的影响（见图3-3），特别是在汇市关注点在美国利率前景时。因国债对利率的变化敏感，投资者对利率前景的预期的变化，敏锐地反映在债市。

如果国债收益率上涨，将吸引资金流入，而资金的流入，将支撑汇率的上涨，反之亦然。因此，投资者可以从国债收益率的涨跌来判断市场对利率前景的预期，以决策汇市投资。那么，哪里可以看到10年期美国国债的收益率

国债收益率体现了通胀和增长预期。

走势呢？可以从如下网址获得：www.investing.com。这个数据是债券收益率走势（见图 3-4），其与债券价格是反方向变化的。

图 3-3　1980~2016 年美元指数和 10 年期美债利率的走势

资料来源：《彻底搞懂美元与美债的相关性，1980 年来数据分析》（董德志、陶川）。

图 3-4　美国 10 年期国债收益率走势

资料来源：Investing. com.

（二）瑞士法郎（瑞郎）

瑞士是一小国，因此决定瑞郎汇率（见图 3-5）的更多的是外部因素，主要是美元和欧元的汇率。另外，因其也属于欧系货币，因此平时基本上跟随欧元的走势。由于瑞士和欧洲经济的紧密联系，瑞士法郎和欧元的汇率显示出极大的正相关性。即欧元的上升同时也会带动瑞士法郎的上升。两者的关系在所有货币中最为紧密。瑞士法郎货币量小，在特殊时期，特别是政治动荡引发对其大量的需求时，能很快推升其汇率，且容易使其币值高估。

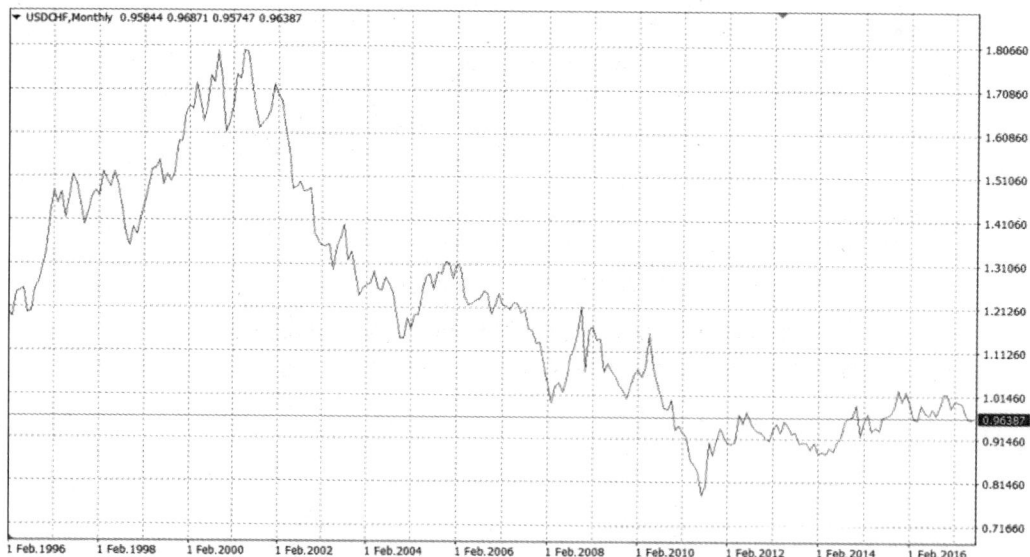

瑞士法郎和日元都属于低息货币，低息资产倾向于成为风险厌恶情绪高涨时的避险资产。

图 3-5　美元兑瑞士法郎的月线图（1995~2017 年）

瑞郎近十年来最大的一次事件是瑞士当局在 2015 年 1 月 15 日的一项出乎预料的决定，诞生了外汇市场最大的黑天鹅（见图 3-6）。瑞士央行在 2015 年 1 月 15 日宣布废弃瑞郎兑欧元汇价限制，激励瑞郎/欧元升破三年前设下的 1.20 瑞郎上限。将活期存款利率降至-0.75%，并将 3 个月期 Libor 目标区间下调到-1.25%~-0.25%。这一突然的消息也引发了外汇市场的巨震，随后瑞郎兑各货币全面上涨，欧元/瑞郎急速暴跌逾 2000 点，跌幅一度近 30%，触及 0.8615，为 2011 年 9 月以来最低。美元/瑞郎跳水 13%，至 0.8426，创 1971 年来最大跌幅。瑞郎/日元暴涨触及 1980 年 7 月以来新高 138.00。

这个事件应该算得上是外汇市场近十年来最大的"黑天鹅"。不过，也不是无迹可寻的。

汇率

1.3

1.2

1.1

欧元/瑞士法郎

1.0

美元/瑞士法郎

0.9

0.8

0.7

时间　　7：00　8：00　9：00　10：00　11：00　12：00　1：00　2：00　3：00

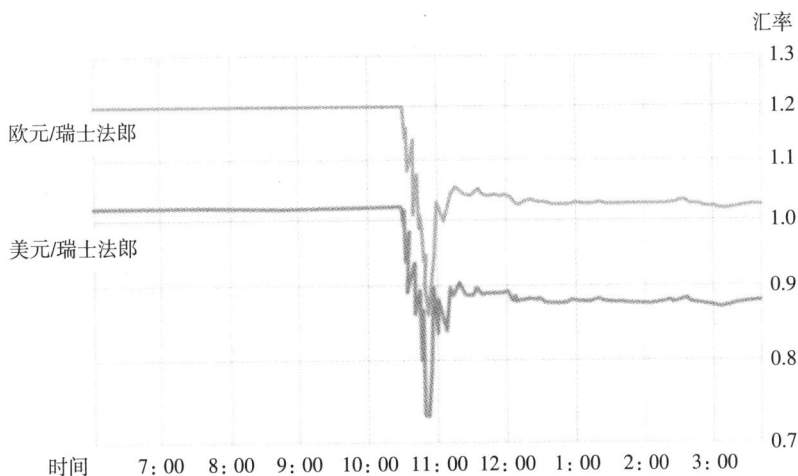

图 3-6　2015 年 1 月 15 日瑞郎的暴涨走势

资料来源：Factset 华尔街见闻。

　　此次瑞士央行的突然袭击令原本金融市场上呼风唤雨的对冲基金成为受害者，因为杠杆投资者和资产管理公司此前一直都在重大做空瑞郎。毫无疑问，这种做空活动是受到了一种观点的支撑——瑞士央行承诺将坚决捍卫瑞郎兑欧元汇率上限。

　　彭博的调查显示，没有任何分析师预测到瑞士央行将废除这一限制，汇率巨大波动导致部分经纪商破产。全球大型在线和零售外汇交易商服务平台福汇（FXCM）的股价在 1 月 16 日盘前交易中暴跌将近 90%，随后在美国股市开盘后暂停交易。在纽交所上市的福汇指出，其客户出现 2.25 亿美元损失，导致福汇方面很可能无法达到监管资本要求。该机构迅速与投行 Jefferies 的母公司 Leucadia National Corp 举行磋商并旋即获得 3 亿美元贷款。

　　为什么瑞士央行会采取这样的行动呢？瑞士央行可能觉得欧洲央行将在此后一周推出 QE，外加希腊又将迎来大选，在这种情况下瑞士要继续买入欧元维持汇率上限显得不切实际，所以他们就放弃了上限并扩大负利率。

零售外汇商对于风险的承受能力要小于银行做市商。

（三）英镑

　　英镑（见图 3-7）一直是英国的骄傲，寄托了帝国荣耀，它属于欧系货币，与欧元联系紧密。因英国与欧元区经济政治密切相关，且英国为欧盟重要成员之一。因此，欧盟方面的经济政治变动，对英镑的影响颇大。此外，英国发现北海石油使其成为 G7 里少数能石油自给的国家，油价的上涨在一定程度上还利好英镑，相对日元，英镑对日元的交叉就有较好的表现。

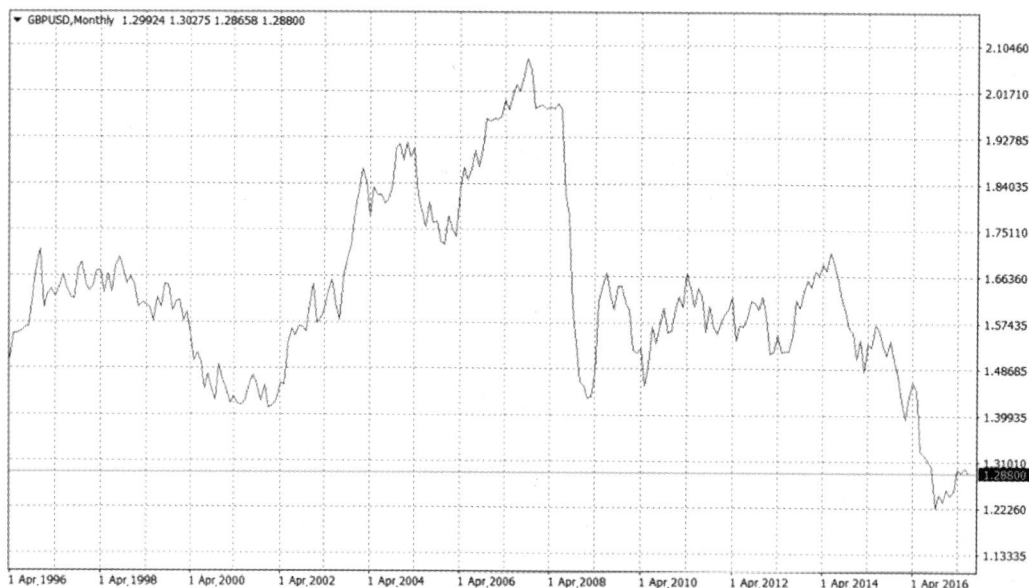

阿拉伯语是最早的世界性贸易语言，英语则是当代的世界性贸易语言。英镑是英国国力的综合体现，是英国昔日荣耀的遗产。

图 3-7　英镑兑美元的月线（1995~2017 年）

从 1997 年开始，英国央行获得了独立制定货币政策的职能。政府用通货膨胀目标作为物价稳定的标准，一般用除去抵押贷款外的零售物价指数衡量，年增控制在 2.5% 以下。因此，尽管独立于政府部门来制定货币政策，但英国央行仍然要符合财政部规定的通货膨胀标准。

相对瑞士法郎的"黑天鹅"事件，脱欧公投这个事件驱动的英镑走势是交易者能够把握的。特别对趋势交易者而言，这是盈利的大机会。

在修订本书第 4 版的这一年时间里面，英国出现了脱欧公投（见图 3-8），这个事件驱动的英镑走势值得外汇交易者认真研究。2016 年 6 月 23 日，英国民众前往投票站投票，决定是否维持英国的欧盟成员国身份。全球领导人、全球市场甚至英国公民都没有预料到会迎来脱欧的投票结果。次日，高达 51.9% 的英国选民支持英国脱欧，这造成

该国内部出现分裂和混乱。时任首相卡梅伦宣布辞职，英镑跌至 30 年低点。

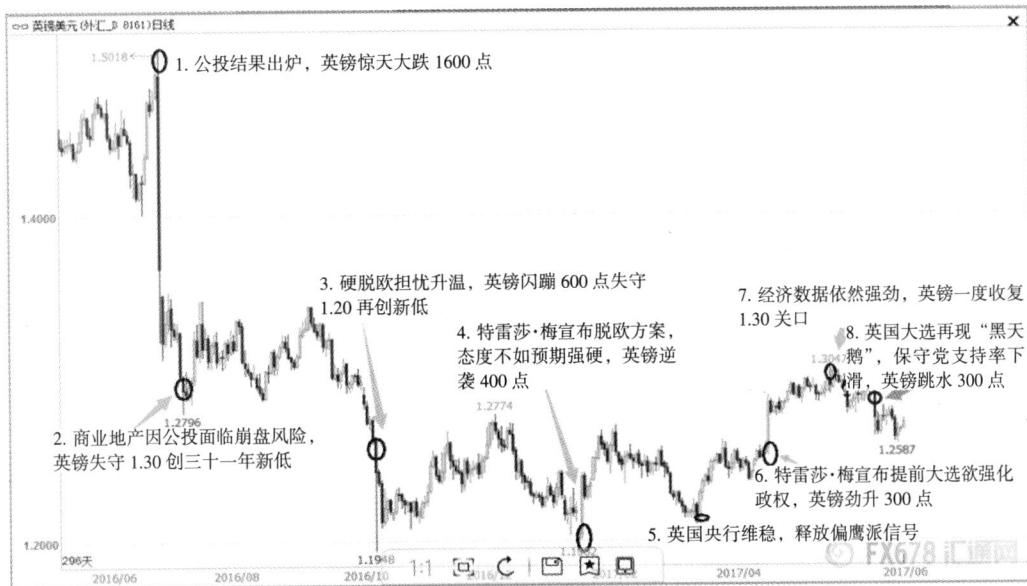

图 3-8　英国脱欧公投后英镑兑美元的走势

资料来源：CNBC FX678。

7 月，特雷莎·梅确定当选英国新首相。在政治和经济不确定的情况下，英国央行选择在 2016 年 8 月实行七年来的首次降息，将利率从 0.5%降至 0.25%，从而导致英镑进一步承压。

2017 年 3 月 29 日，英国驻欧盟大使蒂姆·巴罗向欧洲理事会主席唐纳德·图斯克递交了一封信函，概述了该国退出欧盟的意图，标志着"里斯本条约第 50 条"的正式启动。

退欧公投使得英国加入欧元区的概率下降了，英国如果还想加入欧元区，则英国的利率水平必须降低到欧元利率水平。如果公众投票同意加入欧元区，则英镑必须为了本国工业贸易的发展而兑欧元贬值。因此，任何关于英国有可能加入欧元区的言论都会打压英镑汇价。

（四）日元

由于日本本土自然资源匮乏，市场狭小，所以是出口导向型经济，特别是近二十余年经济衰退，出口成为国内

> 除非是在全球呈现避险需求的大背景下，否则降息的行为和进一步降息的预期都会促使货币走弱。

在新一轮技术革命中，日本错失了机会，而中国则处于第一阵营。不过，当全球进入新一轮技术投资时，日本多少也会受到些正面影响。

经济增长的救生稻草。因此，日本当局经常性地干预汇市，使日元汇率不至于过强，**保持出口产品竞争力成为日本习惯的外汇政策。**

2012年末，安倍晋三再度当选日本首相，作为重要候选人时他高调宣称货币宽松政策，这使得外汇市场出现明显的"预期行情"（见图3-9）。这轮日元贬值走势，对于日本的经济究竟有没有正向提振作用，直到现在经济学界也众说纷纭。其实，这轮日元贬值明显促进了日本的出口（见图3-10），从2013年第一季度开始，日本出口迅速上升。

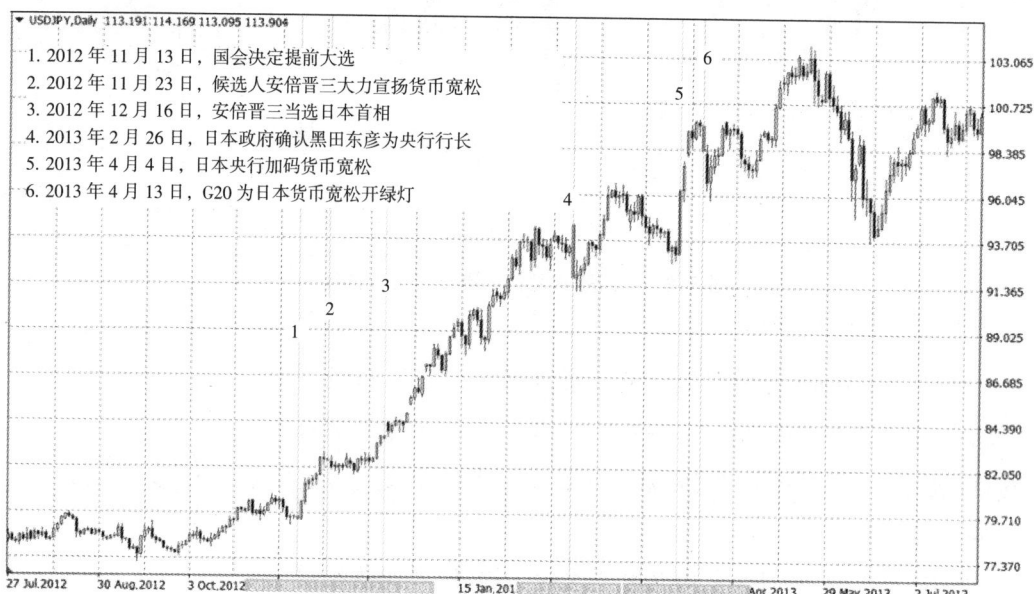

1. 2012年11月13日，国会决定提前大选
2. 2012年11月23日，候选人安倍晋三大力宣扬货币宽松
3. 2012年12月16日，安倍晋三当选日本首相
4. 2013年2月26日，日本政府确认黑田东彦为央行行长
5. 2013年4月4日，日本央行加码货币宽松
6. 2013年4月13日，G20为日本货币宽松开绿灯

图3-9　安倍经济学催化了一轮美元兑日元的大牛市

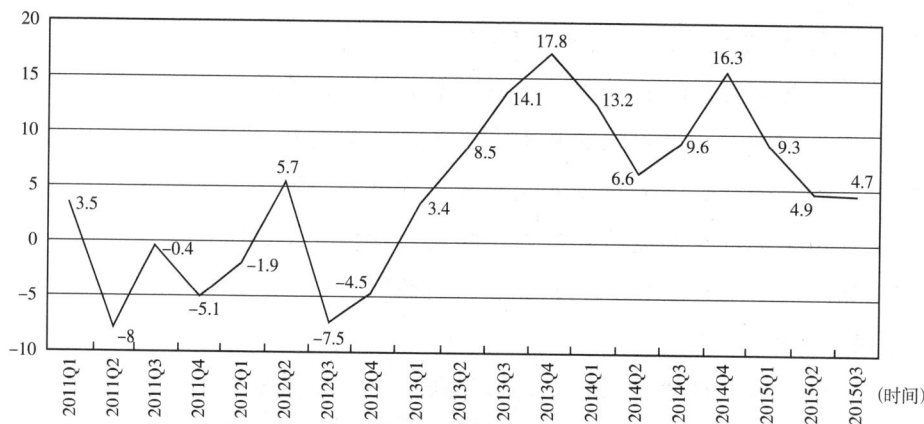

图3-10　安倍经济学推动日元贬值对出口的正面显著影响

资料来源：《它山之石，日元贬值与安倍经济学》（皋铭）。

把握住这轮日元贬值大行情的外汇交易者几乎全是趋势跟踪类或宏观对冲类的，索罗斯也参与了做空日元，同时他还做多了日经指数。当时，很多国际对冲基金都涌入了日经225指数期货，该期货的投机净头寸迅速由空翻多（见图3-11）。日经255指数是日本主要的股票市场指数。当日本汇率合理地降低时，会提升以出口为目的的企业的股价，同时，整个日经指数也会上涨。当然少数情况则并非如此，股市强劲时，会吸引国外投资者大量使用日元投资于日本股市，日元汇率也会因此得到推升。

后面我们会从统计角度来分析日经指数和汇率变动的关系，请参看《外汇市场和股票市场的相互关系》一节。

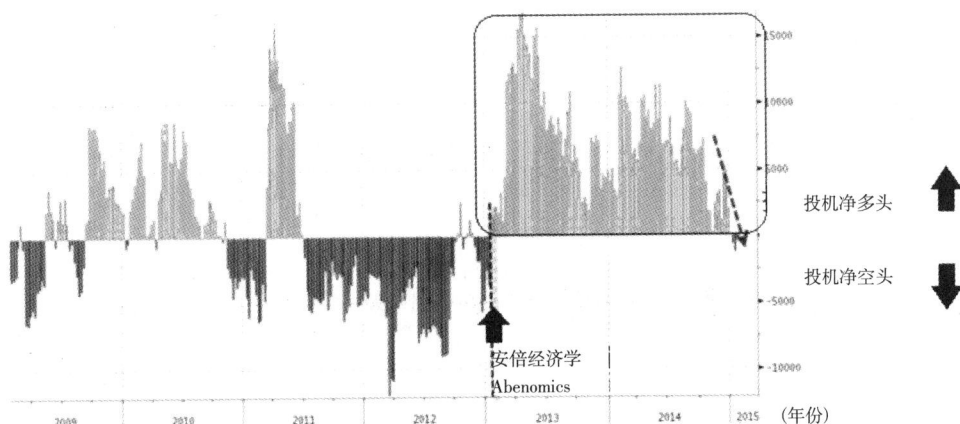

图3-11 安倍经济学催生了日本股票大牛市（股指期货做多热情高涨）
资料来源：Zerohedge。

一般外汇交易者喜欢参与美元兑日元（见图3-12）的交易，因为日元走势持续性很强。同时，另外一些偏好高波动交叉货币的外汇交易者则喜欢做英镑兑日元（见图3-13），或者是澳元兑日元（见图3-14）。商品价格大幅变化的时候，澳元兑日元机会较大。

因为日本经济与世界经济紧密联系，特别是与主要贸易伙伴，如美国、中国、韩国、东南亚地区密切相关。因此日元汇率也较易受外界因素影响。

另外，日本财政部对货币的影响要超过美国、英国或德国财政部。日本财政部的官员经常就经济状况发布一些

其他主要经济体的动向也能影响日元汇率。

言论，这些言论一般都会给日元造成影响，如当日元发生不符合官方意图的升值或贬值时，特别是过度走强时，财政部官员就会进行口头干预。

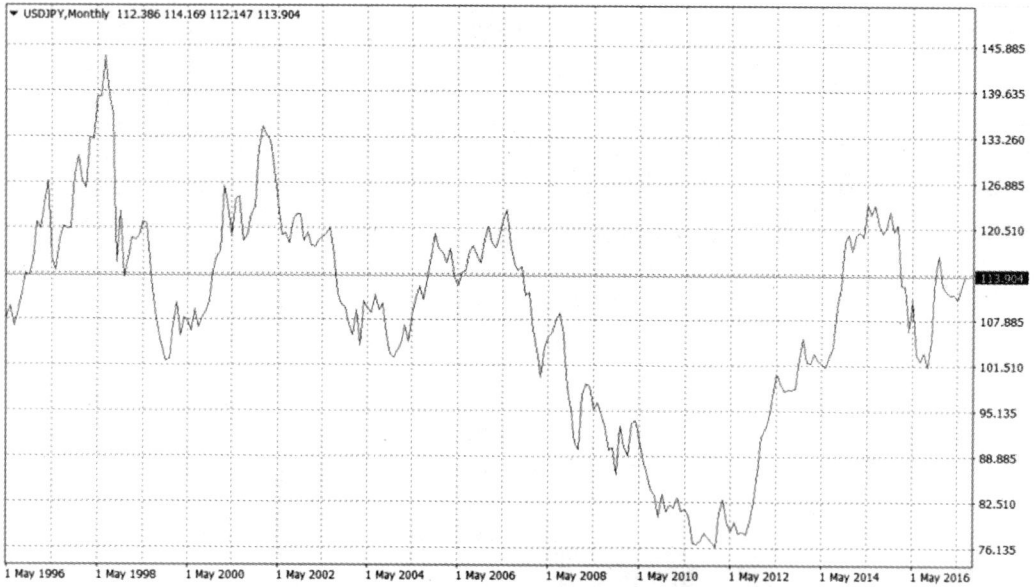

日本央行的独立性较差。

图 3-12　美元兑日元的月线（1995~2017 年）

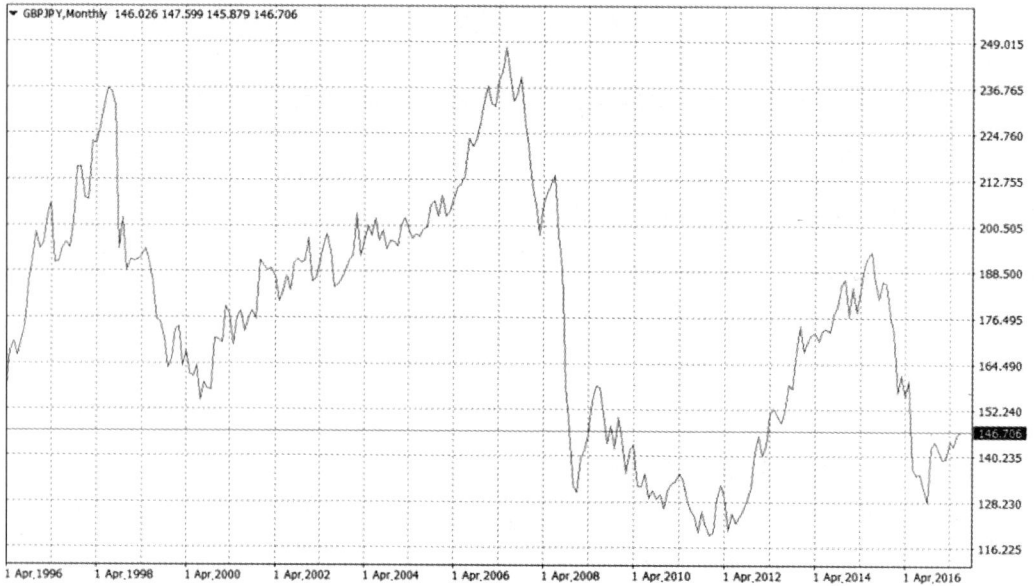

图 3-13　英镑兑日元的月线（1995~2017 年）

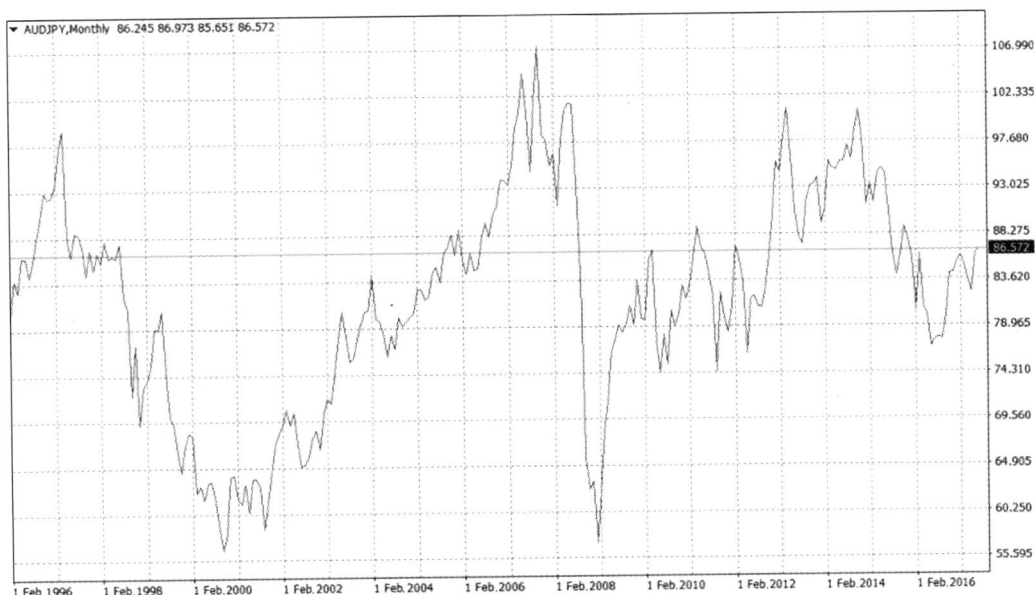

图 3-14 澳元兑日元的月线（1995~2017 年）

（五）欧元

欧元占美元指数的权重为 57.6%，比重最大，欧元的比重也体现在其货币特性和走势上，因为比重和交易量大，欧元是主要非美币种里最为稳健的货币（见图 3-15），如

交易欧元，在大多数情况下基本上相当于交易美元指数。

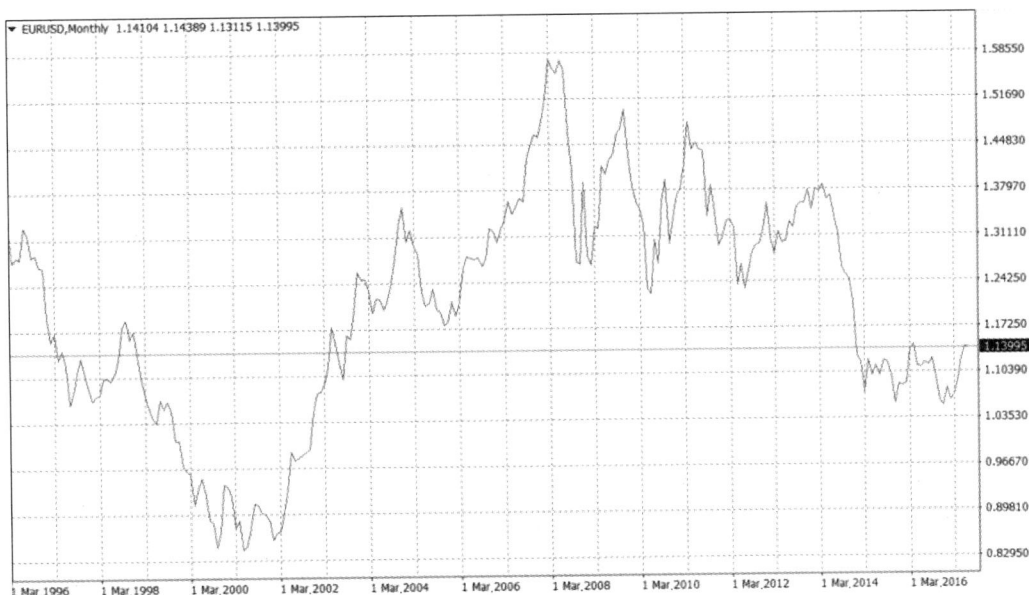

图 3-15 欧元兑美元的月线（1995~2017 年）

同股票市场里的大盘股，常常带动欧系货币和其他非美货币，起着"领头羊"的作用。因此，新手入市，选择欧元作为主要操作币种，颇为有利。

欧洲央行控制欧元区的货币政策。欧洲央行的政策目标：首要目标就是稳定价格。其货币政策有两大主要基础，一是对价格走向和价格稳定风险的展望。**价格稳定主要通过调整后的消费物价指数（HICP）来衡量，使其年增长量低于2%**。HICP尤为重要，由一系列指数和预期值组成，是衡量通货膨胀的重要指标。二是控制货币增长的货币供应量（M3）。欧洲央行将M3年增的参考值定为4.5%。

政治因素和其他汇率相比，EUR/USD最容易受到政治因素的影响，如法国、德国或意大利的国内因素。俄罗斯国家政治金融上的不稳定也会影响到欧元，因为有相当大一部分德国投资者投资到俄罗斯。

（六）澳元

澳元（见图3-16）是典型的商品货币，澳大利亚在煤炭、铁矿石、铜、铝、羊毛等工业品和棉纺品的国际贸易中占绝对优势，因此这些商品价格的上涨，对于澳元的正

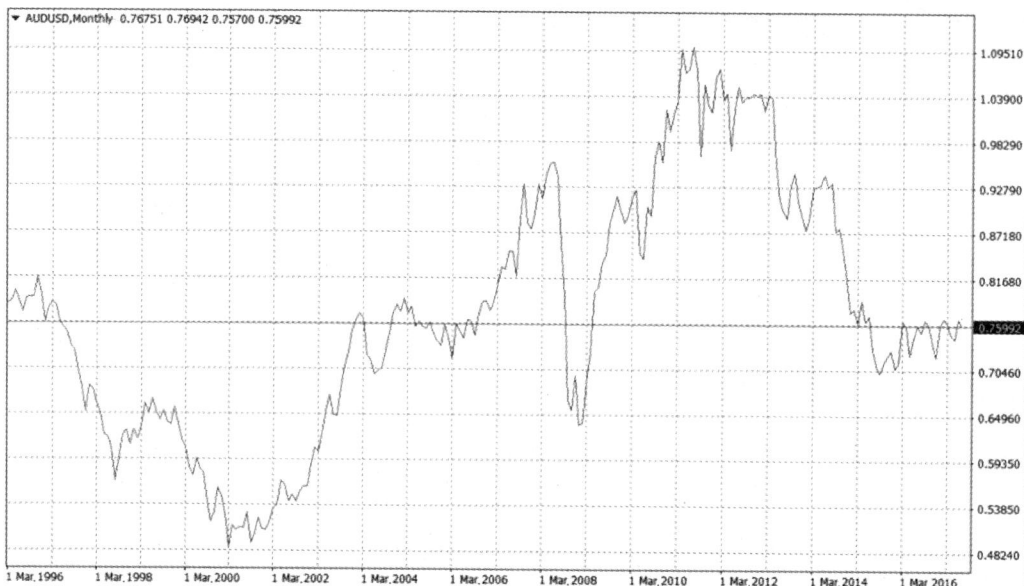

> 欧洲央行继承了德国央行的特征，那就是极端厌恶通胀。奥地利学派的思想在德国人那里得到了前所未有的重视。相比之下，英、美、日的央行更偏重于货币主义和新凯恩斯主义。

图3-16 澳元兑美元的月线（1995~2017年）

面影响是很大的。另外，尽管澳洲不是黄金的重要生产和出口国，但澳元和黄金价格正相关的特征比较明显，还有石油价格。例如，近几年来代表世界主要商品价格的国际商品期价指数一路攀升，一路推升了澳元的汇价。

此外，澳元是高息货币，美国方面利率前景和体现利率前景的国债收益率的变动对其影响较大。

（七）加元

加元（见图 3-17）也属于商品货币，是西方七国里最依赖出口的国家，其出口占其 GDP 的四成，而出口产品主要是农产品和海产品。同时，加元是非常典型的美元集团货币，其出口的 80% 是美国，与美国的经济依存度极高。表现在汇率上，就是加元兑主要货币和美元兑主要货币走势基本一致。例如，欧元兑加元和欧元兑美元在图形上保持良好的同向性，只是在 21 世纪初美元普遍下跌中，此种联系才慢慢减弱。

> 高息货币如果步入降息通道，而相应的低息货币步入升息通道，或者维持利息不变预期，则高息货币兑低息货币也会走贬。这时候仍旧是套息交易在其作用，大家知道为什么吗？

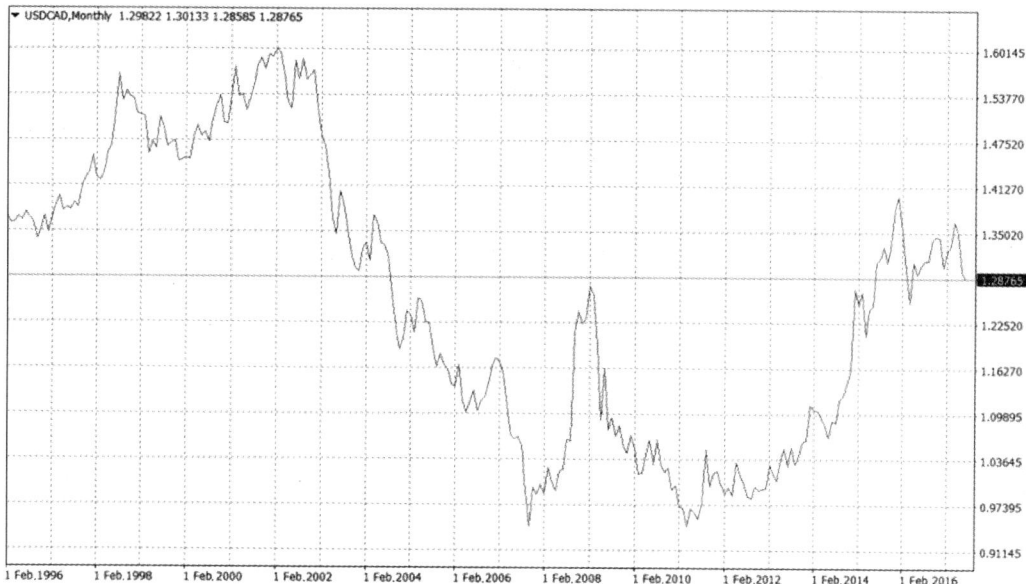

图 3-17　美元兑加元的月线（1995~2017 年）

我们应该注意到黄金在加拿大整个出口中的比例也是十分小的，大概只占到 1 个百分点，所以比较后发现加元汇率和黄金的价格几乎没有什么正关联。按出口在 GDP 中所占的比例，加拿大分别是美国和日本的 4 倍和 2 倍。因此，虽然在大家的认识中都认为日本是一个出口外向型的国家，但实际上，加拿大是西方七强里依赖出口最重的国家。

澳大利亚与铜、铁矿等关系更为密切。加拿大则与原油、木材等关系更为密切。

三、主要外汇对协同原理

技术分析的汇总大师约翰·墨菲对于市场间分析和品种间分析极为推崇。在外汇交易中，我们需要通过了解货币间的关系来配置资金，甚至利用货币对之间的关系套利。

约翰·墨菲着重于市场间分析，主要是债券、外汇、股票和商品之间的关系分析。另外对于股市行业板块轮动也有独到见解。对于主要汇率之间的相互关系并未展开阐述。

各国股票市场均有其各自的不同指数，用以从整体上把握市场的趋势，以应付单只股票研判的过程中，因其波动过快而使研判结果失真，让投资者在投资活动中无所适从；反之，如果在研判个股时，能够很好地结合指数总体走势，在准确把握大盘趋势的前提下，对与指数走势协同共振的个股进行操作，既可以达到事半功倍的效果，又能更加稳定地获取投资收益。

外汇市场中，由于外汇作为各国货币之间兑换比率水平的一个比值（汇率），这个特殊的对象，再由于除各种对美货币之外，还有许多非美货币之间的交叉盘，故此，没有也很难有统一的指数可供参考。

在实际交易操作的过程中，我们所能参考的也只有美元指数，而美元指数的权重构成中，欧元占了其总权重的 50% 以上。由此，欧元走势对美元指数走势有着决定性的影响。鉴于此，我们在操作的过程中，**可以近似地把欧元兑美元走势看作美元指数走势**，这样可以在投资操作过程中有效减少既要查看美元指数即时走势，又要研判当时所操作的外汇对的走势，特别是操作不够熟练、经验不太丰富的外汇交易者，难免会出现顾此失彼的现象，导致不应有的投资失误，带来不必要的交易损失。

美元指数是国际资本流动的温度计。

我们长期以来的成功投资经验是，以研判 EURUSD 走势为主，结合另外三个主要货币对 GBPUSD、USDCHF、USDJPY 的走势及其与 EURUSD 走势的背离与共振特征，选择实际应该展开操作的外汇品种，即我们所说的协同共振原理。

根据我们对外汇历史走势的总结，它们之间在共振走势上存在以下特性：

（1）欧元占有美元指数权重的 50% 以上，故其他对美元外汇的走势均不同程度受欧元走势影响，近似于像欧元走势的影子；

（2）欧元由于其货币量庞大，仅次于美元，因此就像股市中的超级大盘股一样，所以其有着走势稳定、波动幅度较其他外汇品种小的特点；

（3）英镑作为欧系货币的另一个主要品种，其总体趋势基本和欧元一致，但在小波段走势中有局部背离现象，且背离时的走势与唯一一只亚系货币日元有着明显的共振特征；

（4）日元作为唯一一只亚系货币，走势总体特征与欧元一致，局部走势多与欧元背离，且其中会与英镑有明显共振，也许是因为两者都是投机货币的缘故；

（5）瑞士法郎既有着欧系货币的身份，又有着货币量相对较小的特性，故其走势绝大部分时间都完全像是欧元的影子，很少出现背离。而且，其波动幅度明显大于欧元，这为我们提供了在整体把握欧元走势的前提下操作法郎。不但可以更准确地把握趋势，也能根据此特性行情放大，同样的资金投入，获取更大收益。国外的货币交易专家发现欧元和瑞士法郎在日线图上的相关性高达 0.91，而在更小的时间（2 小时图）的框架上则表现稍逊为 0.54。

上面我们主要从主要汇率之间的共振角度进行了针对外汇交易需要的分析，现在我们将这个题目深入下去，更广泛地谈谈外汇市场中存在的相关性问题。要想成为一个出色的外汇交易者，就必须明白你面对的各大外汇品种之

现在我更偏好观察四个主要货币对：欧元兑美元，美元兑美元，英镑兑美元和澳元兑美元。因为澳元与商品市场关系密切，可以覆盖住更多的宏观经济视角。

间的波动状况，这对于你的交易获利和风险控制都是非常有必要的。

由于汇率涉及两个货币，而一个货币可能涉及好几个汇率，所以汇率的走势总是存在相互影响，没有任何一种汇率的走势完全独立于另外一种汇率。一旦你掌握了汇率之间的相互关系，或者说知道了货币之间关系，并能够掌握这种关系的变化，那么你就能够利用这种关系来控制你的外汇交易组合的风险，并获得最大的利润。

那么汇率之间和货币之间的关系是什么呢？货币对之间影响的原因是显而易见的：如果你交易英镑兑日元这一货币对，在某种意义上而言，你相当于同时交易了英镑兑美元和美元兑日元，由此看来，英镑兑日元的走势与其他两个货币对之间的走势会存在相互影响。

但是，货币对之间的相互影响不仅仅是来自上述这一简单原因。虽然一些货币对呈现正相关关系，而另外一些货币对呈现负相关关系，但这些简单关系的背后都蕴藏着复杂的作用力系统。

金融交易世界中所谓的协同关系，或者说相关性，基本是依靠统计学度量来求证的。相关系数的范围在−1~1。如果两个金融品种的相关系数为+1，则表明这两个品种的运动方向和节奏完全一致；如果两个金融品种的相关系数为−1，则表明这两个品种的运动方向完全相反，在任何时间都是如此；相关系数为 0，则表明这两个品种的运动没有任何相关性，完全处于随机状态。

我们对于统计学上的相关性已经有了足够的认识，现在我们来运用这些知识来理解外汇市场中的汇率协同现象，请读者们看一下表 3–1~表 3–5，这些表显示了截至 2005年 3 月欧元兑美元与各大货币对的相关情况。

表 3–1 的第一栏显示出在整个 3 月，也就是在截至2005 年 3 月的最近 1 个月内，欧元兑美元和澳元兑美元之间的正相关性非常高，达到 0.94。这表明当欧元兑美元上

复杂的资产组合需要用到很多统计手段和模型，我并不偏好于此。

驱动因素的同一性和相互联系导致了货币对的相关性。

涨时，澳元兑美元在 94％的时间内也会同时上涨。再看第二栏，也就是最近 3 个月的两者的相关程度，表格中的数据是 0.47，也就是说两者只在大约 47％的时间内保持同方向运动，这比最近 1 个月的相关性有所降低。

永远记住一句话，相关性不等于因果性。

表 3-1　欧元兑美元与主要货币对的相关性

EUR/USD	AUD/USD	USD/JPY	GBP/USD	NZD/USD	USD/CHF	USD/CAD
1 Month	0.94	−0.92	0.92	0.94	−0.99	−0.32
3 Months	0.47	−0.37	0.83	0.57	−0.98	−0.61
6 Months	0.74	−0.83	0.94	0.78	−0.96	−0.57
1 Year	0.85	−0.86	0.91	0.93	−0.98	−0.89

表 3-2　澳元兑美元与主要货币对的相关性

AUD/USD	EUR/USD	USD/JPY	GBP/USD	NZD/USD	USD/CHF	USD/CAD
1 Month	0.94	−0.91	0.95	0.96	−0.94	−0.17
3 Months	0.47	−0.24	0.81	0.90	−0.44	−0.14
6 Months	0.74	−0.70	0.75	0.89	−0.70	−0.54
1 Year	0.85	−0.87	0.79	0.90	−0.78	−0.81

从表 3-1 还可以看到，欧元兑美元和美元兑瑞郎之间表现出极高的负相关性，无论是 1 年、6 个月，还是 3 个月、1 个月的期限段内，两者之间的负相关度都在 0.96 以上。具体而言，1 个月相关系数为−0.99，3 个月的相关系数为−0.98，6 个月的相关系数为−0.96，1 年的相关系数为−0.98。当欧元兑美元大幅度上涨时，美元兑瑞郎就会大幅度下降。两者的负相关性在很长的考察统计期限内也非常稳定。

表 3-3　新西兰元兑美元与主要货币对的相关性

NZD/USD	EUR/USD	AUD/USD	USD/JPY	GBP/USD	USD/CHF	USD/CAD
1 Month	0.94	0.96	−0.91	0.87	−0.92	−0.29
3 Months	0.57	0.90	0.15	0.83	−0.53	−0.35
6 Months	0.78	0.89	−0.61	0.84	−0.69	−0.38
1 Year	0.93	0.90	−0.84	0.93	−0.88	−0.94

表3–4 美元兑瑞郎与主要货币对的相关性

USD/CHF	EUR/USD	AUD/USd	USD/JPY	GBP/USD	NZD/USD	USD/CAD
1 Month	−0.99	−0.94	0.94	−0.95	−0.92	0.21
3 Months	−0.98	−0.44	0.40	−0.82	−0.53	0.55
6 Months	−0.96	−0.70	0.83	−0.88	−0.69	0.70
1 Year	−0.98	−0.78	0.83	−0.90	−0.88	0.87

表3–5 美元兑加元与主要货币对的相关性

USD/CAD	EUR/USD	AUD/USD	USD/JPY	GBP/USD	NZD/USD	USD/CHF
1 Month	−0.32	−0.17	0.06	−0.03	−0.29	0.21
3 Months	−0.61	−0.14	0.12	−0.36	−0.35	0.55
6 Months	−0.57	−0.54	0.59	−0.42	−0.38	0.70
1 Year	−0.89	−0.81	0.80	−0.70	−0.94	0.87

知道相关性的原因比知道相关性本身更为重要，相关性并不等于因果性，高明的交易者懂得两者之间的差异，绝不会刻舟求剑。

虽然欧元兑美元和美元兑瑞郎的相关性非常稳定，但其他货币对之间的关系却并没有总是稳定在某一数值水平附近，我们以美元兑加元和新西兰元兑美元为例来说明。如表3-5所示，在1年的统计期限内，它们的相关系数为−0.94，也就是说，两者在该考察期限内的负相关性很高，但后来该相关系数下降了，主要原因是新西兰储备银行考虑加息，以及加拿大的政治动荡。

汇率之间的相关性经常变化，因为今日的全球经济因素和市场情绪非常容易发生骤变。**在今天看似稳固的汇率关系，到一个更长的时间期限上看就不那么稳固了。**为了能够利用相对稳定的汇率关系，我们需要考察过去6个月的汇率相关性水平，这种方法为我们进行外汇交易、管理投资组合风险提供了极大的便利，根据历史经验看，这种方法的有效性非常高。根据我们自己的外汇交易经验，我们发现导致汇率相关性变化的因素主要包括货币政策的变化，比如加息，大宗商品价格的变化，以及整体经济状况和政治环境的变化。

表3-6显示了6个月移动的欧元兑美元与其他主要货

币对的相关程度。

表 3-6　6 个月移动的欧元兑美元与其他主要货币对的相关性

时间	EUR/USD	AUD/USD	USD/JPY	GBP/USD	NZD/USD	USD/CHF	USD/CAD
2003/29/2004~2009/29/2004	6 Months Trailing	0.10	−0.28	0.69	0.68	−0.88	−0.60
2004/29/2004~2010/28/2004	6 Months Trailing	0.77	−0.67	0.47	0.84	−0.90	−0.78
2005/31/2004~2011/29/2004	6 Months Trailing	0.96	−0.88	0.61	0.88	−0.97	−0.89
2006/30/2004~2012/29/2004	6 Months Trailing	0.93	−0.94	0.87	0.94	−0.98	−0.85
2007/30/2004~2001/28/2005	6 Months Trailing	0.93	−0.93	0.92	0.95	−0.99	−0.86
2008/31/2004~2003/01/2005	6 Months Trailing	0.88	−0.91	0.96	0.91	−0.98	−0.80
2009/30/2004~2003/31/2005	6 Months Trailing	0.74	−0.83	0.95	0.79	−0.96	−0.58
	Average	0.76	−0.78	0.78	0.86	−0.95	−0.77

　　要获得最准确的货币对相关程度数据，你能采取的最好办法是自己亲自动手计算这些数据，这听起来非常困难，但实际上是非常简单的。要计算货币对之间的简单相关性，你只需要利用诸如微软 EXCEL 之类的电子数据表软件，许多外汇行情软件，比如 MT4 等都允许你免费下载历史日线数据，你可以将这些数据载入到 EXCEL 中。然后，利用 EXCEL 的相关性函数，分别计算出 1 年、半年、3 个月和 1 个月的相关性数值。

　　根据你自己交易的需要，你可以决定分析哪些货币对和多长时间内的相关程度。我们自己也经常统计英镑兑美元走势与黄金走势之间的相关程度，因为我们的日内交易以英镑兑美元和黄金为主，所以为了管理好整个组合的风险，我们需要计算组合中两个投资品种的相关程度。

　　另外，对于不想自己动手的交易者而言，也有两个比较权威的相关性数据来源，这两个数据源都是及时更新的。第一个数据来源是 mataf，它们提供货币对相关性更新数据的网址如下：https：//www.mataf.net/en/forex/tools/correlation。

　　这个页面提供了从各种时间框架下的货币对相关性矩阵（见图 3-18~图 3-20），以及相关性参数的走势图（见图 3-21）。

资产配置的时候相关性是一个比较重要的考虑因素。

Hourly

	EURUSD	GBPUSD	USDCHF	USDJPY	EURJPY	USDCAD	AUDUSD	EURAUD	USDZAR	USDHKD
EURUSD	100	13.8	−82.1	47.5	84.4	−2.9	−55.3	96	48	84.6
GBPUSD	13.8	100	−51.5	−62.1	−30.2	70	−70.3	34.4	50.3	−12.6
USDCHF	−82.1	−51.5	100	−8.8	−51	−44.1	70.5	−87.2	−45.2	−45.7
USDJPY	47.5	−62.1	−8.8	100	87.2	−53.4	23.6	28.9	8.4	59.7
EURJPY	84.4	−30.2	−51	87.2	100	−34.1	−16.3	70.9	31.7	83.2
USDCAD	−2.9	70	−44.1	−53.4	−34.1	100	−45.3	13	25.9	−41
AUDUSD	−55.3	−70.3	70.5	23.6	−16.3	−45.3	100	−76.4	−55.8	−37.2
EURAUD	96	34.4	−87.2	28.9	70.9	13	−76.4	100	55.9	78
USDZAP	48	50.3	−45.2	8.4	31.7	25.9	−55.8	55.9	100	38.6
USDHKD	84.6	−12.6	−45.7	59.7	83.2	−41	−37.2	78	38.6	100

图 3–18　1 小时时间框架下各货币对的相关性矩阵

资料来源：mataf.

4 hours

	EURUSD	GBPUSD	USDCHF	USDJPY	EURJPY	USDCAD	AUDUSD	EURAUD	USDZAR	USDHKD
EURUSD	100	58.4	−73.5	−26.2	25.6	−11.2	48.5	8.4	−17.6	11.7
GBPUSD	58.4	100	−41.5	−20.7	9.4	−35.4	66.5	−38.6	−10.5	20.8
USDCHF	−73.5	−41.5	100	79.5	41.5	−47	−65.1	27.5	70.5	51.8
USDJPY	−26.2	−20.7	79.5	100	86.6	−63.5	−55.2	46.3	85	82.8
EURJPY	25.6	9.4	41.5	86.6	100	−69.4	−30.3	50.9	76.1	89
USDCAD	−11.2	−35.4	−47	−63.5	−69.4	100	6.4	−14.6	−59.1	−74.2
AUDUSD	48.5	66.5	−65.1	−55.2	−30.3	6.4	100	−83.1	−65	−21.3
EURAUD	8.4	−38.6	27.5	46.3	50.9	−14.6	−83.1	100	62.9	31.9
USDZAP	−17.6	−10.5	70.5	85	76.1	−59.1	−65	62.9	100	77
USDHKD	11.7	20.8	51.8	82.8	89	−74.2	−21.3	31.9	77	100

图 3–19　4 小时时间框架下各货币对的相关性矩阵

资料来源：mataf.

Daily

	EURUSD	GBPUSD	USDCHF	USDJPY	EURJPY	USDCAD	AUDUSD	EURAUD	USDZAR	USDHKD
EURUSD	100	6.6	−95.7	−29.7	70	−83.8	73.6	51	−48	73.8
GBPUSD	6.6	100	8.9	41	36.8	14.3	−21.5	36.5	46.2	−29
USDCHF	−95.7	8.9	100	49.6	−51.1	75.9	−73.5	−45	59.9	−66.2
USDJPY	−29.7	41	49.6	100	47.4	0.6	−17	−21.9	76.2	1.1
EURJPY	70	36.8	−51.1	47.4	100	−76.8	55.2	30.6	13	68.8
USDCAD	−83.8	14.3	75.9	0.6	−76.8	100	−88.6	−8.4	31.4	−93.1
AUDUSD	73.6	−21.5	−73.5	−17	55.2	−88.6	100	−20.7	−40.6	83.1
EURAUD	51	36.5	−45	−21.9	30.6	−8.4	−20.7	100	−18.3	1
USDZAP	−48	46.2	59.9	76.2	13	31.4	−40.6	−18.3	100	−32.6
USDHKD	73.8	−29	−66.2	1.1	68.8	−93.1	83.1	1	−32.6	100

图3-20 日线时间框架下各货币对的相关性矩阵

资料来源：mataf.

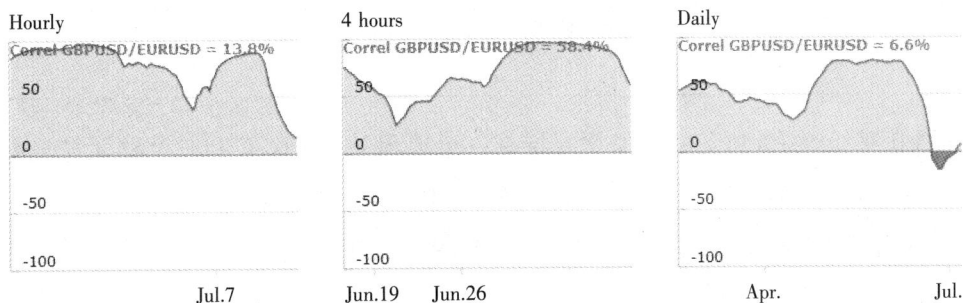

图3-21 各时间框架下各货币对的相关性参数走势

资料来源：mataf.

第二个数据来源是oanda，它们提供的货币对相关性更新数据的网址如下：https：//www.oanda.com/lang/cns/forex-trading/analysis/currency-correlation。

这个网站提供的相关性数据也是根据时间跨度来计算的，如图3-22所示。

那么，具体而言，如何利用汇率之间的相关性知识去管理头寸风险呢？下面我们具体介绍。首先，如果两种汇率走势是负相关的，那么就应该避免同时持有两个头寸，这样做相当于没有任何头寸，但却白白地支付了不少手续费和点差。比如，如果你已经知道了美元兑瑞郎与欧元兑

海龟交易者在做资产配置的时候也比较注重相关性。

vs. EUR/USD	1 hour	1 day	1 week	1 month	3 months	6 months	1 year
AUD/JPY	0.00	0.00	0.38	0.84	0.55	−0.40	−0.63
AUD/USD	0.00	0.00	0.31	0.73	0.28	−0.25	0.39
EUR/AUD	0.00	0.00	0.19	0.69	0.85	0.92	0.80
EUR/CHF	0.00	0.00	0.36	0.88	0.78	0.89	0.86
EUR/GBP	0.00	0.00	0.29	0.13	0.85	0.54	0.32
EUR/JPY	0.00	0.00	0.47	0.93	0.91	0.81	−0.20
EUR/USD							
GBP/CHF	0.00	0.00	−0.25	0.62	−0.57	0.04	0.07
GBP/JPY	0.00	0.00	0.55	0.91	0.51	0.60	−0.34
GBP/USD	0.00	0.00	0.52	0.95	0.55	0.80	0.72
NZD/USD	0.00	0.00	0.60	0.74	0.68	0.24	0.54
USD/CAD	0.00	0.00	−0.01	−0.83	−0.46	0.10	−0.34
USD/CHF	0.00	0.00	−0.85	−0.95	−0.95	−0.96	−0.97

图 3-22　各时间框架下各货币对的相关性参数走势

资料来源：oanda.

美元是几乎 100% 负相关的，但你却持有一个美元兑瑞郎多头和一个欧元兑美元多头，这相当于没有持有任何头寸，两个头寸构成了一个锁仓对冲交易。

其次，如果两个汇率走势之间的相关性很低，则可以在这两个汇率品种上分散投资，从而减少整个投资组合的风险系数，比如欧元兑美元与澳元兑美元就是这样的例子。相关性较低的货币对可以用作分散投资，从而降低风险，提高收益。

最后，如果预测两个相关性汇率的走势一样，那么投资者可以选择点差低而点值高的货币对交易，或者根据自己的本金情况和风险承受度选择。比如，欧元兑美元与美元兑瑞郎近乎完全负相关，但欧元兑美元的点值为 10 美元（以 10 万美元合约为标准），而美元兑瑞郎的点值则为 8.34 美元，表明那些风险承受度较低的交易者可以选择交易美元兑瑞郎来代替欧元兑美元。

要成为一个成功的外汇交易员，明白不同货币对之间的关系非常重要，因为这可以帮助交易者管理整个外汇交易组合的风险。

四、三大外汇市场与时间规律

外汇交易中，时间是第一重要因素，因为全球三大外汇市场的轮转节律使得外汇运行具有明显的时间规律。外汇交易主要是三大时段和三大市场，其规律如下

（北京时间为准）。

（1）5点到14点行情一般比较清淡。这主要是由于亚洲市场的推动力量较小所为，一般震荡幅度在30点以内，没有明显的方向，多为调整和回调行情。一般与当天的方向走势相反，比如若当天走势上涨，则这段时间多为小幅震荡的下跌。

这一时段的行情由于大多没有方向可言，保证金交易者可以在北京时间早上6~8点左右观察一下，如果行情为上下波浪震荡形态（看15分钟或是5分钟的图形），可以在行情震荡到两端时做5~15点的操作，只放止赢不做短线止损即可。如果到11点后还不能挣钱出来则要及时平仓止损。这种做法称之为5点法，是不能盯盘做的，适合操作技巧不高的投资者，最终止损可放30~40点左右。

（2）14点到18点为欧洲上午市场，15点后一般有一次行情。欧洲开始交易后资金就会增加，外汇市场是一个金钱堆积的市场，所以哪里的资金量大就会在哪里出现大的波动。而且，此时段也会伴随着一些对欧洲货币有影响力的数据的公布。该时段的一般震荡幅度在40~80点左右。

这一段时间一般会在15：30后开始真正的行情，此次行情多会伴随着背离和突破等技术指标，所以是一段比较好抓的机会。

（3）18点到20点，为欧洲的中午休息和美洲市场的清晨，较为清淡。这段时间是欧洲的午休时间，也是等待美国开市的前夕。

（4）20点到24点为欧洲市场的下午盘和美洲市场的上午盘。这段时间是行情波动最大的时候，也是资金量和参与人数最多的时段。一般为80点以上的行情。这段时间会完全按照今天的方向去行动，所以判断这次行情就要根据大势了，它可以和欧洲是同方向的，也可以和欧洲是反方向的。总之，应和大势一致。

（5）24点后到清晨，为美国的下午盘，一般此时已经走出了较大的行情，这段时间多为对前面行情的技术调整。

其实在中国的外汇交易者拥有别的时区不能比拟的时间优势，就是能够抓住15点到24点这个波动最大的时间段，其对于一般的投资者而言都是从事非外汇专业的工作，下午5点下班到24点这段时间是自由时间，正好可以用来做外汇交易，不必为工作的事情分心。

赶不上下午的交易者当然就要等到晚上再交易了，但最好还是等到20点30分以后，这一半是第二次行情开始的时间，也就是等到欧洲中午休息完了，美洲开市为止。如有重要数据公布则要十分小心，此时由于波动巨大，会出现骗线的情况，不要盲目追势，可有效避免骗线。

可以说，上帝为中国时区的人们创造了不可比拟的交易时间，让我们可以在尽量专心的情况下交易，大家可要好好把握！

我们可以从如下网址查询到目前所处的交易市场，这个页面标注了相应的市场和历史流动性状况，如图3-23所示。

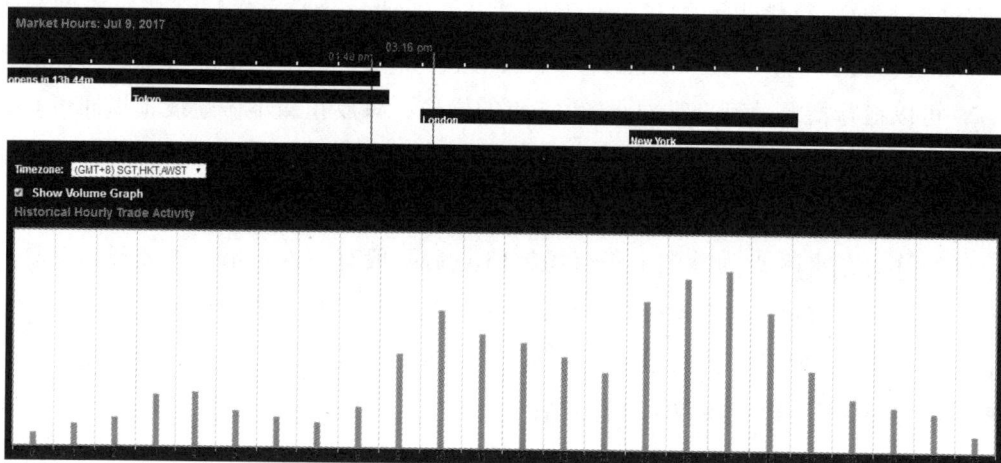

图 3-23　交易市场和历史流动性的时间规律

资料来源：oanda. https：//www.oanda.com/lang/cns/forex–trading/analysis/market–hours.

另外，我们也给出一个外汇交易三大时区自动标注指标 Sessions（见图 3-24），这个指标在 MT4 上加载，大家可以编辑代码后在 MT4 上使用。

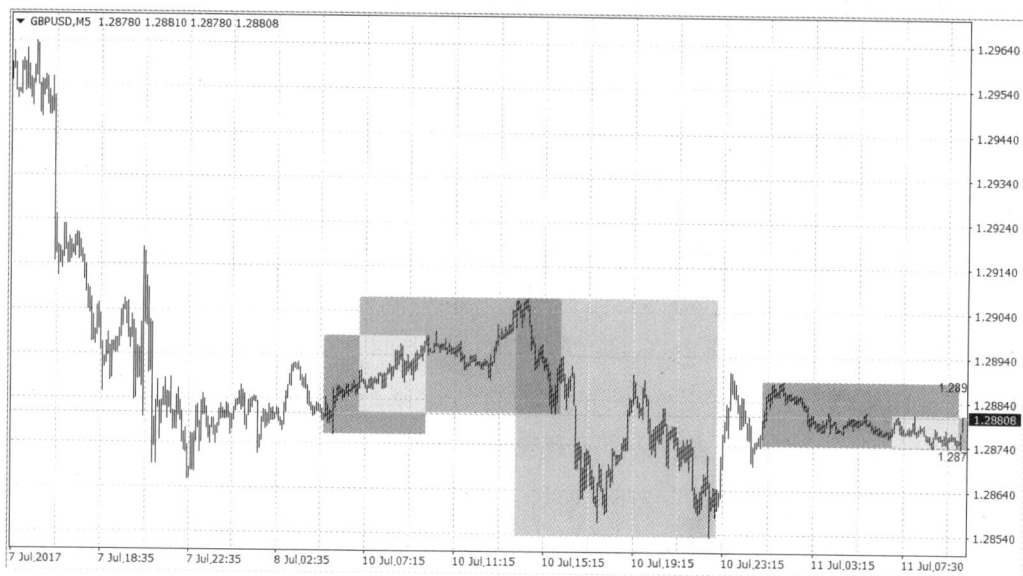

图 3-24　Sessions 标注下的 5 分钟走势

关于 MT4 的使用指南参考《黄金高胜算交易》（第 3 版），Sessions 代码如下：

```
#property indicator_chart_window
//#property indicator_separate_window
#property indicator_buffers 7
#property indicator_color1 Orange
#property indicator_color2 DarkTurquoise
#property indicator_color3 Crimson
#property indicator_color4 DarkTurquoise
#property indicator_color5 Crimson
#property indicator_color6 YellowGreen
#property indicator_color7 YellowGreen
//---- input parameters


//---- buffers
double PBuffer [ ];
double S1Buffer [ ];
double R1Buffer [ ];
double S2Buffer [ ];
double R2Buffer [ ];
double S3Buffer [ ];
double R3Buffer [ ];
string Pivot="Pivot Point", Sup1="S1", Res1="R1";
string Sup2="S2", Res2="R2", Sup3="S 3", Res3="R3";
int fontsize=10;
double P, S1, R1, S2, R2, S3, R3;
double LastHigh, LastLow, x;


//+--------------------------------------------------------------+
//| Custor indicator deinitialization function |
//+--------------------------------------------------------------+
int deinit ( )
```

```
    {

    ObjectDelete ("Pivot");
    ObjectDelete ("Sup1");
    ObjectDelete ("Res1");
    ObjectDelete ("Sup2");
    ObjectDelete ("Res2");
    ObjectDelete ("Sup3");
    ObjectDelete ("Res3");

//----
    return (0);
    }
//+----------------------------------------------------------+
//| Custom indicator initialization function|
//+----------------------------------------------------------+
int init ()
    {
    string short_name;

    SetIndexStyle (0, DRAW_LINE, 0, 1, Orange);
    SetIndexStyle (1, DRAW_LINE, 0, 1, DarkTurquoise);
    SetIndexStyle (2, DRAW_LINE, 0, 1, Crimson);
    SetIndexStyle (3, DRAW_LINE, 0, 1, DarkTurquoise);
    SetIndexStyle (4, DRAW_LINE, 0, 1, Crimson);
    SetIndexStyle (5, DRAW_LINE, 0, 1, YellowGreen);
    SetIndexStyle (6, DRAW_LINE, 0, 1, YellowGreen);
    SetIndexBuffer (0, PBuffer);
    SetIndexBuffer (1, S1Buffer);
    SetIndexBuffer (2, R1Buffer);
    SetIndexBuffer (3, S2Buffer);
```

```
SetIndexBuffer (4, R2Buffer);
SetIndexBuffer (5, S3Buffer);
SetIndexBuffer (6, R3Buffer);


short_name="Pivot Point";
IndicatorShortName (short_name);
SetIndexLabel (0, short_name);


SetIndexDrawBegin (0, 1);


return (0);
}



//+----------------------------------------------------------+
//| Custom indicator iteration function|
//+----------------------------------------------------------+
int start ()


{
int counted_bars=IndicatorCounted ();


int limit, i;
//----indicator calculation
if (counted_bars==0)
{
x=Period ();
if (x > 240) return (-1);
ObjectCreate ("Pivot", OBJ_TEXT, 0, 0, 0);
ObjectSetText ("Pivot","Pivot Point", fontsize,"Arial", Red);
ObjectCreate ("Sup1", OBJ_TEXT, 0, 0, 0);
ObjectSetText ("Sup1","S1", fontsize,"Arial", Red);
```

```
        ObjectCreate ("Res1", OBJ_TEXT, 0, 0, 0);
        ObjectSetText ("Res1","R1", fontsize,"Arial", Red);
        ObjectCreate ("Sup2", OBJ_TEXT, 0, 0, 0);
        ObjectSetText ("Sup2","S 2", fontsize,"Arial", Red);
        ObjectCreate ("Res2", OBJ_TEXT, 0, 0, 0);
        ObjectSetText ("Res2","R2", fontsize,"Arial", Red);
        ObjectCreate ("Sup3", OBJ_TEXT, 0, 0, 0);
        ObjectSetText ("Sup3","S3", fontsize,"Arial", Red);
        ObjectCreate ("Res3", OBJ_TEXT, 0, 0, 0);
        ObjectSetText ("Res3","R3", fontsize,"Arial", Red);
    }

    if (counted_bars < 0) return (-1);
    limit= (Bars-counted_bars) -1;


for (i=limit; i>=0; i--)
    {


    if (High [i+1] > LastHigh) LastHigh=High [i+1];
    if (Low [i+1] < LastLow) LastLow=Low [i+1];


    if (TimeDay (Time [i])! = TimeDay (Time [i+1]))
        {
        P = (LastHigh + LastLow + Close [i + 1]) /3;
        R1 = (2*P) - LastLow;
        S1 = (2*P) - LastHigh;
        R2 = P + (LastHigh - LastLow);
        S2 = P - (LastHigh - LastLow);
        R3 = (2*P) + (LastHigh - (2*LastLow));
        S3 = (2*P) - ((2*LastHigh) - LastLow);
        LastLow = Open [i]; LastHigh = Open [i];
```

```
ObjectMove ("Pivot", 0, Time [i], P);
ObjectMove ("Sup1", 0, Time [i], S1);
ObjectMove ("Res1", 0, Time [i], R1);
ObjectMove ("Sup2", 0, Time [i], S2);
ObjectMove ("Res2", 0, Time [i], R2);
ObjectMove ("Sup3", 0, Time [i], S3);
ObjectMove ("Res3", 0, Time [i], R3);
    }


PBuffer [i] = P;
S1Buffer [i] = S1;
R1Buffer [i] = R1;
S2Buffer [i] = S2;
R2Buffer [i] = R2;
S3Buffer [i] = S3;
R3Buffer [i] = R3;
    }


return (0);
    }
```

五、美元指数与美元走势分析

美元指数的分析一直是获得外汇市场整体观的首要手段。目前全球大宗商品交易仍然以美元定价为主，世界各国外汇储备中，美元占 70% 左右水平，美元汇率走向对商品交易市场、期货市场及各国经济利益再分配格局等均具有重要影响。我们下面将从历次美元指数大幅波动的主导因素以及市场波动特征等角度分析判断美元中期走向格局。

关于美元指数更加全面和详细的分析请参考拙作《美元霸权周期：跨市场战略投资的24 堂精品课》。

（一）美元指数大幅波动的主导因素

最近 40 年来（见图 3-25），美元已经经历了三次显著危机，第一次危机爆发于 1973~1976 年，危机爆发标志是美元和黄金的彻底脱钩以及布雷顿森林体系的崩溃。第二次危机爆发于 1985~1987 年，危机爆发标志是"广场协议"的签署和美国股灾。第三次危机则是因为美国次级危机导致的，到了后期美元反而成了避险货币。

最近一轮美元下跌开始于 2001 年，表面上看是布什政府对 20 世纪 90 年代中期后民主党政府所奉行的"强势美元政策"调整的结果。**但政策改变的背后，仍然是经济因素在起作用。**

按照高盛公司在 2001 年的预测，美国此后 10 年预算赤字将达到 5.5 万亿美元，经常项目下贸易赤字将超过 GDP 的 5%，**双赤字局面的持续是当时美元政策由强转弱的基础。**更为不利的是，美元利率处于 45 年来的最低点，低利率与美国反恐战争导致国际资本流入逆转，难以弥补国际收支逆差。综合起来，双赤字、低利率、恐怖袭击这三大因素导致国际资本外流是 2001 年开始这轮美元中期贬值趋势形成的基本原因。

分析最近三次美元中级下跌趋势的主导因素，**主要经济增长力量发展差异所导致的国际资本流动及其引发的汇率机制变动是主要原因。**每一次产业转移与新兴强势增长区的出现，都意味货币利益格局的再分配，最终体现在新汇率机制的形成上。当笔者对本书进行第 4 版修订的时候，美元正处于上涨趋势的末端，从 2011 年开始的这轮上涨趋势基本结束，新一轮下跌初见端倪。

（二）美元指数中期市场波动特征分析

据有关人士统计分析，过去 40 年的美元市场中期波动中，美元的每一轮上涨或下跌都呈现一定的规律和周期性：平均每一轮的上涨和下跌行情大约持续 5~7 年，如图 3-25 所示。

统计来看，过去 40 年中，美元指数总共大约有 17 次显著的逆势回调或反弹，其中 10 次反弹或回调的幅度超过 10%（相对于周期大势）。统计分析显示，**大约每 2 年出现**

经济基础决定上层建筑，任何政策的变化都有深刻的经济原因。经济决定论在理解人类社会运作方面具有显著的优势，这不可否认。

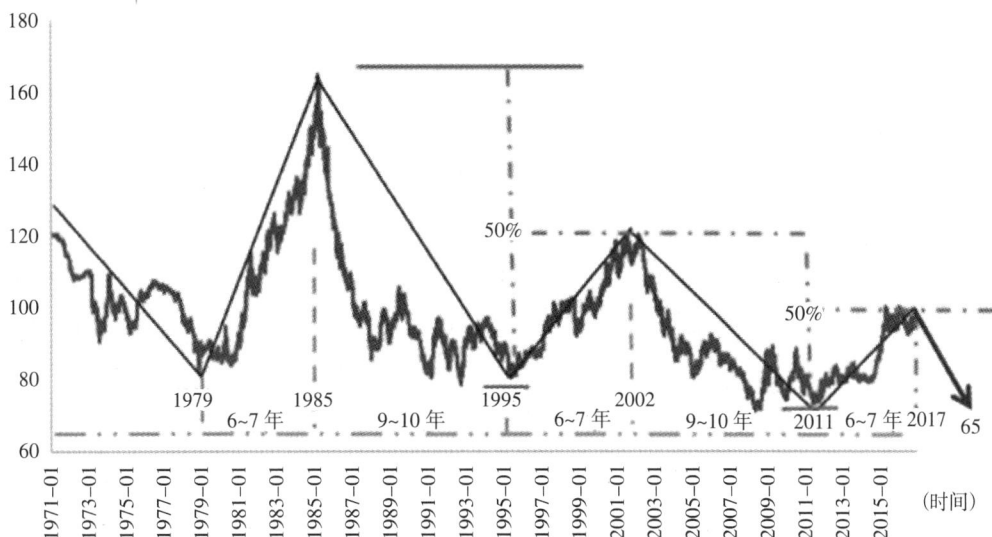

图 3-25 美元周期

资料来源：和讯《美国共和党上台后应该如何构建我们的资产组合？》（安粮期货研究所）。

一次显著幅度超过 5% 但小于 10% 的逆势反弹或回调，大约每 3 年出现一次幅度超过 10% 的逆势回调或反弹。这种波动幅度超过 10% 的显著逆势次级波动，可以粗略地看作波浪理论中的修正浪。

从 40 多年来美元指数的连续走势图来看，其中的时间比例关系与费氏数列和黄金分割比例是基本吻合的。在假设美元指数运行规律依然有效的情况下，此轮美元指数升值周期结束应该在 2017 年。

（三）美元指数与基本金属市场中期走势相关性分析

从 40 多年来 CRB 指数的走势连续图看，CRB 走势与美元走势基本是镜像关系。整个 20 世纪 70 年代的 CRB 指数的大牛市与布雷顿森林体系崩溃后的美元指数第一次大贬值趋势是密不可分的，其后 CRB 指数出现了长达 20 年之久的大调整，此后该指数成功突破 1996 年反弹高点，终于宣告确认 2001 年低点 181.83 的"分水岭"性质。

从走势上看，美元指数的第二次中期贬值趋势，仅仅导致 CRB 指数出现中级反弹行情。与美元指数进行对比，CRB 指数的反弹波段对应的是此次美元贬值趋势的主跌段，

美元走势既是整个外汇市场的灵魂，也是国际大宗商品市场的重大影响因素。分析美元走势，既可以从技术层面入手，也可以从基本层面入手，最好是两者结合起来分析。

在美元指数进行 1989~1992 年的反复盘底过程时，CRB 指数也开始同步转为调整。

同样，当美元指数 1992~1996 年逐步转为强势时，CRB 指数虽然也追随其完成一波中级反弹行情，但在美元指数展开的第二波主升行情中，美元指数又逆向进行中级调整行情。对此的理解是：第一，大宗商品交易市场价格走势在长期趋势上与主导定价的美元指数存在负相关性；第二，由于市场学习效应的存在，商品价格的中期波动趋势与美元指数间的负相关波动只追随主要趋势段，并有提前逆转倾向；第三，当商品价格方向在美元指数的第一波趋势段未能做出正常反应时，其在第二波趋势段仍然会做出正常反应。

结合自 2001 年底开始的商品市场中期上升趋势行情看，基本金属市场完整地追随了美元指数的中期下跌趋势段。不过，2001 年中国加入 WTO 对基本金属市场的影响比美元的影响更大。美元从 2001 年开始走弱，资本从中心流向外围，主要还是经济增长率差异决定的，并不是阴谋论能够解释的。

美元与大宗商品的负相关性，并不能用美元决定论来解释。美元走弱与走强，其实反映了中心与外围的经济增长差异，而这进一步影响了国际资本的流动，自然会显著影响包括大宗商品期货在内的国际金融市场。

最近这轮美元上涨，预计将在 2017 年左右见顶，然后美元步入下降趋势。美元步入下降趋势，一方面因为欧洲经济复苏，另一方面因为"一带一路"沿线国家接过基建接力棒，资本开始从中心再度流向外围。**大宗商品会因为美元走弱和全球基建潮而步入新的上升趋势。**

（四）美元指数与标准普尔 500，CRB 和 LME 铜价四者之间的关系

本小节主要通过统计检验来讨论美元汇率与代表宏观经济走势的标准普尔 500 指数和代表核心商品价格波动的 CRB 商品指数以及 LME 铜价四者之间的相关关系。本书所使用的数据的日期从 1995 年 5 月 1 日至 2003 年 7 月 21 日，共计 2036 个有效样本。使用 SPSS10.0 及 Eviews3.1 统计软件包进行相关的分析及检验。

LCPT 代表 LME 三月综合铜，DINI 代表美元指数，CRNI 代表 CRB 指数，SP 代表标准普尔 500 指数。全部 2036 个数据的 Pearson 相关性测试，全部结果通过 0.01 水平的显著性检验，说明此四个样本类具有统计意义上的相关性，相关系数的绝对值在 0~1，当其为 1 时，为完全相关，0.5~0.8 为中度相关，正值为正相关，负值为负相关。其结果表明：

（1）LCPT 铜与 DINI（美元指数）的相关系数为-0.679，即中度负相关。

（2）LCPT 铜与 CRB（商品指数）的相关系数为 0.690，即中度正相关。

（3）LCTP 铜与标准普尔指数的相关系数为-0.654，即中度负相关。

（4）DINI（美元指数）与 CRB 的相关系数为-0.578，即中度负相关。

（5）DINI 与标准普尔的相关系数为 0.719，为中度正相关。

（6）CRB 与标准普尔的相关系数为-0.682，为中度负相关。

经济时间序列经常表现为相关问题，即经济意义表明几乎没有联系的序列之间却可能计算出较大的相关系数，相关性并不代表它们之间一定有内在必然的联系，比如说美国新房开工率和中国内地的新生入学率可能会呈现统计上的相关性，但实际却是完全没有关系的。对此，通过对四个序列的格兰杰因果检验来确定其相关的因果关系，检验结果表明，在 95% 的置信水平上：

（1）SP 的波动导致了 CRB 的波动；

（2）SP 的波动导致了 DINI 的波动；

（3）CRB 的波动导致了 LCPT 的波动；

（4）DINI 和 CRB 之间的因果关系不能得到格兰杰检验的显著性确认（但这并不意味着美元和 CRB 是无关的，只是说明其相关性为真的可能性在 38% 的置信水平上）。

从数据样本总体看，代表商品期货总体价格水平的 CRB 指数与美元和标准普尔 500 呈反向变动，而美元指数与标准普尔 500 呈同向变动，LCPT 与 CRB 呈同向变动。但这种变动不是一个稳定的关系，对于以上四个时间序列的协整检验，也证明其没有长期稳定的比例关系或线性关系。

标准普尔 500 指数是 500 种范围广泛的工业股的资本加权的指数，可以代表宏观经济的"晴雨表"。CRB 指数包括了核心商品的价格波动，因此，CRB 是一种较好反映通货膨胀的指标，它与通货膨胀指数都在同一个方向波动（铜的价格在 CRB 中占到 5.5% 的权重）。

美元指数是综合反映美元在国际外汇市场的汇率情况的指标，用来衡量美元兑

美元有时候是套息交易做多对象，有时候是避险交易做多对象。如何区分呢？方法有很多，第一个方法是看黄金和日元是否与美元一起走强，看VIX有没有走高，如果一起走强则此时美元走强属于避险交易推动。第二个方法是看美元与美债价格一同上涨与否。如果美元涨，美债价格涨，则避险交易的可能性很大；如果美元涨，美债价格跌，美股上涨，则套息交易推动美元的可能性很大。

"一揽子"货币的汇率变化程度。它通过计算美元和对选定的"一揽子"货币的综合的变化率，来衡量美元的强弱程度，从而间接反映美国的出口竞争能力和进口成本的变动情况。如果美元指数下跌，说明美元兑其他的主要货币贬值（美元兑欧元的汇率占到美元指数的最大权重，为57.6%）。

标准普尔上涨，表明股票收益率增加，资金从债券向股票转移，及国外资金的进入，从而导致美元升值；而主要商品以美元计价，美元的升值可以促使美国企业在国外的采购成本降低，从而提升利润；这样进一步促进了标准普尔的上涨，同时导致了CRB的下跌，从而形成一个循环，但这个循环并不是无限制进行的。

在标准普尔500指数上涨接近一定时期的极限时，由于预期收益率的降低及预期美元升值的空间有限，国外资本流入的意愿减弱，从而导致美元升值对成本的降低作用逐步消失，此时由于标准普尔的惯性上涨，对于商品需求的力度并未减弱，从而需求对商品价格的拉动作用大于美元升值对成本的压低作用，导致了商品价格（CRB）与标准普尔指数之间的正相关（1999.10~2001.1，即属于此种情况，其相关关系为0.875的高度正相关），此时成本随标准普尔指数共同上涨，但导致企业成本上升、利润下降，标准普尔500指数的继续上涨受到扭转。

而当标准普尔指数转入下跌趋势后，资金的流出及股票收益率的下降共同导致美元下跌，而美元的下跌抬高了以美元标价的商品价格，导致企业成本上升，收益进一步下降，标准普尔500指数持续走低，也会形成同样的恶性循环。LCPT是CRB的一个组成部分，很显然会受到CRB、DINI与SP500的影响。

以近十年的数据统计为依据，我们可以得出以下结论：宏观经济的好转表现于标准普尔500的上涨，这意味着需求的增加，但并不一定意味着商品价格的上涨（当然包括期铜的价格），因为宏观经济的好转将推动投资于债券的资

金和美国以外的资金向美国及美国股票流动，从而导致美元升值，这将导致一段时期内商品价格的走低。大宗商品价格和美元汇率是长期负相关的。

短期价格的表现主要源于市场的情绪，而长期价格的趋势，无论商品还是美元，均是由它们的基本因素所决定的。换言之，短期波动难改长期趋势。

从世界经济的发展历史看，全球经历了两大工业化进程：一是"二战"结束以后的20世纪50年代到70年代，主要西方国家经历了经济增长的黄金时期；二是20世纪70年代中期到90年代中期以亚洲"四小龙"为代表的亚洲新兴工业化国家崛起阶段。在这两大工业化进程当中，这些国家对商品的需求明显加大，世界经济在这两大增长时期对商品价格的上涨形成基础性支撑。

从2001~2008年的商品牛市看，世界经济的增长同样对商品牛市构成坚实支撑。首先，在美国经济复苏带动下，世界经济自2002年以来进入了一轮较长时间的增长周期，同时全球范围内的通货膨胀却处于较低水平，这种高增长、低通胀的格局是过去几十年来所没有的。其次，以中国、印度、巴西、俄罗斯为代表的"金砖四国"经济进入持续高速增长，加上"一带一路"沿线国家，这些国家的工业化进程明显加快，并且未来经济增长的基础依然强劲，因此2017年美元见顶之后商品价格有了再度起飞的双翼。

再者，全球的超额流动性在2001~2008年的商品牛市中实际上扮演了更为重要的角色，其对商品价格的推动作用极其显著。从根本上看，全球超额流动性的输出源头正是美国的经常项目赤字。其作用机制表现为，美国通过国际收支经常项目逆差向全球输出美元，各国央行为了吸收外汇储备必须增加基础货币投放，而增加的基础货币通过各国的金融机构信贷创造最终形成全球的货币供应。

国际清算银行的一份报告显示，在全球流动性宽裕的背景下，2003~2004年全球共同基金管理的资产规模分别

通过跨市场分析，我们可以知道美元指数走势的性质，是避险交易推动，还是套息交易推动；是风险厌恶情绪主导，还是风险喜好情绪主导。

增长了 23.4% 和 14.5%，增幅远远快于前几年。另外，大部分国家的房地产市场和股票市场在 2005~2007 年都出现了相当可观的上涨。所以，从全球范围看，当时世界经济实际上是处于全球流动性过剩状态下的资产市场全面牛市，而商品仅是其中的一个部分。

总而言之，**由于大宗商品主要以美元标价，美元汇率的变化是影响商品价格的一个重要因素，从过去 40 多年美元与大宗商品价格的相互关系看，两者呈现很强的负相关性。**

六、外汇市场和股票市场的相互关系

在国外稍微上点规模的联合账户，或者私人基金，都会在市场之间进行操作，至少会进行市场间分析。而国内的交易者和很多机构一般都容易忽视国际市场和国内市场，汇市和股市等金融市场之间的联系，这其实违背了金融交易所需要的整体观念。很多国内股票交易人士基本只分析宏观经济、产业周期和公司情况，或者是技术分析，根本不会或者很少关心金融市场之间的联动效应。

为了更好地掌握具体的交易品种，我们建议大家多进行市场间分析，这是约翰·墨菲所倡导的整体分析思路。**世界的主要股票市场反映了对应地区的整体经济状况，而外汇也大致是对等的指示器**，所以将两个理论上等价的金融品种进行分析，看看相互之间的关系，是非常有必要的。同时，世界主要股票市场的数据也非常容易取得，为这种分析提供了可能性。

在本小节中，我们主要分析的是四大股票指数与三大货币对的关系。四大股票指数是纳斯达克、道琼斯、DAX 和日经。而三大货币对则是：欧元兑美元、欧元兑日元和美元兑日元。这三个货币对的交易是最活跃的，而四大股票指数也是三个经济发达地区的经济风向标。

下面我们一一分析四大股票指数与三大货币对的关系。

商品货币是外汇市场与商品市场的一个具体联系因素。

跨市场分析可以得到很多有用的信息。套息交易和避险交易主导着外汇市场，市场走势的性质可以通过跨市场分析获得。外汇与股指均体现了一国经济的宏观面，因此可以相互验证和参照。

（一）纳斯达克与欧元兑美元

我们分析了纳斯达克和欧元兑美元从 1997 年 1 月 28
日至 2000 年 11 月 27 日的相关性（见图 3-26 和图 3-27）。
下面有两个图：第一个图是分析期内两者的走势，第二个
图是两者在不同时间长度内的相关性分析。在 24 个月的相
关性分析中，两者呈现−0.68 的相关性，但在较近的短期时
间内两者呈现了较低的正相关性。靠近 2000 年的短期内的
正向相关性反映了 2000 年初美国技术泡沫破灭引发的纳斯
达克下跌，而与此同时，欧元兑美元也处于长期以来的下

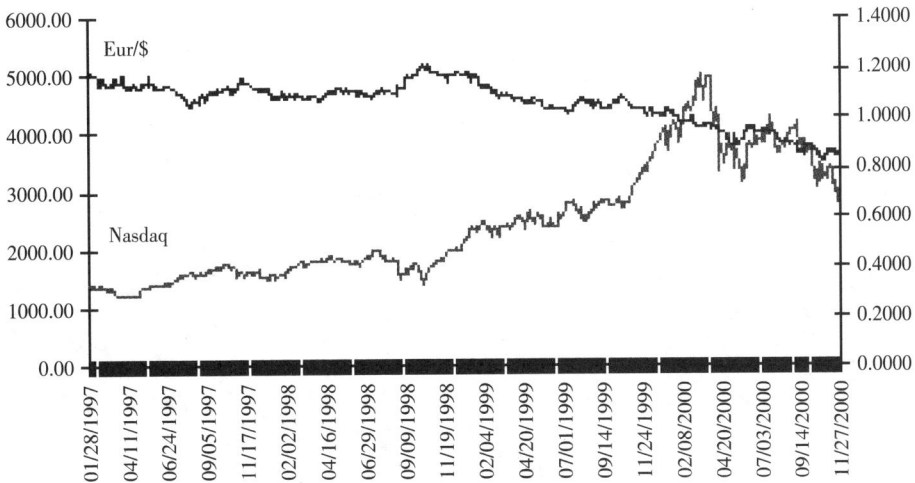

图 3-26　纳斯达克和欧元兑美元走势（1997 年 1 月至 2000 年 11 月）

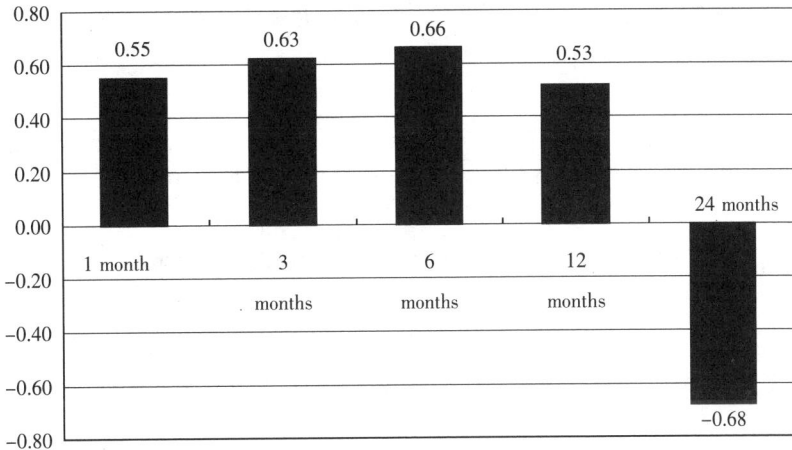

图 3-27　纳斯达克和欧元兑美元的相关性（1997 年 1 月 28 日至 2000 年 11 月 27 日）

跌中，所以两者在分析的时间末段呈现了正相关性。

但是，短期内的正相关性非常低，从 1 个月到 12 个月的短期的相关性分别是 0.55、0.63、0.66 和 0.53，而且在此段正相关的时间内，两者的下跌程度是不同的。在 3 个月的时间内欧元兑美元下跌了 2.3%，而在同一时间段纳斯达克却下跌了 30%。

所以，从中期看（见图 3-28），纳斯达克和欧元兑美元是负相关的，这也与经济理论的推导一致。毕竟纳斯达克代表了美国的经济，而欧元兑美元则是欧元区经济与美国经济的对比指标，两者在理论上应该是负相关的。不过，这种负相关并不是一直存在，在某些时段也会出现两者正相关的情况，比如修订本书第 4 版的时候，如图 3-29 所示。

相关性并非因果性，因此并不恒定。

图 3-28　纳斯达克和欧元兑美元走势（2012 年 7 月至 2017 年 7 月）

vs. US Nas 100	1 hour	1 day	1 week	1 month	3 months	6 months	1 year
EUR/USD	-1.00	0.95	0.33	-0.50	0.65	0.80	0.10

图 3-29　纳斯达克和欧元兑美元的相关性（截至 2017 年 7 月 14 日）

（二）纳斯达克与欧元兑日元

1998 年 11 月至 2000 年 11 月，由于新经济和美联储的激进利率降低政策，纳斯达克上涨了 54%。而欧元兑日元却在 1999 年下降了 15%，在 2000 年 1 月到 11 月间下降了 13%（见图 3-30）。这使得纳斯达克和欧元兑日元之间出现了高达-0.78 的相关性。随后两者经历了短暂的正相关性，随后在 2000 年 11 月的一个月中又再次变成了负的相关性。下面是两幅图：第一幅图反映了分析期内两者的走势（见图 3-30），第二幅图则反映了两者在分析期内的不同时段的相关性（见图 3-31）。最近几年，纳斯达克与欧元兑日元的相关性也并不稳定，如图 3-32 和图 3-33 所示。

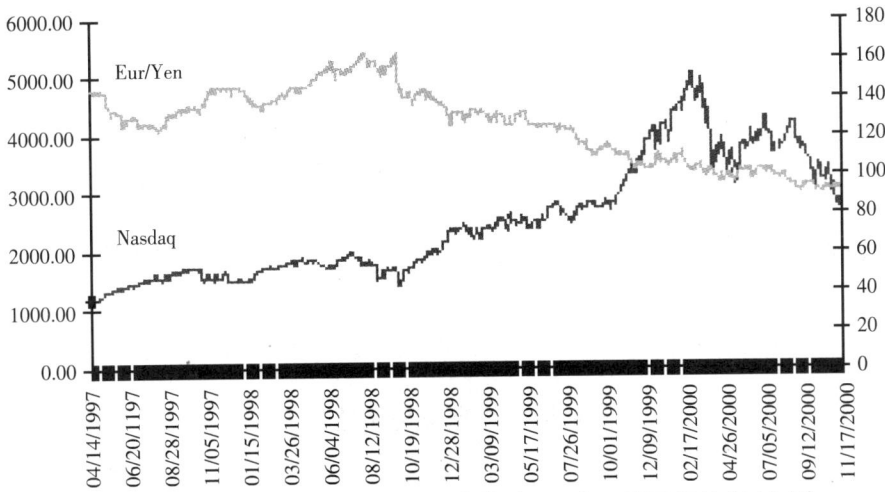

图 3-30 纳斯达克和欧元兑日元走势（1997 年 4 月至 2000 年 11 月）

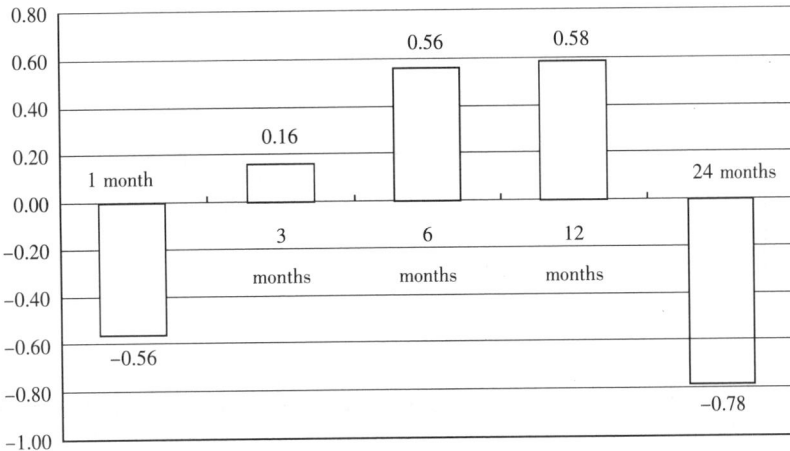

图 3-31 纳斯达克和欧元兑日元的相关性（1997 年 4 月至 2000 年 11 月）

图 3-32　纳斯达克和欧元兑日元走势（2012 年 7 月~2017 年 7 月）

vs. US Nas 100	1 hour	1 day	1 week	1 month	3 months	6 months	1 year
EUR/JPY	-1.00	-0.36	-0.78	-0.48	0.56	0.56	0.73

图 3-33　纳斯达克和欧元兑日元的相关性（截至 2017 年 7 月 14 日）

（三）纳斯达克与美元兑日元

为什么纳斯达克会与美元兑日元呈现整体负相关性？这很不符合常识，因为纳斯达克代表风险追逐情绪，而做多美元兑日元也属于风险追逐情绪。

纳斯达克和美元兑日元之间呈现了非常显著和一致的负相关性，最高达到-0.8。下面是两幅图：第一幅图反映了分析期内两者的走势（见图 3-34），第二幅图则反映了

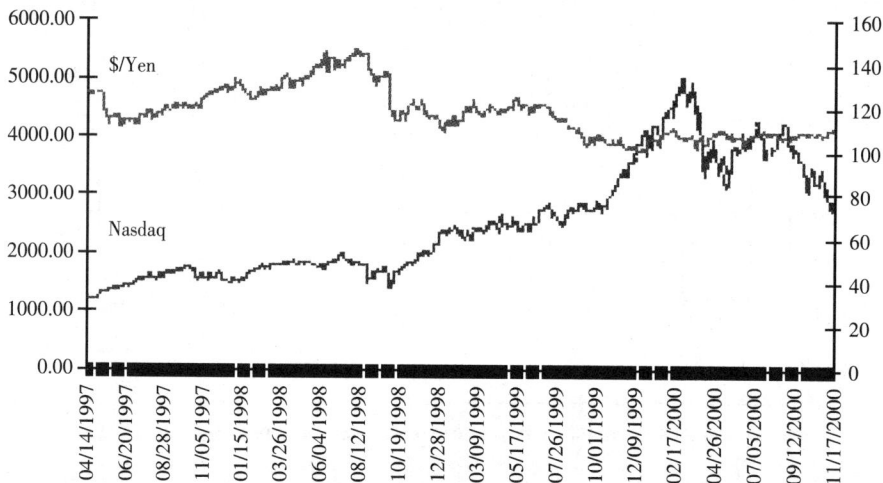

图 3-34　纳斯达克和美元兑日元走势（1997 年 4 月至 2000 年 11 月）

两者在分析期内的不同时段的相关性（见图3-35）。最近几年当中，纳斯达克与美元兑日元仍旧呈现了整体负相关性，如图3-36和图3-37所示。

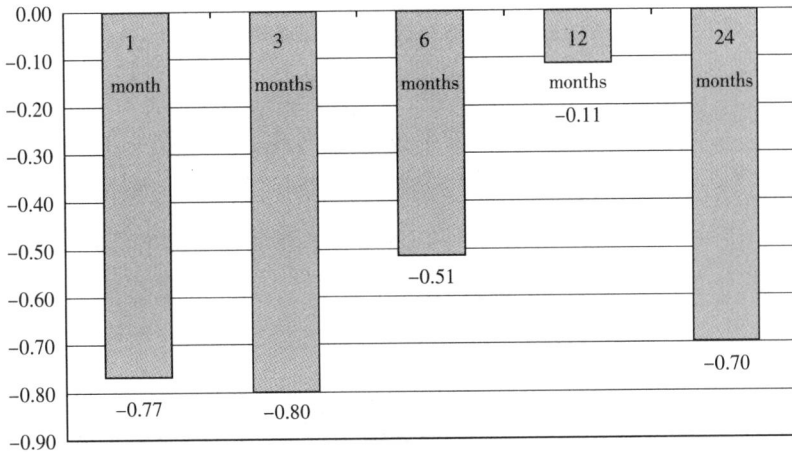

图3-35 纳斯达克和美元兑日元的相关性（1997年4月至2000年11月）

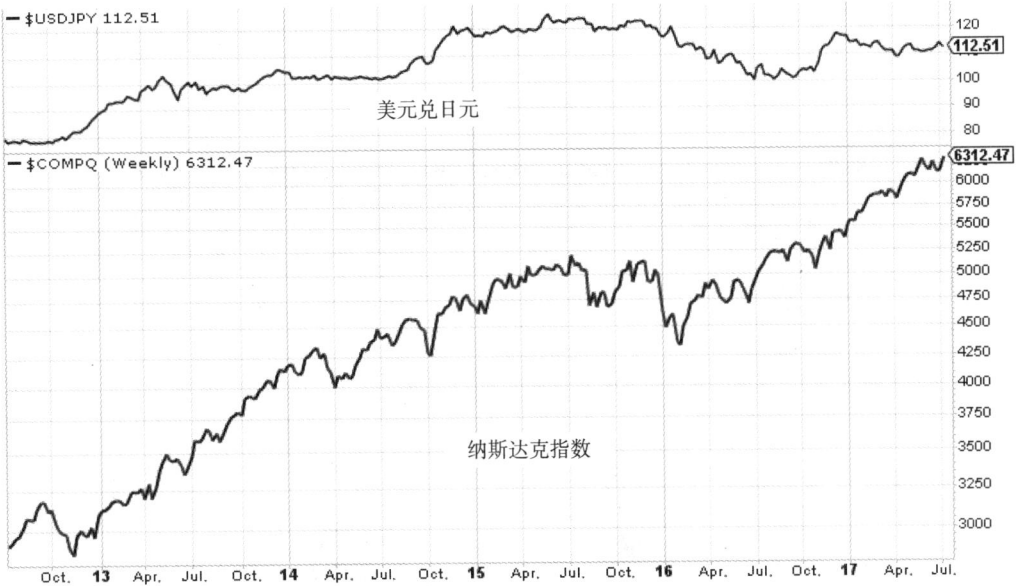

图3-36 纳斯达克和美元兑日元走势（2012年7月至2017年7月）

vs. US Nas 100	1 hour	1 day	1 week	1 month	3 months	6 months	1 year
USD/JPY	-1.00	-0.82	-0.80	-0.40	0.22	-0.39	0.50

图3-37 纳斯达克和美元兑日元的相关性（截至2017年7月14日）

（四）道琼斯与欧元兑美元

道琼斯指数与三大货币对的关系基本上和纳斯达克指数类似，毕竟两者都反映了美国股市的情况，只不过一个是传统行业的代表，另一个是高科技行业的代表。我们首先来看道琼斯指数与欧元兑美元的关系。下面是两幅图：第一幅图反映了分析期内两者的走势（见图3-38），第二幅图则反映了两者在分析期内的不同时段的相关性（见图3-39）。最近几年，这两者之间还是呈现出整体正相关性，如图3-40和图3-41所示。

> 欧元的整体利率水平还是高于美元的，这是德国央行传统的传承表现。ECB比FED更厌恶通胀，ECB更注重货币稳定，而非就业。

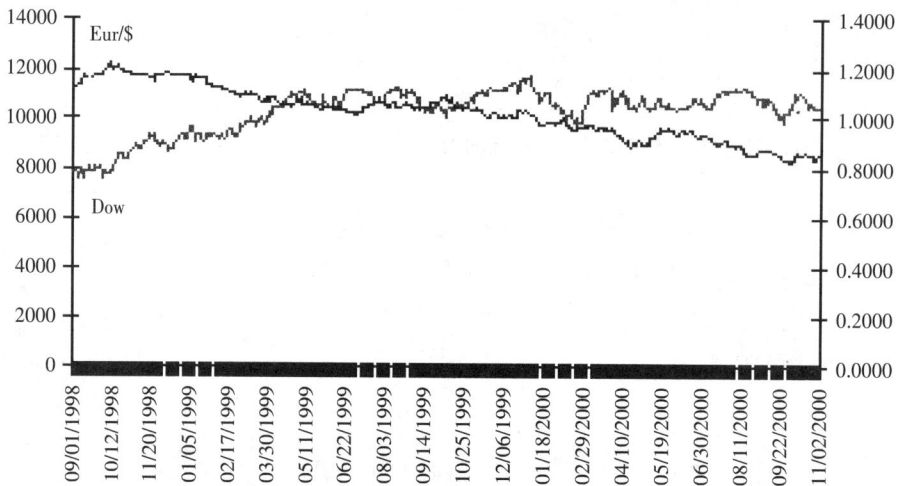

图 3-38　道琼斯和欧元兑美元走势（1998 年 9 月至 2000 年 11 月）

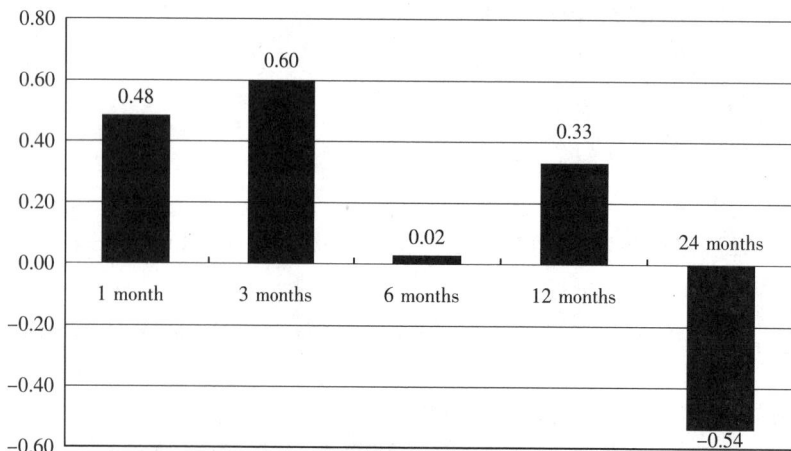

图 3-39　道琼斯和欧元兑美元的相关性（1998 年 9 月至 2000 年 11 月）

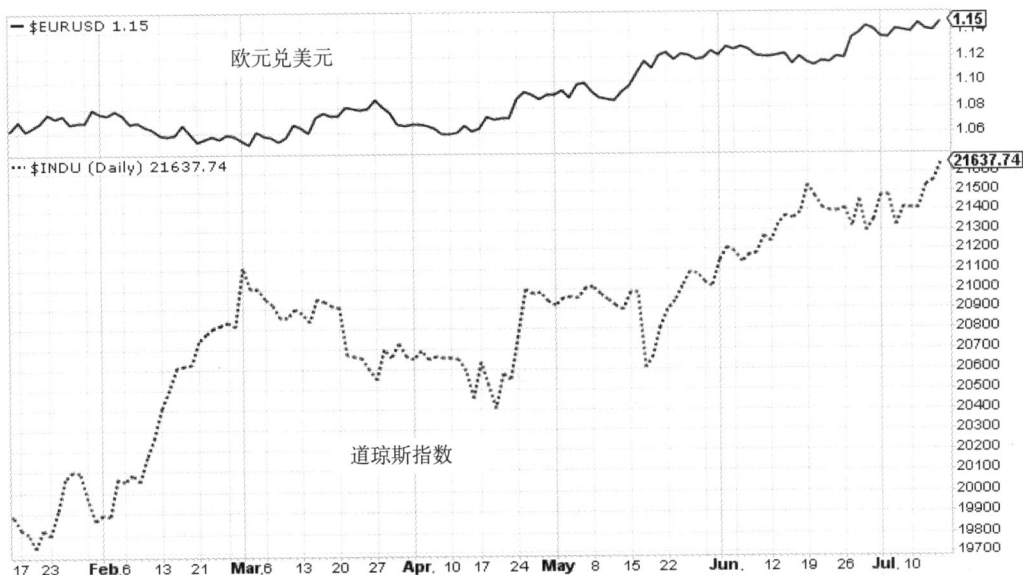

图 3-40　道琼斯和欧元兑美元走势（2012 年 7 月至 2017 年 7 月）

vs. US Wall St 30	1 hour	1 day	1 week	1 month	3 months	6 months	1 year
EUR/USD	-1.00	0.86	0.01	-0.01	0.83	0.69	-0.17

图 3-41　道琼斯和欧元兑美元的相关性（截至 2017 年 7 月 14 日）

（五）道琼斯与欧元兑日元

正如前面提到的一样，道琼斯指数和纳斯达克指数所代表的行业板块是有明显区别的，但两者受到的经济政策和市场情绪的影响几乎是一致的。

但由于道琼斯指数主要由工业股票组成，所以它看起来比由科技股组成的纳斯达克指数更为稳定。道琼斯指数与欧元兑日元的相关性在 1 个月和两年的分析期内呈现了负相关性，而其他时段内的正相关性却不明显。下面是两幅图：第一幅图反映了分析期内两者的走势（见图 3-42），第二幅图则反映了两者在分析期内的不同时段的相关性（见图 3-43）。最近几年，两者之间则呈现了正相关性（见图 3-44），只是在较短时间内会呈现负相关性，如图 3-45 所示。

欧元兑日元走强，往往意味着风险追逐情绪增强，这自然有利于股市。

103

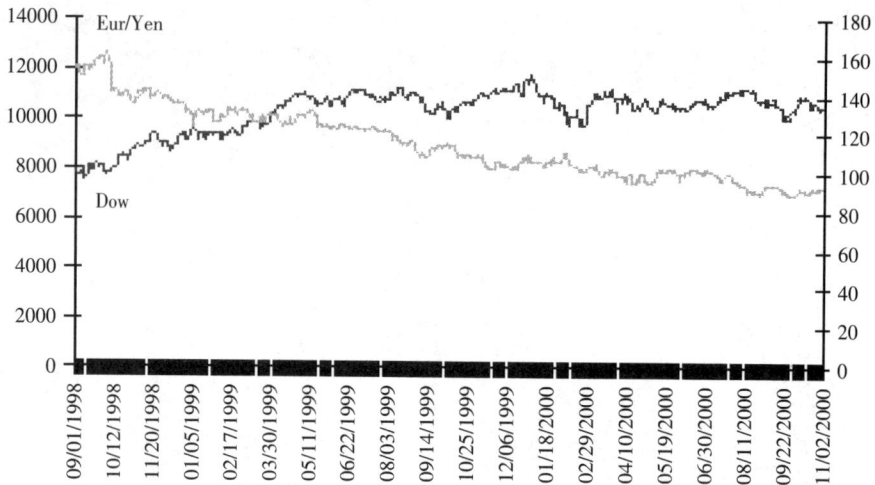

图 3-42 道琼斯和欧元兑日元走势（1998 年 9 月至 2000 年 11 月）

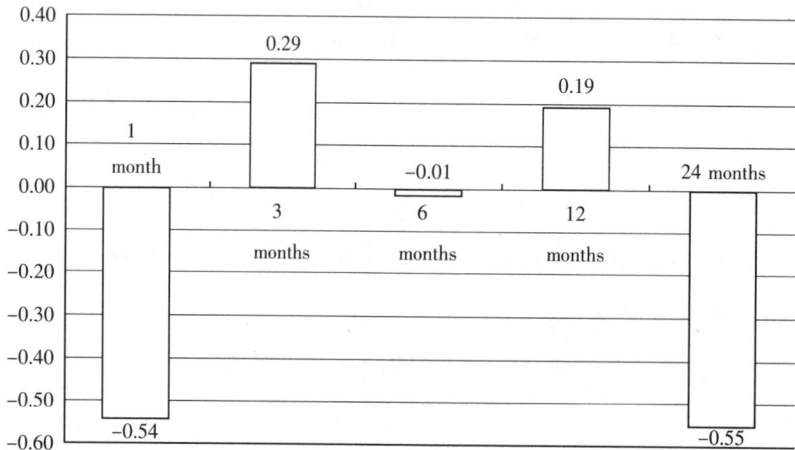

图 3-43 道琼斯和欧元兑日元的相关性（1998 年 9 月至 2000 年 11 月）

（六）道琼斯与美元兑日元

总体而言，两者呈现一种负相关性，这是由于分析期内日本经济的低迷以及美国市场的持续增长，也许美国工业企业利润的增加源于美元兑日元的走低，而工业企业的繁荣使得道琼斯指数稳步走高。下面是两幅图：第一幅图反映了分析期内两者的走势（见图 3-46），第二幅图则反映了两者在分析期内的不同时段的相关性（见图 3-47）。从最近几年的走势中来看，两者之间的负相关性并不明显（见图 3-48），而且最近一年的走势还呈现出正相关性，如图 3-49 所示。

图 3-44　道琼斯和欧元兑日元走势（2012 年 7 月至 2017 年 7 月）

vs. US Wall St 30	1 hour	1 day	1 week	1 month	3 months	6 months	1 year
EUR/JPY	-1.00	-0.17	-0.86	0.14	0.79	0.56	0.84

图 3-45　道琼斯和欧元兑日元的相关性（截至 2017 年 7 月 14 日）

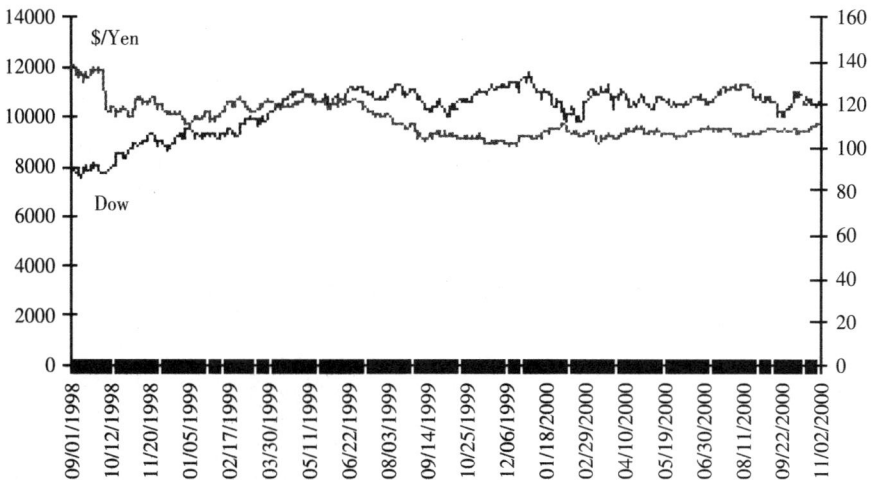

图 3-46　道琼斯和美元兑日元走势（1998 年 9 月至 2000 年 11 月）

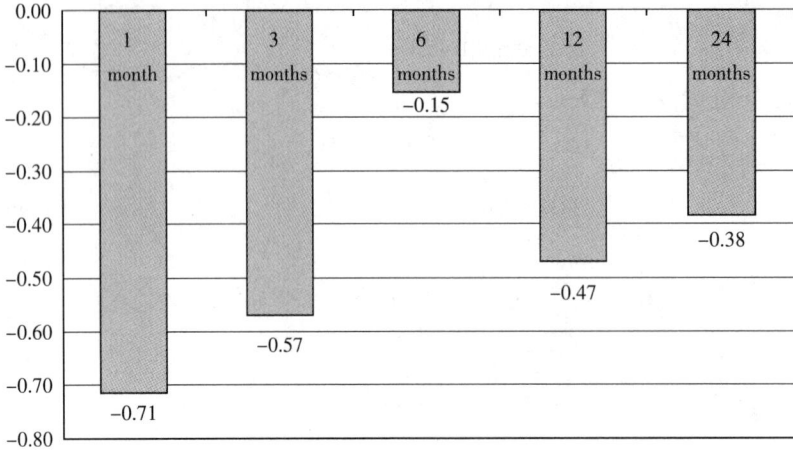

图 3-47　道琼斯和欧元兑日元的相关性（1998 年 9 月至 2000 年 11 月）

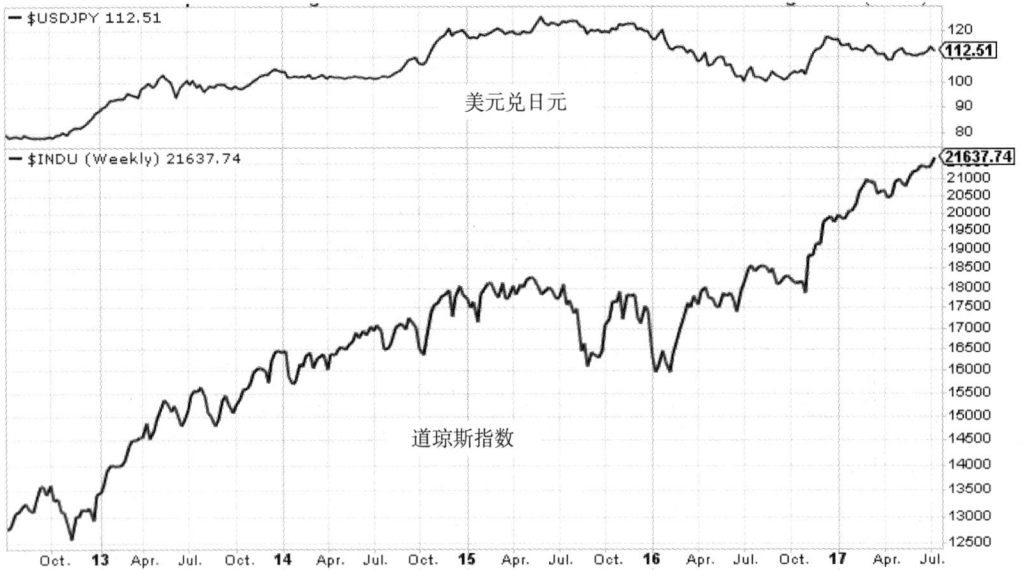

图 3-48　道琼斯和美元兑日元走势（2012 年 7 月至 2017 年 7 月）

vs. US Wall St 30	1 hour	1 day	1 week	1 month	3 months	6 months	1 year
USD/JPY	-1.00	-0.68	-0.66	0.26	0.42	-0.19	0.74

图 3-49　道琼斯和美元兑日元的相关性（截至 2017 年 7 月 14 日）

（七）DAX 与欧元兑美元

DAX 指数一般也称为法兰克福 DAX 指数，是由德意志交易所集团推出的一个蓝筹股指数。该指数中包含 30 家主要的德国公司。DAX 指数是全欧洲与英国伦敦金融时报指数齐名的重要证券指数，也是世界证券市场中的重要指数之一，DAX 代表了欧元区经济最强劲的德国股市的整体情况。

在两年多的分析期内，DAX 指数和欧元呈现高达−0.81 的相关性。DAX 呈现上涨趋势，这主要是由于当时全世界狂热的技术部门，对于欧洲来讲则是通信部门的爆炸式发展，这使得 DAX 指数上涨了大约 55%，上涨态势一直持续到 2000 年 11 月。与此相对的是，欧元面世后的颓势表现。欧元的贬值促进了德国的出口，而这导致了公司更高的利润率，无疑促进了股市的繁荣。但随后科技股的泡沫破灭了，导致德国股市出现下滑，所以在分析期的末段，两者直接出现了正的相关性。下面是两幅图：第一幅图反映了分析期内两者的走势（见图 3-50），第二幅图则反映了两者在分析期内的不同时段的相关性（见图 3-51）。最近几年，两者的相关性同样不稳定，有时候正相关，有时候负相关性，如图 3-52 和图 3-53 所示。

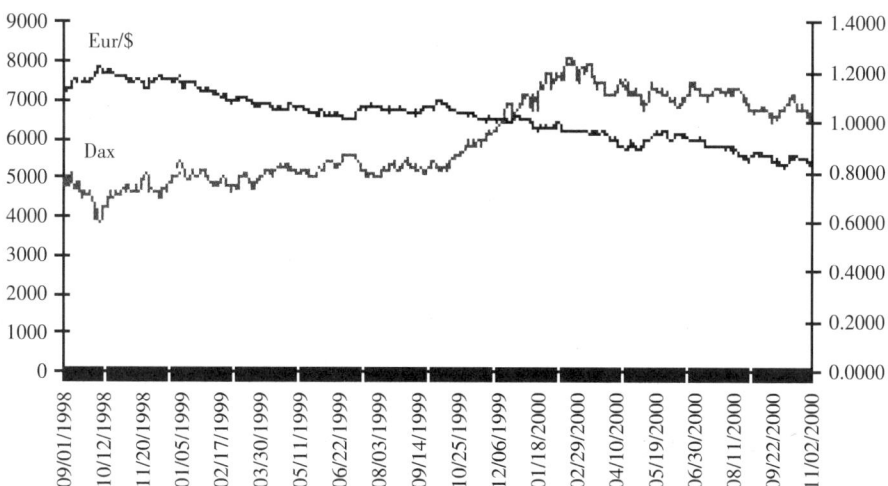

图 3-50　DAX 和欧元兑美元走势（1998 年 9 月至 2000 年 11 月）

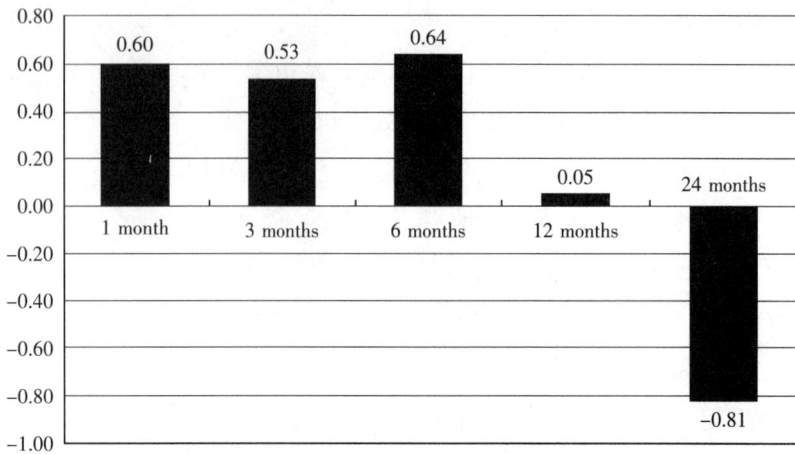

图 3-51　DAX 和欧元兑美元的相关性（1998 年 9 月至 2000 年 11 月）

图 3-52　DAX 和欧元兑美元走势（2012 年 7 月至 2017 年 7 月）

vs. Germany 30	1 hour	1 day	1 week	1 month	3 months	6 months	1 year
EUR/USD	1.00	0.32	0.27	-0.85	0.40	0.75	-0.08

图 3-53　DAX 和欧元兑美元的相关性（截至 2017 年 7 月 14 日）

（八）DAX 与欧元兑日元

该指数与欧元兑日元的走势基本上与欧元兑美元的走势类似，除了 1 个月的分析期。下面是两幅图：第一幅图反映了分析期内两者的走势（见图 3-54），第二幅

图则反映了两者在分析期内的不同时段的相关性（见图 3-55）。最近几年，DAX 与欧元兑日元的走势也呈现出错综复杂的关系，如图 3-56 和图 3-57 所示。

为什么 DAX 与欧元兑日元的走势关系复杂呢？我们要区分估值效应和业绩效应两种情况。如果 ECB 采取降息的措施，在套息交易的市场环境下，欧元会走弱，而股市则因为估值效应有可能走强。如果欧洲经济复苏，ECB 开始加息，那么欧元会走强，股市因为业绩效应也可能走强。这里只讨论了风险偏好正面的情况，相反情况大家可以推导下。不要只动嘴巴，不动手，拿起纸笔，推导下。

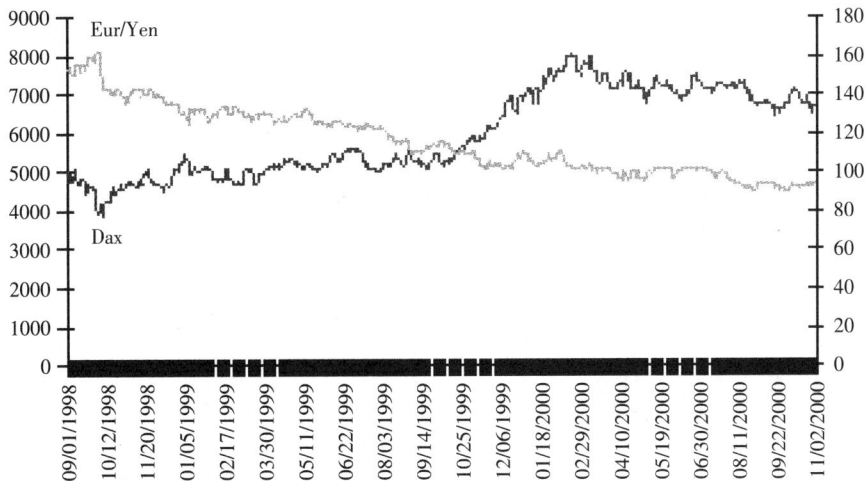

图 3-54　DAX 和欧元兑日元走势（1998 年 9 月至 2000 年 11 月）

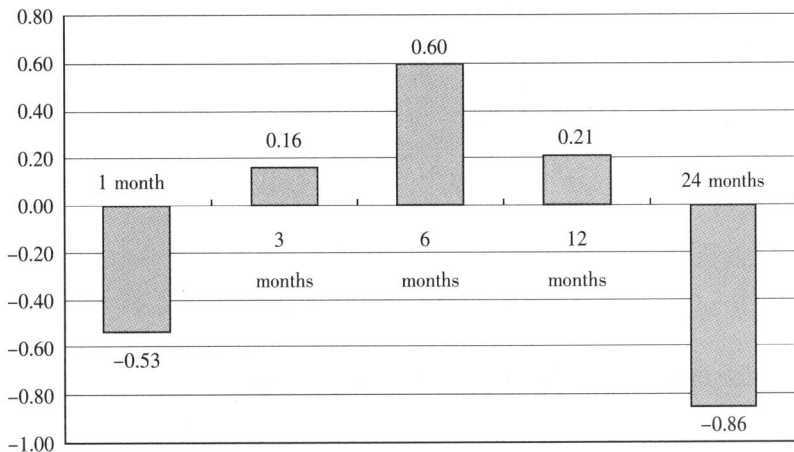

图 3-55　DAX 和欧元兑日元的相关性（1998 年 9 月至 2000 年 11 月）

图 3-56　DAX 和欧元兑日元走势（2012 年 7 月至 2017 年 7 月）

vs. Germany 30	1 hour	1 day	1 week	1 month	3 months	6 months	1 year
EUR/JPY	1.00	0.48	-0.85	-0.86	0.43	0.52	0.79

图 3-57　DAX 和欧元兑日元的相关性（截至 2017 年 7 月 14 日）

（九）DAX 与美元兑日元

由于全球证券市场在该分析期内表现较好，所以 DAX 也受到提振，同时美元兑日元的汇率在此时间内表现较差，所以两者呈现了明显负相关性。下面是两幅图：第一幅图反映了分析期内两者的走势（见图 3-58），第二幅图则反映了两者在

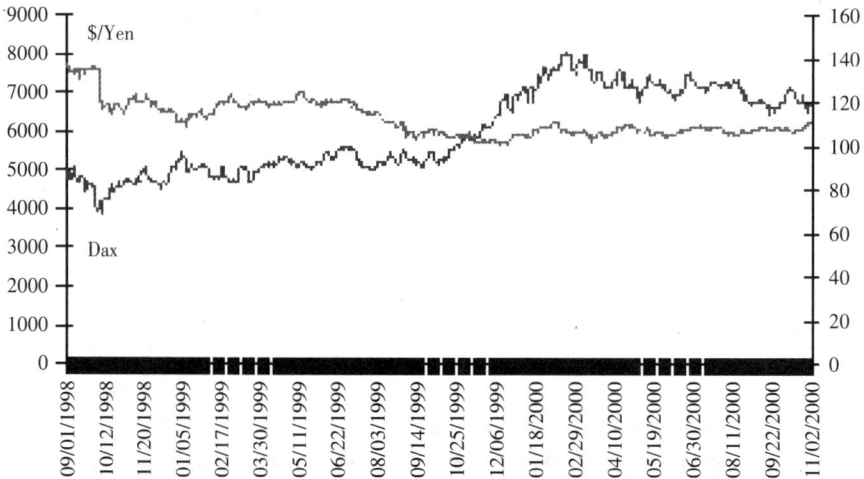

图 3-58　DAX 和美元兑日元走势（1998 年 9 月至 2000 年 11 月）

分析期内的不同时段的相关性（见图 3-59）。最近几年，两者的关系也并不稳定，如图 3-60 和图 3-61 所示。

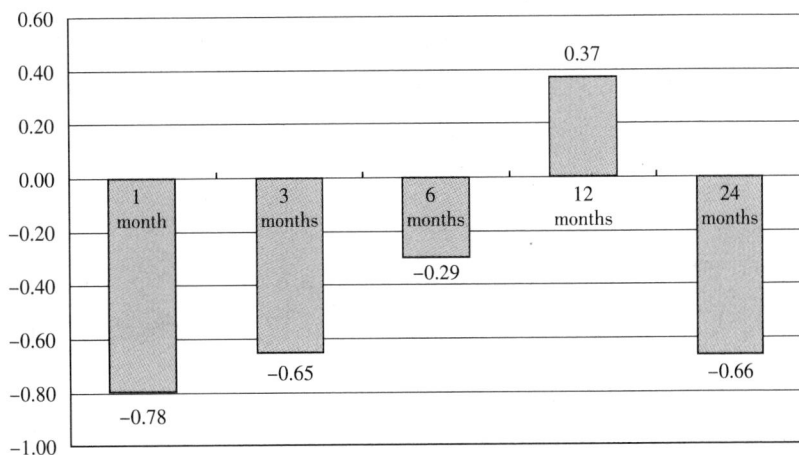

图 3-59 DAX 和美元兑日元的相关性（1998 年 9 月至 2000 年 11 月）

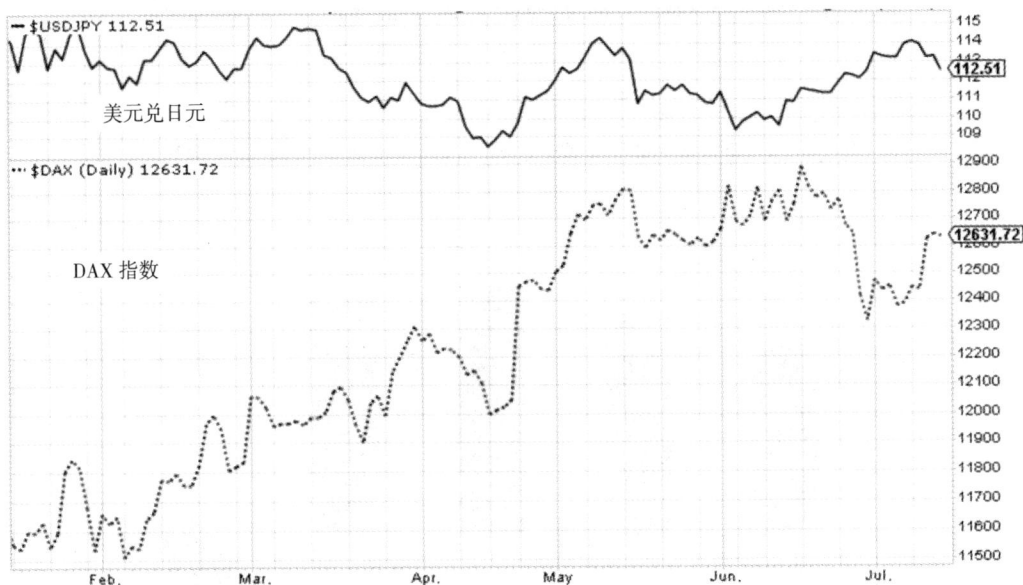

图 3-60 DAX 和美元兑日元走势（2012 年 7 月至 2017 年 7 月）

vs. Germany 30	1 hour	1 day	1 week	1 month	3 months	6 months	1 year
USD/JPY	1.00	-0.03	-0.81	-0.77	0.31	-0.38	0.64

图 3-61 DAX 和美元兑日元的相关性（截至 2017 年 7 月 14 日）

(十) 日经指数与欧元兑美元

在一年的分析期内，日经指数和欧元兑美元表现出了非常显著的正相关性。但是在 24 个月的期限内，两者却由正相关变成了微弱的负相关。下面是两幅图：第一幅图反映了分析期内两者的走势（见图 3-62），第二幅图则反映了两者在分析期内的不同时段的相关性（见图 3-63）。两者最近几年的走势规律性也不明显（见图 3-64 和图 3-65），需要结合驱动面分析才行。

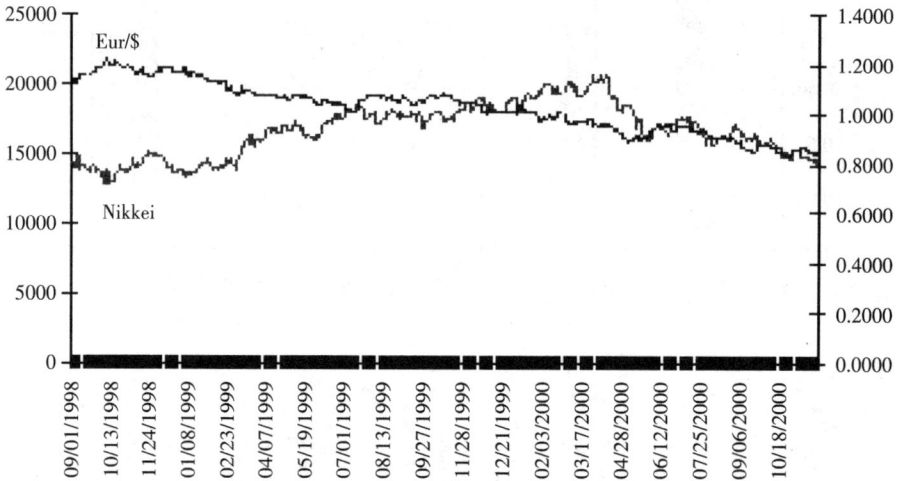

图 3-62　日经指数和欧元兑美元走势（1998 年 9 月至 2000 年 11 月）

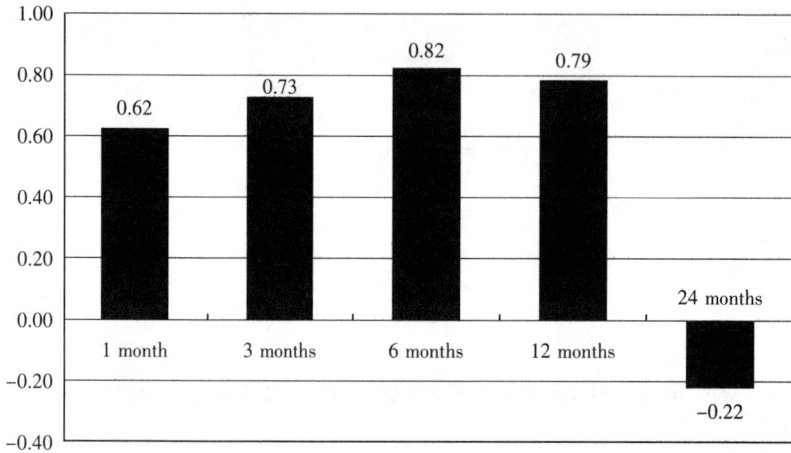

图 3-63　日经指数和欧元兑美元的相关性（1998 年 9 月至 2000 年 11 月）

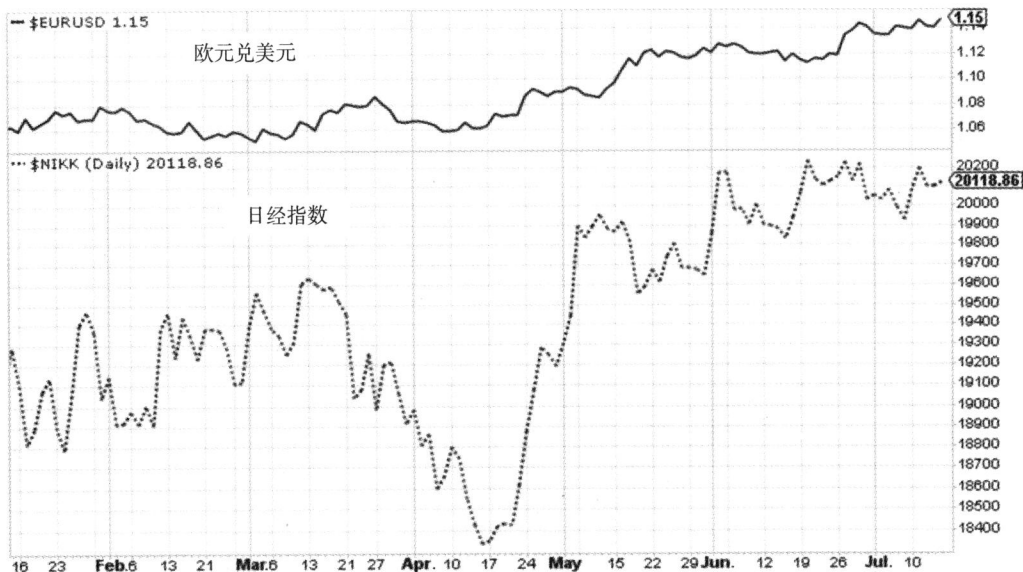

图 3-64 日经指数和欧元兑美元走势（2012 年 7 月至 2017 年 7 月）

vs. Japan 225	1 hour	1 day	1 week	1 month	3 months	6 months	1 year
EUR/USD	0.00	-0.92	-0.28	-0.02	0.82	0.79	-0.32

图 3-65 日经指数和欧元兑美元的相关性（截至 2017 年 7 月 14 日）

（十一）日经指数与欧元兑日元

日经指数与欧元兑日元的相关性在四个时期都类似于其与欧元兑美元的相关性，这四个时期分别是 24 个月、12 个月、6 个月和 3 个月，唯一的差别在于 1 个月期。下面是两幅图：第一幅图反映了分析期内两者的走势（见图 3-66），第二幅

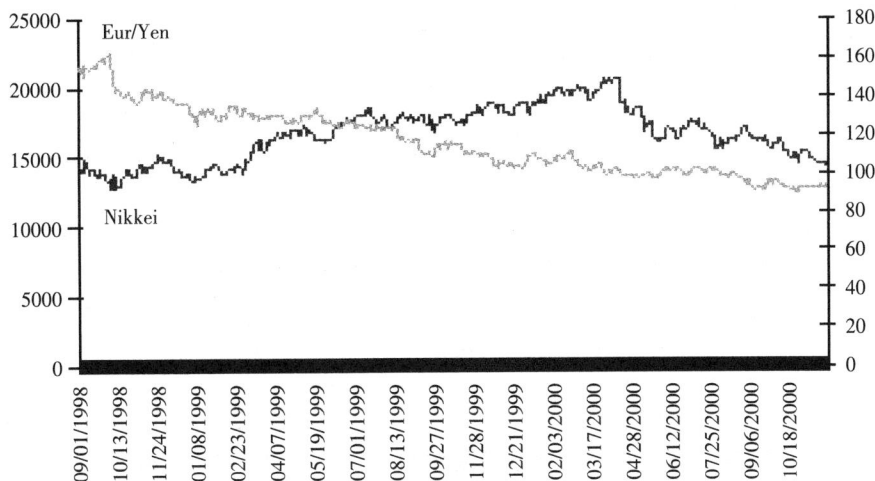

图 3-66 日经指数和欧元兑日元走势（1998 年 9 月至 2000 年 11 月）

图则反映了两者在分析期内的不同时段的相关性（见图3-67）。日本主要靠出口拉动经济，所以日元兑欧元贬值，往往刺激日本股市走好，看看最近几年的走势就可以知道，如图3-68和图3-69所示。

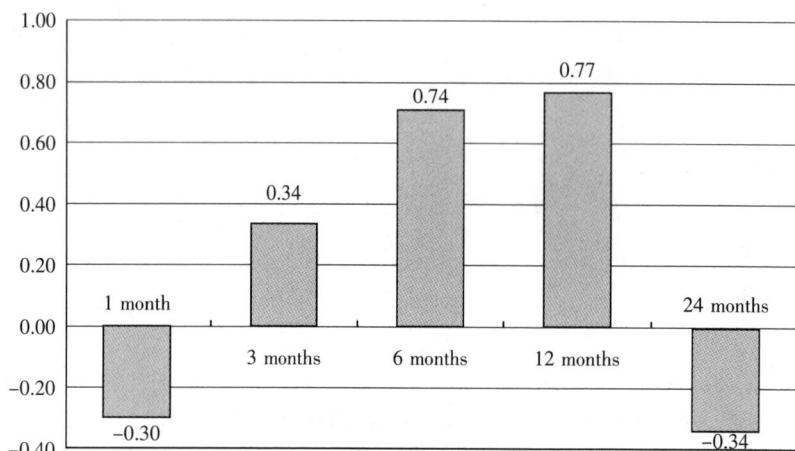

图 3-67　日经指数和欧元兑日元的相关性（1998 年 9 月至 2000 年 11 月）

图 3-68　日经指数和欧元兑日元走势（2012 年 7 月至 2017 年 7 月）

vs. Japan 225	1 hour	1 day	1 week	1 month	3 months	6 months	1 year
EUR/JPY	0.00	0.79	0.11	0.10	0.86	0.88	0.92

图 3-69　日经指数和欧元兑日元的相关性（截至 2017 年 7 月 14 日）

（十二）日经指数与美元兑日元

日经指数与美元兑日元的关系呈现了非常一致的负相关性。下面是两幅图：第一幅图反映了分析期内两者的走势（见图3-70），第二幅图则反映了两者在分析期内的不同时段的相关性（见图3-71）。不过这种负相关性更多的是特殊历史事实的表现，通常情况下日元兑美元或欧元走弱有利于日本出口，进而有利于日本经济和股市，所以美元兑日元往往与日经指数呈现正相关，看看最近几年的走势就可以验证这个结论，如图3-72和图3-73所示。

1999年前后，因为东南亚经济危机和俄罗斯债务危机，日本受到影响，而美国互联网概念兴起，全球资金流向美国，这个时候美元和美股同时走强，日本股市弱势震荡，这个时候日经指数与美元更多呈现负相关性。

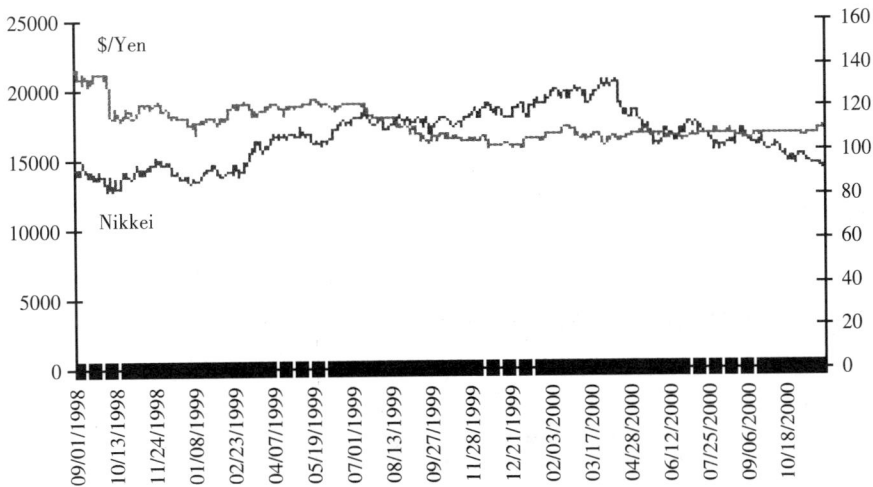

图 3-70 日经指数和美元兑日元走势（1998 年 9 月至 2000 年 11 月）

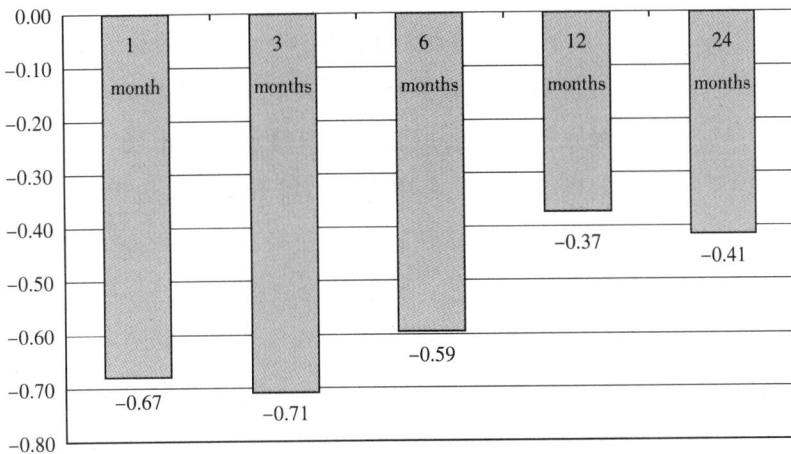

图 3-71 日经指数和美元兑日元的相关性（1998 年 9 月至 2000 年 11 月）

图 3-72　日经指数和美元兑日元走势（2012 年 7 月至 2017 年 7 月）

vs. Japan 225	1 hour	1 day	1 week	1 month	3 months	6 months	1 year
USD/JPY	0.00	0.97	0.27	0.21	0.58	0.23	0.88

图 3-73　日经指数和美元兑日元的相关性（截至 2017 年 7 月 14 日）

第四节　基本分析之经济分析

作为基本分析的核心——经济分析，由于其关系汇率的根本走向和强弱，所以在外汇交易中具有灯塔的作用，保证我们不会留恋于大幅度震荡的市场，而忘记市场环境的根本性变化：**由震荡市场转变为单边市场**。

经常可以看到由于忽略交易的市场背景的重大变化，比如暂停加息、就业数据连续下滑等，导致交易策略上的高抛低吸思维的惯性发展。在新形成的单边市场中不注意基本因素的变化，只顾技术图像中的特征继续采用高抛低吸的操作战略，不断和市场做对，最后惨败收场。

忽略基本分析的两个关键理由：

货币政策的重大变化会带来单边走势，这句话你看不懂，就无法明明白白赚大钱！

第一，技术分析包含吸收一切，这个原则成立的前提是市场中存在先知先觉的部分交易者使基本面的因素能够在市场中逐渐扩散。但是，由于数据公布前的保密性越来越严格，使得现在经常出现出乎交易主体意料之外的数据，造成市场在数据公布后的急剧反应。这种特定时间的突然变化在长期的时间框架中可以得到充分的解释，因为毕竟长期中所有的东西都是逐渐变化的，基本面的东西本身既是逐渐变化的，也是逐渐在市场中扩散的。**在长期中，技术分析是包含、吸收了一切**，但短期内由于在消息公布前的预期经常与实际不符合，所以**技术分析在消息公布前就吸收了一切是极其不符合外汇日内以及大部分短线交易特征的。**

第二，技术分析与基本分析不能共存，这个说法基本上是一种比较新的说法，但其实这个说法讲的是"除非进场的理由被否定，否则进场仍然是正确的"。由于经常有人在没有否定原先进场理由本身的情况下，根据一个新的理由而结束头寸，这两个理由一个是基本面的，另一个是技术面的，这就是交易中不一致的问题。但有些人抓住了这种不一致的表面现象：同时出现了基本面和技术面的分析，但这两个理由也可能同时是技术面分析或者是基本面分析。进出采用两个截然不同的理由是这个问题的本质，所以切不可拿着所谓基本面分析和技术面分析不可共存的说法当作真理。那只是皮毛。

基本面分析主要包括三个部分：经济数据、经济理论和经济事件。其中的关键是经济理论，因为不管是经济数据的定义还是经济事件传递的意义，都是基于经济理论才得到合理的解释。所以在经济理论中我们的功夫是花得最多的，毕竟当代西方的整个经济体系和货币制度的思想基础来源于以凯恩斯和弗里德曼的理论为核心的经济学体系。宏观经济学、货币经济学、国际经济学是外汇交易中经济理论分析的基础和核心组成部分。

基本分析如何与技术分析结合起来，这是迈向更高交易水平的必由之路。

市场间分析和宏观经济数据的解读比较适合大众入手实践。经济理论对于一般人来讲知道怎么回事即可。

117

一、经济数据

（一）重要的经济数据影响实例

把经济数据与行情结合起来理解，你会看出端倪。

本节以经济数据对外汇走势的实例为主要内容，至于经济数据本身的含义大家可以参看《外汇交易进阶》一书。本小节的写作引用了 FXCMASIA 的部分内容，在此表示感谢。**经济数据对外汇市场的影响程度是逐渐发生变化的，但各经济数据的相对重要程度是比较稳定的，我们在外汇交易中必须对经济数据进行精力分配，关注那些重要的数据，忽视那些无关紧要的数据。**

由于美国是目前世界经济体系的核心，所以美国经济数据对全球外汇市场的影响巨大。目前在外汇市场上，美元仍然是最主要的交易货币，各个国家货币的汇率也主要是通过其与美元的比价反映出来，因此美国公布的经济数据对外汇汇率构成的冲击也是最大的。

增长、就业、通胀和货币政策方面的经济数据最为重要。如果你时间精力有限，那么就着重观察这几个数据的变化。

以下一些经济数据十分值得外汇交易者关注，首先让我们了解哪些经济指标（数据）是最重要的，美国每周公布的经济指标不少，其中有重要的、次要的，当然这是对股市来说。我们认为 20 个重要的经济指标如表 3-7 所示。

表 3-7　重要的经济数据

经济指标	公布频率	公布时间	来源
联储局公开市场委员会会议声明	每年八次	每次议息会议后	美联储
消费者物价指数（CPI）	每月	当月的第二周或第三周	劳工部
生产者物价指数	每月	月份结束后 2 周	劳工部
供应管理协会制造业调查	每月	下月第一个工作日	供应管理协会（ISM）
就业形势分析（数据）	每月	月份结束后第一个周五	劳工部
每周失业救济申请人数	每周	周四	劳工部
耐用品订单	每月	月份结束后 3~4 周	商务部
零售销售额	每月	月份结束后第二周	商务部
消费者信心指数	每月	当月最后一个周二	经济咨商局（会议局）
消费者情绪调查（初值和终值）	半月	每月第二个周五（初值）和最后一个周五（终值）	密歇根大学

经济指标	公布频率	公布时间	来源
EIA 石油储存报告	每周	周三	能源信息署
领先经济指标	每月	月份结束后第三周	经济咨商局（会议局）
工业产值和设备利用率	每月	下月月中	美联储
国际贸易	每月	第二周	商务部
国内生产总值（GDP）	每季	每季结束第一个月的最后一周	商务部
个人收入和支出	每月	月份结束后 4~5 周	商务部
新屋动工和建造许可证数字	每月	月份结束后 2~3 周	商务部
二手房屋销售数据	每月	月份结束后四周	全美房地产经纪人协会
新屋销售数字	每月	月份结束后四周左右	商务部
每周住房抵押贷款申请	每周	周三	抵押贷款银行家协会（MBA）

就业报告通常被誉为外汇市场能够做出反应的所有经济指标中的"皇冠上的宝石"，它是市场最为敏感的月度经济指标。交易者通常能从中看到众多市场敏感的信息，其中外汇市场特别重视的是随季节性调整的每月就业人数的变化情况。比如，强劲的非农就业情况表明了一个健康的经济状况，并可能预示着更高的利率，而潜在的高利率促使外汇市场更多地推动该国货币价值。

我们以美国非农就业数据对欧元兑美元走势的影响为例来说明就业数据对汇市的影响，下面是三次美国非农就业数据对欧元兑美元走势的影响统计，如表 3-8 所示。

表 3-8　美国非农就业数据行情统计

月份	时间	预期（万元）	实际（万元）	点数变化（数据公布一小时后）	点数变化（数据公布至纽约收盘）
2007 年 9 月	2007-10-05 20：30	+10	+11	-52	+8
2007 年 10 月	2007-11-02 20：30	+8.5	+16.6	-7	+15
2007 年 11 月	2007-12-07 21：30	+8	+9.4	+6	+19

美国 2007 年 9 月非农就业人数变化对于政策制定者及交易商都具有关键意义。作为市场的主要推动力量，非农就业人数的重要性不言而喻，在前值出现负增长时，其重要性更得到加强，因为市场希望从该数据中得到一个更加明确的信号。但实际结果并无太大意外，仅略高于预期，前值自-4 万元向上修正至+8.9 万元。汇

非农数据与货币政策哪个影响更大？进一步提问：非农数据与利差预期哪个影响大？

价最初受到前值修正的推动，但随后便出现了反转（见图3-74）。我们设止损是非常明智的做法。

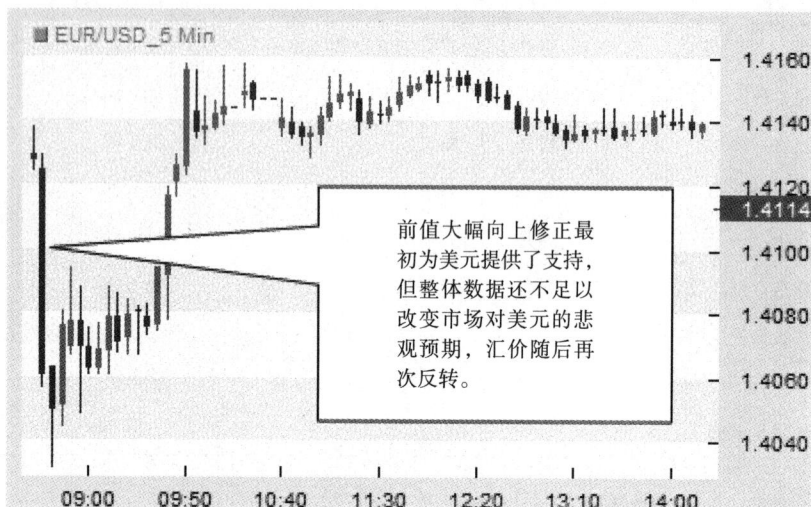

前值大幅向上修正最初为美元提供了支持，但整体数据还不足以改变市场对美元的悲观预期，汇价随后再次反转。

图3-74　美国2007年10月非农就业人数行情

2007年10月就业报告的利害关系相对明了，就业人数大幅增加，次级数据也没有出现大的意外，前值也没有出现大的修正。因此，我们得以自由地做出反应。5分钟图在数据公布后出现阴线，我们卖出了两手欧元/美元，但汇价下行没能持续，随后的反转令我们止损出场，如图3-75所示。

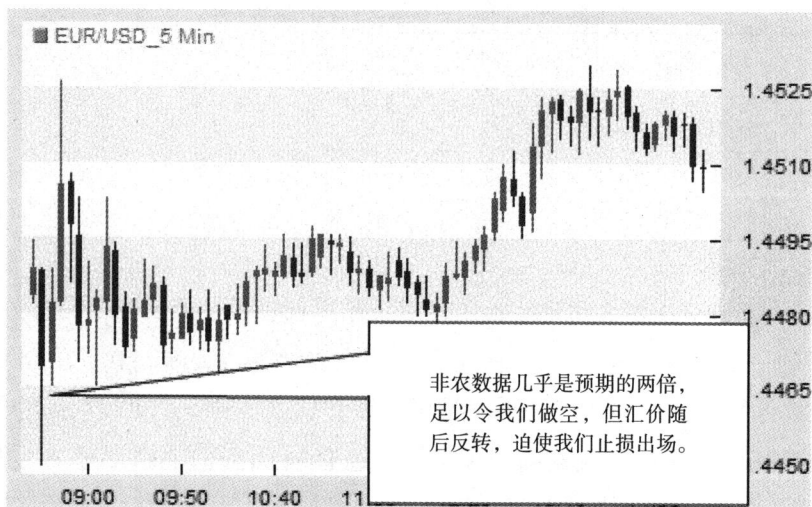

非农数据几乎是预期的两倍，足以令我们做空，但汇价随后反转，迫使我们止损出场。

图3-75　美国2007年9月非农就业人数行情

汇市对 GDP 的增长率的关注程度更高于对其绝对值的关注，特别当实际数据与经济学家预测相去甚远时，更会对汇市造成重大冲击。GDP 增长速度越快，表明该国经济发展越快，GDP 增速越慢，该国经济发展越慢，若 GDP 陷入负增长，则该国毫无疑问地陷入经济衰退。一般来讲，若 GDP 维持较快的增速，将对该国货币带来支撑；反之，对该国货币起利空作用。

> 汇率是看相对经济增长率，而非绝对增长率。

我们以加拿大季度 GDP 数据对外汇市场为例来说明。下面是加拿大三个季度 GDP 数据公布时的市场波动状况统计，如表 3-9 所示。

表 3-9 加拿大季度 GDP 数据行情统计

月份	时间	预期 (%)	实际 (%)	点数变化 (数据公布一小时后)	点数变化 (数据公布至纽约收盘)
2006 年第四季度	2007-3-02 20：30	1.2	1.4	+14	+38
2007 年第一季度	2007-5-31 20：30	3.6	3.7	-7	+2
2007 年第二季度	2007-8-31 20：30	2.8	3.4	-20	+12

2006 年第四季度 GDP 虽然好于预期，但从第三季度上修后的 2.0%降至 1.4%。此外，GDP 月率低于预期进一步打压数据，因此我们没有入市，如图 3-76 所示。

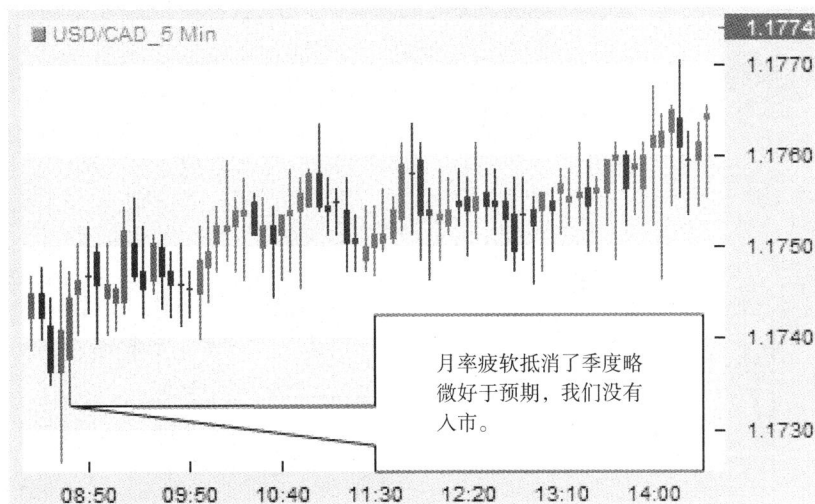

图 3-76 2006 年第四季度加拿大 GDP 数据行情

2007 年第一季度受到消费者支出、商业投资、政府支出和外国需求推动，GDP 季率上涨 3.65%，取得 2005 年第四季度最快增长。但由于经济学家的预期是 3.6%，相当于接近实际值，加上 GDP 月率增加 0.3%，低于 0.5% 的预期，因此未能引发大幅波动，我们没有入市交易，如图 3-77 所示。

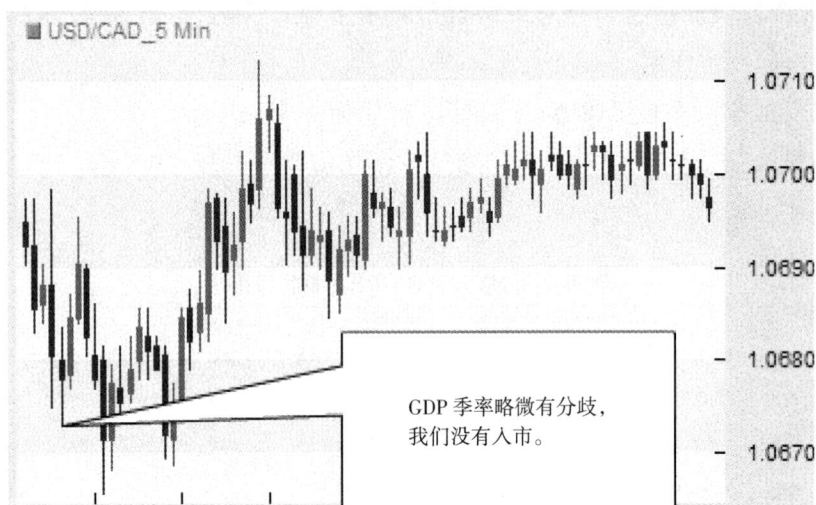

图 3-77　2007 年第一季度加拿大 GDP 数据行情

2007 年第二季度加拿大经济增长好于预期，月率原预计 0.0%，实际增加 0.2%，季度预期为 +2.8%，结果增加 3.4%。我们当时于数据后做空了美元/加元，但 1.0475/500 支持可能，我们最终损失 50 点，如图 3-78 所示。

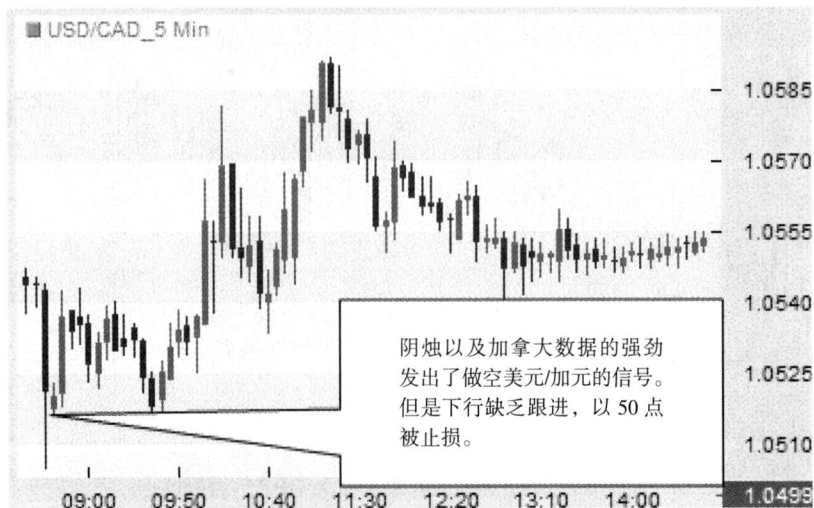

增长数据当中，GDP 发布频率较低，市场更关心后面提到的 PMI 指标。

图 3-78　2007 年第二季度加拿大 GDP 数据行情

采购经理人指数是衡量制造业在生产、新订单、商品价格、存货、雇员、订单交货、新出口订单和进口 8 个范围的状况。有全国采购经理指数和芝加哥采购经理指数两种，如数值低于 50，表明经济形势不妙，高于 50 表明制造业处于扩张阶段；如当月数值远低于上次数值，表明经济增长放缓。

采购经理人指数，简写为PMI。这个指标按月公布，对经济增长的追踪效果较好。

领先指数是预测未来经济发展情况的最重要的经济指标之一，是各种引导经济循环的经济变量的加权平均数。通常讲，外汇市场会对领先指数的剧烈波动做出强烈反应，领先指数的猛增将推动该国货币走强，领先指数的猛跌将促使该国货币走软。其他国家比如日本、瑞士、加拿大、德国等也会公布领先指数，德国的 ZEW 经济景气指数和 IFO 经济景气指数也包含一定领先指数的意味。

消费信心指数反映出消费者对未来经济状况的预期，从而影响其目前的消费行为，从另外一个侧面显示经济的繁荣和衰退的周期性变化。

消费者信心指数对于日线级别的趋势没有决定作用。

零售数据对于判定一国的经济现状和前景具有重要指导作用，因为零售销售直接反映出消费者支出的增减变化。一国零售销售的提升，代表该国消费支出的增加，经济情况好转，利率可能会被调高，对该国货币有利；反之，如果零售销售下降，则代表景气趋缓或不佳，利率可能调降，对该国货币偏向利空。

我们以加拿大零售销售数据对外汇市场为例说明。下面是加拿大三次零售数据公布时的市场波动状况统计，如表 3-10 所示。

表 3-10 加拿大零售销售数据行情统计

月份	公布时间	预期 (%)	实际 (%)	点数变化（数据公布一小时后）	点数变化（数据公布至纽约收盘）
2007 年 9 月	2007-11-21 21：30	0.0	−0.2	−12	−13
2007 年 10 月	2007-12-21 21：30	−0.4	0.1	−3	−64
2007 年 11 月	2008-01-22 21：30	0.2	0.7	14	−19

本部分举的例子都是日内交易，对于趋势交易而言，数据的运用是存在差异的。零售销售数据对日线趋势没有决定作用，但可以在日内制造一些交易机会。

下面我们详细看看这 3 次数据行情的背景情况和走势。2007 年 9 月，加拿大零售销售低于市场从批发销售数据中对零售销售的预期。实际数据下降 0.2%，预期为维持不变，但两天前公布的批发销售则是另外一幅场景，因为该数据自前期下降的 2.0% 变成了上升的 1.1%，预期也是维持不变。我们当时跟踪了零售销售数据，但需要一个变化很大的数据才会入场。考虑到 9 月数据不温不热，我们没有交易该数据，如图 3-79 所示。

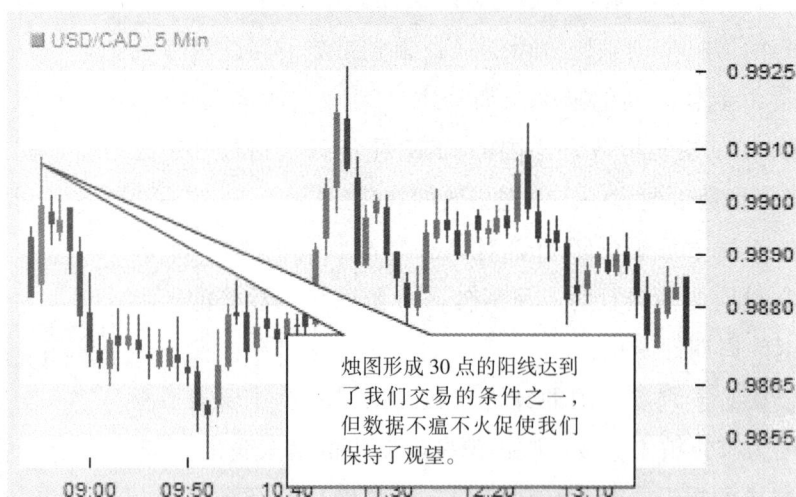

烛图形成 30 点的阳线达到了我们交易的条件之一，但数据不瘟不火促使我们保持了观望。

图 3-79　2007 年 9 月加拿大零售销售数据行情

2007 年 10 月，根据经济学家的预测，加拿大零售销售预期会在 10 月取得三个月来的最大降幅。但与预期下降 0.4% 相反的是，实际数据增长了 0.1%，虽然这是一个很小的增幅，但相对于前期下降 0.2% 来说还算不错。但该数据与基本面交易商想要交易的加拿大 10 月的 GDP 在时间上有些冲突，实际结果两者均好于预期（见图 3-80）。如果做空，将获得可观盈利，但我们没有交易该数据。

2007 年 11 月，加拿大零售销售明显达到了基本面交易者交易的必备条件。整体零售销售上升 0.7%，远高于预期的 0.2% 及上个月的 0.1%；除汽车外零售销售上升 1.7%，为数月来的最大增幅（见图 3-81）。但即使我们跟踪了该

数据，我们也不会入场。在数据公布前，市场已经知道了同一时期公布的加央行的减息决定。

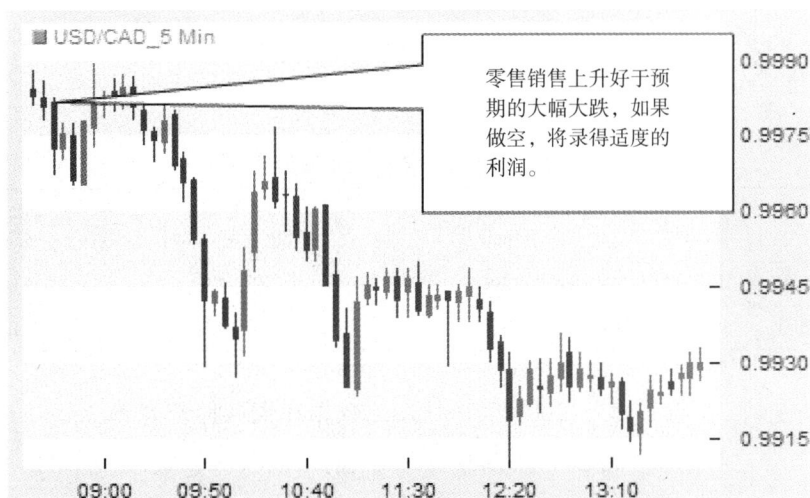

USD/CAD_5 Min

零售销售上升好于预期的大幅大跌，如果做空，将录得适度的利润。

图 3-80 2007 年 10 月加拿大零售销售数据行情

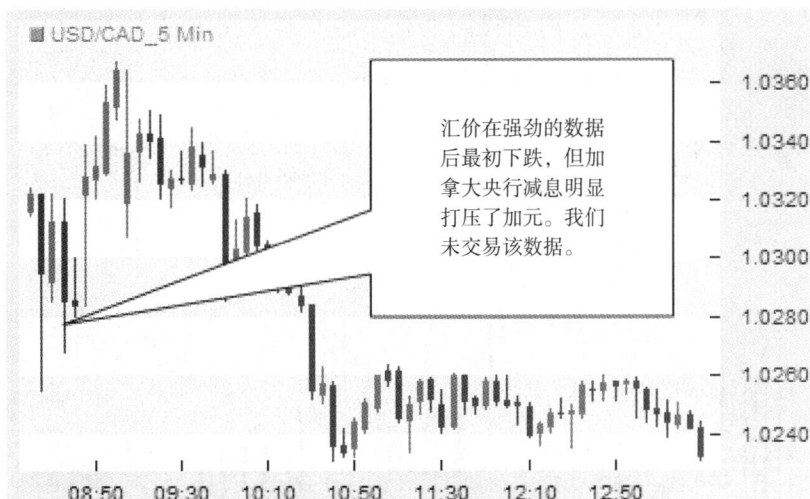

USD/CAD_5 Min

汇价在强劲的数据后最初下跌，但加拿大央行减息明显打压了加元。我们未交易该数据。

图 3-81 2007 年 11 月加拿大零售销售数据行情

消费者物价指数是反映与居民生活有关的产品及劳务价格统计出来的物价变动指标，通常作为观察通货膨胀水平的重要指针。**消费者物价指数上升太多，有通货膨胀的压力，**此时中央银行可能会通过调高利率加以控制，对一国货币来说是利多。不过，如果消费者物价指数升幅过大，表明通胀已经成为经济不稳定的因素的时候，央行会有紧缩货币政策和财政政策的风险，从而造成经济前景不明朗，因此

繁荣期的通胀与滞胀期的通胀是不同的。

该指数过高的升幅并不被市场欢迎。

我们以美国消费者物价指数数据对欧元兑美元走势的影响为例来说明消费者物价指数数据对汇市的影响，下面是二次消费者物价指数对欧元兑美元走势的影响统计（见表3-11）。

表3-11　美国消费者物价指数数据行情

月份	时间	预期(%)	实际(%)	点数变化(数据公布一小时后)	点数变化(数据公布至纽约收盘)
2007年9月	10月17日 16：30	2.8	2.8	+17	+11
2007年10月	11月15日 20：30	3.5	3.5	−28	+32

价格形态背后的基本面是怎样的，这是高手一定会思考的问题。知其然，知其所以然，才能以不变应万变。

2007年9月，此数据在美联储减息50点后一个月以及再次如预期减息25点前两周公布。实际公布的CPI和核心通胀均符合预期。CPI上扬到13个月高位2.8%，不过核心通胀跌至两年低位2.1%。由于数据符合预期以及好坏不一，因此我们没有交易。蜡烛图出现十字星反映数据缺乏指引，如图3-82所示。

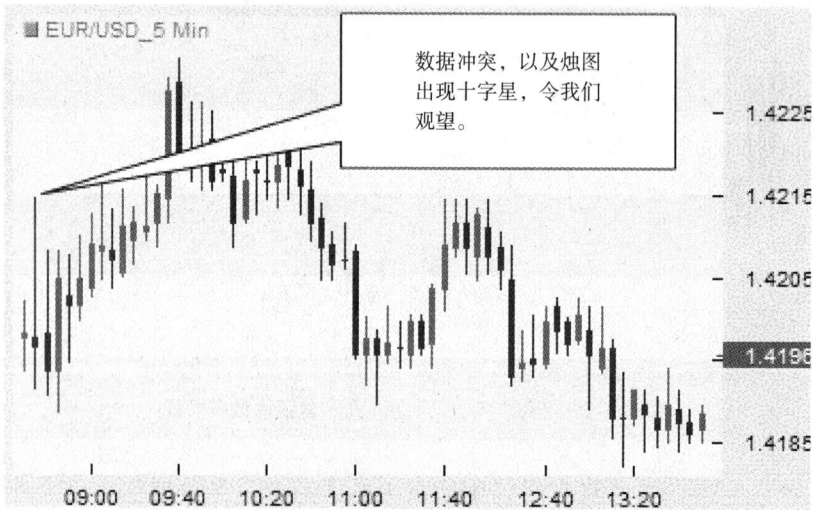

图3-82　美国2007年9月消费者物价指数数据行情

2007年10月，市场预期消费者物价指数年率将加速上扬，核心通胀反弹。实际公布的数据符合预期，CPI上扬到14个月高位3.5%。核心通胀自两年低位反弹到2.2%。

数据打压汇价下跌，因此我们做空，不过实际上数据符合预期，汇价跟进的幅度有限，如图 3-83 所示。

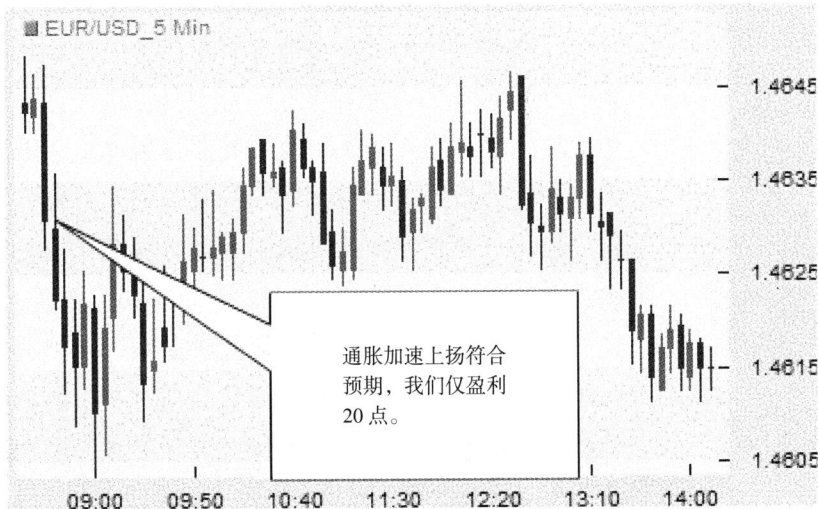

图 3-83　美国 2007 年 10 月消费者物价指数数据行情

新屋开工及营建许可在各国公布的数据体系中一般占有较重要的地位，因为住宅动工的增加将使建筑业就业人数增加，新近购房的家庭通常会购买其他耐用消费品，使得其他产业的产出和就业增加。通常讲，新屋开工与营建许可的增加，理论上对于该国货币来说是利好因素，将推动该国货币走强，新屋开工与营建许可的下降或低于预期，将对该国货币形成压力。

当一个国家**财政赤字**累积过高时，就好像一家公司背负的债务过多一样。对国家的长期经济发展而言，并不是一件好事，对于该国货币亦属长期的利空，且日后为了要解决财政赤字只有靠减少政府支出或增加税收，这两项措施，对于经济或社会的稳定都有不良的影响。一国财政赤字若加大，该国货币会下跌；反之，若财政赤字缩小，表示该国经济良好，该国货币会上扬。

经常账为一国收支表上的主要项目，内容记载一个国家与外国包括因为商品、劳务进出口、投资所得、其他商品与劳务所得以及其他因素所产生的资金流出与流入的状

20 年前美国的新屋开工数据对铜期货影响很大，现在变成了中国新屋开工数据对铜期货影响更大。美国经济数据通过对美元的作用对铜期货价格发挥主要影响。

以前外汇市场更重视美国贸易账和经常账，后来变成重视非农数据。

况。顺差表示本国的净国外财富或净国外投资增加。逆差表示本国的净国外财富或投资减少。

生产者物价指数主要用于衡量各种商品在不同生产阶段的价格变化情况，与消费者物价指数一样，通常作为观察通货膨胀水平的重要指标。对于外汇市场而言，市场更加关注的是最终产品 PPI 的月度变化情况。一般而言，当生产者物价指数增幅很大而且持续加速上升时，该国央行相应的反应是采取加息对策阻止通货膨胀快速上涨，则该国货币升值的可能性增大；反之，亦然。

我们以英国生产者物价指数数据对英镑兑美元走势的影响为例来说明生产者物价指数数据对汇市的影响，下面是三次消费者物价指数对英镑兑美元走势的影响统计，如表 3-12 所示。

相对而言，商品货币对生产者物价指数比较敏感。

表 3-12 英国生产者物价指数数据行情统计

月份	时间	预期 (%)	实际 (%)	点数变化 (数据公布一小时后)	点数变化 (数据公布至纽约收盘)
2007 年 8 月	9 月 10 日 16：30	2.5	2.5	+16	-4
2007 年 9 月	10 月 08 日 16：30	2.9	2.7	-16	-21
2007 年 10 月	11 月 12 日 16：30	3.3	3.8	+9	-74

2007 年 8 月，英国生产者物价指数公布时距离英央行上次加息至 5.75% 的时间已经两个月。其他经济指标均显示经济增长和通胀上扬趋势强劲。不过 9 月公布数据时，全球信贷危机正开始波及英国经济。输入物价指数不及预期的一半，输出物价指数符合预期，因此我们没有交易，如图 3-84 所示。

2007 年 9 月，由于房价指标开始下跌，市场进一步关注通胀。前几个月企业试图自己消化上升的成本，10 月 8 日公布的数据显示企业仍试图这样做。尽管输入物价指数自 0.6% 上升到 4.6%，但输出物价指数低于预期，上升 2.7%。从数据看应该做空，但出现阳线阻止我们交易，如

图 3-85 所示。

尽管出现很长的阴烛，但数据没有什么意外，因此没有交易。

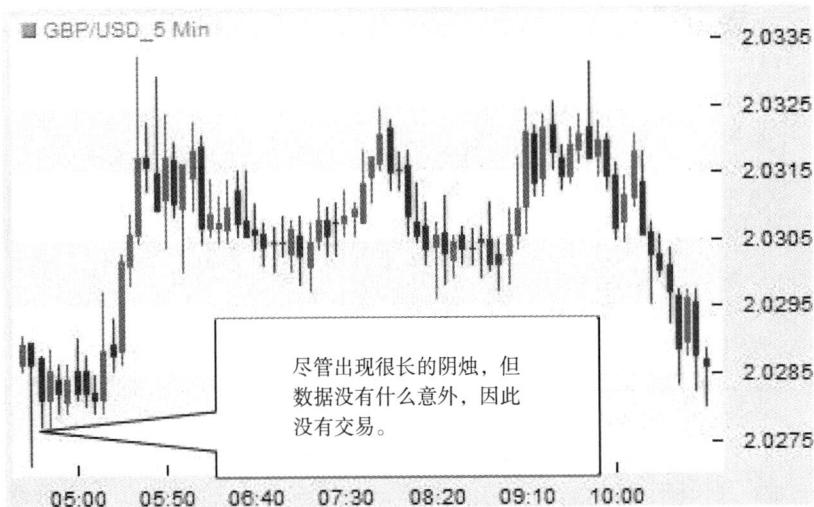

图 3-84 英国 2007 年 8 月生产者物价指数数据行情

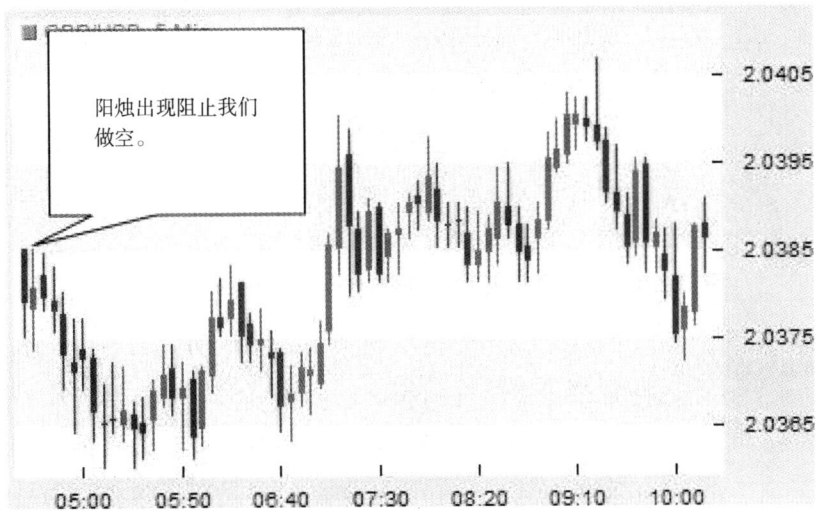

阳烛出现阻止我们做空。

图 3-85 英国 2007 年 9 月生产者物价指数数据行情

2007 年 10 月之前几个月的石油、天然气、食品和其他原材料价格大幅上升，令输入物价指数稳步上升。企业一直试图避免将上升的成本转嫁给消费者，但 10 月情况出现变化，10 月输入物价指数年率录得 14 个月高位，上升 8.6%，最终导致输出物价指数年率上升 3.8%，是 6 年来的高位。尽管强劲数据支持利率维持高位的预期，但周五公布的升至历史高位的贸易赤字令汇价在周一继续承压，如图 3-86 所示。

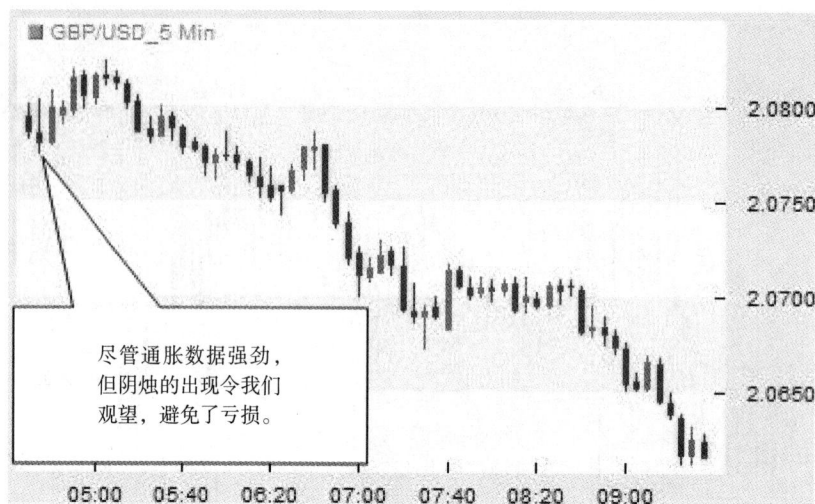

图 3-86　英国 2007 年 10 月生产者物价指数数据行情

尽管通胀数据强劲，但阴烛的出现令我们观望，避免了亏损。

产能利用率是实际生产能力到底有多少在运转发挥生产作用。当产能利用率超过 95％以上，代表设备使用率接近全部，通货膨胀的压力将随产能无法应付而急速升高，在市场预期利率可能升高情况下，对一国货币是利多。反之，如果产能利用率在 90％以下，且持续下降，表示设备闲置过多，经济有衰退的现象，在市场预期利率可能降低情况下，对该国货币是利空。

产能利用率与经济周期关系更加密切，不过对于市场影响不直接。

耐用品订单代表未来一个月内，对不易耗损的物品订购数量，该数据反映了制造业活动情况。由于该统计数据包括了国防部门用品及运输部门用品，这些用品均为高价产品，这两个部门数据变化对整体数据有很大的影响，故市场也较注重扣除国防部门用品及运输部门用品后数据的变化情况。总体而言，若该数据增长，则表示制造业情况有所改善，利好该国货币；反之，若降低，则表示制造业出现萎缩，对该国货币利空。

工业品期货与耐用品订单关系较大。制造业比较发达的经济体与这个数据的关系也比较密切。

我们以美国耐用品订单数据对欧元兑美元走势的影响为例来说明耐用品订单数据对汇市的影响，下面是三次美国耐用品订单数据对欧元兑美元走势的影响统计，如表 3-13 所示。

表 3-13 美国耐用品订单数据行情统计

月份	时间	预期 (%)	实际 (%)	点数变化 (数据公布一小时后)	点数变化 (数据公布至纽约收盘)
2007 年 8 月	9 月 26 日 20：30	-4.0	-4.9	-14	-7
2007 年 9 月	10 月 25 日 20：30	1.5	-1.7	+19	+17
2007 年 10 月	11 月 28 日 21：30	-0.1	-0.4	0	+80

2007 年 8 月数据相当重要，因此我们准备好等待数据出现意外以及汇价发出入场信号时交易。不过数据未能促使我们交易，首先，-4.9% 的结果仅轻微低于预期的 -4.0%。尽管资本货物订单下滑 10.3%，投资下滑 0.1%，但我们主要关注整体数据。其次，数据公布后美元上扬，这也足以令我们取消交易，如图 3-87 所示。

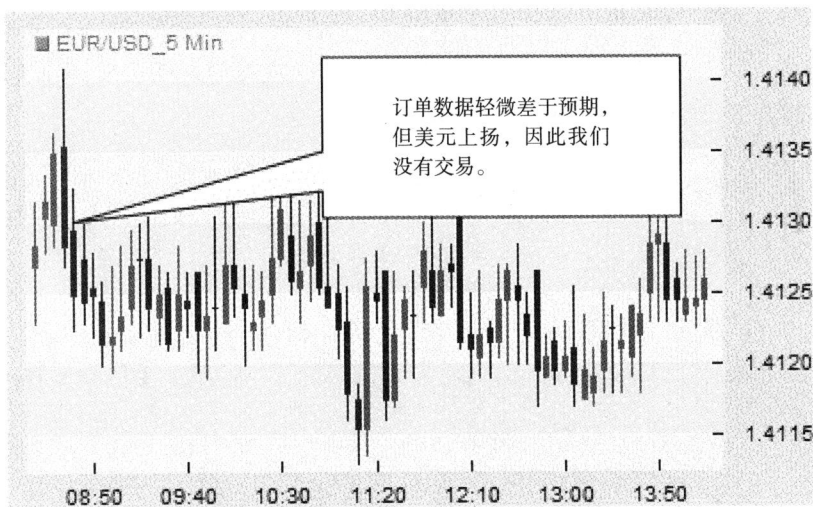

图 3-87 美国 2007 年 8 月耐用品订单数据行情

尽管我们没有交易 2007 年 9 月这次的数据，但数据的结果以及汇价的反应明显足以支持交易。数据受军用品订单下滑拖累下跌 1.7%，是第七个月下跌。数据公布后 5 分钟图首根阳烛出现时若我们买入两手，数分钟将可达到 25 点的初始目标，第二手单将迅速撤出，因为其后将公布新屋销售数据，如图 3-88 所示。

单个数据要与整个基本面结合起来研究，这里针对日内交易展开，省略了许多前提条件的介绍。随着大家经验积累，应该逐步朝着综合性思维的层次提升。

131

> EUR/USD_5 Min
>
> 订单意外下滑，数据后 5 分钟图出现阳烛，足以支持交易，若我们买入，应可获利 25 点。

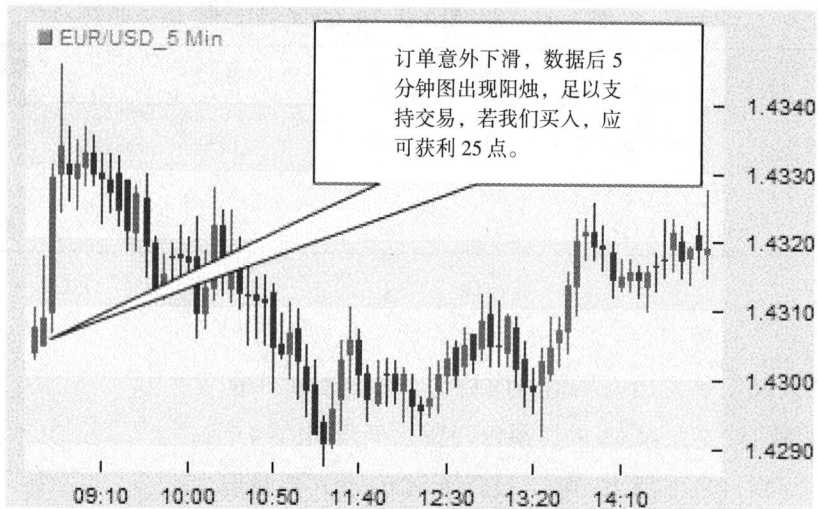

图 3-88　美国 2007 年 9 月耐用品订单数据行情

　　2007 年 10 月，尽管数据轻微差于预期，但没有改变美元情绪，汇价反应不大。当时我们提及需要数据高出或者差于预期 2.5 个百分点才能促使我们交易。尽管后来美元迅速下跌，但我们认为这主要是受市场资金流影响，而不是因为新屋销售以及耐用品订单差于预期，如图 3-89 所示。

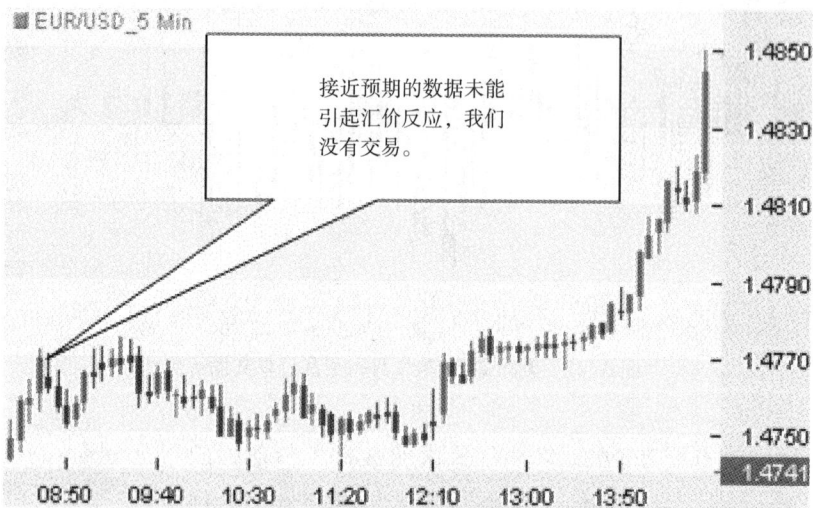

> EUR/USD_5 Min
>
> 接近预期的数据未能引起汇价反应，我们没有交易。

图 3-89　美国 2007 年 10 月耐用品订单数据行情

　　平均小时薪金是用平均每小时和每周收入衡量私人非农业部门的工作人员的工资和薪金水平。该指标存在着一定的易变性和局限性，但仍然是一个月中关于通货

膨胀的头条消息，外汇市场主要关注每月和各年随季节调整的平均每小时和每周工资的变化情况。一般而言，**如果预计平均小时薪金能引起利率的上涨，则每小时工资的迅速上涨对该国货币而言将形成利好刺激；反之，亦然。**

IFO 经济景气指数是由德国 IFO 研究机构所编制，为观察德国经济状况的重要领先指标。IFO 经济景气指数的编制，是对包括制造业、建筑业及零售业等各产业部门每个月均进行调查。由于 IFO 经济景气指数为每月公布信息，并且调查了企业对未来的看法，而且涵盖的部门范围广，因此在经济走势预测上的参考性较高。

ISM 指数是由美国供应管理协会公布的重要数据，对反映美国经济繁荣度及美元走势均有重要影响。ISM 供应管理协会制造业指数由一系列分项指数组成，其中以采购经理人指数最具有代表性。该指数通常以 50 为临界点，高于 50 被认为是制造业处于扩张状态，低于 50 则意味着制造业的萎缩，影响经济增长的步伐。

我们以美国 ISM 数据对欧元兑美元走势的影响为例来说明。ISM 数据对汇市的影响，下面是三次美国 ISM 数据对欧元兑美元走势的影响统计，如表 3-14 所示。

> 美国经济以消费为引擎，个人收入的变化直接消费。另外，经济走强时，企业会通过提高单位收入来鼓励员工加班，而这比就业指标更加灵敏地反映了经济状况。

> 这里其实讲的是供应链管理协会 ISM，开放的 PMI 指数。PMI 实际上是 ISM 最先研发并使用的，后来由 Markit 公司在全球进行推广，才形成今天的影响力。但是 ISM 的 PMI 的测算与 Markit 的测算略有不同。

表 3-14　美国 ISM 指数数据行情统计

月份	时间	预期(%)	实际(%)	点数变化(数据公布一小时后)	点数变化(数据公布至纽约收盘)
2007 年 9 月	10 月 1 日 22：00	52.6	52.0	+22	+12
2007 年 10 月	11 月 1 日 22：00	51.5	50.9	+2	+4
2007 年 11 月	12 月 3 日 23：00	50.8	50.8	-7	+2

2007 年 9 月，美国工业活动全面降温，ISM 制造业指数为 52.0，低于预期的 52.6。如果说 10 月数据温和还不足以在市场引发大的推动，9 月数据则有些出乎市场意料。该数据在 10 月仅下滑了 0.9，主要是因为新订单，出口订单及生产指数下降，未完成订单及存货指数实际上上升。我

们未交易该数据，如果按照数据后的阳线交易，我们可能会出现 50 点的亏损，如图 3-90 所示。

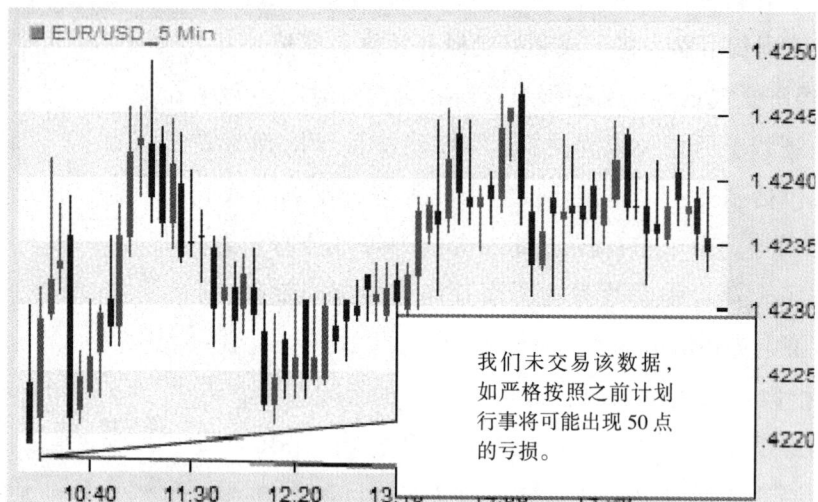

图 3-90　美国 2007 年 9 月 ISM 指数数据行情

2007 年 10 月，美国 ISM 制造业指数下跌 1.1 至 50.9，为 7 个月来低点，预期下跌 0.5。分项指数显示，新订单指数下降，生产指数放缓。但从整体指数的历史趋势来看，跌幅非常温和，汇价因此反应冷淡。11 月我们没有交易该数据，此次我们也按兵未动，如图 3-91 所示。

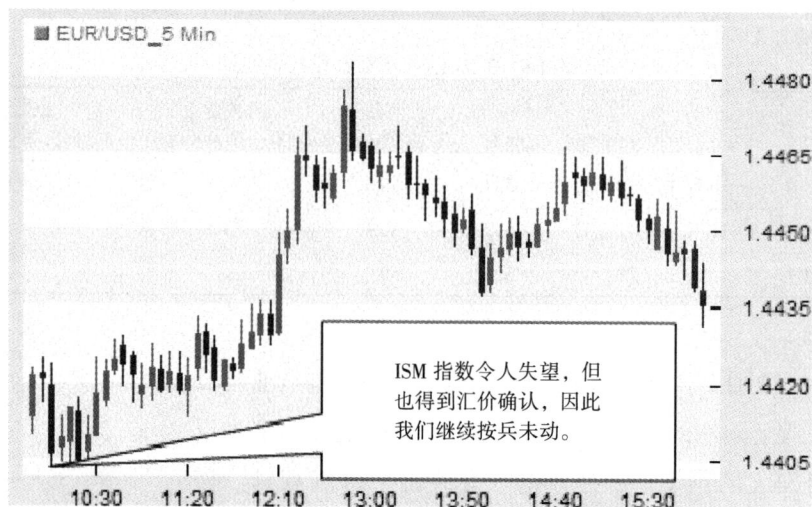

图 3-91　美国 2007 年 10 月 ISM 指数数据行情

2007 年 11 月，美国 ISM 制造业指数增幅为 10 个月来最低，官方预期仅为上升 0.1，但实际结果令人失望，维持在上个月的 50.8 不变。虽然分项指数有一些亮点，但就业指数与未完成订单自相矛盾，令整个指数缺乏吸引力。我们当时正在观察英镑/美元走势，但最终没有采取行动，如图 3-92 所示。

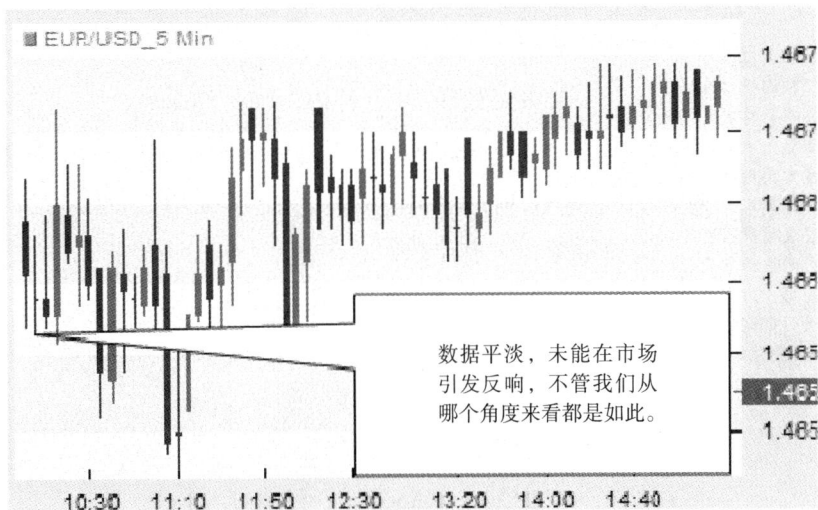

图 3-92 美国 2007 年 11 月 ISM 指数数据行情

汽车销售能很好地反映出消费者对经济前景的信心。汽车销售情况是我们了解一个国家经济循环强弱情况的第一手资料，早于其他个人消费数据的公布。汽车销售还可以作为预示经济衰退和复苏的早期信号。汽车销售额如果上升，一般预示着该经济的转好和消费者消费意愿的增强，对该国货币利好，同时可能伴随着该国利率的上升，刺激该国货币汇率上扬。

消费者信贷余额包括用于购买商品和服务的将于两个月及两个月以上偿还的家庭贷款。外汇市场关注的是随季节调整的超前净信贷余额。一般来讲，消费者信贷余额增加表明消费支出和对经济的乐观情绪增加，这种情形通常产生于经济扩张时期，信贷余额下降表明消费支出减少，并可能伴随着对未来经济活动的悲观情绪。通常来讲，如果消费者信贷余额不出现大幅波动的话，外汇市场对该数据的反应并不强烈。

日本政府每季会对近 1 万家企业作未来产业趋势调查，调查企业对短期经济前景的信心，以及对现时与未来经济状况与公司盈利前景的看法。负数结果表示对经济前景感到悲观的公司多于感到乐观的公司，而正数则表示对经济前景感到乐观的公司多于感到悲观的公司。根据历史显示，日本政府每季公布的企业短期报告数据极具代表性，能准确地预测日本未来的经济走势，因此与股市和日元汇率波动有相当的联动性。

（二）数据价值

相关经济新闻对 EUR 影响的重要性统计。按照公布后引起价格波动大小排列，以下是相关经济新闻对 EUR 影响的重要性。

这里是公布 20 分钟内的统计结果：

（1）Unemployment（Non-Farm Payrolls），非农就业数据；

（2）Interest Rates（FOMC Rate Decisions），美联储公开市场委员会利率决定；

（3）Trade Balance，贸易收支；

（4）Inflation（Consumer Price Index），消费者物价指数；

（5）Retail Sales，零售额；

（6）GDP，国内生产总值；

（7）Current Account，经常账；

（8）Durable Goods Orders，耐用品订单；

（9）Foreign Purchases of US Treasuries（TIC data），国际资本流入报告。

如果是按照公布当天全天的波动幅度，这些报告的重要性排列如下：

（1）Unemployment（Non-Farm Payrolls）；

（2）Interest Rates（FOMC Rate Decisions）；

（3）Foreign Purchases of US Treasuries（TIC data）；

（4）Trade Balance；

（5）Current Account；

（6）Durable Goods Orders；

（7）Retail Sales；

（8）Inflation（Consumer Price Index）；

（9）GDP。

这些新闻实际带来的价格波动平均点数（20 分钟内）：

（1）Non-Farm Payrolls，124；

> 数据的短期影响力可以通过统计数据公布后特定时间段内的波幅来衡量。数据价值是将基本面与技术面结合起来的做法。这些工作大家可以坚持做下去。通过度量数据发布后特定时间段内的波动点数，你可以对数据的影响力有一个直观的感受。同时也能够为短线盈利目标的设定提供数据基础。

（2）FOMC Decision，74；

（3）Trade Balance，64；

（4）Inflation CPI，44；

（5）Retail Sales，43；

（6）GDP，43；

（7）Current Account，43；

（8）Durable Goods，39；

（9）TICS，33。

公布当天全天的平均波动点数：

（1）Non-Farm Payrolls，193；

（2）FOMC Decision，140；

（3）Trade Balance，129；

（4）Current Account，127；

（5）Durable Goods，126；

（6）Retail Sales，125；

（7）Inflation-CPI，123；

（8）TICS，132；

（9）GDP，110。

二、经济理论

经济数据只提供了经济的温度指示，要读懂这些经济数据，必然需要理论的指导。**作为两国间货币价格的体现，外汇汇率的波动纵然千变万化，但归根结底它是受货币供求的价值规律左右，并以本国经济实力作为后盾的**：一国经济增长迅速，经济实力雄厚，该国货币的购买力就强，货币就存在升值的潜力；反之，一国经济陷入衰退，该国的货币购买力就弱，货币就会贬值。因此，准确地分析、把握各国经济发展状况和前景，就能预测到外汇市场汇率的波动趋势。

经济理论在基本分析中的核心地位必须与具体的事实结合分析才能体现，这里选择了与外汇交易实际联系最密

货币操纵是一个权宜之计，货币的根本走势依赖于经济基础。

切的经济学理论进行阐释。当然，其中的说法与严密的经济学定义可能存在部分的差异，但主要是更直观地掌握理论本身。

（一）通货膨胀、利率与汇率的关系

图 3-93 给出了一个相对简单但完整的关系说明，大家可以比照其关系进行理解。下面进行一个更为深入的分析。

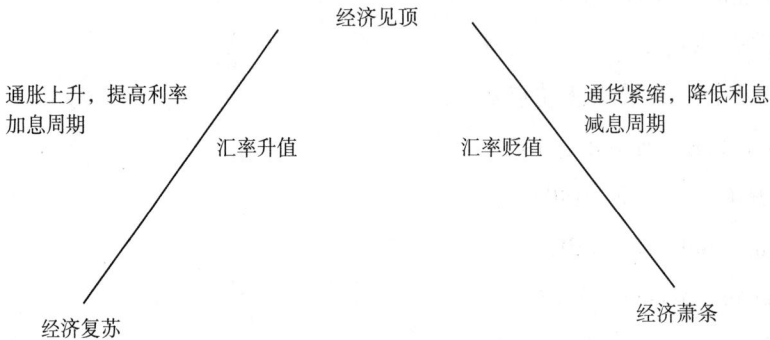

经济见顶

通胀上升，提高利率
加息周期

通货紧缩，降低利息
减息周期

汇率升值   汇率贬值

经济复苏   经济萧条

图 3-93 通货膨胀、利率与汇率的关系

利率与汇率是资金的两个价格，它们之间存在着千丝万缕的关系，因此**利率的走势也是外汇市场的焦点**。但是，通货膨胀、利率与汇率的关系相对要复杂一些，不像经济增长、外贸赤字与汇率的关系那么简单，因此要具体情况具体分析，才能把握住汇率的波动趋势。

如果美国物价不断上涨，美国的中央银行联储就会提高利率以对抗潜在的通货膨胀。如果不考虑其他因素，美国的货币美元由于和其他国家货币的利率差扩大，在资金市场上的吸引力相对提高，资金会从欧元、日元等其他货币流向美元，使美元受到追捧而升值。从这方面看，美国提高利率对美元的汇率有支持。但是，提高利率也许会引起美国股票市场和债券市场的下跌，而这会导致美国金融市场进行投资的收益率下降。由于国际游资是要寻找投资回报的，面对一个开放的国际金融市场，这些游资在美国不能获得理想的回报，必然要离开美国，到别的国家和地区，诸如欧洲、日本、东南亚等去寻找新的投资机会，这

长年累月浸淫在外汇市场中，驱动分析最后可能浓缩为看利率预期和趋势。

什么情况下美国高利率会导致美股下跌？什么情况下提高利率又会导致美股上涨？

样又会对美元的汇率构成贬值的压力。

另外，利率的上升会对经济的增长产生程度不等的抑制作用。从这些方面看，加息最终使汇率受到损害。最明显的例子是 1995 年，美国因为担心经济过热而提高利率，导致道琼斯股票指数的暴跌，最终使美元的汇率在当年创下历史最低纪录。

因此，面对提高利率使该国汇率出现上升和下降的两种可能性，我们不要用恒等式的概念去套，而是对当时的具体问题进行具体分析，**关键是要看提高利率在吸引资金流入和引起资本市场下跌而资金外流方面，哪一个产生的影响更大一些**。特别要留意股市的下跌是一种由于利率上升引起的短时间调整，还是一种由于经济增长受阻而出现的中长期下跌趋势。

在这一分析中，除留意美国经济的有关数据外，必须密切关注美国的物价数据。具体而言，美国的消费物价指数（CPI）和生产价格指数（PPI），将有助于我们把握美国的通胀情况。

通货膨胀是指一般价格水平的持续的普遍的上升。通货膨胀是世界各国经济生活中所面临的一个难题。通货膨胀对一国经济发展的诸多不利影响是很显然的。货币供应量增加本来是一件正常的事情，但它必须与商品和劳务的增加以及人们对货币需求的增加保持适当比例，只要货币供求大致均衡，它就不会导致物价上涨。当货币供应量过度增加，导致通货膨胀，则不利于经济发展，而对国民经济只有破坏性影响。

国内外通货膨胀的差异是决定汇率长期趋势的主导因素，在不兑现的信用货币条件下，两国之间的比率，是由各自所代表的价值决定的。如果一国通货膨胀高于他国，该国货币在外汇市场上就会趋于贬值；反之，就会趋于升值。

真实利率等于名义利率减通货膨胀率。**真实利率不断下降甚至为负，将导致资源浪费，市场配置资源的效率下**

> 美元与美债齐飞，往往是风险厌恶的时候；美元与美股齐飞，往往是风险追逐的时候。

> 通胀究竟是什么导致的，经济学家们并没有唯一的统一说法。

降，将导致经济陷入通货膨胀的灾难。但是，如果真实利率过高，将导致消费需求和投资需求严重不足，造成市场疲软，经济滑坡。由于在名义利率一定时，真实利率与通货膨胀率呈反向变化。

从表面看，通货膨胀率下降（传统的看法认为这是货币供给率下降的结果）与经济衰退有一定关系。不过，这个结论在学术界还存在诸多争议。然而，在实际经济运行过程中，真实利率始终是市场也是央行关注的焦点。

无论是美联储、日本银行，还是俄罗斯联邦中央银行，无论是加息还是减息，都是围绕真实利率展开的。这说明真实利率才是至关重要的宏观经济和金融指标。一个国家的名义利率不可能长期脱离合理的真实利率（2%左右）。过高则抑制经济增长，过低则导致资源浪费。

下面我们分别来看一下英国央行和美联储利率决定对外汇市场的影响。首先我们看英国央行英格兰银行的利率决定对英镑兑美元走势的影响，我们以 2007 年下半年的三次利率决定为例，如表 3-15 所示。

表 3-15　英格兰银行的利率决定行情统计

月份	时间	预期（%）	实际（%）	点数变化（数据公布一小时后）	点数变化（数据公布至纽约收盘）
2007 年 11 月	11 月 8 日 19：00	5.75	5.75	+46	+60
2007 年 10 月	10 月 4 日 19：00	5.75	5.75	+26	+74
2007 年 9 月	9 月 6 日 19：00	5.75	5.75	-27	+11

2007 年 9 月，英国央行连续第二个月维持利率不变，不过利率决议公布前两天金融市场出现几年以来最剧烈的震荡，美国次贷危机出现扩散迹象是主要原因。英央行声明表示，注意到通胀压力下降和货币市场的不稳定。我们没有交易，不过若做空应可获利，如图 3-94 所示。

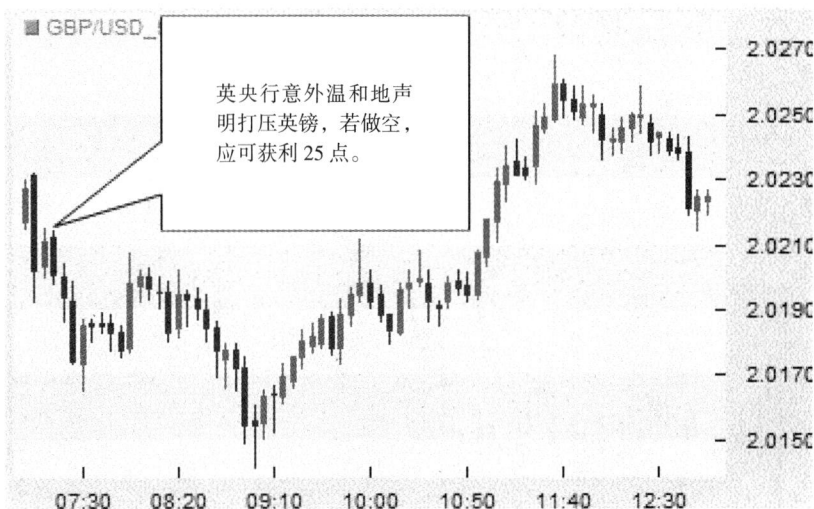

图 3-94 英格兰银行 2007 年 9 月的利率决定行情

2007 年 9 月，英国央行曾表示货币市场震荡对通胀的影响到底有多大仍言之过早，另外房屋价格指标均下滑，增加英国央行年末前将减息的预期。10 月时，我们关注欧央行利率决议，不过若做多英镑/美元应可获利，但止损位需要设在较远处，如图 3-95 所示。

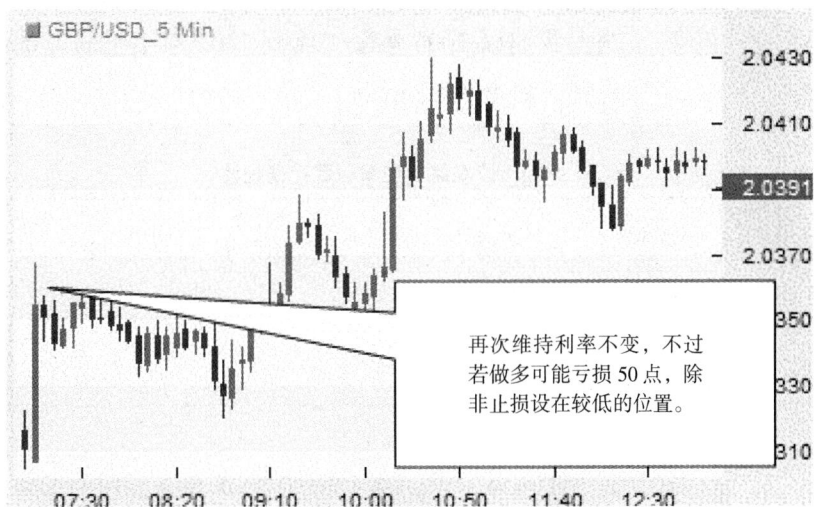

图 3-95 英格兰银行 2007 年 10 月的利率决定行情

2007 年 11 月，英国央行利率决议前尽管市场和分析师总体预期利率不变，但消费者支出预期下滑打压经济和通胀。另外，信贷市场恶化影响楼市，因此英国央

几大央行的货币动向是外汇交易者在进行基本分析时首要关注的问题。英国央行与美联储的利率决议和前瞻指引共同决定了英镑兑美元的大趋势。

行维持利率不变后市场仍做出反应。尽管我们没有交易，但若做多将可获利，如图 3-96 所示。

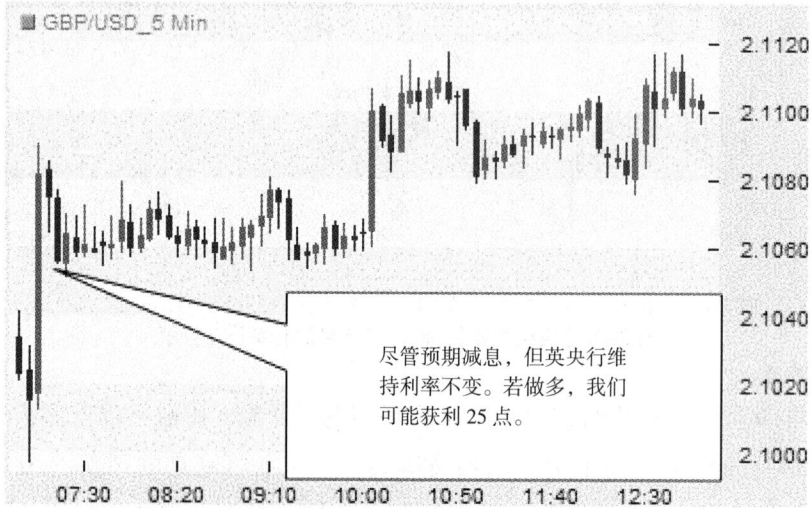

图 3-96　英格兰银行 2007 年 11 月的利率决定行情

下面我们再看美联储利率决定对欧元兑美元走势的影响，我们以 2006 年下半年到 2007 年年中的三次利率决定为例，如表 3-16 所示。

表 3-16　美联储的利率决定行情统计

月份	时间	预期（%）	实际（%）	点数变化（数据公布一小时后）	点数变化（数据公布至纽约收盘）
2007 年 8 月	8 月 8 日 02：15	5.25	5.25	+29	−7
2007 年 7 月	7 月 29 日 02：14	5.25	5.25	−21	−4
2006 年 6 月	6 月 30 日 02：16	5.25	5.25	+114	+170

2006 年 6 月，美联储加息 25 点，但声明中措辞开始改变，表示未来政策将取决于增长和通胀预期，美元大跌。我们交易获利 90 点，如图 3-97 所示。

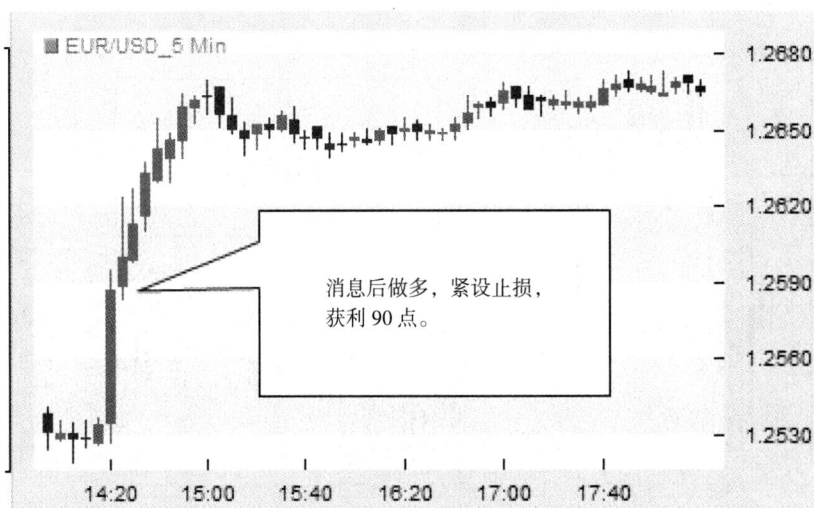

图 3-97　美联储 2007 年 6 月的利率决定行情

2007 年 7 月，美联储继续保持利率在 5.25% 未变，符合预期，随后公布的相关声明中态度也没有改变。汇价在消息后稍稍波动，如图 3-98 所示。

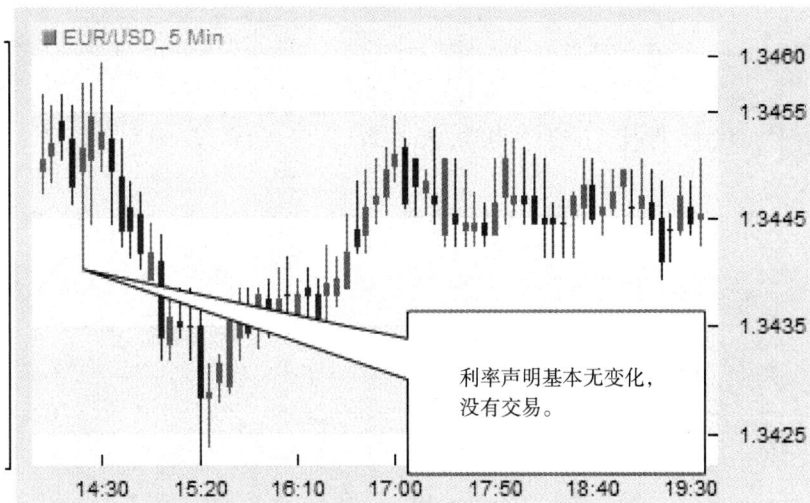

图 3-98　美联储 2007 年 7 月的利率决定行情

2007 年 8 月，美联储立场和政策态度剧变，但没有改变联邦基金利率，相关声明中也保持了对通胀的担忧，尽管指出了上半年经济增长放缓，信贷问题为市场带来波动，如图 3-99 所示。

可以利用联邦利率期货观察市场对美联储政策的预期，这个方法可以参考《美元霸权周期》。

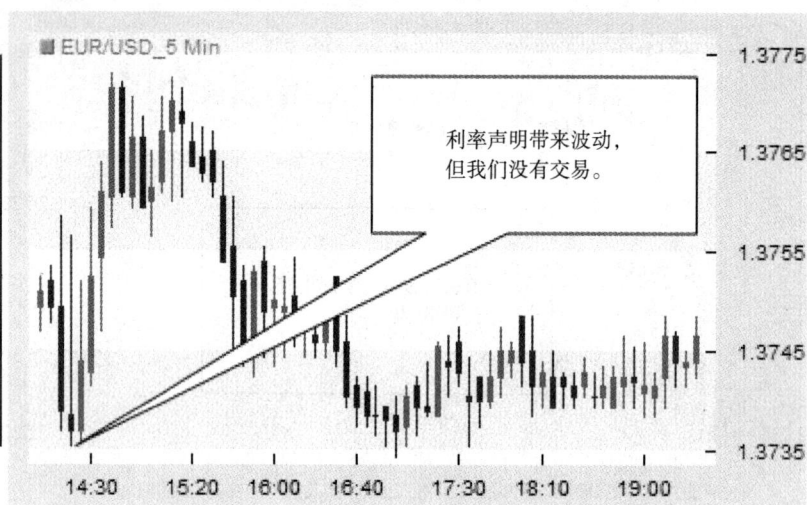

图 3-99　美联储 2007 年 8 月的利率决定行情

如何比较方便地追踪各大央行的动向呢？我推荐"央行日历"（见图 3-100）和"央行观察"（见图 3-101）这两个工具，地址如下：https：//www.dailyfx.com.hk/centralbank/index.html。

央行日历

按列表排列　　按央行排列　　按月份排列

2017	一月	二月	三月	四月	五月	六月	七月	八月	九月	十月	十一月	十二月
美联储	31	1	15	—	3	14	26	—	20	31	1	13
欧央行	19	—	9	27	—	8	20	—	7	26	—	14
英央行	—	2	16	—	11	15	—	3	14	—	2	14
瑞央行	—	—	16	—	—	15	—	—	14	—	—	14
加央行	18	—	1	12	24	—	12	—	6	25	—	6
日央行	31	—	16	27	—	16	20	—	21	31	—	21
澳央行	—	7	7	4	2	6	4	1	5	3	7	5
纽储行	—	9	23	—	11	22	—	10	28	—	9	—
瑞典央行	—	14	—	27	—	—	3	—	—	—	—	—
挪威央行	—	—	16	—	4	22	—	—	21	26	—	14

图 3-100　央行日历

资料来源：DailyFx HK。

7月央行观察

央行	上一次利率改变时间	当前利率水平	下一次会议时间	预期
澳央行	2016年8月2日减息-25点	1.50%	2017年7月4日	利率不变
日央行	2016年1月29日减息-20点	-0.10%	2017年7月20日	利率不变
欧央行	2016年3月10日减息-5点	0%	2017年7月20日	利率不变
美联储	2017年6月15日升息25点	1.00%~1.25%	2017年7月26日	利率不变
英央行	2016年8月4日减息-25点	0.25%	2017年8月3日	利率不变
纽储行	2016年11月10日减息-25点	1.75%	2017年8月10日	利率不变
加央行	2017年7月12日升息25点	0.75%	2017年9月6日	利率不变
瑞央行	2015年1月15日减息-50点	-1.25%~-0.25%	2017年9月14日	利率不变

央行观察（最新记录）

显示相关货币：🌀 美元　⚫ 欧元　● 日元　🌼 英镑　✚ 瑞郎　🌀 澳元　(♦) 加元　🌑 纽元　全部货币

(♦) 加央行	发言人：加央行7月利率决议	2017年7月12日

7月12日加央行宣布加息25个基点至0.75%，符合市场预期，为2010以来首次。

图 3-101　央行观察

资料来源：DailyFx HK。

（二）利用息差洞悉汇率走势

全球金融市场是一个各大市场联系的大网络，我们经常可以看到商品期货价格走势对于外汇走势的影响，也可以看到外汇波动对于商品期货价格的影响。与此类似的是，债券息差和货币走势之间的互动关系，所谓的债券息差主要是指各国之间的利率差异。汇率的走势会导致一国银行货币政策的变动，而货币政策的变动也会对汇率走势造成极大冲击，这点我们在前文的具体实例中已经看到。

货币政策与利率以及货币量供给变动密切相关，而利率和货币供给量基本上可以看作一枚硬币的两面。根据前面一小节和后面一小节介绍的相关知识，加上一点常识我们可以知道，一个坚挺的货币有助于降低通货膨胀率，而一个疲弱的货币则容易抬高国内的通胀水平。一国的中央

> 货币市场利率和国债利率对外汇市场影响较大。

蒙代尔不可能三角是什么意思？大家动手去网上查下，这个是了解人民币汇率必备的一个前置知识。

银行通常会利用这一关系，作为有效管理其国家货币政策的间接手段。

外汇交易者可以通过明晰上述关系和具体的作用形式来把握外汇交易机会，通过掌握息差的变化可以对外汇走势做出大致准确和及时的研判，从而为外汇交易打开一扇新的窗户。为了更好地理解利率对货币走势的决定性作用，我们可以看看过去数年的历史记录。

在 2000 年的新经济泡沫破灭后，投资者们开始寻找新的高收益投资对象。但是在美国国内，由于利率降到了 2%以下，所以许多对冲基金和其他有能力对外投资的机构纷纷到美国之外的地方寻找机会。澳大利亚的股市虽然也在遭受着网络经济泡沫崩溃后的折磨，但它却提供了一个更高的利率水平，超过了 5%。相对美国的利率水平，澳大利亚的债券收入更加吸引投资者，因此大量的资金涌入澳大利亚，这使得澳元走强。

资金在什么情况下会从中心流向外围？在什么情况下又会从外围流向中心？

两种货币所属国的利率差异会导致套息交易的兴盛，所谓的套息交易策略就是利用了两国利率的差异，同时从汇率趋势中获利，这种策略既赚取了息差，也能够获得汇率本身的价差。具体的息差交易策略大家可以参看本系列丛书的《外汇交易进阶》一书，该书中对套息交易有较为详细的描述，大家可以按图索骥。

我们这里对套息交易进行简单的介绍，以便大家能够明白息差对货币走势的驱动原理。举例而言，在 2006 年前后最常用的息差交易策略是借入日元或者是瑞郎这类低息货币，然后利用借来的资金买入像澳元这样的高息货币。这些交易中，澳元这样的高息货币对其他货币走强。

但是，对于个人交易者而言，在全世界不同的账户中存取资金以便获得息差是存在难度的，零售外汇交易业务的息差足可以抹平其中的收益。不过对于对冲基金和投资银行这类机构投资者而言，低成本接近全球市场并赚取息差是完全能够做到的，所以他们在低风险的前提下可以稳

健地利用利率差异获得收益。套息交易使得高息货币得到资金的追捧，因而高息货币的走势会得到强有力的支持。

个人外汇交易者可以通过跟踪息差变化和息差预测来洞悉汇率走势。图 3-102 展示了息差和货币走势之间的紧密关系，大家仔细查看其中的相关水平。

什么情况下，高息货币不受欢迎？次贷危机和欧债危机中，什么货币最受欢迎？国债的利息显著低于投资债，为什么会在当时受到追捧？什么经济体的国债在此情况下也会与股市一同被抛弃？

图 3-102 澳元兑美元走势与息差走势

图 3-102 显示的是澳元兑美元汇率的走势以及两国五年期债券息差的走势，两者的走势如此同步，仿佛一者是另外一者的镜像。1989~1998 年，澳大利亚的五年期利率与美国五年期利率的差值不断降低，与此同时，澳元兑美元的汇率走势走低，当时很多投资机构都在卖出澳元。

但是从 2000 年的夏天开始，澳大利亚的五年期债券利率相对于美国的五年期债券利率的差值扩大，几个月后澳元兑美元重拾升势。此后三年，两国的息差使得澳元兑美元升值了 37% 左右，那些抓住这波上升趋势的外汇交易者不仅赚到了汇差，而且还赚到了息差。从图 3-102 我们还应该可以推断出，当澳大利亚和美国的息差走出下降趋势时，澳元兑美元的汇率也会开始走入下降通道。

现在的息差不能决定未来的汇率走势。未来的息差才能决定未来的汇率走势。怎么预判未来的息差呢？追踪各大央行的表态，看各国的重要经济数据。

息差和汇率走势的关系并非是澳元兑美元才有的特性，在新西兰元兑美元，英镑兑美元以及英镑兑日元和美元兑加元上，我们也可以看到一样的特性。我们来看新西兰元兑美元（见图3-103）走势中的息差影响。仍旧以两国的五年期债券利率为息差考察的基准。

图3-103 新西兰元兑美元走势与息差走势

图3-103提供了关于息差作为汇率风向标的更好实例，大家可以看到，从1999年春开始，新西兰和美国的息差触底，但新西兰元兑美元的走势直到2000年秋季才触底，也就是说息差提前触底，这表明息差是一个先行指标，而不是滞后指标或者说同步指标。此后，息差从2000年夏天开始上升，而新西兰元兑美元的汇率则在2001年秋季开始回升。当两国息差在2002年夏天见顶走低时，货币也有所表现，两者在图3-103中的关系仿佛水中倒影一般，如此形影相随。

五年期和十年期债券的息差都可以用于评估未来汇率的走势，一个经验法则是当息差扩大时，特定的货币对就会走强，一种货币相对于另外一种货币出现升值。但是，汇率走势并非只受到实际利率变化的影响，还受到央行对经济评估变化的影响等，也就是说会受到利率前景的影响。

尽管在绝大多数时候，息差走势对汇率走势的预测都是准确的，但仍旧存在一些需要注意的事项和例外的情况，这是我们每个外汇交易者需要谨记的。

首先，**息差对汇率的影响应该是在中长期时间框架下发生作用的**，对于那些短线交易者和缺乏耐心的交易者而言，息差走势的实际操作意义不大。息差研判比较适合长线和中线交易者，通常而言，日内交易者更适合于利用利率决定的数据行情来获取日内波动利润。如果你不是一个以周为单位研判市场的外汇交易者，那么息差对于进场和出场的选择没有太大帮助。毕竟基本因素在汇率上的反映需要一定的时间，而这正是一个交易者需要考虑到的问题。

其次，利用太高杠杆的外汇保证金交易者也不太适合这一策略，因为杠杆过高意味着很难承受市场的噪声波动，这些波动与息差带来的基本趋势无关。如果杠杆过高，则根本无力承受短期的随机行为，进而等到最后的胜利。

再次，当股票市场兴盛时，可以抵消债券息差的影响。当日本利率很低时，日本的股票收益也很低时，投资者们才会融入日元买入其他高息货币，这时日元兑其他货币是走低的。但当日本股市看好时，虽然日本利率还是很低，此时日元却会逐渐走强，因为虽然日本的债券不吸引人了，但日本的股票吸引人，而这会导致资金回流日本，进而导致日元走强。所以，债券息差只是汇率走势的一个影响因素，股票市场的收益差也要考虑到。

最后，**投资大众风险偏好的变化也会导致息差预测效能的变化。风险厌恶是外汇市场一个重要的驱动因素，根据息差行动的外汇交易者在喜好风险的大环境中更容易成功**，而在厌恶风险的大环境中却不太可能成功。这是因为在喜欢风险的大环境中，投资者倾向于调整其投资组合，卖出那些低风险、高价值的资产，同时买入那些高风险、低价值的资产。

风险更高的货币资产不得不提供更高的利率以便补偿投资者们承担的风险，通常这些货币的高风险来自该国的巨大经常项目赤字。但是，当投资者们变得厌恶风险时，高风险货币倾向于贬值。比较典型的情况是，较高风险的

息差是趋势跟踪者可以加入系统的一个高效过滤指标，这是给第4版读者的Special Offer!

安倍经济学让日本货币政策超级宽松，日元贬值，这个大家都能理解。那为什么日股大涨呢？笔者之前解释过，你现在能自己捋一遍逻辑吗？

货币具有较大的经常项目赤字，当投资者们不那么喜欢风险时，他们将撤出投资回到母国金融市场，这使得该高风险货币国的经常项目赤字无法获得足够的融资。这时候应该避免对这些货币进行套息交易，毕竟货币下跌的风险可能已经远远超过了利率优势带来的潜在收益。

许多投行都发展了一些早期预警指标，以便尽早发现风险厌恶水平的变化。这一预警系统包括了债券息差、掉期收益差，以及外汇和证券市场的波动率等。当然，这里我们就不深入这些话题了。总体而言，息差走势代表了两国资产收益率走势的一个趋势，如果能够把股票的收益差考虑进来则更好，所有这些关键基本面因素都是在中长期发挥作用，**对于日线为主的交易者而言意义重大**，对于短线交易者和高杠杆交易者而言，意义要弱很多。

（三）经济增长与汇率的关系

图 3-104 是我们十年前培训初级交易员时绘制的，从中可以清晰地看到经济增长和汇率之间的大体关系。刚接触宏观分析的时候，可以将这张图结合自己的直观理解多琢磨几次，更为深入地分析请看下面。

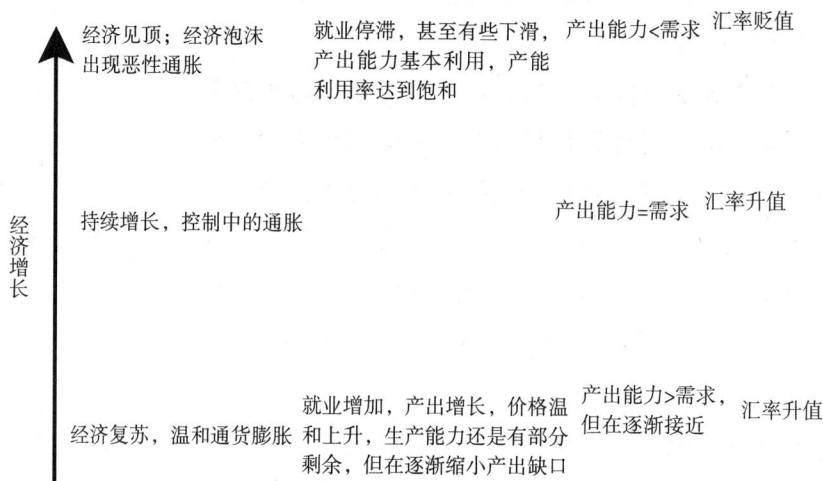

风险偏好如何分析？举贤不避亲，推荐阅读《黄金短线交易的24堂精品课》，至少到目前为止没有一本书比这本书更全面、系统地介绍风险偏好分析框架和工具了，而且是基于交易者的需求和视角。

图 3-104　经济增长和汇率的关系

在经济领域里，衡量一国经济是否增长不是一种主观的推理，而是通过各国公布的一系列经济数据体现出来的。西方国家的经济是一种较为成熟的经济体，其透明度、公开度也相对高，有关的经济数据都是定期、定时公布的，我们在年底就可以查询到未来一年内，哪些国家将于何月、何日、何时公布哪一个经济数据。经济学家们也会在公布数据的一个多星期前就根据自己掌握的情况对将要公布的数据进行预测，以及在公布数据后对各国经济水平作出判断。这些预测值或实际公布的数据等都会对外汇市场带来极大的冲击，也为汇市炒家提供了极好的交易机会。

> NBER 的数据推送服务不错，可以尝试下，这是免费的。

另外，要注意将同一经济数据进行横向对比，从而判断一国经济发展的周期性变化，如美国尽管 2017 年以来经济一直处于增长态势，但在多次提高利率以对抗通胀潜力后，从下半年以来经济增长出现明显放缓迹象，表现在一些公布的经济数据已经不如预测中理想，美元的强势也因此受到阻碍。

> 重要的是利差预期，预期，还是预期！

（四）国际收支和国际资本流动与汇率

国际收支涉及两个方面：一是国际贸易，二是国际资本流动。国际贸易是经常项目，或者说经常账的组成部分；国际资本流动则是资本项目的组成部分，如图 3-105 所示。

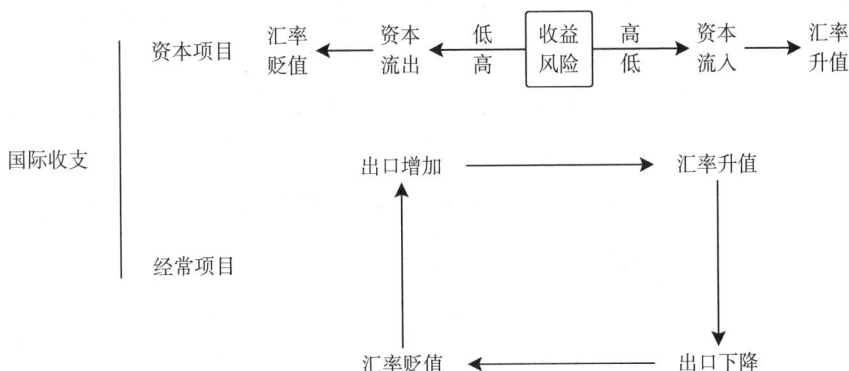

图 3-105　国际收支和国际资本流动的关系

国际资本流动是分析短期汇率趋势的最重要的分析方法之一。在利率下的国际资本流动对短期的汇率产生直接影响，**在很大程度上左右了短期的外汇市场走势，影响投资者决策的是实际利率而非名义利率，实际利率是指名义利率减去预期通货膨胀的差。**

如果一国的资产收益较高，而风险较低，则资本流入，汇率升值，这里的收益主要看实际利率水平和资本收益率，而风险则是投资面临损失的各个可能。

由于货币汇率是两国间货币的比价，因此汇率的上下波动就不可避免地会影响到两国商品的比价，从而影响到两国商品的进出口状况及国家间的贸易平衡。一般而言，在一定的条件下，一个国家的货币汇率下降，表示本国货币贬值，这将有利于本国扩大出口，减少进口，取得贸易顺差；如果一国货币升值，将有利于进口，而不利于出口，长此以往将使本国贸易出现逆差。

（五）中央银行的干预与汇率

国家相关机构对于外汇市场的干预在短期内对汇率的走势影响很大。自从浮动汇率制推行以来，工业国家的中央银行从来没有对外汇市场采取彻底的放任自流的态度；相反，这些中央银行始终保留相当一部分的外汇储备，其主要目的就是对外汇市场进行直接干预。一般来说，中央银行在外汇市场的价格出现异常大的，或是朝同一方向连续几天剧烈波动时，往往会直接介入市场，通过商业银行进行外汇买卖，试图缓解外汇行市的剧烈波动。

下面是各国干预外汇市场的具体制度：

1. 美国

干预决定权：政府（财务部）以及 FRB。其中，以政府拥有优先权。

干预的执行：纽约联邦准备银行。

干预的资金及检查等：政府所拥有的汇率安定基金以及 FRB。通常是政府与 FRB 对半出资。三个月一次向议会报告。

> 国际贸易对汇率的影响偏中长期，国际资本流动直接影响汇率。

> 蒙代尔不可能三角对我们理解汇市干预非常有用，我们可以预判央行的行动会不会成功，能在多大程度上成功。

2. 欧元区

干预决定权：欧洲央行 ECB 决定进行干预，但其本身需要通过欧洲财长会议。这里一般的指针：①向 ECB 进行咨询后再决定；②不能妨害安定物价的目的。

干预的执行：ECB、各国央行。

干预的资金及检查等：ECB。

3. 英国

干预决定权：政府（财政部）以及英格兰银行 BOE。其中 BOE 的干预限制在有必要达成金融政策目标的场合。

干预的执行：BOE。

干预的资金及检查等：政府所拥有的汇率安定基金以及 BOE。每个月在财政部的主页上公布。

4. 日本

干预决定权：政府（财务部）。

干预的执行：日本银行（JOB）。

干预的资金及检查等：政府所拥有的特别会计外汇资金。每个月在财政部的主页上公布。

对于中央银行干预外汇市场的原因，理论上可以有很多解释，为大多数人所接受的原因大致有三个：

（1）汇率的异常波动常常与国际资本流动有着必然联系，它会导致工业生产和宏观经济发展出现不必要的波动，因此，稳定汇率有助于稳定国民经济和物价。

（2）中央银行直接干预外汇市场是为了国内对外贸易政策的需要。一个国家的货币在外汇市场的价格较低，必然有利于这个国家的出口。而出口问题在许多工业国家已是一个政治问题，它涉及到许多出口行业的就业水平、贸易保护主义情绪、选民对政府态度等许多方面。

（3）中央银行干预外汇市场是出于抑制国内通货膨胀的忧虑。在浮动汇率制的情况下，如果一个国家的货币汇价长期性地低于均衡价格，在一定时期内会刺激出口，导致外贸顺差，最终却会造成本国物价上涨，工资上涨，形成通货膨胀的压力。所以，在实行浮动汇率制以后，许多工业国家在控制通货膨胀时，都把本国货币的汇率作为一项严密监视的内容。

不同国家的中央银行根据本国货币的汇率波动情况而决定对市场的干预，从最近几年的情况看，这种干预更为频繁，如 1992 年英镑危机，1995 年美元汇率全面

安倍经济学的本质还是汇率干预。

下跌，1998年亚洲金融危机中日元贬值及其后的迅速升值等，都可以见到各国中央银行在市场上的身影。

就全面而言，央行的干预会对市场产生威慑作用，甚至会直接扭转外汇市场的汇率波动的短期和中期的趋势。因此作为外汇交易者必须密切留意各国央行的态度，因为央行平时是不会轻易出面的，只有当汇率出现大起或者大落，一些国家央行要员已经发出警告时才出来；而且从历史情况看，央行不会在毫无警告的情况下入市买卖，而是先对市场多番发出警告，连外汇市场也认为央行会干预时，才直接入市买卖。

因此要留意这些央行是否会入市买卖及什么时候入市买卖，因为处理得当会有非常好的回报，处理不善则容易遭受损失。但是，不同国家的中央银行干预市场的效果是不一样的，要具体分析，不能盲目跟风，否则容易吃亏。

从历史到现在，日本中央银行的市场干预程度是最频繁的，一旦日元升幅凌厉，日本中央银行就会入市抛售日元买入美元，如1995年美元兑日元大幅度贬值之时，又如1998年亚洲金融危机爆发，日元不断贬值时，日本中央银行都会因为日元的升值或贬值而干预市场。

为什么安倍经济学可以成功让日元在几年时间内显著贬值？

但是，与欧洲、美国相比，日本中央银行的市场干预效果是最差的，这是因为日本央行是从属于大藏省（即财政部）的，缺乏应有的独立性，而且由于日本央行不断地在外汇市场上低买高卖进行干预，反而给市场以炒作外汇的嫌疑。因此其干预市场的作用受到了市场的质疑，也缺乏效率。所以，外汇交易不要轻易跟进日本央行，有时如果发现日本央行干预市场但没有达到效果，进行逆向操作说不定会取得意外效果。

在欧洲中央银行诞生之前，德国中央银行的市场干预效果是最好的。这是由于德国中央银行的独立性最强，而且其货币政策目标非常明确，就是维护德国市场的稳定，防止通胀。这使德国央行赢得市场的尊敬，投资者因此也

不敢小看德国央行在市场上的一举一动。但欧洲中央银行随欧元上路而诞生，其市场干预的效果反而不如德国央行，因为欧洲中央银行到底归属哪一级机构，面对区内国家进入不同经济周期时应该如何确定货币政策等这一系列问题都较为模糊，使欧洲中央银行难以取得市场的认同，其给欧元的支持也就大打折扣，这也是欧元疲弱的其中一个重要原因。不过随着欧洲央行运作的不断完善、成熟，凭借欧洲区内雄厚的经济实力，欧洲中央银行在外汇市场上的作用不容忽视。

另外，就美元而言，如果发现美联储在金融市场上动作，外汇交易者一定要及时跟进，千万不要反方向操作，应该能取得好的回报。另外，美国政府从吸引外资等多角度考虑，一直以来保持"强势美元政策"，美元汇率发生贬值，美联储是否会入市及在什么价位入市干预，都值得市场炒家密切关注。

判断中央银行的干预是否有效，并不是看中央银行干预的次数多少和所用的金额大小。从中央银行干预外汇的历史中至少可以得出以下两个结论：

（1）如果外汇市场异常剧烈的波动是因为信息效益差、突发事件、人为投机等因素引起的，而出于这些因素对外汇行市的扭曲经常是短期的，那么，中央银行的干预会十分有效，或者说，中央银行的直接干预至少可能使这种短期的扭曲提前结束。

（2）**如果一国货币的汇率长期偏高偏低是由该国的宏观经济水平、利率和政府货币政策决定的，那么，中央银行的干预从长期来看是无效的。**而中央银行之所以坚持进行干预，主要是可能达到以下两个目的：首先，中央银行的干预可缓和本国货币在外汇市场上的跌势或升势，这样可避免外汇市场的剧烈波动对国内宏观经济发展的过分冲击。其次，中央银行的干预在短期内常常会有明显的效果。其原因是外汇市场需要一定的时间来消化这种突然出现的

ECB 的德国色彩在欧债危机后少了几许，为什么会这样呢？

155

政府干预。这给中央银行一定的时间来重新考虑其货币政策或外汇政策，从而作出适当的调整。

西方国家在对外时是一致的，但其内部之间同样存在矛盾，存在国家利益冲突，因此西方国家在制定政策时是既一致又有相互防范、自我保护的。1994年美国、日本之间的贸易谈判就是典型的例子。特别由于汇率的变动影响到各国的经济、金融、贸易等各个方面，因此西方国家之间在对待汇率波动的问题上是既相互配合，也相互拆台的，表现在进行汇率干预的态度和意愿上各有不同。所以在遇到西方国家联手干预市场时，必须要客观分析，不要盲目跟风，否则很容易吃亏。

比如1992年的英镑危机事件，索罗斯有一句名言："苍蝇不叮无缝的蛋。"之所以在1992年对英镑发起阻击，是由于在此之前英国和德国对统一欧洲货币的进程产生极大的分歧，索罗斯认为对其中经济表现较差的英国发起进攻，德国将不会提供强有力的协助。

事态的发展果然如他所料，当英镑在金融市场上受到猛烈的抛售，英国政府多次干预市场都难以取得理想的效果时，德国中央银行如市场预料般入市干预，当时给市场英镑空头以一定的打击。但市场马上发现，德国中央银行只动用很少的资金进行干预，明显表现出不愿意牺牲自我协助英国的态度，于是掀起了新一轮的抛售英镑狂潮，最终索罗斯一夜狂赚10亿美元，英国政府宣布英镑脱离欧洲汇率机制，自由浮动。

因此，在遇到西方国家联合干预市场时，一定要客观地分析西方各国干预市场的真实动机，特别要注意它们是否真心实意地联合行动，以维持市场的稳定，还是在干预中各怀鬼胎，私下里各自动作。这是判断干预能否成功的关键，也是在遇到干预时能否把握市场走势取得投资回报的关键。而要做这样的分析，关键是看汇率的波动是否符合这些国家的利益，或符合他们的既定政策。

索罗斯是一个精于印象管理的金融大鳄。

如美国长期以来一直强调"强势美元政策"，欧元对美元的贬值正好是这种政策的体现，美联储协助欧洲央行干预，购买欧元抛售美元，明显是与其政策相违背的，在其有关部长干预后匆忙表示美国政策不变，就明显表示这个联合干预并不是美国政府的初衷，而是"盛情难却"。

主要中央银行官方网站如下：

英格兰银行（www.bankofengland.co.uk）；

俄罗斯联邦中央银行（www.cbr.ru）；

美联储（www.federalreserve.gov）；

欧洲中央银行（www.ecb.int）；

中国人民银行（www.pbc.gov.cn）；

日本中央银行（www.boj.or.jp）。

（六）货币联盟经济学与欧盟

随着欧元的出现，我们不能忽视了货币联盟经济学的学习。货币联盟是指使用一种具有计价单位、交换媒介和价值储藏三大职能的货币的地理区域。欧洲经济货币联盟的建立和欧元的诞生是一个历史性的创举。世界上还从未出现过独立国家放弃本国货币组成基于同一个货币当局领导下的使用同一货币的货币联盟。同时，各国在政治上保持各自的独立性，根据自己的国情制定除货币政策外的经济政策并通过磋商、谈判等协调各国的经济政策。

欧洲经济货币联盟将给欧盟乃至世界经济领域的各个方面带来深刻的变化。它不仅影响资源配置、收入分配、经济稳定和经济增长，而且直接或间接地影响商品、资本和劳动力的市场体系，并改变欧盟的经济与政治格局。同时，欧元的启动也是国际金融领域自布雷顿森林货币体系确立以来最重要的历史事件。

欧债危机给货币联盟经济学带来了新课题。

但欧洲经济货币联盟和欧元在未来相当长的时期内也面临诸多挑战，欧洲经济货币联盟能否重蹈历史上失败的货币联盟的覆辙，人们正拭目以待。自欧洲经济货币联盟和欧元诞生以后，对它的前途展开了激烈的争论，同时发

现欧洲经济货币联盟存在一系列的弱点和缺陷。

《马约》对各国的债务和财政赤字的数量规定了严格的标准，但由于财政政策由成员国各自掌控，协调困难，这会产生两大问题。

一是成员国难以应对非对称性冲击。所谓非对称性冲击是指某一特定国家或部门受到经济冲击（诸如战争，自然灾害，贸易条件恶化，金融危机，石油危机等）时，由于这种冲击带来的不利经济影响与其他国家或部门不同步，即不对称，需要特殊的经济政策进行调节。如果受到非对称冲击的国家与其他国家未组成货币联盟，那么可以使用货币政策如汇率和利率政策、财政政策等加以调节。在组成货币联盟的情况下，由于失去货币政策手段，财政政策措施又受到限制，这一特定国家或部门便会出现严重的经济问题。

二是成员国政府出现顺周期财政政策行为和倾向。按照凯恩斯的经济理论，财政政策应是反周期的，经济繁荣时，实施紧缩财政政策，防止经济过热；经济萧条时，实施扩张性财政政策，刺激经济增长，从而保持经济的稳定发展。但在欧洲经济货币联盟内，经济繁荣时，对公共支出和减税没有任何限制措施，而在经济衰退时，《马约》又强迫各国政府减少财政支出和增加税收，以满足财政赤字不超过国内生产总值3%的要求。这和凯恩斯的反周期财政政策是背道而驰的。

在货币政策方面存在四大问题：

一是最后贷款人的问题。在一个主权国家内，中央银行承担最后贷款人的角色，有责任最后保证国家支付体系的流动性，国家的资源总存量是货币的实物基础和最后担保。名义上，欧元区的最后贷款人是欧洲中央银行，但《马约》并没有赋予欧洲中央银行行使最后贷款人的权利，即使欧洲中央银行被欧元区国家授权承担这个责任，也由于自有资本及其储备太少而不可能担此重任。实际上，欧元

马克龙上台后，重塑德法轴心关系，欧元区的整合将进一步加强。

区没有真正的最后贷款人，一旦出现流动性危机，最后贷款人的缺位就会弱化欧元。

二是金融监管问题。欧元区缺乏统一的中央当局对金融体系实施监管，《马约》规定了欧洲中央银行有一定的监管职能，但最主要的监管权力由各国的中央银行承担。这意味着一旦发生欧元区范围内的金融危机，解决问题将是很困难的，欧元区的金融体系的稳定性难以得到根本保证。

三是货币政策权分割。按照《马约》的规定，欧洲中央银行独立执行货币政策，但汇率机制由欧盟财政部长理事会决定。

四是欧洲中央银行和欧元区的货币政策决策缺乏透明度。

传统上，欧洲人把自己的国家作为最基本的政治实体，认同自己的国家和代表各自国家的国旗、国歌、货币等国家象征。在历史的发展过程中，各国形成了自己的历史、语言、文化和政治传统。国家的边界往往就是语言边界，同一国家不同语言区的矛盾十分尖锐，比利时就是典型代表。单一货币的超国家和泛欧洲特征在欧洲人中始终存在疑虑。实际上，经济货币联盟和围绕执行该联盟所设置的各项制度如欧洲中央银行、欧元、稳定与增长公约等始终没能纳入一个被广泛接受的欧洲一体化的政治框架内。

政治的合法性招致人们对经济货币联盟和欧元的批评。高失业率、经济增长缓慢成为民粹主义者攻击欧元的借口；指责"外国"决策者干预和操纵国内事务是随时可用和永远有效的政治武器。

在过去的 200 年中，世界上出现了很多货币联盟。从政治性质上看，可分为政治统一下的货币联盟和主权国家间的货币联盟。从货币管理体制上看，可分为集中型货币联盟和分散型货币联盟，前者是指货币联盟形成统一的货币当局，即是中央银行；后者指几个货币当局并存，但相互协调。

从分析历史上的货币联盟可以得出以下几个结论，这些结论有助于解释欧洲经济货币联盟的前景：

（1）**成功的货币联盟通常依赖于政治的统一。**政治上的联合可以由一个国家主导建立或者若干国家基于共同利益而建立。**政治联合的意愿是货币一体化最主要的动力。**

（2）集中型货币联盟相对于分散型货币联盟会更持久。

（3）财政的集中程度不是决定货币联盟能否持久的决定因素。只要货币政策集中控制，货币联盟就不必然需要财政一体化。但财政一体化能促进经济稳定，维持政治团结，从而提高货币联盟的持久性。

经济推动政治，政治反过来促进经济。经济基础和上层建筑的话题历久弥新。

（4）不管汇率制度如何安排，任何一个国家或国家集团总会经历宏观经济的各种冲击、经济周期，甚至经济危机。没有简单的、能自动防止各种问题的货币体系保证各国免予各种经济冲击。

三、经济事件

对于外汇市场而言，除了银行的货币政策之外，G7 会议应该是位居首位的事件。G7 每年都举行几次，但基本上 G7 对货币之间的汇率的实际影响力是有限的。如果 G7 对汇率产生影响的话，一定是汇率的波动已经到达极端过分的时候，汇率之间已经到达十分扭曲的状态下，G7 的警告以及政策的发动，才会对过分波动的汇率产生矫枉过正的效果。

过去的几十次 G7（包括 G5）会议之中，对货币的汇率产生过较大的影响的、具有代表性的例子有几次。比如 1985 年 9 月的广场协议，1987 年 12 月的圣诞声明，1995 年 4 月的反转协议。举例来说，从这几次的美元与日元的实际汇率与基于购买力平价理论（批发物价基准）计算出的偏离率来看，1985 年 9 月时为正 15%（美元汇率偏高），1987 年 12 月是负 30%（美元汇率太低），1995 年 4 月为负 40%（美元汇率太低）的状况。

除了 1985 年的广场协议是美元汇率偏高以外，1987 年 12 月与 1995 年 4 月都是美元汇率偏低，也就是汇率的波动已经很过分，汇率之间已经到达非常扭曲的状态了。从美元汇率太低的两次 G7 的情况看，美元汇率已经低于购买力平价的中间水准 30%~40%。正是因为这种汇率扭曲十分严重的状态，所以才会使试图牵制美元贬值的 G7 会议产生极大的冲击作用。

像 1987 年 12 月与 1995 年 4 月的情况，美元兑日元已经达到与购买力平价偏离 30%~40%（对欧洲货币也差不多）的时候，正是这种汇率扭曲十分严重。换句话说就是

已经几乎到达美元危机的时候，G7 才不得不寻找具体对策，最终采取了协调干预汇市的方法来挽救美元的命运。

这几次的共同声明的用词也是非常强烈的。像 1987 年 12 月写的是"不希望看到美元的继续下降"，1995 年 4 月写的是"希望看到建立在外汇汇率秩序上的反转"。

（一）历史上几次有影响的 G7 会议

都说历史是一面镜子，我们在这里通过对过去历史上具有代表性的 G7 进行一些回顾，再回过头来看看历史吧。

1985 年 9 月的广场协议是 G7 历史上最值得大书特书的重要事件。但当时还不是 G7，只有 5 个国家：美国、日本、德国、英国、法国，也就是 G7 的前身 G5。后来增加了意大利与加拿大，才成为了现在的 G7。

G5 是在那时已经非正式存在了好几年，并没有什么非常令人瞩目的行动。但在 1985 年 9 月 22 日却突如其来地发表了美元汇率太高的紧急声明，正式地确认并表明了 G5 的存在，同时几国同时协调对汇市进行了干预，使德国马克从 3 马克打破了 2 马克的水准，日元也从 240 日元上升到了 120 日元附近，掀起了美元急剧下落的狂飙巨浪，成为了汇市剧烈波动的始作俑者，对世界全体造成巨大的冲击。

由于广场协议所造成的美元持续急剧下落，到 1987 年还不断地存在着余震，为了使货币之间的汇率走向安定，1987 年 2 月在法国巴黎的卢浮宫召开了 G7 会议，所以就被命名为卢浮宫 G7 会议。

当时美元兑日元在 150 日元的程度上推移着，但美元对其他货币还在时不时间歇不断地发生一些波动。对于这一情况，卢浮宫协议的内容就是发表了"在希望汇率安定在现行水准的方面取得了共识"的共同声明。对日元来说，就是以 150 日元为中心，上下在 2.5% 的非常狭窄的范围里进行波动。其实就是为了使汇率安定而进行管理，达成了参考汇率范围的秘密协议。

但这个汇率管理的秘密协议只维持了几个月就破产了。

安倍经济学得到 G7 的默许，扫除了最大的外部障碍。

美元还是止不住地继续下降，美元兑日元打破了 140 日元。但这个为了世界主要货币之间的汇率走向安定，从而各国在金融政策方面也进行协调的考虑方法，也被指责是造成了 1987 年 10 月的缘起于纽约、波及到全世界的，同时股市崩溃、股价暴落的"黑色的星期一"的元凶。

卢浮宫协议无奈地破产了，再加上发生了"黑色的星期一"，更加促进了美元自由落体（暴落）担忧的抬头。其中，对美国的经常和财政双赤字将会继续持续下去的担忧非常强烈，对美国里根政权造成了削减财政赤字的强烈要求。

对此，当时的里根政权与议会就财政赤字削减问题进行了紧急磋商，进一步达成了紧急协议。G7 接收到这个信息后，在圣诞节前发表了"不希望再看到进一步的美元汇率下降"的紧急声明，终于使美元开始探底。

1993 年开始的美国克林顿政权，作为"冷战"终结后的第一届美国政权，提出了经济不均衡等重要经济课题。同时，由于日本对美国大量出口，造成巨额的贸易顺差，形成了明显的贸易不均衡，克林顿政权开始采用了美元兑日元大幅度贬值的政策。其结果使日元兑美元大幅度升值。进入了 1995 年以后更打破了 1 美元兑 100 日元的大关，日元飙升，最终达到了 79.84 日元的水准。

对这种情况，G7 在 1995 年 4 月达成了促使美元反转协议，并共同干预了汇市，从而使美元从 79.84 日元及 1.3 德国马克的水准开始触底反弹。自那以后，当时美国财长鲁宾提出了强势美元的政策取向。

1999 年开始，对日本经济持悲观看法的市场进行了大幅度修正，外国投资在一年之内投入大量的资金购买日本股票，买超达到了创纪录的 10 兆日元，其结果对日元汇率造成了巨大的冲击，日元汇率对其他主要货币形成了单独高腾的状态。

对此，G7 在 1999 年 9 月与 2000 年 1 月两次连续发表了"令人担忧的日元高腾对日本经济及世界经济都会产生很坏的影响，这一点我们与日本有着共同的担忧"的声明，对特定的货币发表声明本身就是一种异常的情况，何况连续两次发表同样的声明，更是异常中的异例。正由于这两次共同声明，使日元高腾的情况在对美元打破 100 日元之前告一段落。

1999 年 1 月诞生的欧洲统一货币欧元，在诞生之后就一直处在下落之中。进入 2000 年以后，原油价格急剧上扬，使依靠进口原油的欧洲同时产生了欧元贬值、原油高腾的双重担忧。一方面通货膨胀，另一方面经济低迷的状况不断地持续滞胀的担忧不断增强。

但当时美国正值 4 年一度的总统选，经济政策不太可能大幅度进行变化。那时

在野党的候选人小布什阵营，还在不断地对克林顿政权进行批判，认为美国不应当对货币汇率进行干预，而克林顿政权的政策是错误的。

2000 年 9 月在捷克召开 G7 的前一天，美、欧、日共同协调进行了市场干预行动。在 G7 共同声明对协调干预的事实进行了确认，同时发出了对欧元贬值的担忧。

图 3-106 标出了日元在 2004~2007 年 G7 会议后的表现，可以看出，官方 G7 声明公布前后市场有过重大逆转。最大的一次波动在 2005 年 12 月，当时 G7 声明清楚指出希望人民币兑全球货币继续升值。这促使美元/日元在未来 30 天里跌逾 500 点，导致日元中线人气发生了改变。随后的 2006 年 4 月 G7 会议也出现了类似的大跌，日元大幅升值后 G7 声明并未改变，因此给交易商继续推低美元/日元开了绿灯。这给了市场一个启示：公报缺乏改变有望同做出重要改变一样重要。

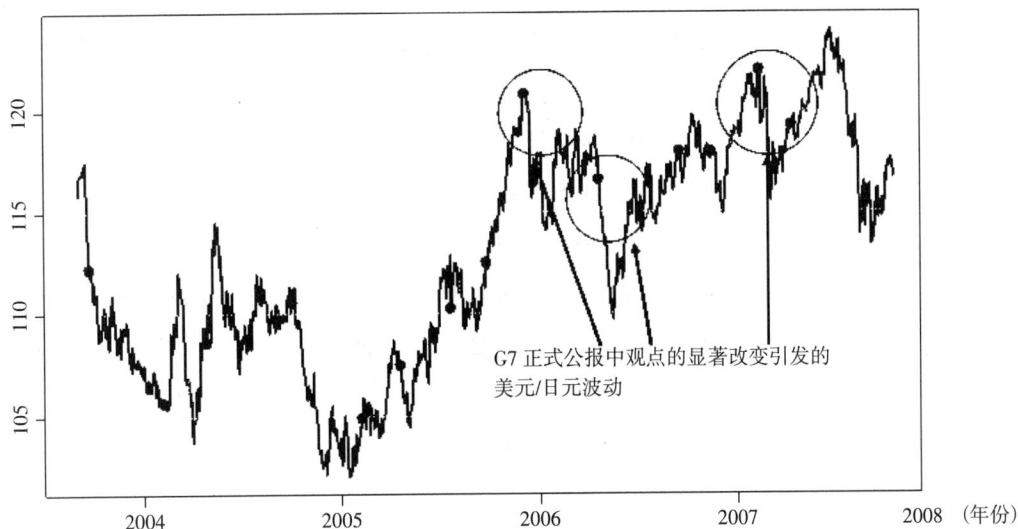

G7 正式公报中观点的显著改变引发的美元/日元波动

图 3-106 G7 会议与日元

（二）历史上几次有影响的 G7 会议中的有影响的人物

提起在历史上成功地达成了美元贬值的广场协议的策划者、推进者与参加者，不能忘记当时的美国财长 J.黑格。那时的日本大藏大臣就是以后的日本首相竹下登。那时的美联储总裁还不是格林斯潘，而是号称美元先生的保罗·沃尔克，德国联银总裁 Peer，这些中银总裁都是历史上具有影响的人物。

自从广场协议以后的美元暴落，外汇市场的安定就成了最大的课题。为了消除美元不断下降的余震，于 1987 年 2 月在法国的卢浮宫举行了这次会议，并达成了卢浮宫协议。这时美国的黑格财长等仍在，只有日本的宫泽大藏大臣变成了宫泽喜

一。当时在会议上黑格与德国联银总裁 Peer 的金融政策发生了剧烈的对立，会议之后也继续相互指责。市场受到这种政策协调产生裂痕的影响，1987 年 10 月 19 日发生了世界同时股市暴落的状况，成为了著名的"黑色的星期一"。

由于这个"不希望再看到进一步的美元汇率下降"的紧急声明，终于使美元开始探底。当时美国的美联储总裁是刚刚上任的格林斯潘，可怜在上任伊始就出现了"黑色的星期一"与美元汇率的自由落体状况，经受了极大的考验与洗礼，也成为格老长期执政的最大的资本。

为了阻止日元超高值的状况继续下去，促使美元汇率的反转，造成了美元反转的 G7 协议。这时美国财长鲁宾提出"强势美元符合美国的国益"。财务部副部长是美国哈佛大学最年少的教授、具有神童等称号的萨默斯。

1999 年 9 月到 2000 年 1 月日元处于高涨中，这时的美国财长是财务部副部长升上来的萨默斯。日本出现的是两个超过 70 岁的老人：宫泽大藏大臣与速水日银总裁。一贯主张强势日元的速水日银总裁与宫泽一起发表对日元不断升值的担忧，让人感觉非常微妙。还有一个背景就是速水日银总裁在摸索着零金利政策的解除，在 G7 声明里表明了对日元升值的担忧，也具有封死了解除零金利政策的后路的一面。

日本银行在 2000 年 8 月解除了零金利政策。现在看来，那时候正好是美国 IT 泡沫崩溃，同时伴随着股市暴落进行的时候。G7 表明了对欧元汇率下降的担忧以后，美元汇率有所上升是没有问题的，日元汇率即使上升也只会非常有限。因为这一年 11 月的美国总统选举，政治上不允许出现任何问题的情况下，各国协调对欧元进行了干预，成为了萨默斯最后的工作。

安倍第二次当选首相之后是名副其实的日元先生。

第五节 基本分析之地缘分析

地缘分析主要是从黄金、原油和政治三个方面对汇率进行分析。在外汇市场中，**避险货币和黄金受到政治因素影响比较大。**

> 避险货币的地位也不是绝对的，没有天然的避险货币。

如果能够预测到汇率的最近走势会为外汇交易者带来丰厚的回报，但谈到研判走势真的是做比说难啊。对于我们这些多年从事外汇交易的职业人士而言，外汇交易的功夫很多时候在外汇市场之外。而事实也告诉我们汇率的走势取决于很多因素，供求关系、政治、利率以及经济增长都会发挥相当大的影响力。

更加具体而言，经济增长和出口直接关系着国内产业的发展，而对那些以原材料出口为主的国家而言，大宗商品的价格走势更具影响力。受到原油和黄金走势影响最大的三种货币依次为澳大利亚元、加拿大元和新西兰元。像日元和瑞士法郎也受到了大宗商品走势的微弱影响。

> 原油影响工业品和农业品的走势，澳大利亚主要以工业类大宗商品为主，而新西兰则是以农业类大宗商品为主。

作为一个外汇交易者，只有深深地明白商品价格走势和货币走势之间的关系才能做好交易。在本部分我们主要介绍石油和黄金与货币的影响，在《外汇交易进阶》一书中，我们也有相关的介绍，但没有这里这么深入。下面我们就来具体展开。

一、黄金

（一）黄金与货币的关系

黄金本来就是货币的一种，后来信用本位建立后黄金逐渐被"冷藏"，黄金渐渐成为纯商品，不过由于黄金依然是政治和经济动荡的避险工具，所以黄金的分析必然涉及货币和商品的二元性。金价的变化与货币市场的走势关系。观察

> 细分下去，黄金其实有三重属性：商品属性、投资属性和货币属性，这三重属性分别与商品市场、股票市场和外汇市场对应。更加详细而全面的分析请参考《黄金短线交易的24堂精品课》的"超越篇"部分。

金价的变化，可以洞察货币市场的走势。在经济波动和政治动荡时期，黄金被视为典型的首要货币形态和最后的安全投资。

黄金同货币的关系如下： 金价上涨，则美元下跌。黄金和美元走势相反。如果金价坚挺，则意味着市场对美元缺乏信心。过去十几年，黄金和有利于美元的交易存在80%的逆相关。一旦出现地缘政治上的动荡，黄金就会显著地升值。

金价上涨，则澳元上涨。强势黄金对澳国内制造业有利。黄金交易者们或许还不知道交易澳大利亚元等同于交易黄金本身。作为世界第三大黄金生产国，澳大利亚元的走势与贵金属有85%的正相关性（见图3-107）。这意味着如果黄金价格出现上涨，则澳大利亚元也会一起升值。

在什么情况下，金价和美元指数一同上涨？

图3-107　澳元兑美元走势与黄金价格走势（2012年7月至2017年7月）

另外，由于地理位置的关系，**澳大利亚是新西兰最主要的出口市场，因此澳大利亚经济的繁荣程度直接关系到新西兰的经济繁荣程度**。所以，新西兰元兑美元的走势与澳大利亚元兑美元的走势在96%的时候都是正相关的，如图3-108所示。

图 3-108 澳元兑美元走势与新西兰元兑美元走势（2012 年 7 月至 2017 年 7 月）

有趣的是，新西兰元兑美元的走势与黄金的正相关性为 90%，甚至超过了澳大利亚元与黄金的正相关程度。下面两张图是新西兰元兑美元走势与黄金价格走势的关系图。第一张图（见图 3-109）显示了 2002 年 12 月至 2005 年 9 月这段时间中两者的关系。第二张图（见图 3-110）显示了 2012 年 7 月至 2017 年 7 月这段时间中两者的关系。

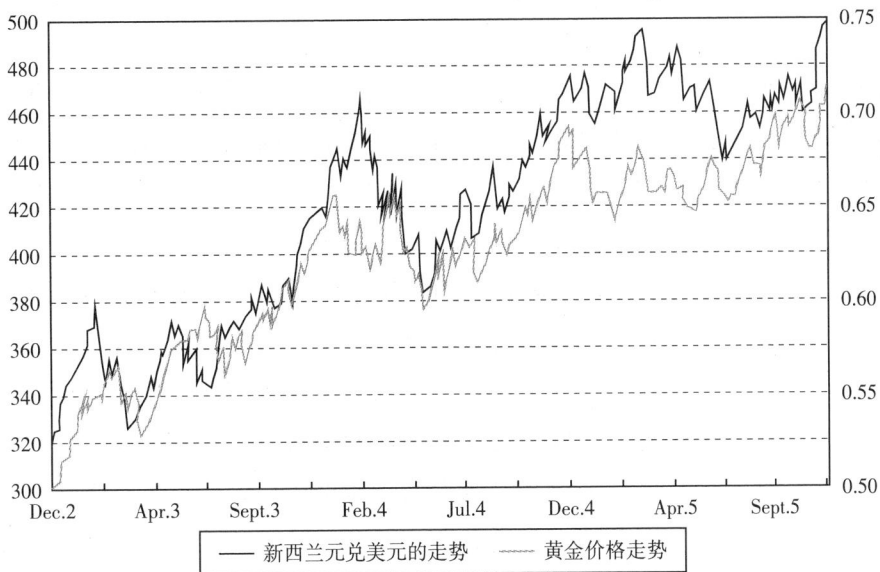

图 3-109 新西兰元兑美元走势与黄金价格走势（2002 年 12 月至 2005 年 9 月）

图 3-110　新西兰元兑美元走势与黄金价格走势（2012 年 7 月至 2017 年 7 月）

虽然瑞士法郎与金价的走势没有那么强，但两者的关系仍旧非常重要，是不可忽视的。瑞士在政治上的中立以及其货币受到黄金支持的历史使得瑞士法郎在其他地方政治动荡的时候容易成为投资者避险的首选。2002 年 12 月至 2005 年 9 月，美元兑瑞士法郎的走势与黄金走势存在 85% 的正相关性。

金价上涨，则加元上涨。虽然加拿大是世界第五大黄金生产国，但加元同黄金的关系并没有理论上那么可靠，有待进一步地统计。

（二）黄金和美元指数的关系

黄金和美元的关系常常是黄金分析和美元分析的关键点之一。从需求方面看，由于黄金是用美元计价，当美元贬值，即美元指数下跌时，使用其他货币例如欧元的投资者就会发现他们使用欧元购买黄金时，等量资金可以买到更多的黄金，从而刺激需求，导致黄金的需求量增加，进而推动金价走高。相反地，如果美元指数上涨，对于使用其他货币的投资者来说，金价变贵了，这就抑制了他们的

日元与黄金是什么关系呢？大家自己动手复盘看一下，看看每段主要走势中两者互动关系的基本面因素。

消费，需求减少导致金价下跌。

从黄金生产看，多数黄金矿山都在美国以外，使美元指数对于黄金生产商的利益产生了一定影响。因为金矿的生产成本以本国货币计算，而金价以美元计算，所以当美元指数下跌时，相当于美国以外的生产商的生产成本提高了，而出口换回的本国货币减少使利润减少，打击了生产商的积极性。例如南非的金矿在 2003 年由于本币对美元升值幅度大于黄金价格的上涨幅度，导致黄金矿山非但没有盈利反而陷入亏损的艰难局面，这样最终导致黄金产量下降，供给减少必然抬升金价。

20 世纪 80~90 年代以来，美国经济迅猛发展，大量海外资金流入美国，这段时期由于其他市场的投资回报率远远大于投资黄金，投资者大规模地撤出黄金市场导致黄金价格经历了连续 20 年的下挫。而进入 2001 年后，全球经济陷入衰退，美国连续 11 次调低联邦基金利率导致美元兑其他主要国家货币汇率迅速下跌，投资者为了规避通货膨胀和货币贬值，开始重新回到黄金市场，使黄金的走势出现了关键性的转折点。

2002 年之后，美国经济虽然逐步走出衰退的阴霾，但受到伊拉克战争等负面影响仍使得经济复苏面临诸多挑战。2003 年海外投资者开始密切关注美国的双赤字问题，尽管美联储试图采用货币贬值的方法削减贸易赤字，但这种方法似乎并不奏效，美元对海外投资者的吸引力越来越小，大量资金外流到欧洲和其他市场，黄金投资的规模也出现创纪录的高点。从 2004 年开始美联储为抑制通胀并吸引海外资金冲销赤字缺口，调整了其宽松的货币政策，试图逐步将利率调高至中性水平，即 3.5%~4%，但在 2004 年，贸易赤字仍再创新高，消费者信心进一步被摧毁，同时油价的高企加深了市场对通胀的忧虑，而黄金借此机会在 2004 年底这段时间上冲 456 美元/盎司的高位。这段时期内，通过对美元指数和黄金收盘价格进行相关分析，相关

美国在世纪初发动的几次战争导致美国国家赤字显著上升，这也促使美元走弱和黄金价格上涨。

系数为-94.70%，属于高度负相关关系。2007 年，美国次贷危机的爆发使得金价突破了 800 美元大关，并且有进一步上涨的可能性。

21 纪初，欧元区的经济都处于低迷状态，这显然与强劲的欧元格格不入。特别是美国为了削减其贸易上的庞大赤字采取的对美元贬值的政策，抬高了欧元汇率，使欧元区经济发展显得十分被动。欧元这个唯一可与美元在世界贸易、投资和外汇储备等领域中抗衡的货币一时间危机四伏，而市场投资者出于对其稳定性的担忧，也及时调整手中的投资组合，这样一来便使很大一部分资金流入具有保值避险功能的黄金市场，尤其体现在对于实金的需求上。而美元在此段时期经济发展平稳，金价与美元的负相关关系明显松动，一直以来相反的关联模式被打破了。经过 2005 年 5 月至 6 月对美元指数与黄金收盘价格的相关分析，我们得出的相关系数为 44.8%，呈现正相关关系。

虽然从表现来看，美元指数和黄金价格走势的负相关关系不是自始至终的，但基于商品与货币的根本属性，二者负相关关系才是基础。同升同跌的局面最终将被反向关联所取代，而黄金基于其强劲需求对价格的支撑，出现大幅度的下跌可能性很小，因此，反向关系的恢复更可能依靠美元的回调来实现。我们从下一个图（纽约黄金价格周期图）还可以推断黄金价格波动周期，进而推断美元的波动周期，注意其中黄金的高点之间和低点之间的 8 年间隔，如图 3-111 所示。

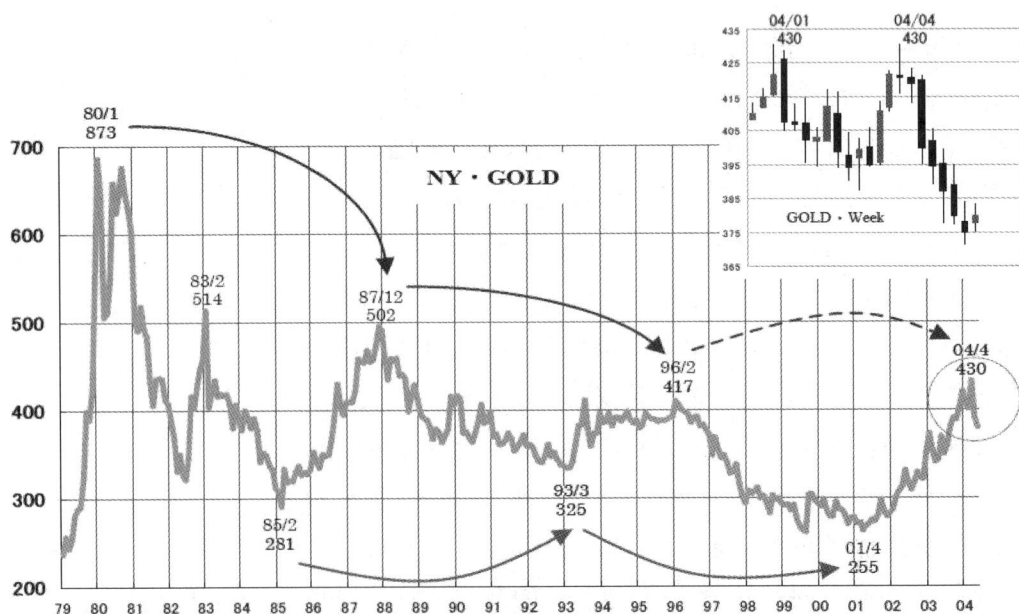

图 3-111　黄金的大周期

二、石油

现代经济建立在石油之上，能源问题涉及经济和政治最深层次的利益。由于能源与经济发展有关，所以石油价格经常能够影响汇率的走势。另外，涉及能源的战争和政治纠纷也经常对黄金及瑞郎等避险货币的走势产生影响。我们首先看石油在全球格局演化中的作用，然后再看石油与货币之间的关系。

（一）近代文明与资源

文明的发展经常受到地理环境的制约。近代文明的发展是在石油、煤炭、天然气、原子能等能源资源的大量消费所支撑出来的。特别是在石油文明开花的 20 世纪，可以说谁支配了石油就控制了世界，成为了国家之间的纷争与战争的原因。

现在，经济急速地发展着的我国也在集中全国各方面力量为确保资源而进行了各种各样不懈的努力。最近十年中国的石油消费早已经超过了日本。最近几年围绕着从俄罗斯东西伯利亚开始的石油管线的建设路线问题，中、日在进行着激烈的竞争等，我国事实上早已在不知不觉之中参与了资源争夺战。

原油是经济的血液，因此我们需要了解以确保能源，特别是石油资源为中心的历史发展的概观，以便能深入地了解现在原油高腾的背景，进而分析未来原油价格的大趋势。无论新能源革命如何发展，近期内原油仍旧是现代经济的核心，现代经济则是汇率变动的关键。

我们首先来看世界上最早完成产业革命的，并且在相当长一段时期内是世界霸主的英国。经过 18 世纪中叶到 19 世纪的发展，英国产业革命取得了成功。英国之所以能取得产业革命的成功，除蒸汽机的发明外，与把燃料从木材转换成煤炭是分不开的。其结果，钢铁生产得到了飞跃的扩大，铁道的开发得到了急速的进展，当时的"大英帝

基辛格将美元与原油绑定，页岩油气革命进一步巩固了美元的霸权地位。

日本的能源命脉在印度洋和南海，日本必然不会放弃在这些地区的地缘政治布局和活动。

大英帝国建立在煤钢的基础上。

阿尔萨斯、鲁尔这些地区始终是当年德法争霸的关键地区，因为这些地方是煤钢生产的关键区域。

国"作为世界的工厂而奠定了经济发展的基础，创出了相当一段时期的繁荣与霸业。

另外，在 19 世纪的欧洲大陆，法国与德国不断地进行战争，其原因之一就是围绕着位于两国边境地区所蕴藏着的铁矿石与煤炭资源所进行的争斗。20 世纪所爆发的两次世界大战，与德法之间围绕着铁矿石与煤炭所进行的纷争，两国之间的固执己见有着极其重要的关系。

近代以来，两国对围绕着确保资源的争斗而成为引发悲惨战争的原因进行了反省，德法两国对钢铁、煤炭生产提出了新的方案，亦即全部都以跨国机构的共同管理方式进行，并且其他欧洲国家也能够参加进来。1952 年，德国、法国、意大利与比利时四国共同建立了"欧洲煤炭和钢铁共同体"，成为了现在欧盟的起点。

（二）英国与石油

进入 20 世纪，能源已经从煤炭移向了石油。近代石油产业的历史，可以认为是从 1859 年在美国东部发现大规模油田开始。当初，石油只是被用作优质油灯用油，到 19 世纪后半叶德国发明了汽油与柴油发动机，作为发动机的燃料，石油的用途才逐渐推广，其重要性也产生了巨大的变化。

从以煤炭为燃料的蒸汽机到以石油为燃料的内燃机的动力革命不断地前进，从军事技术开始，产业与生活都产生了极大的变化。因此，石油业就顺理成章地与国家战略、国际政治密切地联系起来了，成为了重要的战略商品。

原油必然和大战略联系在一起。任何国家的大战略都不能脱离与原油的关系。

20 世纪初，世界石油的生产与输出中，美国与俄罗斯占据绝大多数。对此，当时的世界霸主英国因为基本上没有勘探出石油资源，所以对自己在石油新时代所存在的弱点有着非常强烈的感觉。

后来成为英国首相的温斯特·丘吉尔就很早地认识到石油作为军事燃料的重要性。丘吉尔鼓动英国政府在 1914 年取得 Anglo-Persian（1909 年成立，BP 的前身）的股票，在

伊朗取得了石油开采权。丘吉尔当海军大臣的时候，主持了把英国的军舰的燃料全部从煤炭改造为石油的计划，并且顺利地进行了实施。但真正地认识石油的重要性，还是经过了第一次世界大战以后，人们清楚地看到了不使用燃油的坦克、战斗机、军舰等近代的武器，将来无法战胜敌人，就无法取得战争的胜利的问题。

因此，英国总结了第一次世界大战的经验和教训，策划了把可能存在石油资源的奥斯曼土耳其帝国的美索不达米亚地区（主要是现在的伊拉克）圈入本国的势力范围的计划。

英国与法国一起瓜分了第一次世界大战的战败国德国所拥有的土耳其石油公司（伊拉克石油公司的前身）的开采权利，当时美国也想得到这种权利，但因为美国当时还是一个二流国家，所以当时的世界霸主英国寸步不让，与美国进行了非常激烈的争斗。从在印度标准石油与皇家壳牌石油的市场争夺战蔓延到了很多国家与地区。

一直到了1928年，英美两国政府之间才在政治上进行了一些妥协，英国承认了美国的石油公司参加中东地区石油的开采。艾克森·美孚石油公司、皇家壳牌石油与BP这三大石油公司缔结了秘密协定，把除了美国、苏联所生产的石油以外的，在世界市场上的生产、销售比率进行了分配。在那以后的几十年间，这个国际性的卡特尔成为了支配世界石油市场的基础。

（三）美国与中东石油

在中东地区真正开始进行石油开发，实际上可以说是从1930年开始的。美国的石油公司雪佛龙公司与德士古公司在沙特阿拉伯以及海湾石油在科威特发现了巨大的油田，并成为了在中东地区开发油田的契机。另外，美孚公司与艾克森公司一起参加了伊拉克石油的开发等，奠定了中东石油开发的基础。这样到20世纪30年代中期为止，中东地区的石油资源被美国以及英国、荷兰的七大石油公司所瓜

日本最初是考虑与德国集中对苏联作战的，但后来意识到被德国忽悠了一把，转而向东南亚和南亚进攻。

173

分与垄断了。

由于石油对各国经济的发展越来越重要，第二次世界大战爆发后，能否确保作为战略物资的石油，已经成为了一个非常重要的死活问题。**日本不顾一切对美国宣战的一个相当大的原因，也就是美国对日本采取了石油禁运政策。**

当时的日本绝大多数石油都是从英美的石油公司输入的，英美两国政府当时对敌对国家使用了非常有效的武器——石油。也是为了确保石油资源，日本铤而走险扩大了东印度诸岛和印度支那战线，成为了日本被同盟国无情地打败的一个重要的原因。

另外，德国因为石油禁运造成了极大的恐慌，很早就采用举国体制进行了从煤炭来合成石油的生产技术的研究和开发。在侵略了波兰的 1939 年，合成石油的使用已经达到了全体石油使用量的 50%。但由于生产成本太高，供给能力存在界限，确保海外石油资源已经成为德国至上的命令。**德国当时侵略苏联的主要目的之一是俄罗斯黑海与加勒比海之间的高加索以及巴库的油田。**进一步瞄准着伊朗、伊拉克的油田，希望能占领这些地区以试图达到一劳永逸的目的。

在第二次世界大战时期，美国几乎全量地供给了同盟国的军事用石油，长期下去的话，本国的石油资源将会枯竭的悲观论逐渐强烈了起来。美国政府为了保护本国的石油资源，对于不断地发现大型油田的中东地区，开始进行了极大的投入与开发。

由于有这些历史上的原因，在沙特阿拉伯是美国，伊朗是英国，伊拉克与科威特则是以两国的石油公司为中心进行了大规模的油田开发。其结果，成本非常低的中东石油的生产急剧扩大，大量地流入了进行"二战"后经济复兴的欧洲与日本等，成为了这些地区高速成长的原动力。

（四）OPEC 与 IEA

第二次世界大战以后，世界性的发电与工业用燃料，

沙特阿拉伯、土耳其和伊朗代表了三种中东文明形态，也是中东内在矛盾的体现。

化学工业用原料等从煤炭向石油转换的"能源流体革命"得到了急速的进化。汽车普及的风潮也极大地支撑了这种进化。到了 20 世纪 60 年代末，石油供给已经达到了世界能源供给的 50%，其中中东石油占了 30% 的比率。

另外，以色列在 1948 年宣言建国，与强烈反对的阿拉伯国家进行了第一次中东战争。在这以后，以色列与阿拉伯国家的问题就成为了中东地区最大的不安定因素。

石油真正成为具有决定性重要作用的因素是在 1973 年 10 月第四次中东战争爆发时显现出来的。1973 年，以沙特阿拉伯为中心的阿拉伯产油国，为了对帮助以色列的美国与西方国家施加政治压力，以石油为武器，发动了阿拉伯国家制定的"石油战略"，这就是阿拉伯产油国削减石油输出的策略。其结果致使石油价格急剧上升，使石油价格翻成了原来价格的 4 倍，爆发了世界上第一次石油危机，给世界经济造成了深刻的打击。

前几年，英国政府基于 30 年规则，公布了石油危机时美国政府的最高机密文件，这些文件记载了当时美国政府的对应策略。其中英国情报部门报告说，如果因为阿拉伯产油国的禁运政策而使事态进一步恶化的话，美国政府将派遣空降部队，占领沙特阿拉伯等国的油田设施，这个计划事实上已经进行了非常认真的讨论并且已经形成了具体方案。

不管怎么说，阿拉伯的石油战略取得了巨大的成功，其背景是第二次世界大战以后，世界性的强烈的资源国有化倾向。本国石油资源的生产、销售、价格决定权，都把握在美英的石油公司手里。

对这种状态存在着深刻不满的伊朗、伊拉克、沙特阿拉伯、科威特 4 国，在 1960 年成立了产油国类似于企业联合性质的卡特尔，也就是石油输出国组织 OPEC。其后的 1969 年卡扎菲领导了利比亚革命，以强硬派的姿态参加了 OPEC，对英美的石油公司开展了强硬的攻势。

经济学探讨的滞胀与石油危机的关系密切。经济周期的滞胀阶段，原油飙升而股市见顶下跌。

利比亚的卡扎菲因为强调非洲联合自决，欧美的干预，特别反对法国的环地中海经济圈，因此被欧美借口干掉。

进入 20 世纪 70 年代，OPEC 产油国夺回了原油的价格与生产量的决定权，再进一步，加速进行了中东地区的国有化进程，把欧美石油公司所保有的石油、天然气资源以及关联资产等收归国有，确立了对于本国资源的决定权。

另外，为了与 OPEC 进行对抗，在第一次石油危机以后的 1974 年，在美、欧为主导下，成立了作为石油消费国同盟的国际能源机构（IEA），同时开始了石油的战略储备与紧急时的通融体制的建立。

（五）非 OPEC 与原油

1979 年，伊朗霍梅尼领导的伊斯兰革命的成功，推翻了巴列维王朝，对沙特阿拉伯、科威特的王权产生了极大的威胁。1980 年刚刚获得政权的伊拉克的萨达姆·侯赛因总统为了寻求海湾地区的霸主地位，从向革命后正在混乱之中的伊朗进行了轰炸为起点，开始了八年之久的两伊战争。因为革命与战争，两国输出的原油产量大量地减少，原油价格再一次高腾（原油价格的 3 倍以上），引发了历史上的第二次石油危机。

另外，唯恐伊斯兰输出革命的美国，与沙特阿拉伯、科威特一起，向萨达姆政权提供了大量的经济与军事援助，使伊拉克成为了中东地区的军事大国。1990 年，已经不可一世的萨达姆发动了对科威特的侵略，又反过来成为了美国的敌人，其后伊拉克受到了联合国非常严厉的经济制裁，最终在海湾战争中萨达姆政权被美国为首的联军所推翻。

20 世纪 70 年代以后，石油输出国组织的市场支配力量不断地增强，在中东不断地发生战争与革命，原油价格每桶大幅度地超过了 30 美元。但原油价格的高腾，也极大地促进了煤炭、原子能、天然气等能源的开发，促进了节能运动。另外，也促进了非 OPEC 地区的油田开发的加速进展。

特别是 OPEC 产油国的资源国有化政策，使欧美的石油公司失去了中东地区油田开发等高层权利，促使这些公司把勘探、开发投资的重点移向了美国的阿拉斯加，英国、

如果以现在的美元进行计算，再参照物价因素的话，已达到大约 80 美元。

挪威的北海，中南美，非洲等非 OPEC 地区。在非 OPEC 产油国的力量不断地增强的情况下，1983 年在美国纽约 NYMEX 交易所上市的原油期货急速地成长起来，从而把握了决定世界原油价格的主导权。

以此为契机，原油价格每桶在 10~40 美元之间不规则地波动，成为了典型的市况商品。如果原油价格急速下降到 10 美元左右的话，OPEC 就将协调挪威、墨西哥、俄罗斯等非 OPEC 产油国进行减产，从而达到调整石油价格的一种方法。

在非 OPEC 地区能达到增产背景，与勘探、开发等领域的技术进步与技术革新有着非常重大的关系。如三维物理勘探，水平开采，大倾斜挖掘，水深超出 1500 米的深海油田开发技术等。石油公司近些年不断地进行大型合并，资金能力、技术能力、管理能力等不断地提高，成为了 OPEC 产油国的对抗力量。

（六）俄罗斯与石油

"冷战"时代，苏联曾经是世界上最大的产油国，由于 1991 年打破柏林墙，苏维埃分裂以后，俄罗斯的石油产量立即减少了 40%。但 1998 年以后，俄罗斯又以令人惊讶的速度增产，其基调一直保持到现在都没有改变，原油产量终超过沙特阿拉伯，重新返回了世界上最大产油国的宝座。近年来，石油价格的上升与石油企业的民营化，都是与西方的资本与技术的引入等背景分不开的。

1917 年的俄罗斯革命所建成的苏维埃联盟的社会主义体制，持续了 70 年以上，这与丰富的石油资源对苏联在经济上的支撑是分不开的。俄罗斯的石油产业从 19 世纪末开始在加勒比海的巴库周围为中心发展起来的。第二次世界大战后，伏尔加·乌拉尔地区，以及西西伯利亚地区等显著地扩大着。

在苏联时期，石油是从西方获得外汇的最大的来源，另外苏联也把石油作为支配当时的东欧国家组织的（经互

美国的库存数据和钻井数目变化成了牵动全球原油市场神经的重要信息。

次贷危机之后，页岩油气革命成了 OPEC 国家的心头大患。

会）政治商品。特别是石油价格高腾的 20 世纪 70 年代，经互会各国因为从苏联进口了比国际价格低得多的石油，所以几乎没有感受到石油危机的影响。

原油既是俄罗斯的战略手段也是战略利益。

但是，1986 年国际原油价格的暴落，使用石油支撑着的苏联经济体制受到了极大的动摇。虽然沙特阿拉伯为了扩大市场占有率而采取的增产政策成为了直接的契机，但其背后有美国与沙特阿拉伯之间进行过紧密协调的影子，已经是一个非常明确的事实。对于当时的里根政权来说，低价格的石油不仅是美国经济所希望的事情，对于美国所称之为"恶劣帝国"的苏联经济的打击也是一个非常有效的手段。事实上，以石油价格暴落为契机，苏联对于西方的纯债务额急剧增多，经济危机不断深化，苏联联邦体制的早期解体与此具有密切不可分割的联系。

但"冷战"终结后，美国与俄罗斯的关系不断地得到了改善，特别是 2001 年的"9·11"恐怖事件之后，美国与俄罗斯两国在俄罗斯以及外国的石油、天然气等的开发中，缔结了战略协议关系的协议。克里米亚问题出现后，奥巴马秘密与沙特协商，以打压油价的方式反击俄罗斯。原油市场上的博弈者众多，聪明的参与者都会尽量"形人而我无形"，尽量追求信息不对称优势。**聪明玩家会尽量隐藏自己的行踪和动向，因此我们只能通过众多线索来推断**。比如，俄罗斯在东乌克兰的强势应对让美国无法在军事上回应，再想想当年苏联解体与原油价格的关系，那么我们可以推断原油市场上某类大玩家可能会利用手中的力量引导

好的框架，扎实的数据，可以提高驱动分析的效力。

原油价格显著下跌并维持在低位以便打击俄罗斯的经济（见图 3-112~图 3-116）。当然，我这里简化了很多其他逻辑链条，比如逊尼派沙特和什叶派伊朗的角力。

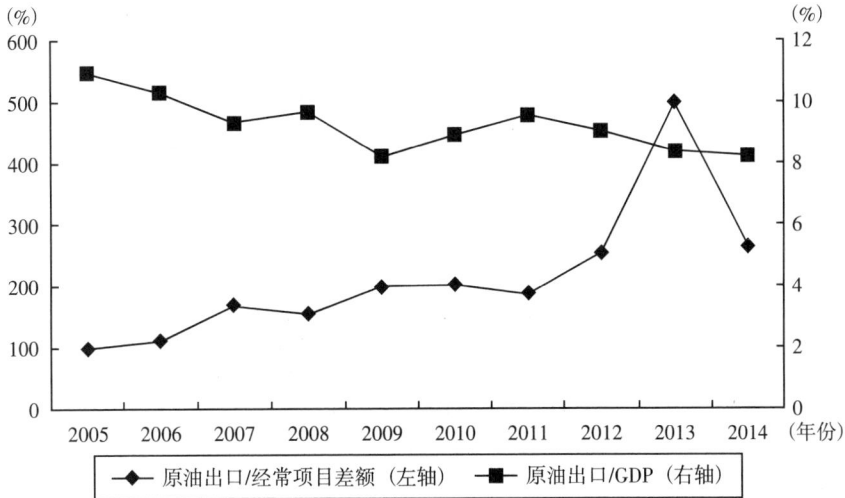

图3-112 俄罗斯经济中原油出口占比

资料来源：国金证券研究所，李立峰、郭彬、袁雯婷。

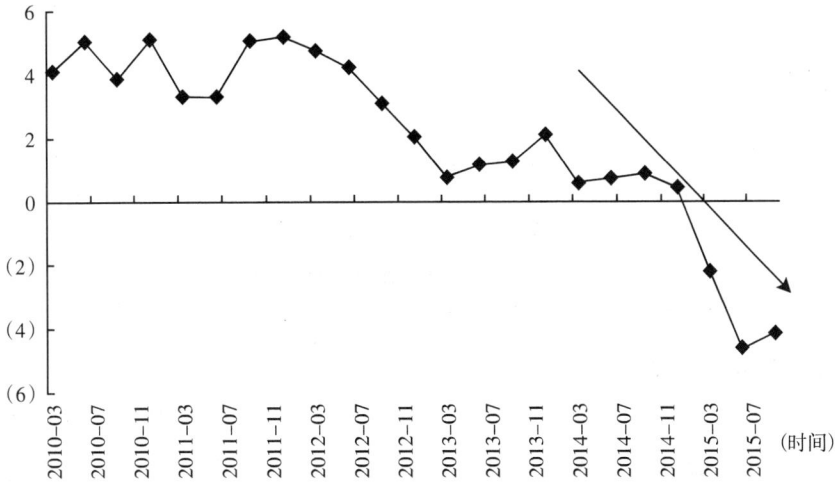

图3-113 俄罗斯经济15年起陷入负增长

资料来源：国金证券研究所，李立峰、郭彬、袁雯婷。

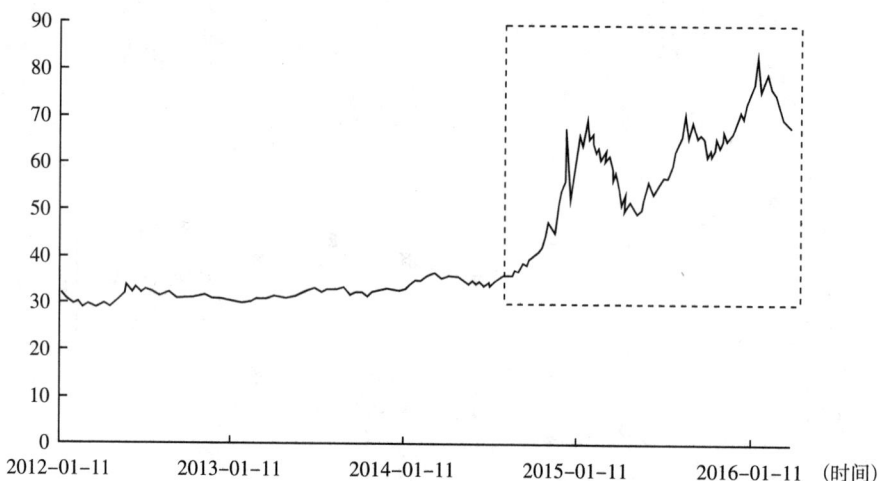

图 3-114　2014 年油价下跌后卢布迅速贬值
资料来源：国金证券研究所，李立峰、郭彬、袁雯婷。

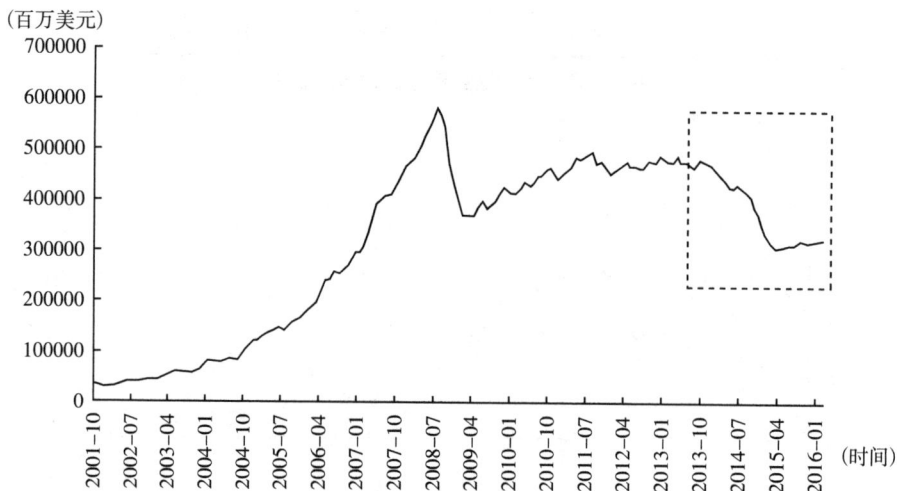

图 3-115　俄罗斯外汇储备下降
资料来源：国金证券研究所，李立峰、郭彬、袁雯婷。

（七）美元与石油

美国作为世界上最大的石油消费国和净进口国，石油价格上涨无疑会给美国经济带来负面的影响，并导致美元实际汇率的波动。美元指数与原油价格基本上是负相关的，从最近几年的走势也可以看出来（见图 3-117）。从历史情况看，历次石油危机都造成了美国经济的衰退，并且是导致美元实际汇率波动的主要原因。但对美元实际汇率走势的分析将不同于前述对一般石油进口国的分析，其主要原因是国际石油交易是以美元计价和结算的，油价的上涨意味着对美元支付需求的上升，因而美元仍有可能继续保持强势货币的地位，从而使分析变得复杂。

图 3-116 俄罗斯股市 RTS 指数趋势与布油基本同步下跌

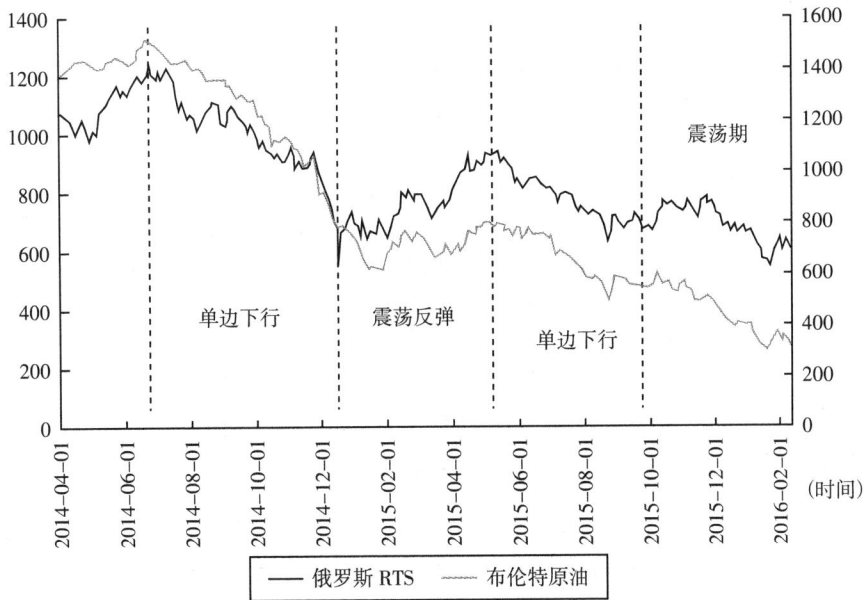

资料来源：国金证券研究所，李立峰、郭彬、袁雯婷。

图 3-117 美元指数与国际原油价格（2012 年 7 月至 2017 年 7 月）

学者的理论研究和实证分析均表明，石油价格的波动是导致美元实际汇率变化的主要因素。概括而言，石油价格的大幅上涨主要通过三种途径对美元名义汇率产生影响，进而影响美元实际汇率水平的波动。

首先，油价的上涨会全面提高生产资料成本和生活成本，从而导致通货膨胀水平的上升，而通货膨胀又会提高名义货币需求从而导致国内信贷需求水平的上升，进而吸引更多的外资流入美国。国外资本的流入将导致美元汇率的上升。与此同时，美国国内的货币政策又常常会加强美元的升值过程，联储往往在石油价格上升的初期采取提高利率等紧缩性的货币政策来控制通货膨胀水平，这样利率水平的升高会吸引更多的国外资本流入从而导致美元名义汇率的上升。

其次，油价的上涨使得石油输出国的贸易出现盈余，以美元为主的外汇储备增加，产生所谓的"石油美元"，这些石油美元出于逐利的需要会进入国际金融市场大量购买美元资产，进而导致美元名义汇率的上升。

最后，油价的持续上升会导致世界经济的衰退，使得石油进口国的国际收支出现不确定性，因而这些国家纷纷提高它们外汇储备中的美元资产比率来维持汇率的稳定，这就进一步提高了对美元的需求，导致美元名义汇率的上升。

在上述三方面影响机制的综合作用下，美元在面临石油价格上涨时出现名义汇率水平上升的情况。在名义汇率上升的情况下，实际汇率水平的变化取决于美国国内的物价水平与国外价格水平之比。由于美国的石油消耗比其他国家要大，因此油价上涨对美国一般物价水平的影响程度比其他国家大。这样，相对物价水平的上升与名义有效汇率的变化方向一致，因而在油价上涨时，美元的实际汇率水平将会上升。

（八）石油美元环流

石油美元环流是理解石油期货市场和外汇市场态势的

主线。比如，要判断高油价弱美元的格局能持续多久，重点应关注美国国际收支双赤字改善状况、美国外资流入情况、OPEC 和各国央行的动态。

石油美元环流是一种早已引起关注的独特的国际政治经济现象。一般认为，战后美国凭借政治经济霸主地位，使美元成为最重要的国际储备和结算货币。因此，美国能够开动印钞机生产出大量美元，并在世界范围内采购商品与服务。

而其他国家需要通过出口换得美元以进行对外支付，因许多国家对进口石油的依赖，他们必须从辛辛苦苦建立的外汇储备中拿出相当一部分支付给海湾国家等石油输出国。而石油输出国剩余的"石油美元"需要寻找投资渠道，又因美国拥有强大的经济实力和发达的资本市场，"石油美元"以回流方式变成美国的银行存款以及股票、国债等证券资产，填补美国的贸易与财政赤字，从而支撑着美国的经济发展。美国以其特殊的经济金融地位，维持着石油美元环流，使美国长期呈现消费膨胀外贸逆差和大量吸收外资并存的局面，美国经济亦得以在这种特殊的格局中增长。

石油美元环流对美国产生了双重影响。第一，石油美元环流进一步确立了美元的国际地位，增强了美国的国际政治、经济影响力。美元成为国际货币体系的中枢，美国在与他国的政治经济博弈中获得了极大的主动，尽享种种便利。

第二，要维持石油美元环流，就必须在国际收支平衡表上长期维持经常项目逆差和资本项目顺差，并维持美国的经济实力。因为只有维持经常项目逆差，即允许他国对美国大量出口以获得美元，才能使美元在世界范围内获得广泛的支持；同时美国需要利用发达的资本市场吸引外资流入，即维持资本项目顺差，这样才能抵消经常项目逆差的影响维持美国国际收支的大致平衡，从而最终能够稳定美元的币值和地位。然而，一国对外出口是拉动本国经济

未来20年，能源人民币的崛起不可阻挡。

"一带一路"与人民币国际化是天然的盟友，势必会极大增强人民币在能源贸易中的影响力。

183

增长的三大驱动力之一，而美国为了维持石油美元环流和美元的地位不得不长期牺牲外贸出口的利益，更加依赖本国消费增长和外资流入。因此，我们对美国经济进行观察时可以看到低储蓄率与过度消费、巨额财政赤字、资本市场异常发达等现象。

石油美元环流是由美国主导并服从其国家利益的。对其他国家而言，石油美元环流使之陷于被动，不得不建立巨额美元外汇储备。对美国外贸依存度较高的国家，如亚洲的中国和日本，在美元贬值时往往不得不在国际外汇市场上被动买入美元，以促使美元升值和本国货币贬值。

由于美国使用战争和金融手段加强对石油资源的控制，并调控油价，许多石油进口国大受其害。OPEC 石油输出国也因为产能受到有限，在油价上涨中丧失更多市场份额而感到得不偿失。

石油美元环流使欧洲尝试推出欧元来一定程度上降低对美元的依赖，而此举却对美元形成了重大挑战。从某种意义上讲，石油美元环流是当前美国经济的命脉所在，所以欧元的出现和人民币国际化引起了美国人深重的忧虑。

我们已经看到了美国为狙击欧元所采取的多次政治经济军事行动。成功的人民币国际化也逐渐成为美元战略家们的心头大患。

（九）其他货币与石油

石油是世界的基本必需品，生活在发达国家的人们不能离开石油，至少现在事实是这样的。2008 年初原油的价格一度达到 100 美元。

外汇市场上受油价影响最大的货币是日元。传统上，日本是一个能源缺乏的国家，其经济严重依赖海外能源。**日本 99%的原油需求依靠进口解决，与此相对的则是美国的原油需求逐渐为页岩油气革命所满足。**日本极其缺乏国内的油气资源，需要进口大量的原油、天然气和其他类型的能源，这使得日本对油价的变动非常敏感，日本也缺乏

美元的地位并非完全由美国强加于世界，而是多方促进的结果。第一，存在网络效应和外部性，美国推动了国际贸易和资本的流动，美元的使用具有了网络效应；第二，重商主义思路，推进出口的需要使得东亚和东南亚国家偏好持有美元；第三，地缘政治上美国军力最为强大，地理位置优越，经济强大，因此美元的主权信用较高。

南海是日本经济的生命线，卡住了南海，日本就不得不服软。

空间来发展自己的核能，因为它同样也是浓缩铀的进口国。

原油解决了日本 50% 的能源需求，煤解决了 17%，而核能解决了 14%，天然气解决了 14%，水电解决了 4%，可再生能源解决了 1.1%。所以，如果原油价格飙升，则日本经济将遭殃。

日本作为全球第二大原油进口国，油价的上涨对其经济影响很大。但是并非油价上涨，日元就一定会承受压力。我们来看两幅相关走势图，第一幅图是美元兑日元与油价的走势对比图（见图 3-118），第二幅图是日元指数与油价的走势对比图（见图 3-119）。两幅图都是最近几年的走势图，可以发现日元与油价基本上是正相关的，油价与日元基本是同涨同跌的。为什么会这样呢？第一，日本以出口经济为主要引擎，全球经济向好，油价走高，同时日本出口也好，那么日本经济处于增长态势，加息压力就会逐渐增加，经济增长导致日元走强。第二，日本大量进口原油，油价高，则国内通胀高，那么加息的预期就会增加，利率处于上升态势，日元走强。但是，一旦油价过高，比如石油危机时期，那么滞胀就会来临，这个时候油价与日元就会反向运动。

图 3-118　美元兑日元与油价走势（2012 年 7 月至 2017 年 7 月）

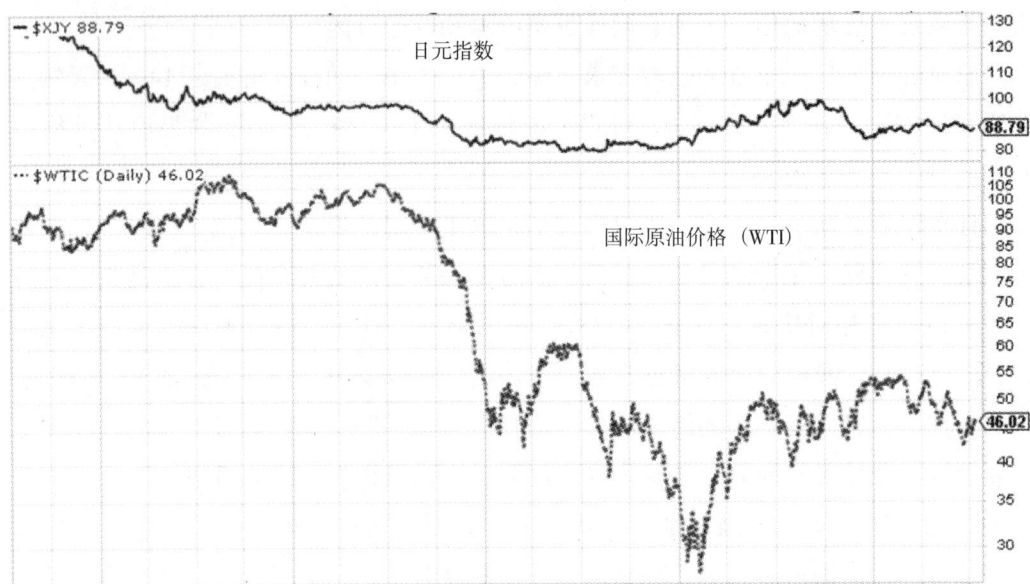

图 3-119　日元指数与国际原油价格走势（2012 年 7 月至 2017 年 7 月）

　　另外，日本经济在不断推广的节能技术下，对石油的依赖性已大大降低。日本企业的生产成本中能源消耗所占份额大大低于美国，这使得企业利润受油价冲击很小。因此，可以预见，未来外汇市场必将修正日元与油价走势的相关度。

　　2003~2005 年，石油与加元走势大概有 80% 的正相关性。它目前是第九大石油生产国，但由于它的油砂生产非常有规律地增加，所以它在全球的产油排名处在上升趋势中。在 2000 年的时候，加拿大超过沙特阿拉伯成为美国的最大石油供应国。大多数人可能不知道，其实加拿大的石油存量仅仅次于沙特阿拉伯。而全球各大石油公司都在加拿大股票交易所上市，因此加拿大经济是石油上涨的最大受益者。每当月末来临之际，外汇市场总会出现石油和天然气结算的加元资金流，为加元走势提供支持。由于中东局势的动荡不安，而加拿大与美国在地缘上非常亲近，所以加拿大成为美国可靠的石油进口来源。但是，加拿大并不仅仅服务于美国的石油需求，中国也是其日渐重要的石油购买国。正因为加拿大的石油出口非同寻常，所以加元的走势极大地受惠于最近几年石油价格的飙涨。

　　图 3-120 清楚地显示了原油走势和加元走势的正相关程度。事实上，原油价格走势确实是加元兑美元走势的先行指标。但大家需要注意的是，在一般的行情图中，两国的货币走势是以美元兑加元的形式标注的。在图 3-120 中，我们与通常的标注方式相反，这样更便于读者看清原油与加元的正相关性。

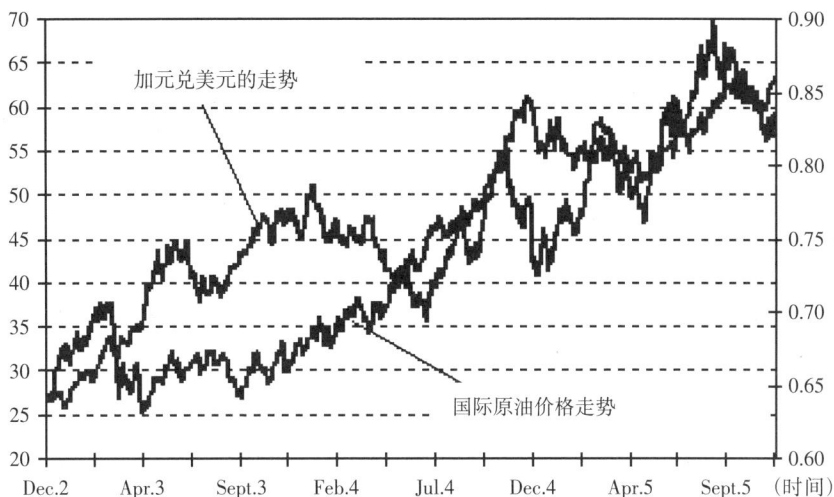

图 3-120 加元兑美元与国际原油价格走势（2003~2005 年）

当原油价格大幅度飙升时，什么货币对最适合外汇投资者介入呢？这就是加元兑日元了。在所有的主要货币对中，加元是石油出口大国的代表，而日元则是石油进口大国的代表。事实上，在 2002 年 12 月至 2005 年 9 月，加元兑日元的走势与原油走势具有 85% 的正相关性（见图 3-121）。从图 3-121 中，我们可以看到，通常原油价格都是加元兑日元走势的先行指标。当原油价格上行时，加元兑日元的价格很容易就突破了关键阻力。加元兑日元走势的适度滞后表明我们有足够的时间来把握原油价格变动带来的交易机会。

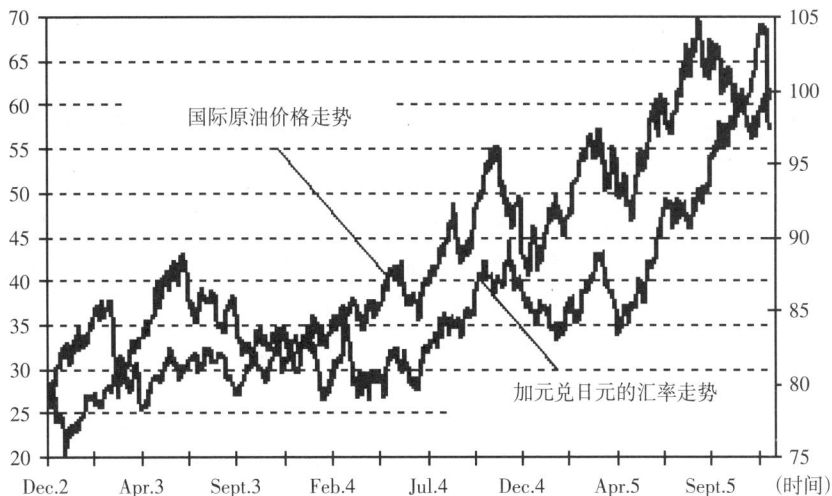

图 3-121 加元兑日元与国际原油价格走势（2003~2005 年）

传统上，外汇市场也把英镑作为石油货币，即油价上涨时会对英镑产生利好作用。长期而言，当油价出现大幅的持久上行后，全球经济增长将受到冲击。这从20世纪出现的3次石油危机可以看出。因此，当石油价格出现长期上扬后，外汇市场会提前反映全球经济增长放缓的预期，从而对澳元这一经济增长敏感货币产生不利影响。

原油价格的分析和预判是一门系统功课，需要全面而科学的框架，笔者在《原油期货交易的24堂精品课》提出了一个"原油顶级交易员分析框架"（见图3-122），这个框架不仅对于原油交易者有用，对于外汇交易者、商品交易者和债券交易者都有非常大的实际价值，感兴趣的读者可以深入学习一下。

> 滞胀期，原油价格飙升，而经济停滞。

三、政治

布雷顿森林体系崩溃后，信用本位代替了黄金。信用本位依靠国家强权和实力来保证，这样政治就成为了汇率波动的关键因素。下面我们首先探讨一下影响汇率的主要政治因素，再用一个政治事件具体说明，至于21世纪之前的例子大家可以参看《外汇交易进阶》一书的相关章节。

（一）影响汇率的政治因素

政治环境的动荡经常危及信用货币的基础，所以影响汇率的政治因素多集中在政局动荡和军事冲突方面。从具体形式看，有大选、战争、政变、边界冲突等。政治事件通常都是突发事件，出乎外汇市场的意料，所以使外汇市场现货价格异常剧烈地波动，其波动幅度往往超过外汇价格的长期波动幅度。

> 恐怖袭击现在越来越频繁，但是对外汇市场走势的影响越来越短。

（1）**大选**。一国进行大选，就意味着领导者的改变，伴随着经济政策的改变。在大选过程中，选举形势的变化即人们对选举结果的预期都会对外汇市场产生一定的影响。

（2）**政权更迭**。当一个国家或地区发生政权更迭时，对经济发展的影响是巨大的，对外汇更是会产生不可估量

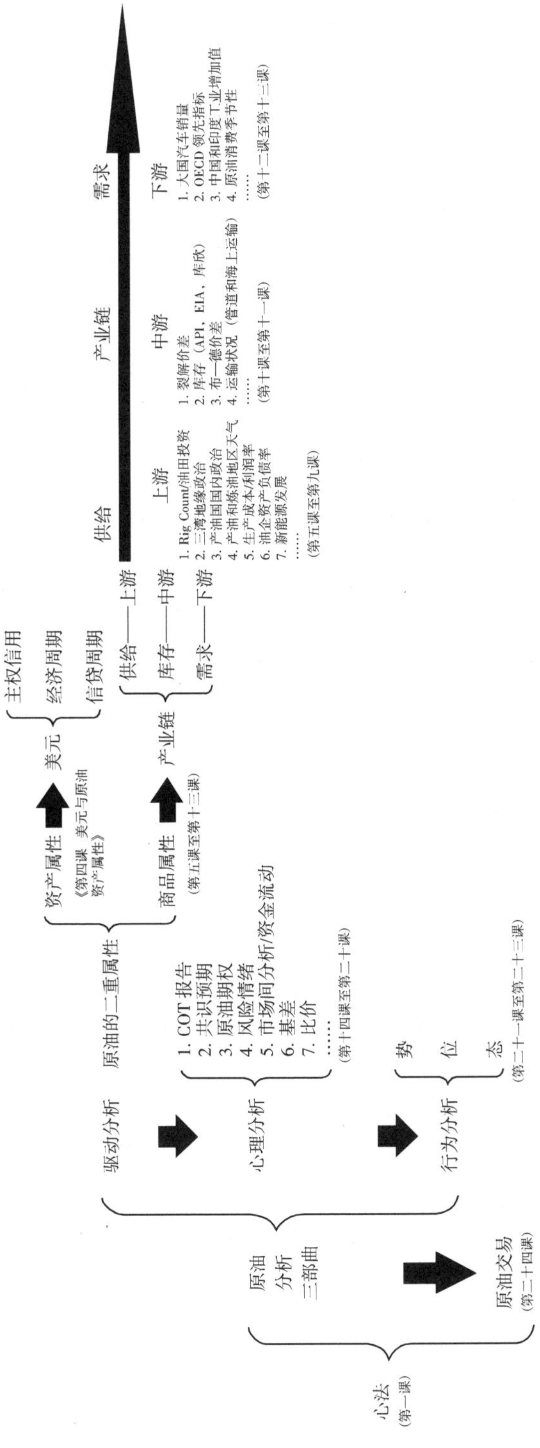

心法
（第一课）

原油
分析曲

驱动分析

原油的二重属性　　　资产属性　{ 主权信用
　　　　　　　　　　　美元与原油　　　 经济周期
　　　　　　　　　　　《第四课至第十二课》资产属性）　信贷周期

　　　　　　　　　　　商品属性　{ 供给——上游
　　　　　　　　　　　产业链　　 库存——中游
　　　　　　　　　　　（第五课至第十二课）需求——下游

心理分析
1. COT 报告
2. 共识预期
3. 原油期权
4. 风险情绪
5. 市场同分析/资金流动
6. 基差
7. 比价
……
（第十四课至第二十课）

行为分析　　势
　　　　　 位
　　　　　 态
（第二十一课第二十三课）

原油交易
（第二十四课）

供给　　　产业链　　　需求

上游　　　中游　　　下游

上游
1. Rig Count/油田投资
2. 三湾地缘政治
3. 产油国国内政治
4. 产油和炼油地区天气
5. 生产成本/利润率
6. 油企资产负债率
7. 新能源发展
……
（第九课至第十课）

中游
1. 裂解价差
2. 库存（API, EIA, 库欣）
3. 布一德价差
4. 运输状况（管道和海上运输）
……
（第十课至第十一课）

下游
1. 大国汽车销量
2. OECD 领先指标
3. 中国和印度工业增加值
4. 原油消费季节性
……
（第十一课至第十三课）

图 3-122　原油顶级交易员分析框架

资料来源：《原油期货交易的 24 堂精品课》（魏强斌）。

的冲击。如 1998 年俄罗斯政局不稳就对俄罗斯经济造成了重大破坏。

（3）**战争或政变**。当一国发生政变或爆发战争时，该国的货币就会呈现不稳定而下跌，局势动荡是打击该国货币的重要原因。例如美国在 1991 年进行攻打伊拉克的"沙漠风暴"等。

（二）"9·11"事件前后的外汇市场

2001 年 9 月 11 日，发生了震惊世界的恐怖事件，作为这个世纪初最具标志性的事件，它到底对外汇市场产生了什么样的影响呢？我们来看看该事件发生前后，外汇市场上主要货币对的变动情况。

首先，我们来看美元兑瑞士法郎（见图 3-123）。在该事件后，美元几乎收复了对瑞士法郎的所有失地，从最大的跌幅5%回复到了该天之前的水平。图 3-123 显示了该事件前 40 天和该事件后 40 天的美元兑瑞士法郎变动情况。我们可以直观地看出该事件并没有长期地改变美元兑瑞士法郎的变化，这个事件不是导致结构发生变化的因素。

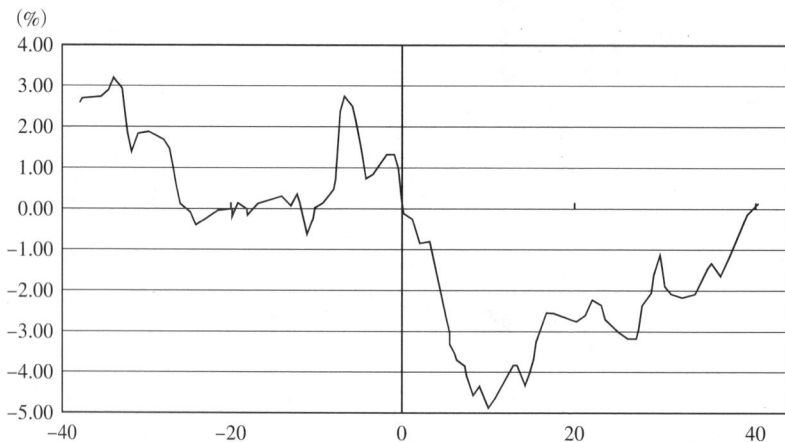

> 战争对于一个国家的财政健康程度冲击很大，进而会在中长期影响一国货币走势。

图 3-123　美元兑瑞士法郎在"9·11"事件前后走势

但下面的三幅图显示，美元在该事件后的一段时间内不仅仅是回补了前期的跌幅，而且还上升了一段距离，以至于高于该事件发生前几天的位置。这三幅图分别表示了

该事件前后的美元兑欧元（见图 3-124）、美元兑日元（见图 3-125）和美元兑英镑（见图 3-126）。这表明，瑞士法郎作为避险货币更为成功，所以美元兑瑞士法郎的回补是最少的。

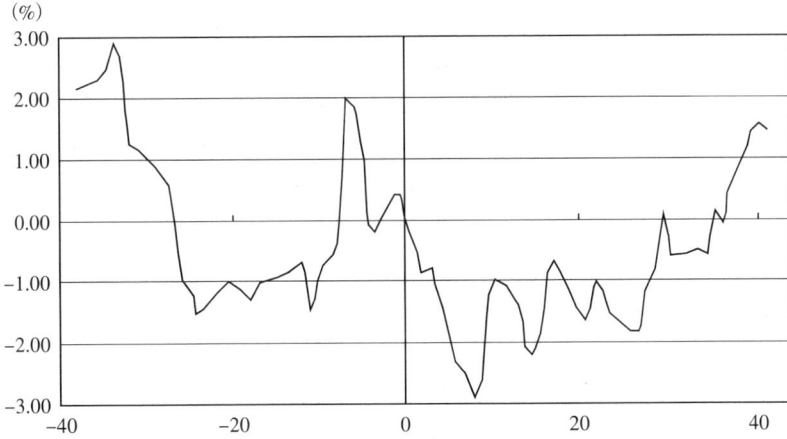

图 3-124 美元兑欧元在"9·11"事件前后走势

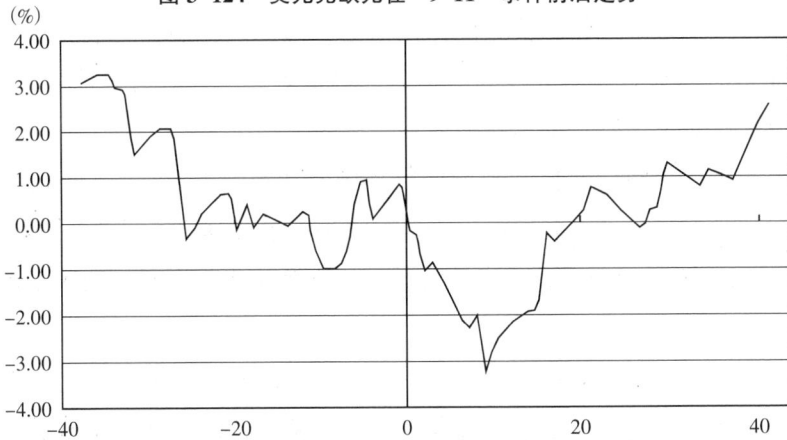

图 3-125 美元兑日元在"9·11"事件前后走势

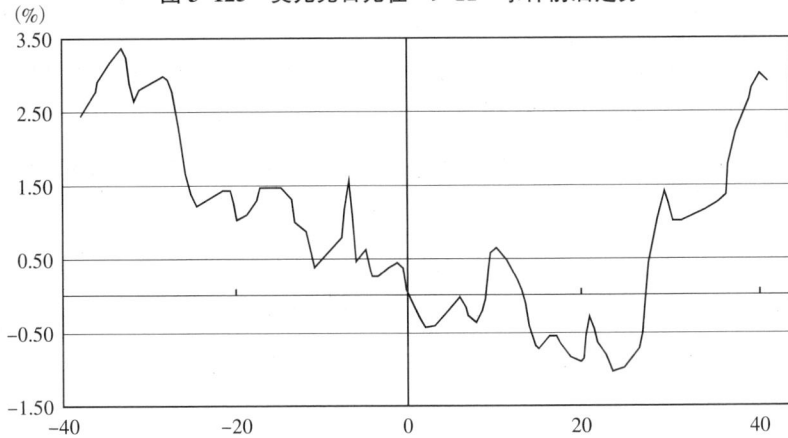

图 3-126 美元兑英镑在"9·11"事件前后走势

第六节　基本分析高级技巧

我们对基本分析的各个方面都有了比较全面的了解，下面介绍两个你可能听到过的特别分析方法。一个是收益曲线，这是经济分析文章经常会出现的；另一个是摩天大楼指数，最近两年谈得比较多。更多的基本面分析方法，希望大家到交易员俱乐部交流。

一、收益曲线预测

对于收益率曲线的运用主要集中于通过它预测一国经济，再由此预测汇率走势。在谈到利率，财经评论员通常会表示利率"走上"或"走下"，好像各个利率的走动均一致。事实上，如果债券的年期不同，利率的走向便各有不同，年期长的利率与年期短的利率的走势可以分道扬镳。最重要的是，收益率曲线的整体形状，以及曲线对经济或市场在未来走势的启示。

收益率曲线对于国债分析，就如同蜡烛图对于股票分析一样，看似简单直观，但是其中却又包含无穷的奥妙。随着 20 世纪 70 年代以来国际上金融创新的不断发展，**收益率曲线的重要性已经远远超出了国债分析领域，而成了整个金融分析的基石之一。**

那么什么是收益率曲线呢？我们首先回顾一下收益率的概念。为了判别一个投资是否值得进行，人们想出了很多种办法。一个最常用的办法就是计算收益率，也就是在一定时间内，投资的回报占全部投入的百分比。

在现实生活中，人们最常见的收益率的例子就是储蓄利率，以 2006 年 8 月 19 日起执行的人民币存款整存整取利率为例：

3 个月（1.80），6 个月（2.25），1 年（2.52），2 年（3.06），3 年（3.69），5 年（4.14）。

可以看出，1 年储蓄的收益率为 2.52%，2 年储蓄的收益率为 3.06%。储蓄的收益率（即储蓄利率）与到期时间有着明显的相关关系，年限越长，利率越高。所以如果不考虑资金占用问题的话，就应该选择期限更长的储蓄品种，以获得更高的回报。

为了便于显示收益率与到期年限之间的关系，可以用到期年限为横坐标，以收益率为纵坐标，将不同时期的收益率画在一张图里，并用一条光滑曲线将这些点连接起来。这就是银行储蓄的收益率曲线。

同样地，国债作为一种投资工具，它的收益率与到期年限同样存在着类似的相互关系。一般来说，期限越长，收益率越高。为了准确地把握这种变化关系，从而在短期、中期、长期国债中，正确地选择投资品种，人们发明了国债收益率曲线这个重要的分析工具。

收益率曲线有两个特点：第一，它反映了市场中确实存在的，利率随时间期限变化的关系。第二，它综合了市场上所有品种（或一个具有代表性的品种群体）的价格，从而体现了市场整体的利率水平。因此，我们可以把收益率曲线看成国债市场的"晴雨表"。

在国际金融市场中，国债收益率曲线不仅是国债投资的一个最重要的分析工具，而且还是包括公司债券、可转换债券、期货、期权等所有金融产品的定价基础。

想从收益率曲线中找出利率走势蛛丝马迹的投资者及公司企业，均需紧密观察该曲线形状。收益率曲线所根据的，是你买入政府短期、中期及长期国库债券后的所得收益率。曲线使你按照持有债券直至取回本金的年期，比较各种债券的收益率。

收益率曲线的形状，是根据连接在直轴不同国库债券收益率点以及在横轴的债券年期点而成。现时你可以见到上列收益率曲线有点陡直，其中 30 年债券的收益率比 3 个月的短期国库债券差不多高出 4%。这两类债券的差额通常约为 3%，如果差额比这个百分比更高，则表示经济可望在未来有所改善。

陡直的收益率曲线一般出现在紧随经济衰退后的经济扩张初期。这时候，经济停滞已经压抑短期利率，但一旦增长的经济活动重新建立对资本的需求及对通胀的恐惧，利率一般会开始上升。

传统上，倒置的曲线表示经济即将会缓慢下来。财务机构（例如银行）通常会以短期利率借贷，并会长期借出资金。一般而言，当长期利率高于短期利率而两者又相对性高，在这种情况下，银行的借贷通常较低。一般来说，较低的企业借贷额会导致信贷紧缩、业务缓慢以及经济减弱。

这是典型的看法。最新的情况却有所不同，也许比从前更复杂。美国国库最近减少发行长期债券，而在过去数年，当华府多年来首次出现财政盈余开始偿还一些尚未偿付的长期债券。

减少发行长期债券促使投资者购买年期较长的债券，进而拉高长期债券的价格以及压低其收益率，于是产生倒置曲线，债券价格与收益率的走向相反。然而，联储在 2001 年进行了激进的减息措施，在压低短期利率的情况下，收益率曲线返回传统的上升形状。

无论你的情况如何，收益率曲线均是比较利率及其整体走向的有用方法。此外，无论你持有债券与否，如果你有信用卡债务、房贷或其他未偿付的债务，其利息与短期利率实在息息相关。**在外汇市场中，最为重要的是收益曲线对经济前景的预示，由此判断相应货币的走势。**

下面两个网址可以查到美国的收益曲线，通过观察美国的收益曲线形状（见图 3-127 和图 3-128），可以对美元的中期走势做出比较准确的判断：

https：//www.treasury.gov/resource-center/data-chart-center/interest-rates/Pages/Historic-Yield-Data-Visualization.aspx.

https：//www.oanda.com/forex-trading/analysis/economic-indicators/united-states/rates/yield-curve.

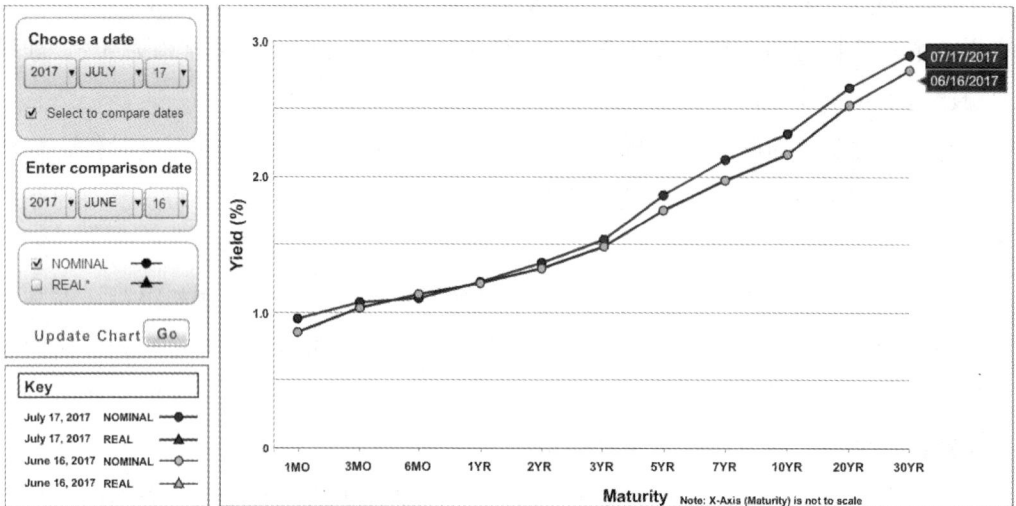

> 收益率曲线的远端升高，意味着经济看好；远端降低，意味着经济看淡。经济好淡与汇率的关系这里不用赘述了。

图 3-127　美国国债收益率曲线（1）

资料来源：美国财政部。

Jul.18, 2016

Jul.17, 2017

07/18/2016

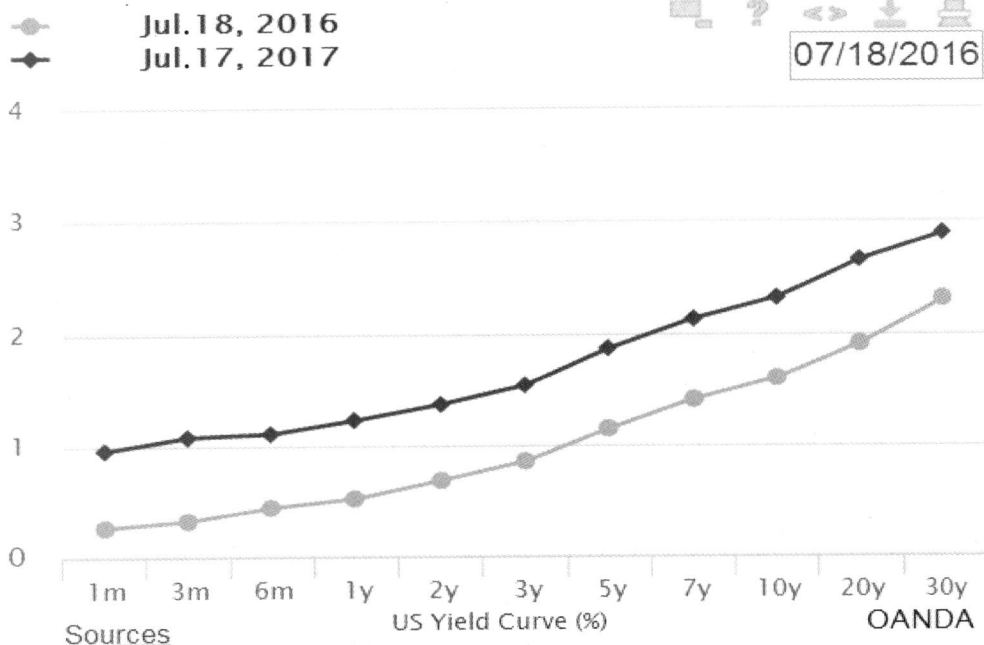

图 3-128　美国国债收益率曲线（2）

资料来源：OANDA。

二、摩天大楼预测

通过摩天大楼指数，我们可以找到宏观经济的重大转折点，从而把握住汇市中的大机会。德意志银行一位名叫安德鲁·劳伦斯的主管在工作之余研究经济危机和摩天大楼的关系，他在 1999 年得出一个惊人的结论：高楼建成之日即是市场衰退之时。他把自己的结论称之为"摩天大楼指数"。

用这个指数去验证 1999 年前发生的经济事件，会发现它灵验无比。1908~1909 年，纽约新加大厦和都会人寿大厦先后落成，期间金融危机席卷全美，数百家中小银行倒闭。20 世纪 20 年代末至 30 年代初，华尔街 40 号大厦、克莱斯勒大厦、帝国大厦相继落成，期间纽约股市一泻千里，并引发全球性的经济危机；1973~1975 年，纽约世界贸易中心和芝加哥西尔斯大厦再夺全球最高荣誉，后发生石油危机，美元狂跌，全球经济再次陷入衰退；1997 年吉隆坡

1999 年，德意志银行证券驻香港分析师安德鲁·劳伦斯因为发现经济衰退或股市萧条往往都发生在新高楼落成的前后，首度提出"摩天大楼指数"（Skyscraper Index）的概念。故此，"摩天大楼指数"也被称为"劳伦斯魔咒"。

双子塔楼取代了西尔斯大厦的最高纪录，而亚洲金融危机也正肆虐一时。台北 101 大楼 2000~2001 年建成，高科技泡沫破灭，全球股市狂泻。

2006 年 2 月 15 日，全球投行巨头之一的雷曼兄弟公司在北京召开全球经济会议，其全球首席经济学家卢埃林向他们的中国客户提及"摩天大楼指数"的预言。

他认为如果全球有发生经济危机的可能性，那很可能会在 2007 年或 2008 年。2007 年和 2008 年分别是上海世界金融中心、香港的联合广场第七期以及在世贸大厦遗址上新建的自由大厦完工的日期。

摩天大楼的建成与经济危机到底存在着什么联系？卢埃林认为，一般情况下，政府宽松的货币政策往往会鼓励一些大型项目的产生。而在项目完工之前，通常政策就已经开始紧缩，因此破纪录的摩天大楼工程往往能够用来预测经济危机的发生，如图 3-129 所示。

此后，确实发生了次贷危机和欧债危机。本书第一版写作时间在 2007 年之前。2007 年 7 月 21 日，迪拜塔被正式确认为全球最高建筑物，当天美股道琼斯工业平均指数创出历史新高；在这天之后，次贷和信贷风潮即以风卷残云之势横扫欧美。2008 年 8 月，环球金融中心落成，9 月，全球金融海啸如约而至。

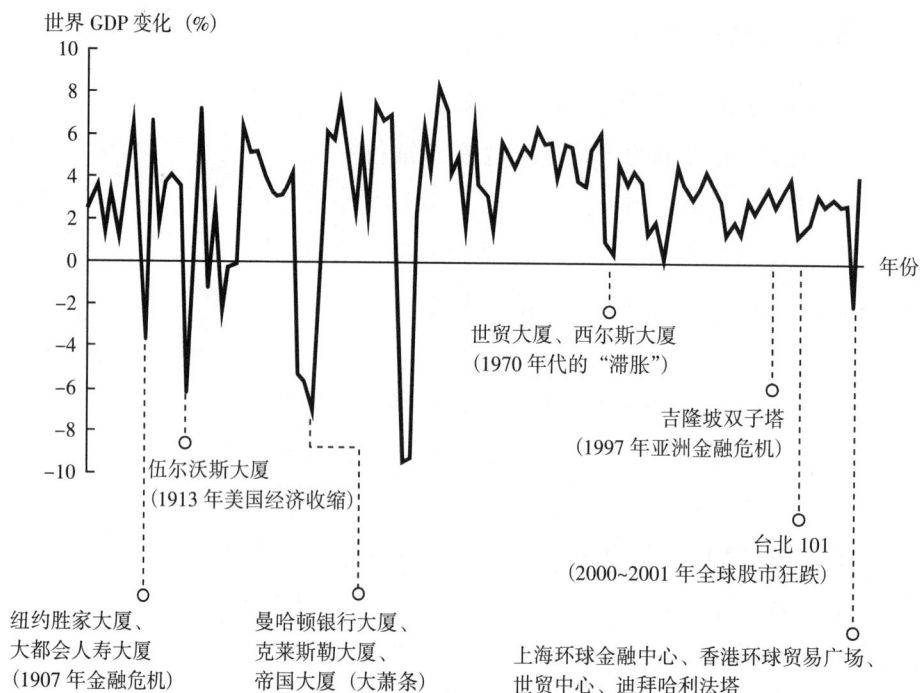

图 3-129 经济增长、危机与摩天大楼

资料来源：卢艾琳咨询公司，360 百科。

过度投资与金融投机通常是经济危机的起因，兴建世界最高建筑物的欲望通常是因为突然涌入大量资金，而不是因为建筑设计或科技进步，所以投资方的不同并不是核心问题。1997 年吉隆坡的双子塔（452 米）夺得全球最高建筑物桂冠之前，正是亚洲经济发展强劲，股市屡创新高，"资金不成问题"的时期；20 世纪 30 年代帝国大厦建成前，也是美国资本最具扩展性的阶段。正是这些事前的"繁荣"造成了事后的衰退。通过摩天大楼指数，我们或许可以像索罗斯一样，抓住经济转折的机会，从而在汇率交易上大捞一笔。

三、影响外汇走势的"铁五角"

对于外汇交易的初学者而言，只要掌握了《外汇交易进阶》中关于外汇基本面分析的大部分知识就能够读懂外汇有关的新闻，同时也能进行大致的解读。但是，这并不够，因为独立的分析要求外汇交易者不仅有较为完备的经济学和政治学知识，同时还要了解这些因素对外汇走势的实际影响和如何利用这种影响来促进真实的交易，而《外汇交易圣经》就提供了这方面的足够帮助。

前面的章节我们已经对影响外汇走势的基本面因素有深入的了解了，但涉及的因素太多以至于我们分不清主次，"眉毛胡子一把抓"的结果就是费力不讨好。为了解决这一问题，我们根据自己多年的外汇交易实践和世界著名外汇交易策略大师 Kathy.Lien 的相关理论写成此书，在此向基金旗下的多位交易员表示敬意同时感谢 Kathy.Lien 提供的有意义创见。

我们这里提出的"铁五角"经过多年的实践被证明为胜率在 64% 以上，今天我们就和大家来分享这一基本面分析的高级系统，我们称它为"铁五角"基本分析系统（见图 3-130），这一系统是前面介绍的基本分析方法的提炼，具有很强的实战指导意义。

铁五角其实可以简化为"利差预期"和"风险偏好"，参考《顺势而为：外汇交易中的道氏理论》。越不繁，越不凡！大师与高手的差别在于，前者懂得更多，用得更少。就像中医开药方一样，越是水平高的中医，药的味数平均越少。多，只能说明还未把握到最核心的东西。

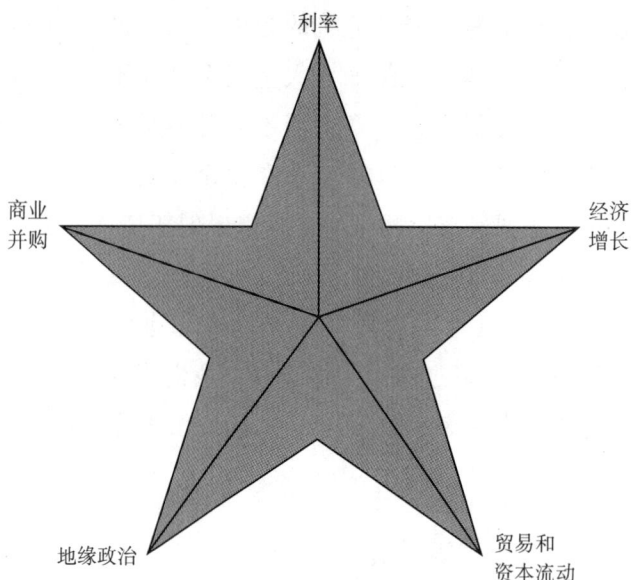

图 3-130　外汇驱动力量的"铁五角"

所谓的"铁五角"就是五种驱动外汇市场运动的最关键因素，这里需要强调的是"最关键"这一修饰语。**所谓的五个最关键基本面因素是：利率，经济增长，地缘政治，贸易和资本流动以及商业并购活动等**。这就是如图 3-130 所示的"铁五角"。如果外汇交易者能够对这五项因素作大致准确的预测，那么就能赚取丰厚的利润了。

下面我们来一一介绍和研读这些最关键因素，虽然在《外汇交易进阶》、《外汇交易圣经》以及前文都有介绍到这些因素，但这里采取了一个完全不同的角度和深度。这里我们重点强调要素之间的综合研判以及在实际外汇交易中的运用，这与市面上那些有文字抽象叙述、泛泛而谈的做法不同。

1. 利率

在利率上，正如本书前面反复提到的一点，那就是外汇交易者可以通过两种方式获取利润：第一是利用息差，第二是利用汇率变动。

世界上的每种货币都有一个确定的利率水平，这一利率水平通常是由该国或者地区的中央银行决定的。在其他条件相同的情况下，你应该借入那些低利率货币，用来买入高利率的货币。比如，在 2006 年秋季，美国的利率大致在 5.25% 水平，而同时期的日本利率则在 0.25% 水平。当时，很多投资者都借入日元买入美元，然后用美元买入利率为 5.25% 的大额存单。当然，也有很多投资者直接在外汇市场上买入 USD/JPY 这一货币对，这样交易就相当于前面的做法。在上述交易中，投资者

可以赚到 5.25% 减去 0.25% 的息差。

除了从外汇交易中获得息差收益，投资者还可以获取汇率差值的收益。在前面我们已经知道，在通常情况下当一国的利率水平提高时，其货币也会随之升值。还是以美元兑日元的交易为例子。在 2005~2006 年这段时期，美国的利率远远高于日本，这使得我们在买入 USD/JPY 时可以获得一个息差收益，另外美元兑日元也会走强，这就可以获得一个 USD./JPY 走高带来的价差收益。2005 年 1 月至 2006 年 9 月的美元兑日元走势和美日两国息差走势（见图 3-131），这表明了利率这一关键基本面驱动因素在外汇基本面分析中意义非同寻常。

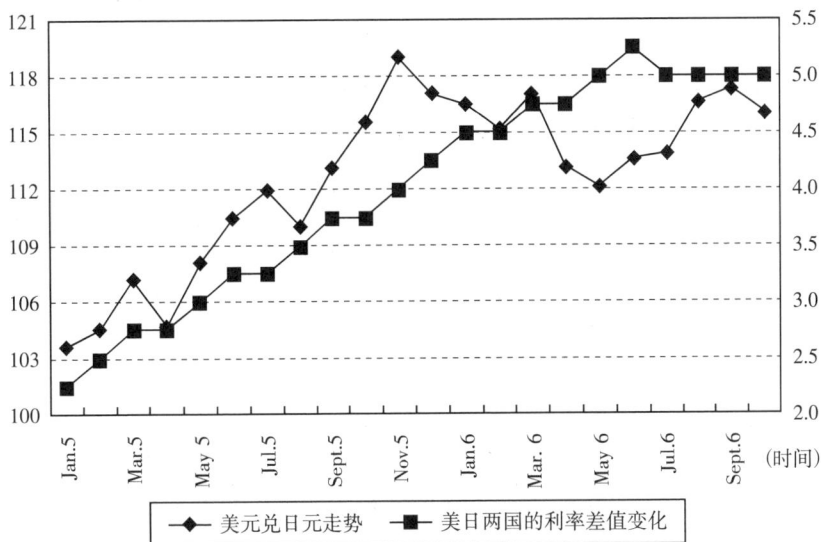

图 3-131 美元兑日元与两国息差走势

美元兑日元走势在最近几年受到两国息差影响的例子很多媒体都谈到过，这里我们再举一个很少有文章提到的例子，这就是 2006 年 8 月英格兰银行出乎意料加息引发的汇市震动，当时英格兰银行将利率由 4.5% 增加到 4.75%，而当时日本的利率仍旧为 0.25% 不变。英国的此次加息，使得英日两国的息差扩大了，由 425 个基点扩大到 450 个基点。加息引来大量的热钱，这使得英镑币值不断上升，

预期外的加息影响更大。

在此后的 3 周内英镑兑日元疯涨了 700 多点，如图 3–132 所示。

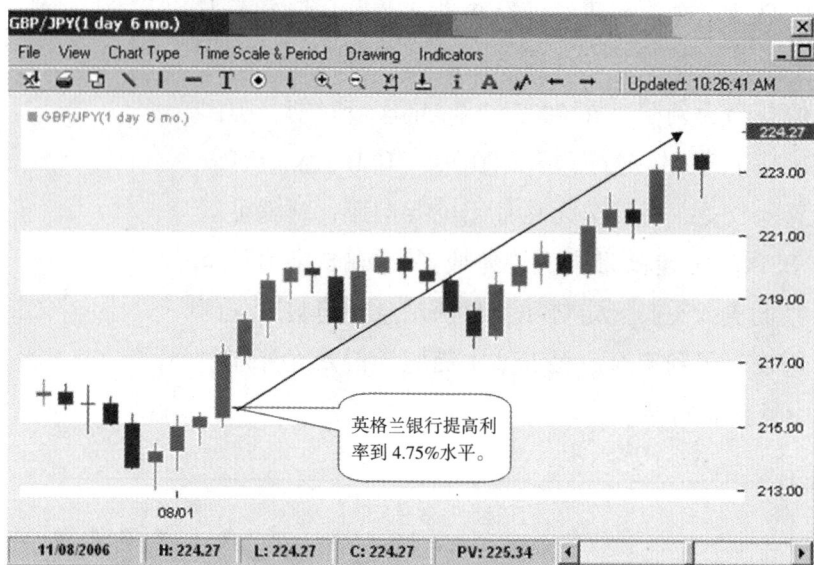

图 3–132　英国央行加息导致英镑兑日元汇率飙升

对于外汇保证金交易者而言，以日为单位的交易执行起来不太现实，不过我们这里要告诉本书读者的是，利用利率变动进行外汇交易并非只能用于长线视角，对于当日冲销式的交易也同样能发挥不小的威力。

在日内的短线交易中，我们寻求的是利率公布出乎投资大众预期的"数据行情"，在本书的多个部分都有涉及这一内容，在《外汇交易进阶》中对此有所述及，不过那里只是为初学者提供了一个登堂入室的台阶，至于要完全掌握数据行情的交易方法，必须在《外汇交易进阶》的基础上进一步掌握本书的内容，同时还要不断在交易实践中磨炼和总结。2007 年 1 月，我们在澳元兑日元上进行了两次成功的典型短期交易，下边我们看看这两次利用利率变化进行的短期交易。

当时，市场认为澳大利亚的通货膨胀应该有很大幅度的上涨，但公布的第四季度消费者物价指数却是下降的，这使得市场认为澳大利亚央行不大可能如预期一样继续加

息。这使得交易者们认为奥日两国的息差不太可能继续扩大，而且不排除有收拢的可能性。我们进行的第一笔交易是在 2007 年 1 月 24 日，当有 45 点盈利时，我们了结了空头头寸，当市场反弹失败后我们再次做空，当日的第二笔交易我们盈利 35 点，这样在一天之中我们就获利了 80 点。全天两笔交易，如图 3-133 所示。

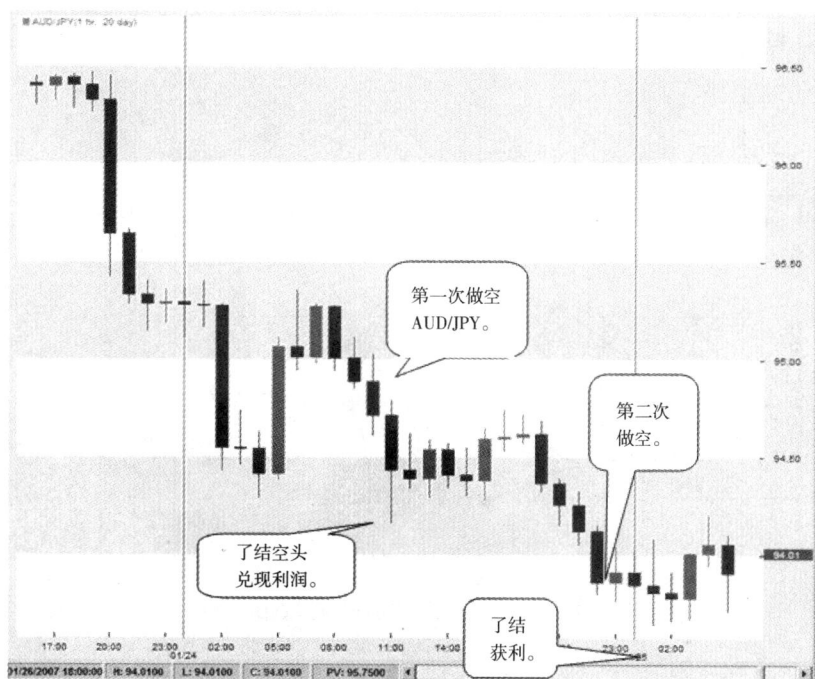

图 3-133 做空澳元兑日元

2. 经济增长

经济增长与汇率走势，以及利率的关系我们在本书前面部分已经有所述及，这里我们大致温习一下，更为重要的是结合实际例子讲讲在外汇交易中的具体实践。经济增长越是强劲，则通胀的压力越大，所以央行加息的可能性和幅度也就越大，而利率的高低则直接牵涉着汇率走势的强弱。一国的经济增长强劲同时也意味着该国的股市增长前景巨大，这也会导致国外的投资者进入该国股市，所以经济增长会直接带来汇率的升值。经济增长使得利率提高，股票收益率也提高，这吸引了国外的债券投资者和股票投资者，当然也就会使得该国的货币走强。

这里我们以 2005~2006 年欧元兑美元的走势为例。经济增长的最主要度量指标为 GDP，也就是国内生产总值。美国和欧元区的 GDP 值位居世界第一和第二。2005~2006 年，这两个经济体的货币走势明显体现了两者之间的利率差别变化。2005 年，

欧元区的经济增长显著落后于美国，当时欧元区的 GDP 增长率为 1.5%，而同时期美国的 GDP 增长率为 3%。因此，大量的国际投资者从欧元区流出蜂拥到美国，这使得欧元兑美元下降了近 2000 个点，这段下跌走势一直持续到 2005 年末。2006年，欧元区的增长率开始上升，而美国的经济增长率则开始下降，到了 2006 年末，欧元区的 GDP 增长率实际上超过了美国的经济增长率，这使得欧元兑美元不断走高。图 3-134 反映了 2004 年 12 月至 2006 年 11 月的美国和欧元区 GDP 增长率以及欧元兑美元的走势。

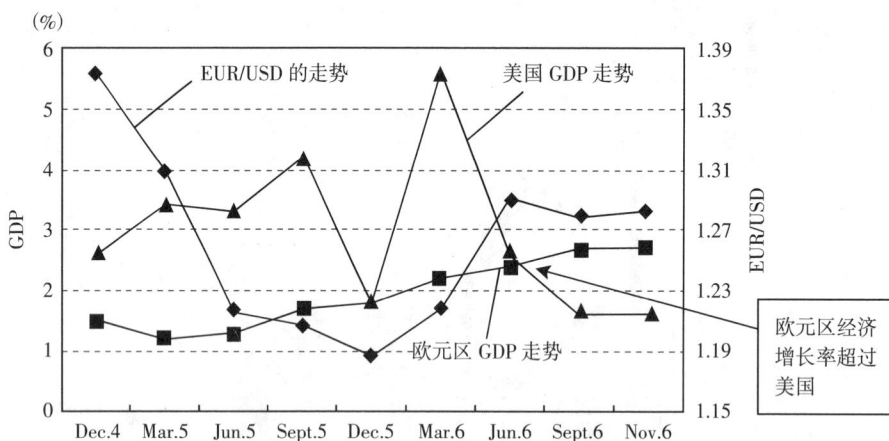

图 3-134　欧元兑美元走势与两国 GDP 走势

利用 GDP 的变动，我们对无数外汇走势进行了成功预测，当然也有失败的时候，不过随着分析能力的不断提高，错误率下降到一个较小的水平。下面我们举一些利用 GDP 进行实际操作的例子。2006 年 11 月，我们对美元兑日元进行了操作，在将近 4 个小时的时间内我们获得了 67 点利润（见图 3-135）。

2006 年 11 月中旬时，美国经济数据受到住户部门的影响而走低，市场传言说美国将在 2007 年第一个季度降低其利率水平，这无疑会使得投资者离开美国寻找其他投资机会。

同时，日本的经济受到日元低估的支持，出口以两位数增长。2006 年 11 月 14日，日本的 GDP 超过了预期的 1%，取得 2%。我们决定利用日本经济的走强和美国经济的疲弱做空 USD/JPY，当时的做空水准为 117.82。正如我们预料的那样，当天美国的零售数据非常疲弱，这使得美元兑日元大幅度走低，在 4 个小时内我们获利 67 点。

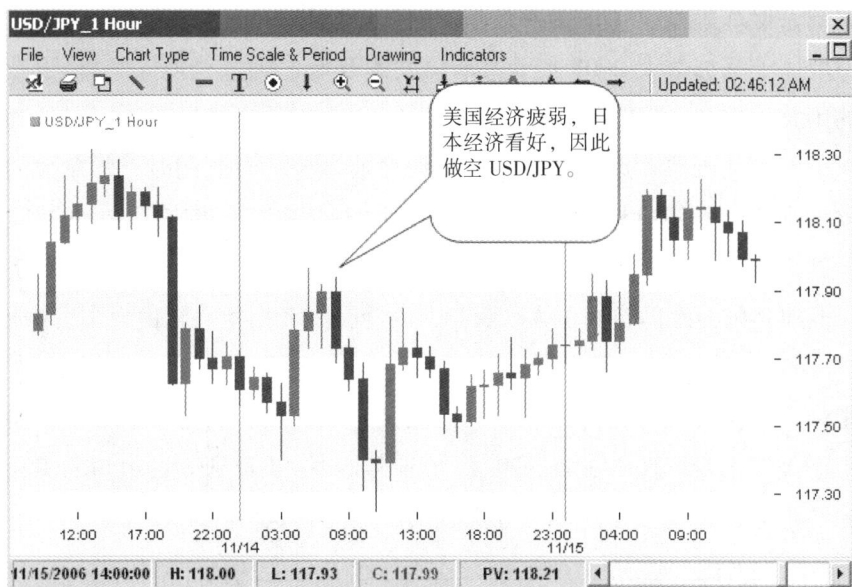

图 3-135　做空美元兑日元

3. 地缘政治

很多人对"政治"一词非常熟悉，但对地缘政治却比较陌生，我们建议对这一概念比较陌生的读者应该去看看《历史中的地理枢纽》和《海权论》以及《大国政治的悲剧》和《大棋局》，这些都是地缘政治的扛鼎之作，读透了非常有助于外汇和黄金交易的实践。

无论是股票市场，还是其他金融市场，都受到了政治因素的影响，但只有外汇和黄金这两个品种最容易受到世界范围内的政治变动影响。由于外汇代表国家，而国家是政治实体，所以任何地区和国家的政治麻烦都会在其货币走势上有所体现。

理解任何地缘政治动荡引发的外汇市场投机行为只需要牢记一点，那就是**投机者们总是先做出反应，然后再深入考察问题本身**。换言之，无论何时当交易者感到资本受到潜在危险时，他们都会迅速地退出，然后再去花时间求证。因此，在外汇市场中，政治因素发挥的影响力总是超过了经济因素。下面我们就举若干个关于政治因素发挥影响力的例子，当然在本书的前面部分曾经提到过"9·11"

地缘政治这个话题，最近十年已经在民间遍地开火，自媒体各类地缘政治的文章，良莠不齐。

的恐怖袭击，但那里是以实证的方式呈现的，这里我们将提供具体的交易实例。

第一个例子是加拿大 2005 年 5 月末爆发的政府危机，总理保罗·马丁受到不信任投票的困扰。保罗·马丁为加拿大带来了长达 30 年的经济繁荣，当时他却面临着自己党派的不信任投票，原因是自由党遭到腐败指控。与此同时，加拿大的经济却表现得欣欣向荣，石油价格的上涨给这个国家的 GDP 增长带来了重大的利好消息。作为美国的头号原油进口地，加拿大的国民财富持续增长，尽管加拿大经济前所未有地好，但加元兑美元仍然处于疲软状态，因为交易者们担心自由党失去执政地位。

2005 年 5 月 26 日，马丁的政府渡过了不信任投票的困境，此时加拿大元兑美元开始走强，这使得美元兑加元在一周内上升了 200 点，因为市场大众开始将视线重新集中于经济本身。图 3-136 反映了 2005 年 5 月 17 日到 6 月中旬的美元兑加元走势和原油走势，关键要注意政治危机解决后加元的走势。

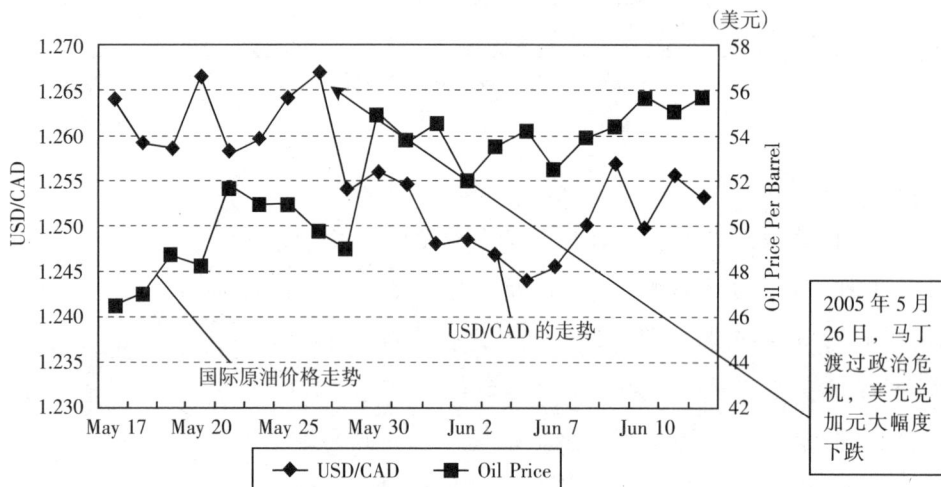

图 3-136　政治危机与加元汇率、国际原油价格走势

我们来看真实的交易例子（见图 3-137）。2006 年 6 月初，日本央行行长福井俊彦涉嫌投资了 1000 万日元到一个基金中，虽然事后证明福井俊彦并没有违法行为，但这仍旧极大地损害了他的声誉。作为日本从十年衰退中复苏过来的货币政策支持者，福井俊彦被认为是货币市场最有影响力的人物之一。如果他被迫辞职的话将危及到日本的复苏进程。

同时，日本经济得益于出口的增长和商业投资的增加而继续被看好，失业率取得历史的新低，消费者情绪继续走高。市场传言说日本将放弃其零利率政策，在 21 世纪中首次实现正的利率水平。尽管存在这些正面的预期，日元仍旧继续走低，兑美元继续下挫，因为投资者们担心福井俊彦下台走人。随着事态的明朗，市场认

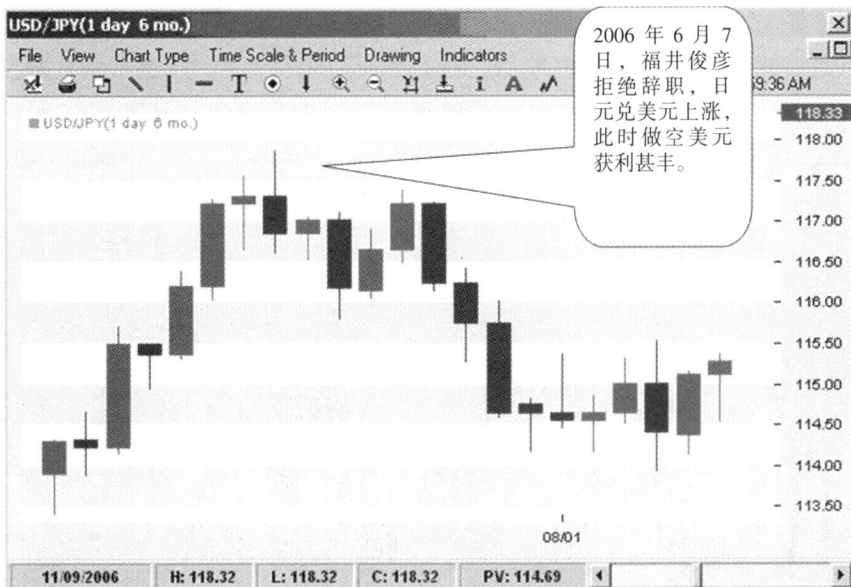

图3-137 做空美元兑日元

识到福井俊彦将继续担任央行行长，这使得日元重新走强，这表明一旦市场的焦点集中于政治，则经济因素的影响将退居其次。

如果你热衷于政治预测，而且也精于此道的话，那么从事外汇和黄金交易不啻为最好的善用资源之道。我们曾经利用政治分析进行过无数次的成功交易，比如在一天之内在美元兑加元上赚取了70点的利润。下面谈谈这笔典型的交易吧。

地缘政治风险也许与战争有关，或者是恐怖袭击，又或者是导弹试射，但地缘政治风险也可能源于政治峰会，比如G7会议和OPEC声明等。在2006年10月，沙特阿拉伯宣布油价在7天之内下跌10%，他们将支持OPEC的石油产出削减计划，也就说每天减产100万桶。这一减产计划在2006年11月1日生效，而且在12月会进一步削减产量。

大家从前面的知识应该知道加拿大是一个主要的石油出口国，我们当时认为这一政策将利好加元，因此我们在

地缘政治易学难精，所以前期还是在利差分析上下功夫。

2006 年 10 月 19 日开始做空美元，并且做多加元。25 小时过去了，凭借对地缘政治的准确分析，我们赚到了差不多 70 点收益。下面是整个交易的示意图（见图 3-138）。

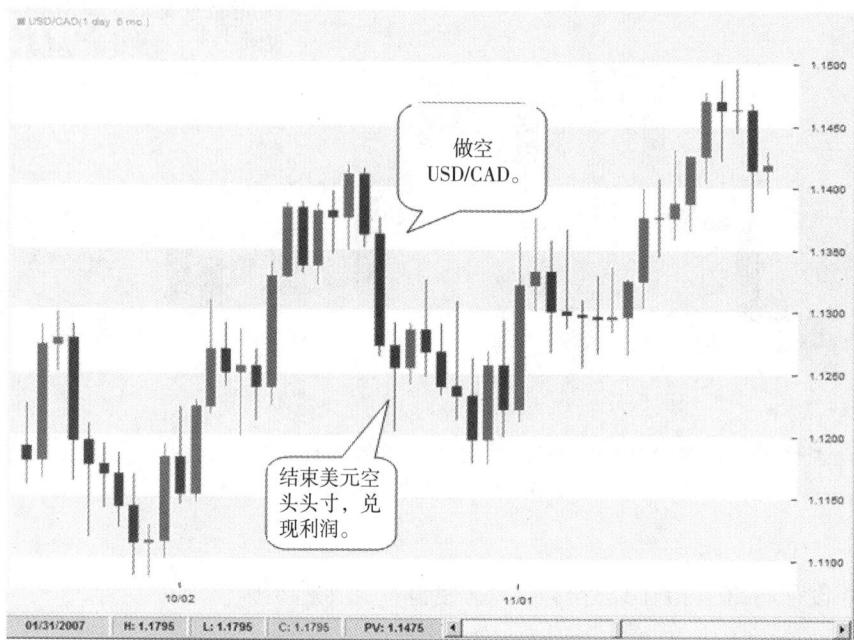

图 3-138　做空美元兑加元

4. 贸易和资本流动

外汇交易者预测特定货币走势时，必须考虑到这一货币背后的国家或者地区受到贸易流还是资本流的影响更大。所谓的贸易流是指一国在生产要素收益上的收入，而资本流则是国外对该国的投资额。一些国家依赖于贸易流入来支撑货币，一些国家依赖于资本流入来支撑货币。货币强弱依赖于贸易流的国家包括加拿大、澳大利亚、新西兰、日本和德国。

这些国家的经济增长很大程度上依靠各种商品的出口。以加拿大为例，原油是该国收入的主要来源；对于澳大利亚而言，工业金属和贵金属是出口的主要商品；就新西兰而言，农产品出口是关键收入来源。贸易流对德国和日本这样的国家而言也非常重要。

但是，像美国和英国这样的国家，由于拥有庞大的金融市场，所以资本流对于这些国家的货币坚挺意义非凡。在这类国家，金融业非常重要，实际上金融业占了标准普尔 500 成股份企业的 40%。只要懂得一国依靠贸易流还是资本流，我们才能搞清楚其货币未来的走势。以美国为例，表面上美国承担了巨大的贸易赤字，更广

泛而言是经常项目赤字，但由于美国能够吸引更多的资本流入国内，所以这抵消了贸易赤字对美元走势的消极影响。目前，美国的贸易赤字并不能危及美元的走势，但如果美国不能吸引到足够的外来资本流入，则美元就会走弱。

对于我们这些外汇交易者而言，如果能够掌握贸易和资本流的影响，则可以获得丰厚的利润奖赏。下面我们以 2007 年 1 月 22 日的一次交易为例来说明，在这次交易中，我们介入了新西兰元兑美元，获利 40 点左右。

新西兰是发达国家中利率水平较高的，2007 年 1 月，它的利率水平为 7.25%，由于它具有较高的利率水平，这使得大量的国际资本流入。2007 年 1 月 22 日，市场传言有新西兰元债券发行，而这对新西兰元构成利好。新西兰公司以一种较高收益率的货币发行债券，将这些债券提供给日本投资者，因为日本国内的利率水平很低，所以日本投资者比较青睐这类高息债券。当时，我们预测此次的澳元债券发行将使得资本流入新西兰，这会导致新西兰元走高。一旦我们决定做多新西兰元，我们就必须决定选择包含新西兰元的具体货币。两种货币在我们的考虑范围之内，一是新西兰元兑美元（见图 3-139），二是新西兰元兑日元（见图 3-140）。最后，我们决定做多新西兰元兑美元，因为就风险报酬比的角度看，做多新西兰元兑日元缺乏吸引力。我们做多新西兰元兑美元承担的风险更小，因为可以设定更小的停损。在进场后 24 小时内，我们获得了 40 多点的利润，整个交易，如图 3-139 所示。

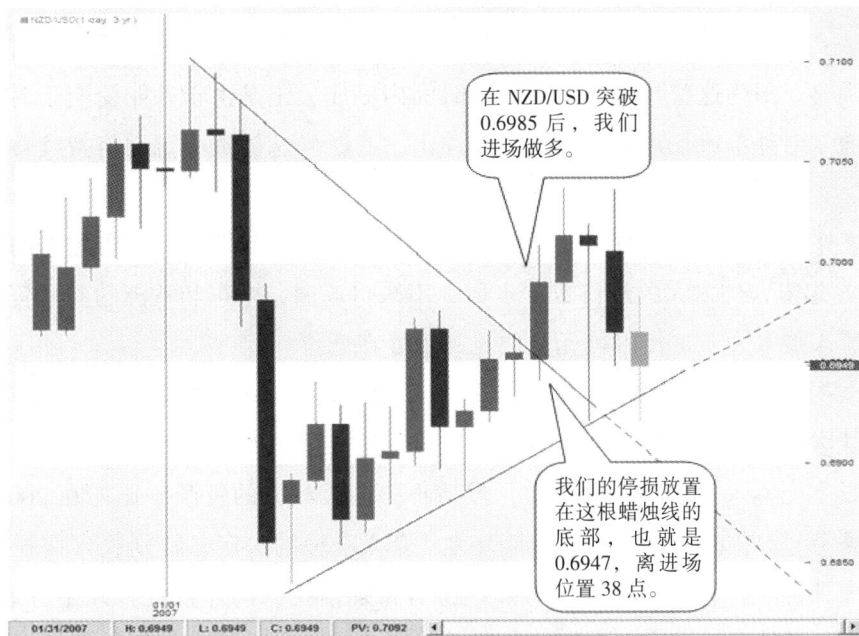

图 3-139 做多新西兰元兑美元

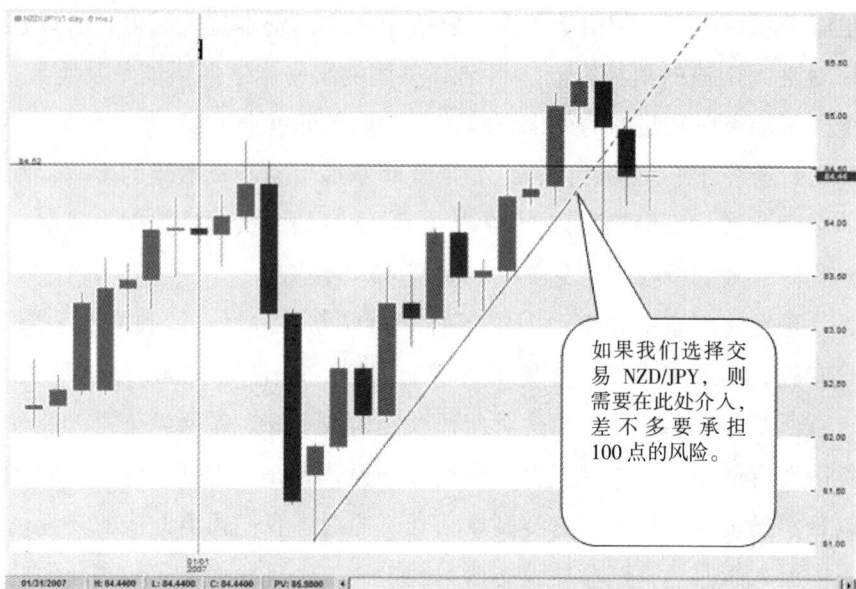

图 3-140　新西兰元兑日元的走势情形

5. 商业并购活动

虽然跨国的商业并购活动对于长期外汇走势的影响非常小，但是在短期的外汇走势中却发挥着巨大的影响。当一家公司试图跨国完成一桩企业收购事务时，外汇市场就会因此发生短期的波动。

比如一家欧洲公司试图收购一家加拿大公司，大约需要 200 亿加元，那么这笔交易必然会对外汇市场产生影响。这样的跨国并购对于价格不太敏感，但对于时间却非常敏感，因为这些并购要求在一定时间内完成。正是由于并购受制于时间，这类并购通常对外汇市场产生很大的短期冲击，有时候这类资金流动将持续数天，甚至数周。

如果外汇交易者保持对国际并购的兴趣，则可以部分把握外汇市场上的短期波动。2006 年末，加拿大的经济数据走弱，但来自亚洲、中东和欧洲的并购资金持续不断地流入加拿大，这使得美元兑加元一直处在低位。

跨国并购活动对于外汇市场的短期影响是巨大的，有时也是隐秘的。当国际投资者对某国的资产看好时，他们不能直接买入这些国家的股票等资产，他们需要在外汇市场上先购入这些国家的货币，然后再去购买相应的资产。比如在 2006 年 11 月，斯蒂芬·哈帕的新当选保守政府做出了令人吃惊的决定，特别收入信托将像其他加拿大证券一样被征税，这使得那些持有特别信托的国外投资者开始打退堂鼓。我们认为这条消息对于加元而言是负面的，因为这将导致部分国际投资者退出加拿

大，此时尽管美国经济缺乏亮点，但是我们还是买入了 USD/CAD，因为这条新闻将立即影响外汇市场，而这种影响将盖过经济数据。2006 年 11 月 1 日，我们做多美元兑加元，进场位置在 1.1290，此后数小时内我们盈利 45 点，整个交易如图 3-141所示。

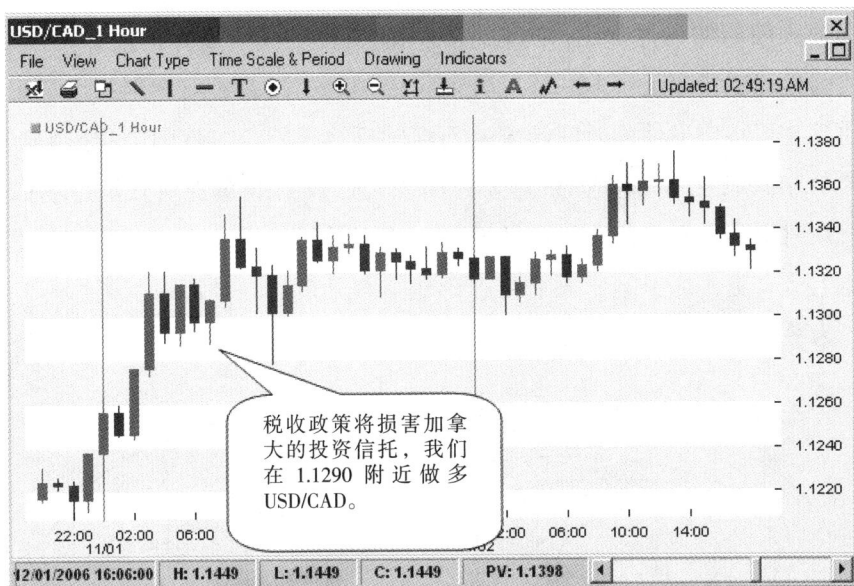

图 3-141 做多美元兑加元

上述外汇"铁五角"因素相对于整个基本面分析而言更为精练易懂，也更容易掌握。但是，要准确预测外汇市场的未来走势，你还需要了解这五大因素之间的相互作用。一个货币也许一直受到经济增长的影响，但突然可能转而受到贸易量和跨国并购的影响；另一个货币很长一段时间内一直与利率波动关系密切，但此时却受到政治骚乱的影响。

部分外汇交易者习惯于自己分析上述五大因素，这意味着需要花费大量的时间和精力，而绝大多数外汇交易者则依赖于分析师和媒介机构的指引，我们认为只看过《外汇交易进阶》的读者可以依赖于他人，但是本书的读者应该慢慢培养其独立分析基本面因素的能力。

对于五大因素，我们也不能没有层次地分析，凡事要讲求重点区分和逻辑顺序，通常而言，地缘政治因素比经济增长的影响时间更长，影响程度更大，以此类推可以得到分析的逻辑层次，这就是如图 3-142 所示的外汇"铁五角"的逻辑层次。在该图中，越是里层的要素则其重要性越高。当然这并不是绝对的，因为存在

结构性变化和非结构变化两种形式，所谓的结构性变化是该事件带来的影响是持续性的，而非结构变化是该事件只能暂时发挥影响，对于整个事物没有根本性的改变。比如加息就属于结构性的变化，但临时的信贷政策就是非结构变化。结构性变化比非结构变化对外汇市场的影响更大、更深远。为了统合五大因素和两大变化形式，我们给出了自己分析中常用的"外汇基本分析矩阵"（见图 3-143），凡事在矩阵中占据较大面积的事件都比占据较小面积的事件更能引发外汇波动。通常而言，纵轴的结构性程度指出了影响的持续程度，而横轴的因素重要度则指出了影响的大小，纵轴反映了特定事件的时间影响，而横轴反映了特定事件的空间影响。比如矩阵图中的 B 事件就比 A 事件拥有更大的面积，这表明 B 事件对外汇市场的影响更大，无论在时间和空间上都可以这样说。而 C 事件虽然没有 B 事件那么持久，但 C 事件整体上具有更大的影响。大家在进行基本面分析的时候请以"帝娜外汇基本分析矩阵"为核心工具组织思路和流程。

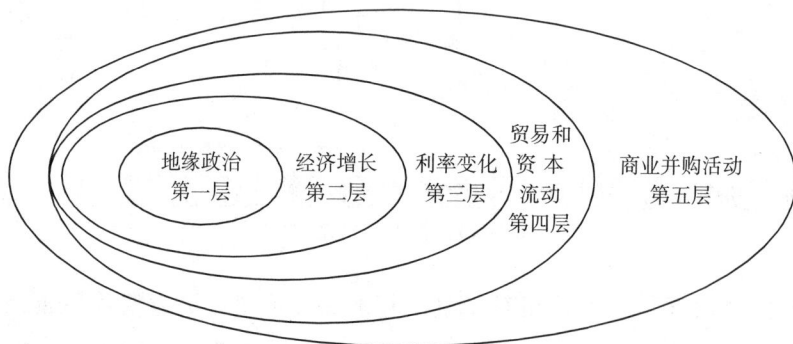

图 3-142 外汇驱动分析的逻辑层次

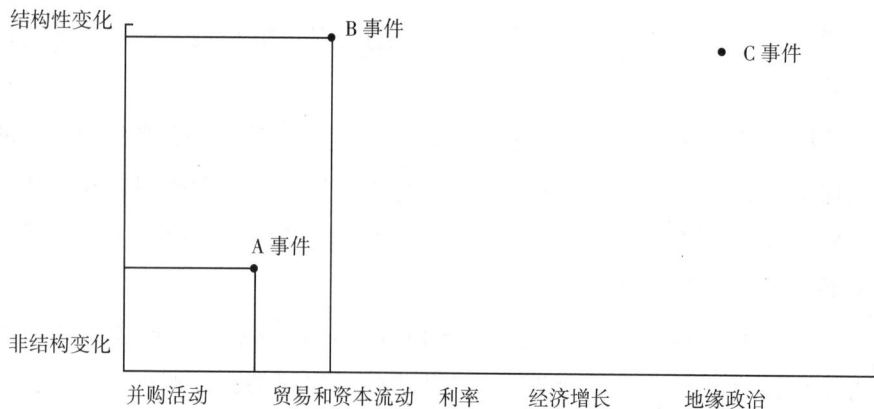

图 3-143 Dina 外汇基本分析矩阵

第四章

技术分析
TECHNIQUE ANALYSIS FOR FOREX TRADING

历史描绘出人心。

——拿破仑

第一节 技术分析的概况

一、技术分析的对象：人的集体行为

外汇更多的是作为波段交易和日内交易的首选品种。其实，**外汇的长期交易更多的是把外汇当作一种"国家股票"，外汇的利息收入就好比股息红利，而外汇的价差收入则好比股票的价差和增值收入。**所以，在较长时间结构上的外汇交易中，我们更多地采用基本面分析，我们承认外汇汇率存在一个基本面的趋势，或者说汇率围绕起伏的轴线。

当然，外汇作为高效率的金融市场很容易在短时间内吸收新的基本面信息，同时由于"羊群效应"等行为因素而放大了这些汇率的反应。**这种基本面经过人和资金的理解后做出的过度反应，我们称之为行为因素，这就是技术分析的核心。**其实，现代金融学已经开始承认包括蜡烛图

套息交易其实类似于一种获得股票红利的操作。

外汇日线上的趋势交易其实更适合一般交易者。相对而言，日内交易的难度最大，容错性最差。

和西方技术分析形态在内的主流技术分析的理论基础，并由此产生了一门新的学科——行为金融学。**在基本面和技术面之间的情绪和决策运动我们很难直接观察和分析，但借助基本面和技术面的综合观察，我们就能更为方便地理解其中的动静。**

扼要地说，技术分析就是观察出投资群体的行为动向。在外汇市场中，虽然很多交易者之间并没有直接的联系，但每个交易者的情绪都受到价格运动的影响。价格运动是群体行为的直接体现，所以每个交易者都无可避免地受到之前群体行为的影响，从而对之后的个体行为做出影响，这些个体行为的总和就带来了价格的新运动。

因此，**技术分析严格来讲应该被称作行为分析，而基本面分析严格来讲应该被称为驱动分析。**

二、技术分析的两大前提

任何的交易分析方法，乃至任何的学术理论都存在其发挥效力的根本前提。在讲到基本分析的时候，我们曾经提到过制约其效率的两大前提。同样，对于技术分析来说也存在两个根本前提。

（一）群体行为

西方的技术分析基本上是从道氏理论建立开始的，约翰·麦吉和墨菲两人对西方技术分析进行了大整合。同时，斯蒂芬·尼森将日本蜡烛图全面引入西方，由此整个技术分析的框架得以建立。

在主流技术分析框架之外还存在点数图和市场轮廓理论，以及正字图等亚流派。主流的技术分析是从分析群体行为的角度建立起来的。所以，**对于市场流动性缺乏的市场，对于庄家聚集垄断的市场和品种，技术分析不太适合。**当然，对于这类市场也有一些非主流的技术分析出现，比如分时图理论、跟庄战术、博弈分析等。但我们一再提醒大家注意的是，主流技术分析假设市场上的价格运动是群

行为分析和驱动分析之间还有一个心理分析，在《外汇交易三部曲》中我们有更加完整而深入的展开。

不懂得前提，就不能用好技术分析。

题材投机当中，传统技术分析存在很大的缺陷。

体行为的结果，**在波浪理论中这个前提则更为重要。**

（二）能量制约

那么，什么又是能量制约呢？其实这个前提主要是针对西方的形态理论和波浪理论以及加特力理论的。这些理论最让人疑惑的一点是：是否特定的浪数一定出现，是否市场一定以 5 浪的形态出现？

其实，根据我们在外汇市场，乃至其他众多金融市场的实践和统计来看，**3 浪是能量较低市场运行的形式，而 5 浪则是能量较高市场运动的形式。**所以，一般而言，在区间震荡市场中，**3 浪是一般形式，而在趋势市场中，5 浪则是一般形式。**

那么，我们如何在运动发生之前就可以知道市场的能量状态呢？这主要是从驱动因素入手分析，也就是从基本面分析入手进行。所以，通过基本面分析，我们可以知道市场的能量状态。知道了能量的状态，我们可以大致选择具有针对性的技术分析工具，同时匹配对应市况的交易方法。比如，在区间市场中，我们的方法就是高卖低买，而在趋势市场中，我们的方法则是相反的。

对于技术分析中这类比较深奥的理论和具体运用，请参看我们外汇交易中有关波浪理论的书《斐波那契高级交易法：外汇交易中的波浪理论与实践》。

三、技术体系

主流技术分析一直缺乏一个整合的体系，此前的分析架构一般是两个方面：形态分析和指标分析。形态分析主要包括三角形、双顶等，而指标分析主要是针对 MACD 等。

其实，总而言之，形态分析是价格分析，而指标分析则是价格的统计，是二次数据。所以，很多有经验的交易者一般将指标分析看作信号确认手段，而不是最早和最有效的交易信号。

除形态分析和指标分析外，成交量也是一个独立于价

加特力理论与艾略特波浪理论其实都属于波浪理论。

实践中，要完全达到理论能达到的高度和完美状态，几乎是不可能的。

裸 K 线这几年一度很流行，其实如果缺乏很好的分析框架，你也一样无从下手。势位态三个要素齐全，你才有很好的市场定位感，毕竟 K 线算得上是态的这部分要素。

格的分析方面，其他的独立分析因素包括多空情绪调查指数、持仓情况等，但成交量在外汇中并无真实，这主要是因为外汇交易的场外特性使交易量很难有效地进行统计，不过少数平台提供了交易量的数据可以作为参考。因此，在外汇市场上的主流技术分析主要是运用形态分析和指标分析两个工具。

在本书中，我们想重新根据自己的交易实践构建技术分析的体系。当然，很多基本的单元并没有变化，变化的只是对技术分析体系结构的看法以及由此带来的交易思路的变化。

技术分析其实包括空间分析和时间分析两个方面。现代的正字图理论和市场轮廓理论，以及历史更久的点数图理论都试图将时间因素剔除，从而过滤所谓的时间序列引起的噪声。其实，**短期汇率受到非常明显的时间因素影响，**前面介绍的三大市场的全球轮动是非常明显的一个证明。在实际交易中，也有很多外汇老手采用时间因素研判市场。

摘掉时间因素，我们对外汇市场的看法不可避免地将要窄化。

（一）空间分析

技术分析的空间分析包括要素和结构两个子方面。群体行为既有微观体现，也有宏观结构。所谓的微观体现，主要是蜡烛图的各种组合和诸如双底之类的西方技术分析形态。而宏观结构则是波浪理论和加特力理论提供的市场轮廓。根据我们对几个主要货币对小时图的长达一年多的统计，我们发现**相邻波段之间必定符合某一黄金比率，而这其实就是群体行为在空间上的结构。**

（二）时间分析

那么技术分析的时间分析又是如何的呢？技术分析的一般时间结构多少采用螺旋历法，同时也融入了江恩和中国节气的考量。但是，对于外汇市场而言，一直重复而且比较容易操作的时间周期是我们将要介绍的《公历月份中的季节周期》。同时，对于短线交易者，我们要非常熟悉日内主要交易时段的特点，这可以从前面的《三大外汇市场与时

间规律》中学习。这样，我们就将外汇交易中的时间分析具体为日内的和年内的了，前者按照三大市场划分，后者按照公历的月份划分。

四、代表人物

对于技术分析派，内地交易者们知道的名家基本上都是理论人士，而真正的实践巨擘，则很多不为国内交易者们所熟悉。这里我们就给大家介绍两个人物，一个是丹尼斯。他根据自己多年交易经验培养出来的海龟交易者纵横期货界数十年，据说世界排名前十的期货基金经理，他的学生就占了 6 个。另一个是琼斯，而琼斯大家可能更为陌生，其实他是索罗斯的好朋友，索罗斯的《金融炼金术》就是请他作的序言，大家可以翻阅中文版的这本书，从中可以看到琼斯对索罗斯的评价。当然，关于琼斯本人的生平，我们很难在国内媒体上看到。我们对这两个技术分析派的大师做简单的介绍。

斯坦利·克罗也算得上是技术交易派的真正大师，与理查德·丹尼斯一样，深受 J. L. 思路的影响。

（一）理查德·丹尼斯

技术分析派中的大师真正得到举世公认的很少，理查德·丹尼斯（Richard Dennis）是其中一位具有传奇色彩的人物。20 世纪 60 年代末，未满 20 岁的理查德·丹尼斯在期货交易所担任场内马甲，每周赚几十美元。几年后，他觉得时机成熟，准备亲自投入期货市场一试身手，于是从亲朋好友处借来 1600 美元。

毕竟他的资金太少，所以只能在合约量较小的芝加哥买了一个"美国中部交易所"的席位，花去 1200 美元，剩下的交易本金只有 400 美元。对绝大多数人来说，400 美元从事期货交易，根本就无法赚钱，一般连本金也保不住。然而，在理查德·丹尼斯追随趋势的交易原则下，就是这 400 美元，最终被他像变魔术奇迹般地变成了两亿多美元。用他父亲的话说："丹尼斯这四百元钱滚得不错。"

理查德·丹尼斯自己从事期货交易的时候还不满 21 岁，

趋势交易要暴利的命门在哪里？

所以不能在期货交易所进行买卖，他父亲替他站在里面叫价，他在外面下交易指令。就这样断断续续地交易了两年，赔的时候总是比赚的时候多。

他满 21 岁那一天，他父亲松了一口气说："儿子，你自己去做吧，这一行我可是一窍不通。"刚开始的时候还是赔多赚少，一月的工资还不够一个小时赔的。1970 年玉米闹虫害，他刚好做了玉米期货的多头，于是很快就将 400 美元滚成 3000 美元。他本来打算去读大学的，但只上了一周课便决定退学，专职做期货交易。

有一次交易期货，他一张单就赔了 300 多美元，心里觉得不服，反方向进了一张单，很快又赔了几百美元。他一咬牙又掉转方向再进一张，就这么来回一折腾，一天就赔掉 1/3 的本金。那一次赔钱教训很深刻，经历了大起大落以后，他学会了掌握节奏：赔钱不称心时，赶紧砍单离场，出去走走或是回家睡一觉，让自己休息一下，避免受情绪影响而作出另外一个错误决定，再也不因亏损而加单或急着捞本。

最困难的时候也是最有希望的时候。有时候赔了钱，最不愿再琢磨市场，而往往最好的做单机会就在此时悄悄溜过。只有抓住了应有的赚钱机会，把利润赚足，犯错误时才能够赔得起。

另外要学会选择最佳做单时机。理查德·丹尼斯大概估计过，他做单 95% 的利润来自 5% 的好单。错过好的机会会影响成绩，这正符合技术分析中常用的一句话"截短亏损，让利润奔腾"，过滤掉一些不该进场的单子则能提高收益率。

多年后，理查德·丹尼斯回忆那段时光时，觉得那笔学费交得很合算，他学到了很多东西。总的来说，**理查德·丹尼斯是一个趋势交易者，胜率很低，但是报酬率很高。**

趋势交易的特点是一般人无法接受的。

我们看看他技术成熟后的交易经历吧。在 1973 年的大豆期货的大升行情中，大豆价格突然冲破 4 美元大关，大部分盲目相信历史的市场人士认为机不可失，大豆将像

1972 年以前一样在 50 美分之间上落，在近年的最高位 410 美分附近齐齐放空。但理查德·丹尼斯按照追随趋势的交易原则，顺势买入，大豆升势一如升空火箭，曾连续十天涨停板，价格暴升三倍，在短短的四五个月的时间内，攀上 1297 美分的高峰，理查德·丹尼斯赚取了足够的钱，并迁移到更大的舞台——芝加哥商品期货交易所。

理查德·丹尼斯成功的关键在于及时总结经验教训并在此后的实践中加以检验。他基本上属于无师自通，**所有的经验和知识都是在实践中从市场学来的**。一般人赚了钱后欣喜若狂，赔了钱后心灰意冷，很少用心去想为什么赚，为什么赔。而理查德·丹尼斯在赔钱后总是认真反思，找出错误所在，争取下次不再犯。

日志是真正的老师。

俗语说得好，人不能犯同样的错误三次。**赚钱时则冷静思考对在哪里，同样的方法如何用到今后的市场操作上。这样日积月累下来，自然形成自己一套独特的交易方法。**

书本只是启发你思考和变异，实践才能知道什么有效、什么无效。

成功之后的他为了证明交易才能是后天培养的，亲自培训了二十几个徒弟，这些学生后来成为美国期货市场的"海龟交易员"，管理的资金达数十亿美元。理查德·丹尼斯的这套方法就是海龟交易法则，其中的具体做法对于今天的金融市场可能有些不适应了，但其中体现的原则确实是永远的交易圭臬，归来起来主要是三点：

交易更多是一种训练养成的能力，而非天赋。

（1）追随趋势；

（2）反市场心理；

（3）风险控制。

理查·丹尼斯与他的朋友威廉·厄克哈德两人在期货交易方面配合得可谓天衣无缝，一同创下美国期货史上少有的佳绩，但他们在人生哲学方面却有很大差异。理查德·丹尼斯高中毕业后一直做期货,是在实践中历练出来的。

威廉·厄克哈德却是科班出身，他们经常争执不休的问题是："究竟一个成功的交易员是天生的还是练出来的?"理查德·丹尼斯认为是可以培养的，威廉·厄克哈德则认为更多的是靠天分，两人谁也说服不了谁，干脆打赌验证。为此，他们在1983年底和1984年初《华尔街日报》上登寻人广告，寻找一些愿意接受训练成为期货交易者的人。工作条件是：交易者必须搬到芝加哥，接受微薄的底薪，如果交易赚钱可以有20%的分红。慕名前来的应聘者有上千人，他们从中挑选了80人到芝加哥面试，最后选定23人从事此项训练计划，这23人的背景、学识、爱好、性格各不相同，具有广泛的代表性。

理查德·丹尼斯花了两周时间培训，毫无保留地教授他们期货交易的基本概念，以及他自己的交易方法和原则。**他教导学生追求趋势，先分析决定市场是多头还是空头，进场交易时必须做好资金管理，适当控制买卖单量，并选择时机获利出场。**当时，理查德·丹尼斯在亚洲参观一家水产养殖场时发现该场繁殖乌龟很有一套，回来后一时兴起称他的徒儿们为"龟仔"。

如何追随趋势？趋势如何分析？势位态三者中，势为什么放在首位？

课程结束后，理查德·丹尼斯给每人一个10万美元的账户进行实战练习。这些"龟儿"还真争气，在4年的训练课程中，23名学生有3人退出，其余20人都有上乘表现，平均每年收益率在100%左右。而他付给这些学生20%的分红就达3000万~3500万美元，其中最成功的一名学生，4年下来替理查德·丹尼斯赚了3150万美元。

即使有丹尼斯这样的大师手把手来教，训练课程也持续了4年之久，交易之路不易啊。

名声传出去后许多大基金会纷纷出高薪来挖人，如今大部分"龟仔"要么被挖走，要么拉出去单干，手头都控制着上亿美元，成为期货市场的一支生力军。"乌龟帮"的名声也越叫越响。结果证实丹尼斯的观点是正确的：**成功的交易者是可以通过训练与学习而得的，这无关乎聪明才智，全在于交易者的方法、原则。**他在培训中传授的这套方法后来被称为"海龟交易法"，而这些徒弟也被称为"海龟交易员"。直到今天你也可以听见"海龟交易"这类的书名。

（二）保罗·琼斯

丹尼斯的交易方法倾向于抓住趋势的中间段，而琼斯

的方法则是力图抓住趋势的两端。两者的方法看起来很对立，其实内在思想是一致的。**两个人都致力于在良好的风险报酬比结构处进场，也就是寻找关键的阻力支撑位置。**只不过丹尼斯是在市场趋势形成后利用突破进场，而琼斯则是在市场转折时进场。

势位态的第二个要素就是"位"。

两者都将止损放置在阻力和支撑的另外一侧，这虽然不会大幅度提高胜率，但亏损金额和盈利金额的比却十分理想。在技术分析和风险控制中，我们还会谈到这些，我们还是转入正题谈谈琼斯的成长经历吧。

1987年10月，全球绝大部分投资者都损失惨重。与此同时，保罗·琼斯掌管的都铎基金却获得62%的收益。琼斯的出色表现并非偶然，他曾经连续五年保持三位数的增长。1992年底欧洲货币体系发生危机，琼斯数月内在外汇市场赢利十几亿美元。琼斯从做经纪人起家，第二年就赚了100多万美元的佣金。

琼斯此役大肆接受媒体采访，声名鹊起。

1980年琼斯到纽约棉花交易所当现场交易员，几年之内赚了上千万美元。1984年琼斯离开交易所，创立了闻名遐迩的都铎基金。这个基金从150万美元做起，到1992年底都铎基金总额已增长到60亿美元。如果不是琼斯于1987年底停止接受新投资并开始分发利润，那么60亿美元是绝对不止。

但是，绝非外界认为的那样——琼斯的交易生涯一帆风顺。1979年他逞一时之勇，一次仓位过重，结果连遇跌停板，等平单出场时资金损失达2/3。他懊丧至极，对自己几乎完全丧失信心，差一点改行。从那以后他开始学会控制风险，严格止损。

趋势交易三大忌讳：逆势、重仓、不止损。

琼斯认为每天都是新的起点，以前的大手笔已经成为过去，当下的交易需要从零开始。**他规定自己每个月的亏损最多不能超过10%。**交易顺利的时候，琼斯可以连续十几个月不亏钱。三位数的年增长率对他来说是司空见惯的。**由于风险控制严格，琼斯的基金在分析判断失误的情况下**

仍能继续交易而不清盘。

1992 年初，琼斯认为美国降息已到尽头，欧洲利息将下降，欧美息差的缩小将扭转美元颓势。于是，都铎基金进场买进大量美元。刚开始还比较顺利，美元果然如预料的一样走强了几百点。但不久美国经济不振的消息频传，美元对欧系货币大幅下跌，直至创历史最低价位。琼斯在发觉大势不对后及时停损出场，避免了更大的损失。他同时耐心等待时机，追回损失。

该年末，欧洲货币体系发生危机，英镑、意大利里拉等货币大跌，琼斯及时进场做空欧系货币，一月之内狂赚了十几亿美元。

琼斯认为，做单最重要的是防守而不是进攻。他每天都**假设自己进的每一张单都是错的，事先设好停损**，这样他对最终亏损多少在交易开始时就心里有数。琼斯奉劝所有交易员不要逞强，更不能自负。要不停地怀疑你自己，怀疑你的能力，永远不要自以为了不起。你一飘飘然就完蛋。这并不是说对自己毫无信心，信心一定要有，但适可而止。琼斯自言他对这行是越干越怕，因为他知道要保持成绩有多难。每次大输往往都是在连续做了些漂亮单后自我感觉良好之际。

琼斯的做单策略与众不同。他不愿意"随大溜"，很少追势，总喜欢在转势之际赚钱。他自认为是最大的机会主义者。一旦他发现这种转势交易的机会便进场兜底或抛顶。**错了马上就砍单，然后再试，往往是试了几次以后开始赚大钱。**

市场上很多人认为一味找底或顶很危险，要赚钱最好抓势的中段。琼斯十多年来却成功地抓住了不少顶和底。琼斯的理论是，跟势的人要在中段赚钱，止损单就应设得很远，一旦被迫砍单，损失就很大。再说市场只有 15% 情况下才有势，其他时间都是横走。所以他比较喜欢做两端。但是，大家需要注意的一点是，虽然琼斯的胜率不高，但

他的亏损都控制得很好，这跟丹尼斯是一样的，两人在交易时段上选择确是相反的，一个是抓起始进场，一个是抓中间段进场。

琼斯认为外汇市场是任何机构都操纵不了的。一般的外汇交易者有种错觉，以为某些大金融机构能控制市场价格的变化。琼斯说，这些机构可以进场控制一两天的走势，甚至一个星期的走势，特别是如果时机正确，他进场后加加油，可能造成某种假象。但他一停买，市场价格就会掉下来，除非市场本身就很强劲。他打了个生动的比方：**你可以在冰天雪地的阿拉斯加开一家最漂亮的夏装店，但没人买，你总归要破产。**

> 中长期趋势，机构确实不能控制。日内的话，机构和央行还是掀起波浪的。

琼斯在外汇交易中还比较注意听取其他交易者的意见，特别是战绩较佳的同行。如果自己意见和他们一致，他就多做一点。如果有很大分歧，他就观望。本来他看好某一种货币想买进，但得知某位高手在抛出时，他就耐心等待。

很多国内的所谓理论派大师，以偏激的统计学推论认为波浪理论毫无价值，其实根据我们多年的英镑交易经验，波浪无处不在，黄金分割率无处不在。琼斯在具体的分析手段方面最推崇艾略特波浪理论。他认为自己的成功很大一部分应归功于这一周期理论。艾略特波浪理论是凭借黄金分割法推算市场涨跌周期的一种分析方法，在股票和外汇市场广为采用。琼斯认为外汇市场也不例外。他说："艾略特波浪理论吃透后，可以帮你找到很多低风险高收益的进单机会。"

> 波浪理论要吃透比较难。能落实于操作更难！

第二节　技术分析的结构

在本书中，我们根据自己从事外汇和黄金交易的心得将技术分析体系进行了重构。技术分析分为空间和时间分

析两个维度，并且把空间分析细化为空间要素分析和空间结构分析两个部分。对于初学者而言，我们认为支撑阻力位置的确认是第一重要的，然后是时间分析，特别是日内市场的时间规律。支撑阻力位置非常有效的确认方法如下：

第一，前期成交密集区的水平延伸带；

第二，前期顶部和顶部的水平延伸带；

第三，关键的黄金比率分割位置，如 0.618 等；

第四，尾数为 50 和 00 的整数关口，如 1.2050、0.8700 等；

第五，关键移动均线组。

技术分析的要点在于提供关键的支撑阻力位置，从而为交易提供一个风险报酬比理想的交易机会，因为关键的支撑阻力可以提高胜率，并且容易放置止损从而限制了风险水平。很多新手重视方向胜过位置，同时重视进场而忽略出场，所以最终的交易成绩一定是不理想的。

找到关键的位置可以帮助我们确定良好的进入和退出风险报酬结构，而这是交易中唯一能够控制的因素，方向最终取决于市场。新手往往在不能控制的因素上花费精力，所以他们经常花费了很大的功夫而无所得。

再举一例，新手往往在提高胜率上花大功夫，其实提高胜率是一项费力不讨好的事情，提高报酬率却能做得很容易。如果问**做交易的最高秘诀是什么？只有四个字"进出加减"**，市场的方向倒是无所谓的东西，但绝大多数人的注意力始终在方向上。**就纯技术派而言，新手和高手在预判方向上没有任何大的差别。**但新手没有进场和出场的路线图，只是认为方向对了就能赚钱，其实进场和出场搭配好了，才能赚钱。

市场方向根本上不过上下而已，恰若阴阳，但阴阳之变不可胜数，一阴一阳谓之道，道生一，一生三，三生万物。市场涨跌同样也能演变出不可穷尽的情形，而我们所有的基本分析和技术分析，科学地讲不过是概率武器，在市场混沌涡流中作用十分有限，明显存在"瓶颈"。**通过技

术分析市场方向的能力的学习曲线是斜率递减的，所以我们花的时间越多，边际收益越是下降，并且边际收益趋向0。而判断进场出场位置的学习曲线斜率是递增的，逐渐趋向正无穷。

我们不能判断方向，但位置是我们能够判断的，所以与其在一个边际收益递减的方向努力，不如在一个边际收益递增的方向用功。如果认为懂得了我说的位置和方向的区别，那说明你还是没有听懂。

技术分析的所有精华不在于判断方向，而在于给出关键的位置，如果你努力提高技术分析判断方向的技艺，基本上已经误入歧途了。因为你走了高投入、低产出路子。找出位置，才是技术分析的能力范围。技术分析流派，从江恩理论到艾略特理论，加特力理论到混沌交易法；从螺旋历法、行为金融学到金融几何学到金融易学，最后你发觉在面对市场上下的 50% 判断时作用确实不大，如果不认真思考这一点，大家再学再做三十年交易也不过尔尔。不信的话，拭目以待。

交易的最高机密也就这些，说出来也只有你真正到了这步才能深刻体会到其中的意义，所以我们不怕讲出来。因为注定大部分人都不会当回事，这很正常。所有的交易书里面如果没有出现类似的话，只证明书层次较低或者作者有所保留。

另外，我们需要郑重告诫大家的是：由于态度不能直接控制，所以我们从行为入手控制交易结果，阻断错误心态对交易结果的影响。下面的摘录文字正是表明了这种思路：

思想是流动性的不可数的，但资金却是固定的可数的，虚缈思想是不可操控的但殷实的资金却是可控可数和可限制的。这就决定了我们只能以掌控资金来控制行情及思想风险的根本属性。但现实却恰恰相反，几乎所有的人都十分重视技术指标的分析而根本没有资金管理的强硬态度，这也正是大多数投资者亏损的根本原因。

学习效用最大化如何做到？

技术可以确认方向和趋势，这是滞后的，但是通过纯技术手段来预判方向和趋势，往往是自欺欺人的"马后炮"。

我们在市场上无奈的时候太多而我们唯一能做的就是控制我们的亏损。**"止损"是市场授给我们的主动权。**

我们要告诉大家的最后一个真相是，即使在成功的短线交易中，风险也是远远小于报酬的，也就是平均亏损是小于平均盈利的，最大单笔亏损不会超过平均盈利。国内一个很著名的权证高手曾经在一年半之内翻了几百倍，他的助手将其明细账目传给了我们，我们分析后发现即使是短短几十秒的交易也存在很好的风险控制，亏损次数和盈利次数不相上下，但亏损的数目都远小于平均盈利水平，即使有一两笔超过这一水平也不会高出太多。

说了这么多有关技术分析目的和交易关键所在的话，我们用图4-1勾勒整个外汇技术分析的体系。

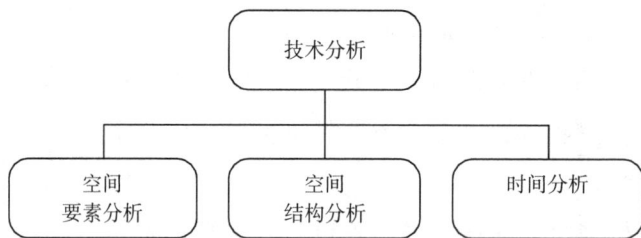

图4-1　技术分析结构

第三节　技术分析之空间要素分析

从这章开始我们就要深入学习技术分析的各个部分了，首先我们从技术分析的最微观部分开始，这就是技术分析的空间要素分析。**空间要素分析主要包括三个部分：势，位，态。**

所谓的势就是趋势和方向，这个主要通过趋势线和趋势类指标解决；而所谓的位就是位置，通过一些动量指标和支撑阻力线我们可以找到这些位置；而态则是趋势和位

执简驭繁，方为高手！

置的具体组成部分，比如一些蜡烛图组合和西方技术分析的形态等。

趋势是任何技术分析的第一个对象，而位置则是第二个分析对象，也是经常被新手忽略的对象。位置涉及的是风险报酬比结构，这对于交易而言比方向更为重要，而且方向比位置更能判断，良好的进场位置好过于一个自以为是的方向预测。**大致确认方向，并找到准备的进场位置之后，通过特定的蜡烛图线态和西方技术形态可以确认这些进场位置的有效性。**

所以，**势位态是技术分析的空间要素分析的三个关键，三者紧密相连，任何交易的形成必须集合三者的确认。**这也是我们多年外汇交易的经验所在。

一、位［动量分析］

位的分析包括两个部分：一是支撑阻力线的确认，这个与趋势分析有点重合，所以我们就放在趋势一节了，不过这里需要告诉大家的是，支撑阻力线是位置分析中最为重要的部分；二是下面即将展开的动量分析，也就是通过指标确认恰当的进场位置。

（一）常用的动量指标：

（1）RSI；

（2）KD；

（3）KDJ；

（4）DEMARK；

（5）STOCH；

（6）MACD。

常用的动量指标就是上面这些，**所有动量指标的用法一般都不超过三个范畴：交叉、背离和区间。**当然，如果将主图的指标包括进来，那么所有指标的用法不外乎四种：交叉、背离、区间和适离。我们这里站在动量的使用角度只介绍前面三个范畴，也就是交叉、背离和区间。

均线和动量指标结合可以寻找到极佳的交易机会，你知道怎么结合吗？其实并不难，开动你的脑筋。

背离最近几年在交易界非常流行，不过任何指标其实都没有那么神奇。技术分析的圣杯在技术分析之外。你领悟了这句话，体悟了这句话，就不会迷失在技术分析的条条框框当中了。

本章最精华的部分就在本段了。

通过这三种信号，我们可以找到向上或者向下趋势中的潜在进场位置。记住**动量指标的主要目的是寻找进场位置，而不是方向**。很多初学者习惯于用相对强弱之类的动量指标抓顶兜底，这是错误的。**动量指标的最大作用在于提供既定趋势中的进场信号，它并不能单独作为趋势信号，但能作为进场信号。**

我们通过移动平均线，或者直边趋势线找到方向后，**通过动量指标和阻力支撑线提供的信号寻找潜在的进场位置，在找到离目前价格最近的位置后利用蜡烛线和西方技术图形提供的信号确认这一位置的有效性。这样，势位态就统一起来了。**

下面我们结合上述常用的动量指标，讲解动量指标的三种用法。大家要注意的是，虽然动量指标有上万种，但是基本上都是这三种用法，大家可以万法归宗，举一推三。至于各个指标的常用解释和计算公式，大家可以参考市面上任意一本书，没有必要重复这些凑字数的东西。

（二）动量分析的三要素

1. 交叉：金叉　死叉

交叉包括两种类型，每种类型下都有金叉和死叉两种情况，金叉是多头进场位置，死叉是空头进场位置。交叉的两种类型：第一种称为长短期信号线穿越类型；第二种称为中线穿越类型。

如果短期信号线向上穿越长期信号线，则称为金叉，这个指标信号对应的价格线是做多进场的潜在位置；如果短期信号线向下穿越长期信号线，则称为死叉，这个指标信号对应的价格线是做空的潜在位置。**至于这个位置是否有效，关键要看趋势是否一致，另外还要看该信号对应的价格线附近是否有相应的蜡烛线。**

举例而言，**如果我们根据均线确认了目前处在上涨趋势中，而此时出现一个金叉信号，同时该金叉信号对应着一个蜡烛图看涨组合。这时，势、位、态三者就具备了，**

可以就此位置和时机进场做多。

对应中线穿越类型的交叉，一般这样来区分：如果信号线向上穿越指标值的中线则为金叉；如果信号线向下穿越指标值的中线则为死叉。下面我们列举一些指标的交叉情况（见图 4-2~图 4-5），大家可以在 MT4 中亲自尝试其他的动量指标的用法。下面的图片都是由我们团队的实习生负责收集和制作的。

关于 MT4 的用法大家可以参考我们的另外一本书《黄金高胜算交易》。

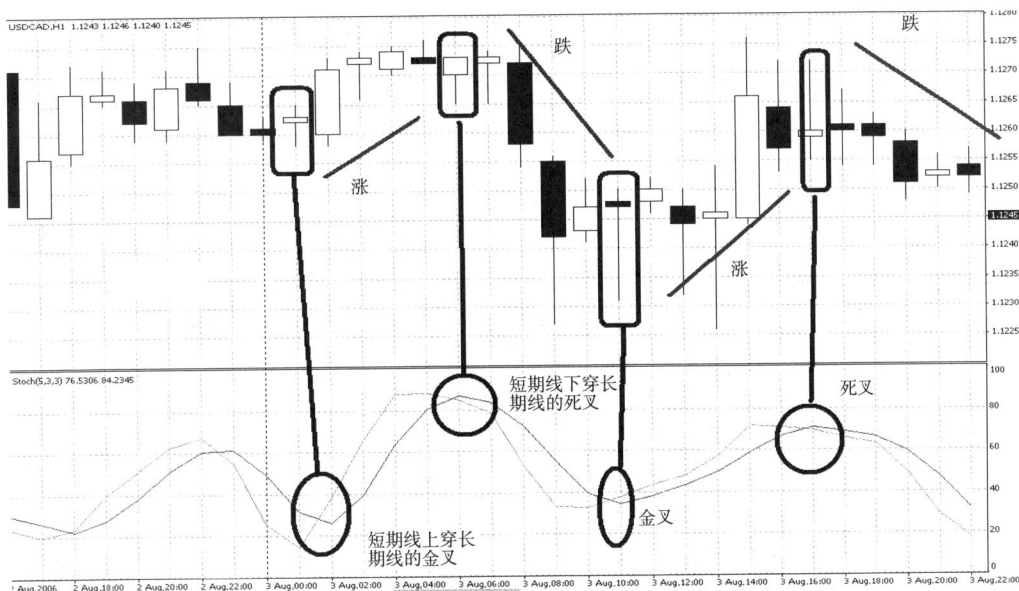

图 4-2　STOCH 中的长短期穿越类型的交叉［长短穿越型金叉和死叉］

2. 背离：顶背离　底背离

关于背离，从最广泛的意义来讲有三种：

第一种是价格和指标的背离，比如价格和成交量的背离，价格上升而成交量下降，这意味着行情反转的可能性。当然价格和动量指标的背离是我们这里讨论的主题，对于这个问题的基本知识大家可以参看《外汇交易进阶》（第 4 版）这本书。

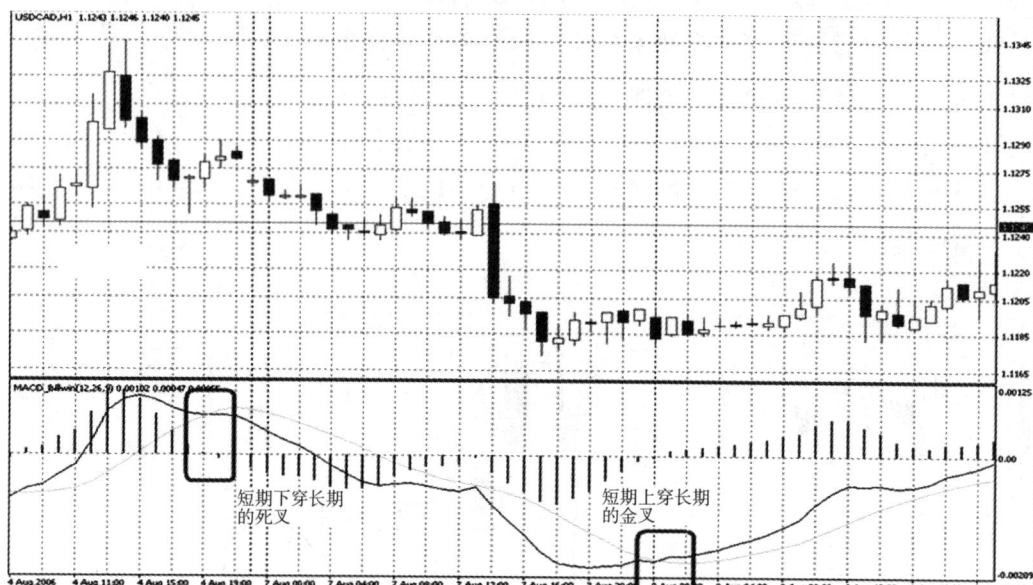

图4-3　MACD中的长短期穿越类型的交叉［长短穿越型金叉和死叉］

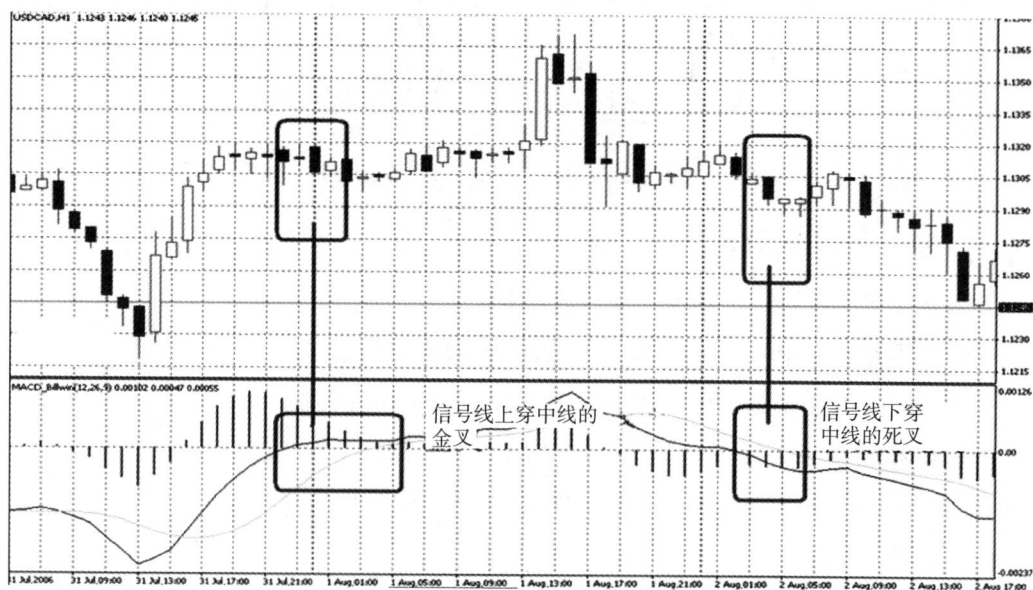

图4-4　MACD中的中线穿越类型的交叉［中线穿越类型］

图 4-5　**STOCH** 中的中线穿越类型的交叉 ［中线穿越类型］

　　第二种是品种和市场之间的背离，比如道琼斯理论强调两个指数之间要一同上升才能确认股市的上涨。如果只有一个上涨另外一个出现下跌就是背离，意味着上涨行情可能反转。举个外汇市场中的简单例子就是非美货币之间，特别是欧系货币出现杂乱走势一般要注意是不是美元要转变方向了。

　　第三种是技术面和基本面的背离，比如利空不断，价格却不跌反涨，这种背离确认了真正的趋势，那就是价格上涨。

　　除了第三种比较特殊的背离，**所有背离都是某种转变的前兆，也就是某个边界出现了，**这也是位置，也就是一种进场的具体位置。下面我们具体谈谈第一种背离，也就是价格和动量之间的背离。价格和指标的背离，是很大的一个课题，一位前辈曾经说，他一共研究出 36 种背离，其实变化再多，核心的思想都是一样的。

　　价格和动量的背离简单来说是价格和指标之间产生了不同的走势。价格创出新高，而指标却在下降，或者是价格下降，而指标却在上升。总而言之，因为某些因素，造

背离未必有效，背离也不是神奇的形态，国内现在有一股"把背离说得神乎其神"的风气。本质上迎合了大家寻求"一招打遍天下"的简单愿望。

成了指标没法和价格形成同步。那么什么造成了这样的情况呢？

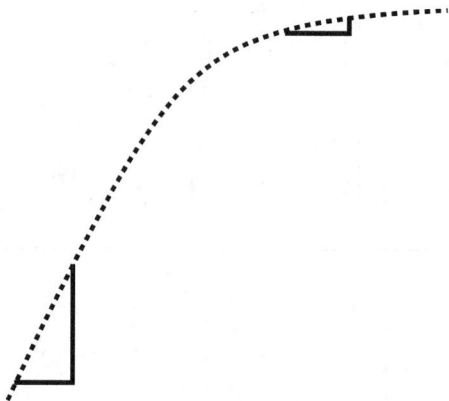

图 4-6　加速度的衰竭

其实，动量指标经常是价格运动的加速度指示，在混沌交易法中，比尔·威廉姆就是运用他的动量指标作为价格的加速度指标，从而提前发现趋势的可能变化。图 4-6 体现了价格运动的减速：虽然价格还在上涨，但是速率或者说加速度开始放缓了，力度不如过去了。

如果不看指标，只看图形，我们所要找的是趋势，而指标则给了我们除趋势外价格之后的核心，那就是加速度。从图 4-6 我们也可以看出，加速度的放缓并不表示趋势会立即停下来。就像人在跑步中，被绊了一下，他肯定要跟跟跄跄很多下，才会最后摔倒。所以，提醒大家，**背离不能代表趋势会立即停止，它只是一个现象，一个提示和一个信号：趋时放缓，有可能会停止。而这个信号给了我们一个潜在的进场位置和时机，但还需要蜡烛图和西方形态的确认。**

确认背离能够选择的指标越来越多了，但其实这些指标所运用的原始资料无非也就是最高点、最低点、开盘价和收盘价，然后用数学，加上不同的时间周期平均值等而炮制出来的，在细节上有所不同，但核心都是差不多的。

在外汇实际交易中确认背离采用得比较多的动量指标

还是 MACD，用的就是原始的数值设置。当然数值可以优化，比如混沌操作这本书里所提到 5、5、34 等，可以按照自己的习惯选择。以前不少人推荐 RSI，当然我不是说 RSI 就不行，不过我自己基本上不用。安德烈·伯施知道吧，1987 年世界期权比赛冠军。据他说，造出 RSI 的人是他的徒弟，RSI 是在他的办公室里弄出来的。在这个指标出来没多久，就连创始人自己都觉得不怎么样，就不用了，不知道怎么的，却被推广得很厉害，所以他对 RSI 是比较嗤之以鼻的，他比较推崇 MACD。他的交易有一个特点，他看的周期并不是我们所看的，他所看的是以 500 个 tick，也就是价格每 500 次波动作为一根 K 线，这样去除了很多在亚洲市场无聊行情对整体格局带来的不利影响。由于 RSI 灵敏性太高，所以它的可靠性就比较低。有时候，行情的力度还是很强的，但因为指标的限制，所以只能掉头了，其实这也是背离产生的原因之一。

每一个指标都有一段让它跌下圣坛的故事。

现在我们来讲讲背离的具体类型，**在外汇交易中有不少交易者单单使用小时图上的背离就可以获得不少的赚钱机会**。在这些类型的交易分析中听得比较多是顶背离、底背离等。这个也就没必要展开了，主要的基本上是价格创新高（低），指标不创新高（低）。价格与前期的高（低）走平，而指标却下跌（上升）。具体的这类基础知识大家参看《外汇交易进阶》（第 4 版）。

有些比较特殊的情况，价格没有创出新高，而指标却创出了新高（见图 4-8），在这样的情况下，就要特别小心之后所产生的行情。

艾略特波浪理论和背离有着非常紧密的结合。如果从实际操作分析的角度来说主要是以下几点：

（1）1 浪与 3 浪很少出现背离。1 浪是定方向的，**3 浪是主升的推动浪，3 浪是群体行为的集聚爆发，在力度上应该是非常强的**，所以 1、3 浪之间不太应该产生背离。

（2）3 浪 5 与 3 浪 3 很有机会产生背离。3 浪 3 是主推

关于波浪理论在外汇市场的运用请参看下一节以及我们丛书中的《斐波那契高级交易法：外汇交易中的波浪理论与实践》。

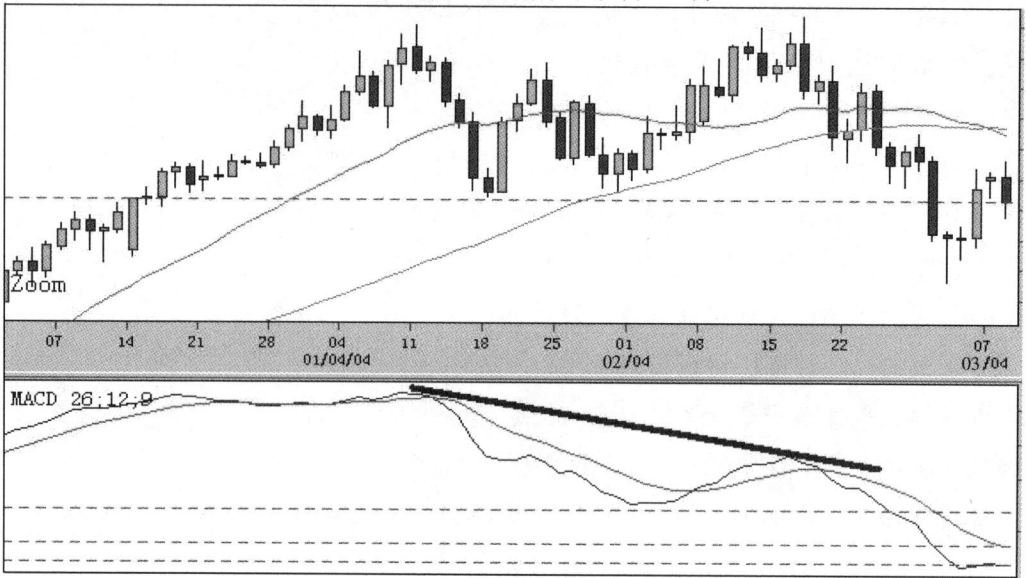

图 4-7　一般顶背离

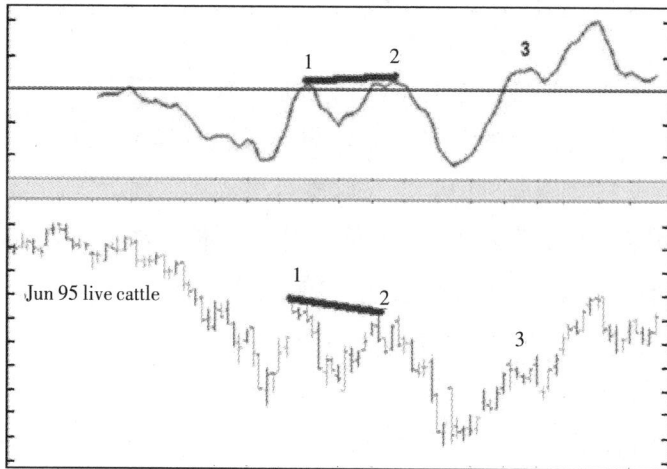

图 4-8　特殊背离（具体解释参看《外汇交易进阶》）

浪，3 浪 5 在创出高点的同时，其实已经在为 4 浪的出货做准备了，力度上一定有所减缓，所以产生背离的机会比较大。

（3）同样地，**3 浪与 5 浪产生背离的概率就更大了**，3 浪是由带动 1 浪的资金来推动的，而 5 浪是由在 4 浪之后新进的推动盘，5 浪主要的作用就是让推动 1 浪的主力资金完全出货，并且骗取跟风盘。力度应该是 1 浪、3 浪、

3 浪和 5 浪产生背离的可能性较大。

5 浪中比较弱的一个。

（4）4 浪中很有可能产生背离。无论是 5 浪形式还是 ABC 形势，3 浪、5 浪，或者是 AC 都很可能产生背离。4 浪的主要目的是主力资金的平仓，以及诱使一些资金认为趋势已经结束。4 浪的幅度不能太深，因为太深了，5 浪的新高就不一定撑得起来了，最后的那一次假杀，力度其实不会很强，很容易引起背离。

从时间的角度上说，时间周期越长的周期上产生的背离可信度越高。我们现在观察的周期中，月线背离的可信度最高，也就是说，在月线上产生背离之后，趋势逆转的可能性最大。

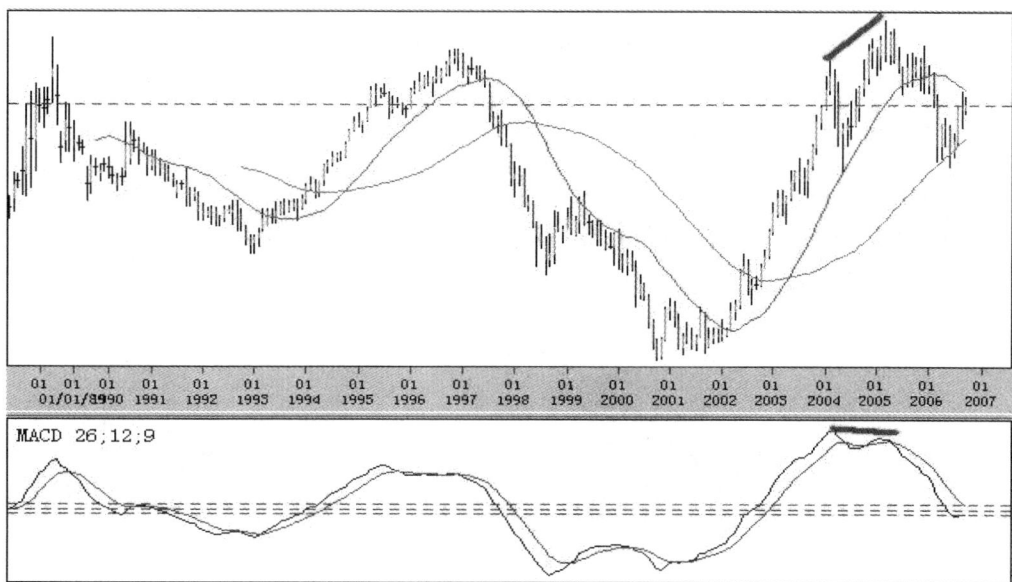

图 4-9 背离的级别与可信度（一）

如果日线上出现了同级别背离，在更小的周期上，主要是 4 小时上，同时存在跨级别背离的，那么趋势逆转的可能性比较大。

对于行情级别的认定有很多种，可以以该段行情的主要支撑均线作为是否仍旧处在同一级别行情判断，也可以用重要的分形作为参照的标准。**周期越小有机会产生背离，**

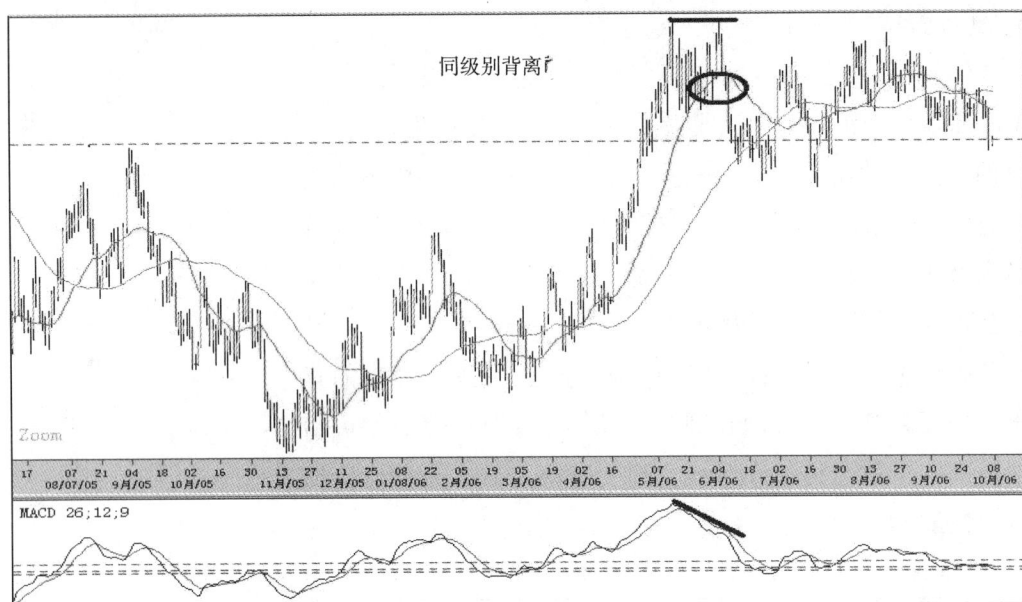

图 4-10　背离的级别与可信度（二）

所以其可靠性也就越低。所以，如果可以将不同时间框架的情况同时参考的话，那么背离的可信性就会提高。从图 4-11 中，我们也可以看出，欧元在上升的过程中，同级别连续的背离，在这个时候判断行情已经结束的话，那就为之过早了。

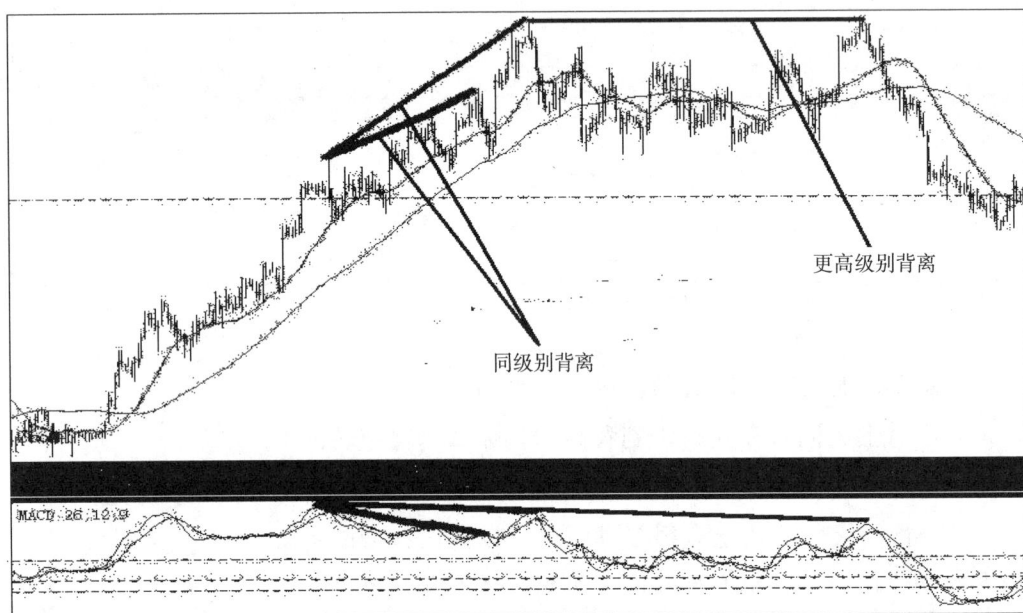

图 4-11　背离的级别与可信度（三）

这里我们还是提一下前面给出的第三类背离。除了价格与指标的背离，还有一样很重要的背离，就是数据与数据公布之后市场反应的背离。一个利好美元的数据，却使美元下跌，这样的情况下，我们就应该挖掘出市场的气氛。就像非农，市场在找所有可能的机会去做多美元，虽然数据不好，所以短线的交易方向也就可以确定。

下面给出一些常用动量指标的背离实例（见图4-12~图4-18），大家可以在 MT4 软件上推而广之。

利好不涨反跌，往往意味着利好兑现，至少短期利好兑现，要么调整、要么反转。利空不跌反涨，通常意味着利空兑现，要么反弹、要么反转。

涨

底背离

图 4-12 MACD 中的底背离

3. 区间：超买、超卖

很多指标的值域都被分为三份，最上面区域通常被称为"超买区间"，最下面区间通常被称为"超卖区间"。**在较大的时间结构上，比如周线图和月线图上，指标的信号线进入这些区间可以充当趋势转变的信号，但正确的用法应该是利用这些指标区域发出的信号找到进场位置，而不是用于趋势分析。**在动量指标的三种用法中，区间这种用法最为简单，它也可以提供清晰的进场位置。

很多新手都会利用超买和超卖去寻找市场的方向转变，

上升趋势中，超卖最有价值；下跌趋势中，超买最有价值。

图 4-13　MACD 中的顶背离

图 4-14　STOCH 中的底背离

图 4-15　STOCH 中的顶背离（一）

图 4-16　STOCH 中的顶背离（二）

顶背离

图 4-17　STOCH 中的顶背离（三）

顶背离

图 4-18　STOCH 中的顶背离（四）

就像下面这几幅图一样（见图 4-19～图 4-21），下面这些图是我们实习生做出的，他脑子里存在的是标准教科书上说的"超卖和超买的概念"，也就是利用超卖进场做多和利用超买进场做空。这是一种诱惑人的错误观念和操作手法。

图 4-19　RSI 中的超买区间

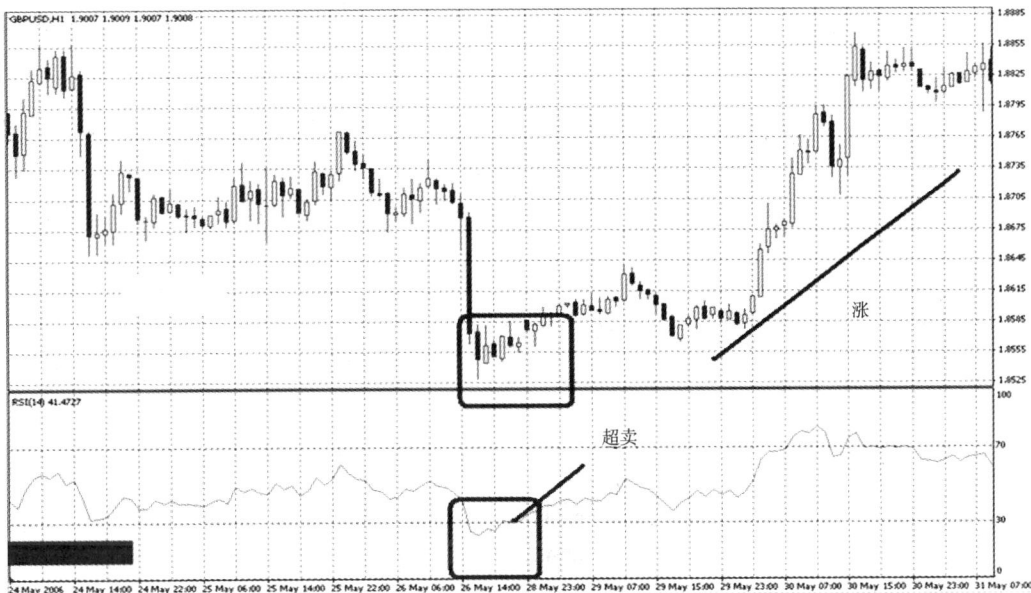

图 4-20　RSI 中的超卖区间

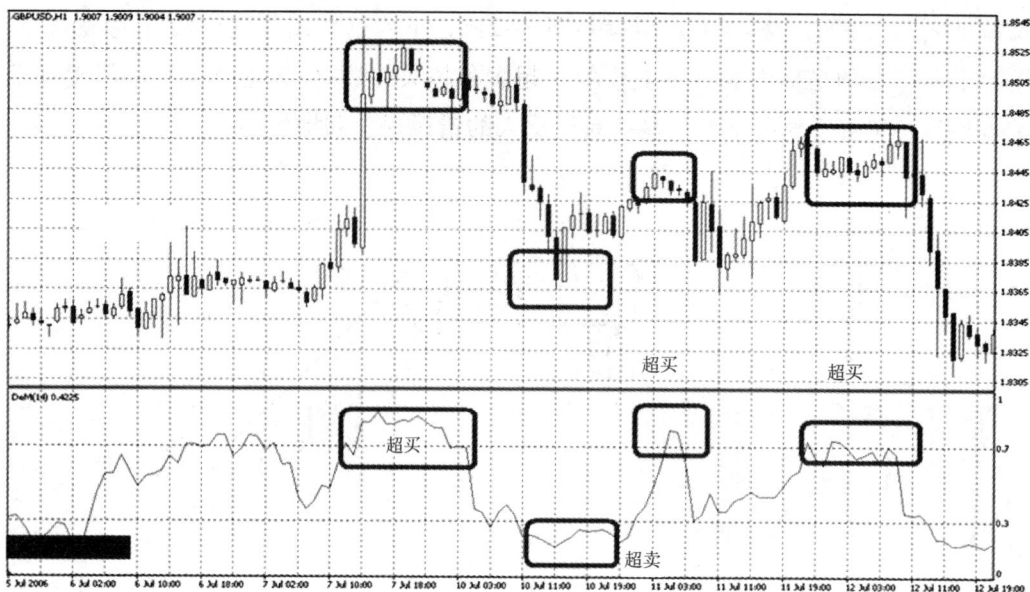

图 4-21　DEMARK 中的区间［超买和超卖］

上述应用超卖和超买信号寻找的转折，在震荡市场中这样做常常有效，在趋势市场中偶尔也能歪打正着，但是在绝大多数的趋势市场中，这样做无疑自杀。**在上升趋势中，超买往往是继续上升的标志而不是下跌开始的标志，同样在下降趋势中，超卖往往是继续下跌的标志而不是上涨开始的标志。**

超卖信号的真实意义是在上涨趋势中给你一个潜在的进场做多位置和时机，超买信号的真实意义是在下跌趋势中给你一个潜在的进场做空位置和时机。如图 4-22~图 4-25 所示。

二、态［线态和形态］

讲完了位置的重要判断方法之一：动量指标，现在我们来讲讲确认位置和趋势的主要手段，这就是态。**态包括线态和形态两个部分。**线态就是蜡烛图中的各种类型，而形态则是西方技术分析中的东西，如三角形和圆弧顶等。

我们先从线态讲起，讲完线态之后将动量指标和形态

指标钝化是趋势行情的常态。

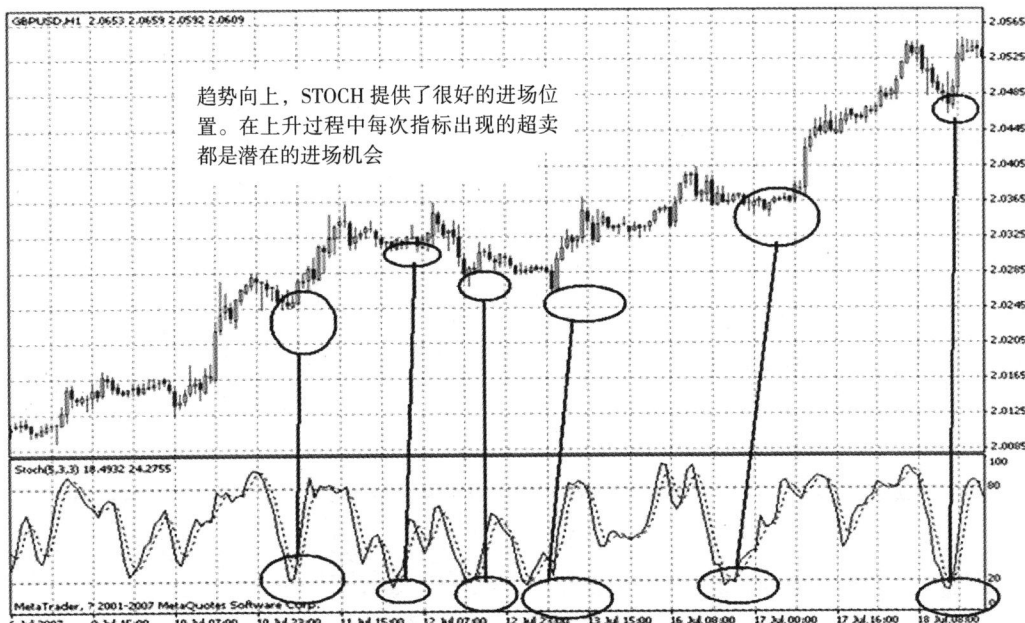

图 4-22 上升趋势中 STOCH 标注的买进位置

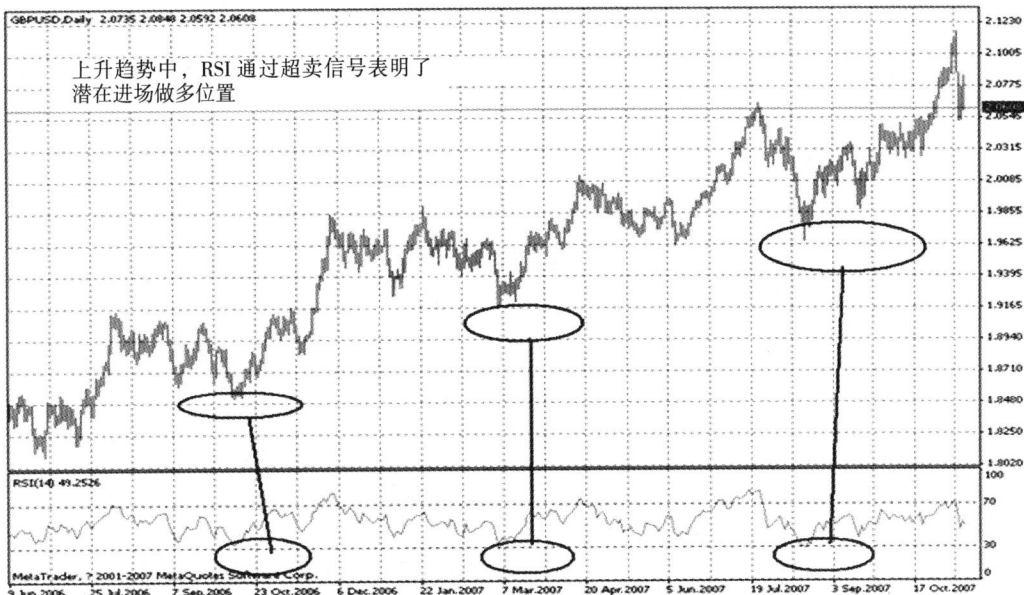

图 4-23 上升趋势中 RSI 标注的买进位置

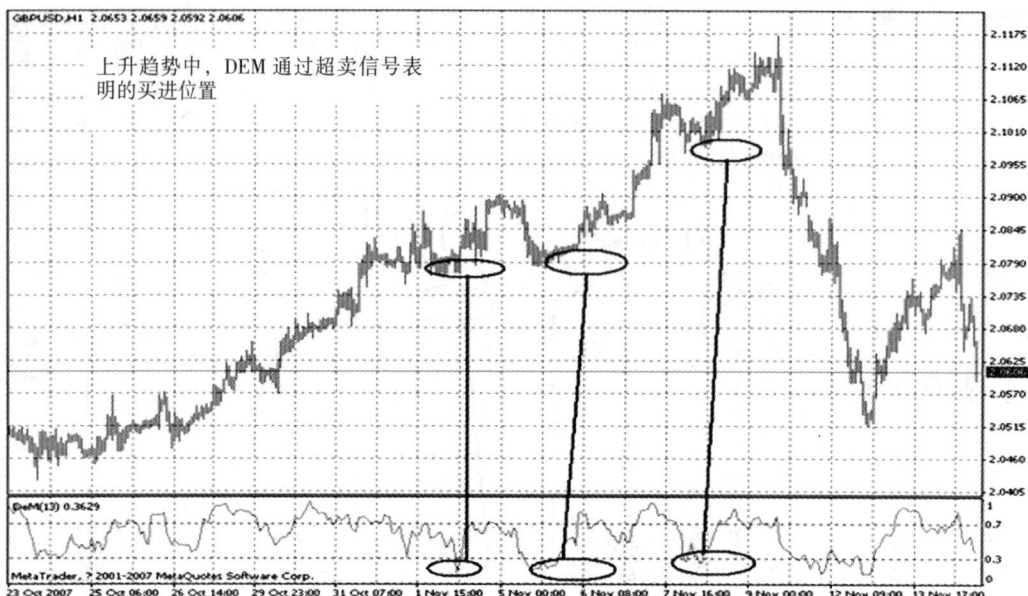

图 4-24　上升趋势中 DEM 标注的买进位置

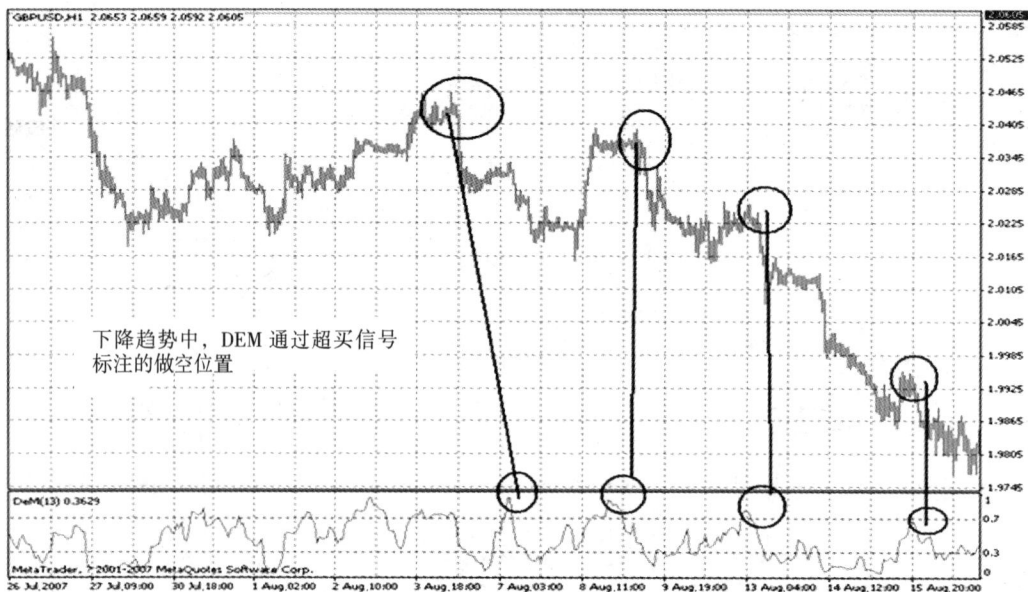

图 4-25　下降趋势中 DEM 标注的做空位置

结合起来讲，最后传授主要形态的交易技巧。

（一）蜡烛图基础

在讲线态之前，我们首先给大家讲一些关于蜡烛图的基础知识，有了这些前置课程，我们才可以展开关于外汇交易中六大形态的讨论。注意，虽然蜡烛图的图形形式很多，但根据我们自己的外汇交易实践，**所有蜡烛图形式都可以归结为六种模式，掌握了这六大模式，所有蜡烛图就不那么复杂了**，也便于初学者记忆，化繁为简和贴近实际是我们归纳出六大线态的初衷。

为了创造一个蜡烛图，你必须掌握时段的开始价、最高价、最低价和结束价。开市价一般称作开盘价，结束价一般称为收盘价。整个蜡烛体的矩形部分被称为实体，这些实体可能是实心和空心的，也可能是红色和绿色的。实体以外的那些"灯芯"被称为影线。实体之上的影线的最高点代表该时段的最高价，实体之下的影线的最低点代表该时段的最低价。

蜡烛线或者说 K 线体现了局部的市场特征，属于微观层面的信息。

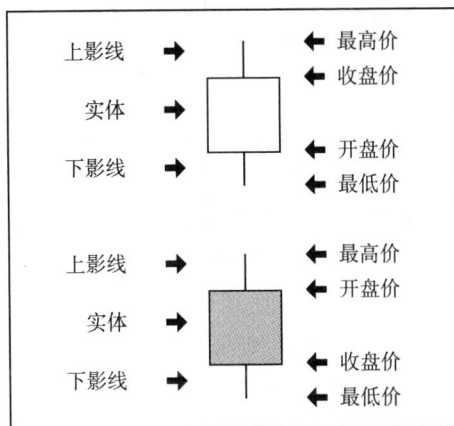

如果该时段的收盘价高于开盘价，那么实体就是空心或者是绿色的，称为阳线；如果该时段的收盘价低于开盘价，那么实体就是实心或者是红色的，称为阴线。大家要注意的是，在外汇交易中，国外的软件将阳线着色为绿色，阴线着色为红色，这与国内的股票软件是相反的。

图 4-26 蜡烛线构成要素

与西方的各种图表类型比较起来，许多交易者认为蜡烛图更加具有视觉上的吸引力，并且更容易解读。每只蜡烛都提供了对于价格运动的良好解释。交易者可以很容易地通过蜡烛实体的颜色辨明开盘和收盘的关系，从而识别出一个市场当时的主导方。通过开盘价、收盘价和最高价、最低价的相互关系，交易者比较容易了解一些关键的信息。而四个价格之间的关系也是蜡烛图的精华所在。阴线通常意味着卖方掌握着市场的主导权，而阳线则表明多方主导着市场。

图4-27　蜡烛图与竹节图

下面我们来看看蜡烛如何照亮外汇交易员的道路。

1. 较长实体和较短实体的含义

总体而言，较长的实体表明买方或者卖方的力量强大，实体越长，则这种力量

越不可忽视。相反较短的实体则意味着买方或者卖方的力量比较弱，通常代表市场情绪比较犹豫，市场处在调整中。

如图 4-28 所示，长白色实体表明一个强劲的买方力量。实体越长的白色蜡烛其收盘价高出开盘价越多，这表明价格收盘远离开盘，买方非常积极。虽然长白色实体蜡烛一般意义上是看涨的，但具体的含义还要根据该蜡烛线在整个图表中的位置才能确定，不能只见树木不见森林。在不断地下跌趋势中，一根大阳线通常意味着可能的转折点或者是一个可靠的支撑点。但如果市场出现接连不断的大阳线，那么也要注意是否出现了我们前面所说的背离现象。

> 蜡烛线不仅体现了市场心理，也体现了基本面的一些动向。大实体线往往出现在重大数据公布之后，比如利率政策、非农数据、PMI 数据等。你查看下欧元兑美元最近一年的日 K 线走势，看看其中较长实体 K 线当日有哪些重要数据公布或者重大事件发生。

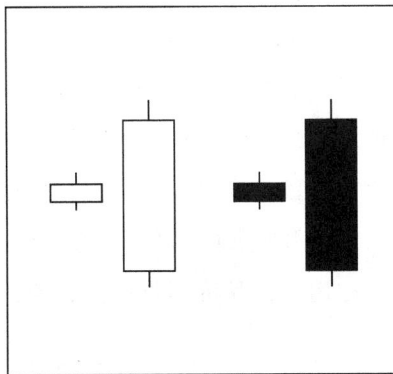

图 4-28　短实体和长实体

长黑色实体表明一个强劲的卖方力量。实体越长的黑色蜡烛其收盘价低出开盘价越多，表明价格收盘远离开盘，卖方非常积极。虽然长黑色实体一般意义上是看跌的，但具体的含义还是要根据该蜡烛线在整个图表中的位置才能确定，不能忽视了情况的特殊性和具体性。在不断上升的趋势中，如果出现了一个大阴线通常意味着可能的转折点或者是一个可靠的阻力区域。但如果市场不断出现大阴线，则要注意是否出现了指标和价格之间的背离。

更加看涨的阳线是纯实体阳线，更加看跌的阴线是纯实体阴线（见图 4-29）。纯实体蜡烛线没有上影线和下影线。当最高价和最低价就是开盘价和收盘价的时候，形成

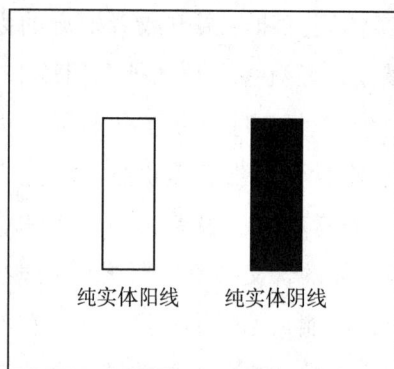

图 4-29　纯实体线

纯实体阴线，当最高价和最低价就是收盘价和开盘价的时候，形成纯实体阳线。

2. 长影线和短影线

蜡烛的上影线和下影线可以提供关于该交易时段非常有价值的信息。上影线代表的是该交易时段价格高位，下影线代表的是该交易时段价格低位。较短的影线表明绝大部分交易活动在开盘和收盘价附近进行。较长的影线表明交易活动远远超出了开盘价和收盘价的范围。如图 4-30 所示。

长上影线往往与利好兑现有关，长下影线往往与利空兑现有关。

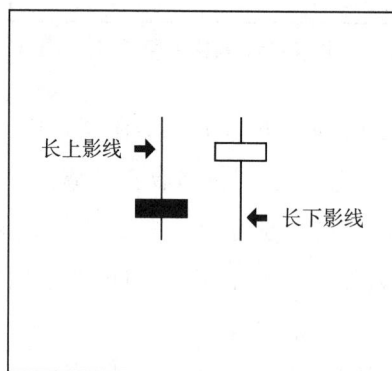

图 4-30　长影线

一根拥有较长上影线和较短下影线的蜡烛线表明买方在交易时段中占据主导地位，不断将价格推高。但是，在稍后卖方不断压低价格，最后收盘在较低的位置。相反，一根拥有较长下影线和较短上影线的蜡烛线表明卖方在交

纺锤线往往与日内数据多空矛盾有关，一些数据利多，一些数据利空，引发多空大战。

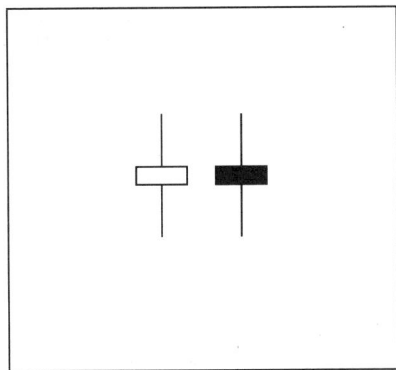

易时段中占据主动地位。但是，此后卖方不断推高价格，最后蜡烛线落在较高的位置，因此留下较长的下影线和较短的上影线。

图 4-31　纺锤线

如果一个蜡烛线拥有较长的上影线和较长的下影线，并且实体很小，这类蜡烛线被称作纺锤线（见图 4-31）。较长的影线通常代表反转的可能，但这通常只能被看作提醒信号，而不是交易信号，需要后续的蜡烛线确认。纺锤代表的是市场犹豫不决的情绪。较小的实体，无论是空心还是实心的，都表明开盘和收盘非常接近。上下长影线的同时存在则意味着该时段内无论多方还是空方都无法占据主导地位。即使开盘和收盘如此靠近，但在该时段中价格的活动还是很激烈的。两方都不能推动价格单向运动，最终打了个平手。在一个长白色蜡烛线或者一段上升趋势后出现的纺锤线意味着可能的反转，这是一个提醒信号；在一个长黑色蜡烛线或者一段下降趋势后出现的纺锤线意味着可能的反转，这同样是一个提醒信号。注意，提醒信号后面要接着确认信号，比如阳线或者阴线，才能产生交易信号。在运用蜡烛图的时候，一定要注意，提醒信号并非交易信号。

3. 十字星

十字星是最重要的蜡烛线类型之一（见图 4-32）。当

收盘价和开盘价相等时，一根十字星线就形成了。上下影线的长度并不一定，形成的蜡烛线一定看起来像一个十字。单独而言，十字星并不表明多空，它的含义要结合前面的价格运动，并同时得到其后蜡烛线的确认。如果前面是上升趋势，接着出现了一根十字星，这是一个提醒信号，表明市场可能转折，之后马上出现了一根大阴线，收盘价低于十字线的收盘价，市场发出了确认信号，确认了先前的空头提醒信号。此时，可以进场交易。提醒信号，确认信号，交易信号，这是一个交易进场必须经历的三个信号。

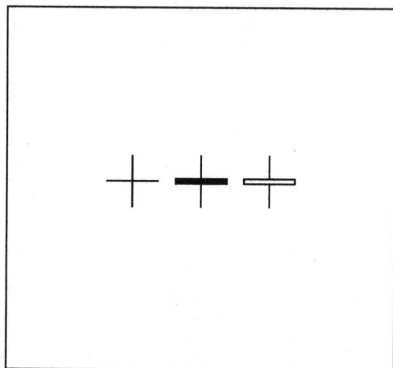

图 4-32　十字星

　　理想的十字星是开盘价和收盘价一致，但实际上我们在交易中未必如此严格要求。虽然开盘价和收盘价绝对相对可以使该十字星显得更加具有提醒意义，但更为重要的是掌握蜡烛图的实质。十字星传递了一种多空混战的信息，双方处在拉锯战中。在该时段中，价格上下波动，但在收盘的时候价格再次回到开盘价位置，或者是几乎在此位置上。这表明，多空双方打了个平手。无论哪方都无法打破均衡，推动价格单方面运动，如图 4-33 所示。

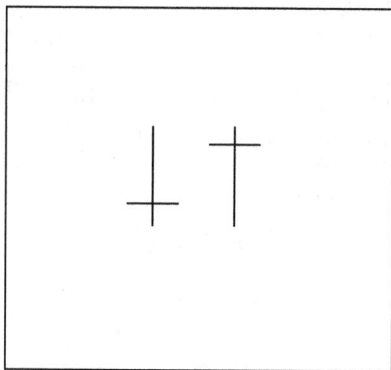

图 4-33　一些特别的十字星

不同的外汇品种，可能在十字星的具体判断上有些差别，这主要是基本单位上面存在差别。判断一个十字星的提醒意义，需要根据先前的价格趋势和目前的价格波动程度。与之前的蜡烛线相比较，十字星应该具有非常小的实体，最好是没有实体，看起来成了一个十字。通过跟前后蜡烛线的对比，你应该可以确认一个准十字星的存在。

4. 十字星和临界点

十字星的认定与先前趋势或者之前的蜡烛线有关。在一个上升趋势或者长白色实体蜡烛线之后，一个十字星的出现表明买方力量出现了衰竭。在一个下降趋势或者长黑色实体蜡烛线之后，一个十字星的出现表明卖方力量出现了停顿。十字星表明供求的力量大致均衡，一个可能的转折点将出现。但是，单独一根十字星蜡烛线的提醒信号，还需要后面蜡烛线来确认才能进行交易，如图4-34所示。

本教程前3版着重介绍一些"现象级"的理解与运用，从第4版开始我们要深入到一些"本质级"的理解与运用。K线只能算是现象，K线背后的驱动因素与心理因素才是本质。

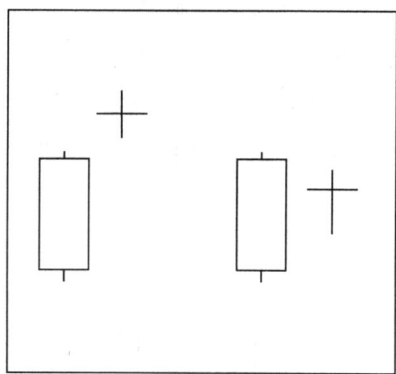

图4-34　长实体阳蜡烛+十字星

一根十字星线出现在一个较长的白色蜡烛线之后，表明买方力量处于下降中，上升趋势可能接近尾声了。出现一个十字星并不意味着趋势必定转折，更为重要的是后面有没有确认的信号，比如十字星后面接着一根实体较长的阴线，这样就构成一个空头的确认信号。或许十字星后面是一个向下的跳空缺口，这也是一个确认空头的信号。一般情况下，如果在连续和大幅的上升之后出现了十字星，就一定要注意是否有空头确认信号出现。如图4-35所示。

什么样的基本面情形下会出现长实体阳线接十字星？什么样的基本面情形下会出现长实体阴线接十字星？

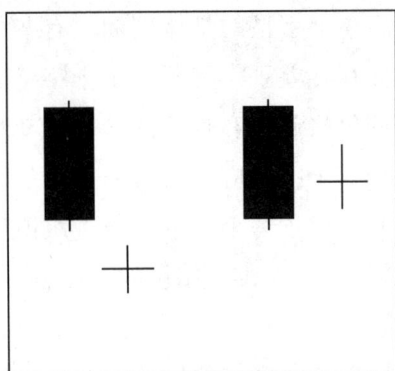

图 4-35　长实体阴蜡烛+十字星

在下降趋势之后或者是一根长黑色蜡烛线之后出现了一根十字星线，表明空头力量在逐渐衰弱，或许反转就在眼前。即使有了这些大致的信息，仍需要进一步地确认信息，增加多头交易成功的概率。确认信号可以来自于该十字星之后的向上跳空缺口，也可能是一根较长实体的白色蜡烛线。

5. 长腿十字

长腿十字线的主要特色在于很长的上影线和下影线，并且两者长度机会相等（见图 4-36）。这类十字线反映了市场处在一个极其犹豫的境地。如此长的上下影线表明在该交易时段中，价格运动经常走向极端，但是最终的收盘价回到了开盘价。无论盘中价格起伏多么剧烈，最后一切又复归平静了。

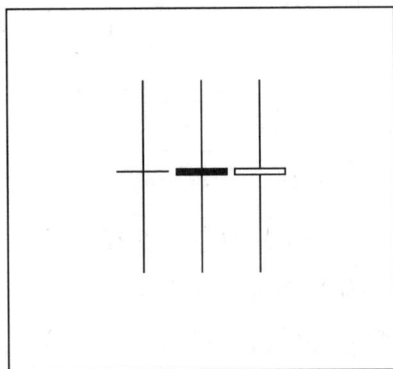

图 4-36　长腿十字

6. 蜻蜓十字和墓碑十字

当开盘价和收盘价相等而较长下影线和几乎看不见的上影线一同出现时，这就是一根蜻蜓十字了（见图 4-37）。这类十字线好比一个"T"字形，拥有很长的下

影线，上影线在理想的蜻蜓十字线中是看不到的。**蜻蜓十字线表明空方在交易时段占据主动地位，将价格压到很低的水平。但是在交易时段结束的时候，买方发力将价格推回到该交易时段的开盘价水平附近。**

蜻蜓十字容易在利空出尽时出现，墓碑十字容易在利多兑现时出现。不过，这些都是阶段性特征，并非趋势信号。

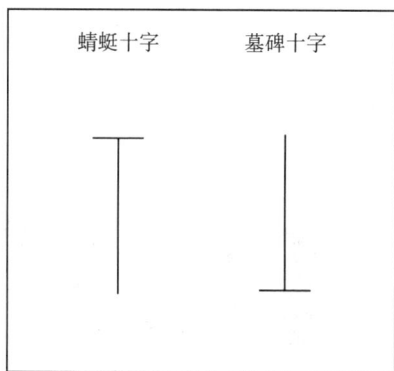

图 4-37　蜻蜓十字和墓碑十字

一个蜻蜓十字的反转含义取决于先前的价格运动趋势和未来的确认信号。较长的下影线表明买方的力量不容小觑，但最低价表明卖压也不轻。在一个下降趋势或者一个长阴线后面出现了一个蜻蜓十字，而这个十字或许还处于某一关键的支撑水平附近，那么这是一个重要的空头结束提醒信号。相反情况下，在一个上升趋势或者一个长阳线后面出现了一个蜻蜓十字，而这个十字或许还处于某一关键的阻力水平附近，那么这是一个重要的多头结束提醒信号。要确认其中的反转含义并进行交易，必须通过后面出现的确认信号。

墓碑十字就是蜻蜓十字的倒转形式，也就是一个倒置的"T"字。**墓碑十字的出现表明买方在交易时段中不断大力推高价格，但是最后卖方将价格打压至开盘价水平。**

如同蜻蜓十字和其他类型的蜡烛图模式一样，所有反转提醒信号必须得到后续蜡烛图的确认才能导致进场决定。墓碑十字可以出现在上升趋势和下降趋势中，在这两种情况中，它都是一个趋势反转的提醒信号，所以后面一根蜡

烛图通常作为确认信号。

下面我们给出一些关于各种蜡烛图模式的简要指南。

7. 多头和空头

一根蜡烛线描绘了在一个交易时段中空头和多头之间的角力。这就好比一场足球赛中的两方，一方是空头队，另一方是多头队。无论这场"球赛"的变化形式有多少，基本上可以归纳为以下六种，如图4-38所示：

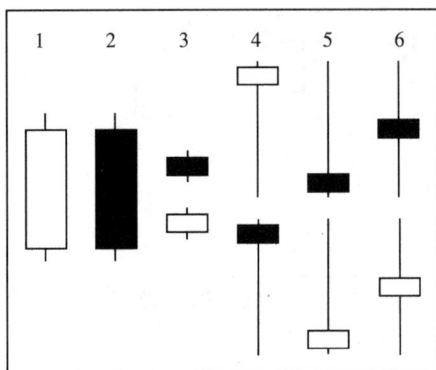

图4-38 六种基本蜡烛形态

（1）长白蜡烛线表明多方队一直控制着这场足球赛。

（2）长黑蜡烛线表明空方队一直控制着这场足球赛。

（3）较小的实体蜡烛线表明空方队和多方队都无力推动价格单方面运动，价格基本上围绕开盘价小幅度运动。

（4）较长的下影线表明空方队在交易时段中控制着场上得分，但在比赛的最后阶段，多方队追回了比分，最终形成平手。

（5）较长的上影线表明多方队在交易时段中控制着场上比分，但在比赛的最后时段，空方队追回了比分，最终形成平局。

（6）如果上影线和下影线都比较长则表明两队在交易时段中交替控制比赛，最后都没有取胜。

8. 蜡烛图遗失的信息

蜡烛图并没有反映收盘和开盘时间的价格运动路线，只反映了开盘价和收盘价之间的关系，最高价和最低价是显而易见的，但蜡烛图并没有告诉我们最低价和最高价谁在前面、谁在后面。所以，在金融交易中经常需要借助分时图一类的工具来

区别貌似相同的蜡烛线，并且防止市场庄家制造假象。

A 股的短线炒客，特别是追涨停的炒客非常注重日内走势的分析。

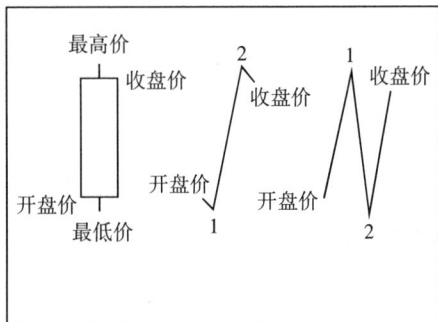

图 4-39 最高价与最低价的时间序列

在一个长白色蜡烛线中，我们通常认为价格在绝大多数时段都是处于稳步上升的态势中的。但是，根据上面图中我们看到的价格时间序列图，我们发现貌似相同的蜡烛线其实可以由完全不同的价格时间序列构成。图 4-39 中的第一个时间序列告诉我们价格的上升是稳步的，而第二个时间序列则告诉我们价格上升是非常不稳定的，多方并没有牢牢掌握主动权。这里只是给出了两种不同的时间序列，实际的外汇交易相同的蜡烛线可能有几十种迥异的价格时间序列。虽然蜡烛图有这些缺陷，但它仍然比其他类型的图提供了更多的信息，而且借助分时图和成交量之类的手段，我们可以避免这些弱点。

9. 先前趋势

很多蜡烛图的讲授忽略了具体的环境，所以使很多人发觉蜡烛反转信号出现过多，太多假信号。其实，蜡烛图的信号既需要集合整个趋势，又要结合其他技术维度进行确认。比如，空头信号必须出现在一段上升的趋势后。同时，应该将趋势线和移动均线与蜡烛图结合起来使用，如果一根十字线出现在上升趋势后，接着一根阴线跌破上升趋势线，那么先前的十字线看空信号就得到确认，此时做空获利的成功概率更大了。

10. 蜡烛线的定位

如果一根蜡烛线从前面一根蜡烛线位置跳空，那么后面这个蜡烛线相对于前面蜡烛线的位置被称为"星位"（见图 4-40）。前面那根蜡烛线通常具有较大的实体，而后面这根蜡烛线的实体部分通常较少，但情况也不总是这样。同前面一根蜡烛线比照起来，处于星位这个蜡烛线都是从向上或者向下跳空而来的，看起来似乎显得比较孤立。这两根蜡烛线可以是阴线和阳线的任意组合。位于星位上的蜡烛线可以是十字线、流星线和垂头线等中的任何一种，因为这些类型的蜡烛线都具有比较一致的小实体。稍后，我们利用星位看看那些具有两根到三根蜡烛线的模式。

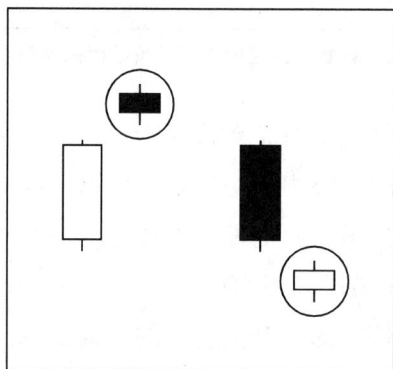

图 4-40　星位

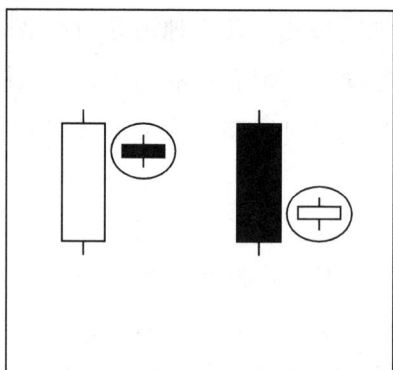

图 4-41　孕含位

如果一根蜡烛线的实体位于前面蜡烛线的实体范围之内，则这根蜡烛线处于孕含位。从图 4-41 中我们可以看到，后面一根蜡烛线孕育于前面一根蜡烛线的实体内。通常第二根蜡烛线的实体比第一根蜡烛线的实体要小很多。但需要注意的是，第二根蜡烛线的影线部分不必在第一根蜡烛线的实体范围之内。不过，如果第二根

孕含位与西方竹节线的域内日有一定关系。

蜡烛线连影线都在第一根蜡烛线的实体之内的话，则更加彰显该组合的转折意义。稍后，我们将查看那些利用了孕含位的蜡烛线模式。

11. 长影线反转

这里存在一些由短实体构成的单一蜡烛线反转模式。这些模式包括一短一长影线的模式和只有一根长影线的模式。但作为一个规则而言，长影线至少应该是实体长度的两倍，无论实体是白色还是黑色。长影线的位置和先前的价格运动趋势决定了这些模式的分类。

第一组模式称为锤头和吊颈，它们是由较短的实体和较长的下单影线构成的。第二组模式称为流星和倒锤头，它们是由较短实体和较长的上影线构成的。这些蜡烛线模式是看跌还是看涨，取决于先前的价格运动和后续的确认信号。锤头和倒锤头紧接着价格下降之后出现，它们作为一个看涨的反转提醒信号。而流星和吊颈则是在价格上升之后形成，它们作为一个看跌的反转提醒信号。

锤头和吊颈单独看起来没有任何区别，但是根据先前的价格运动可以区分它们（见图4-42）。它们都有短实体，而且下影线非常长、上影线非常短或者没有上影线。正如先前提到的很多蜡烛线模式一样，这两个模式也只能发出提醒信号，要进入交易必须获得确认信号。

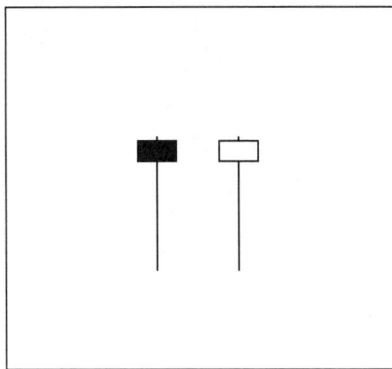

图4-42 锤头或吊颈

锤头是一个看涨的提醒信号，它通常在一段下降趋势后形成（见图 4-43）。除了表明一个潜在的反转可能之外，锤头还可以作为寻找阶段支撑的工具。在一段下降运动之后，锤头发出了看涨信号。较长的下影线表明在交易时段中，卖方大力压低了价格，但最后还是让买方大力拉升起来，这表明买方的力量开始彰显。但是，真正的上涨必须等待一个向上跳空或者大阳线确认。

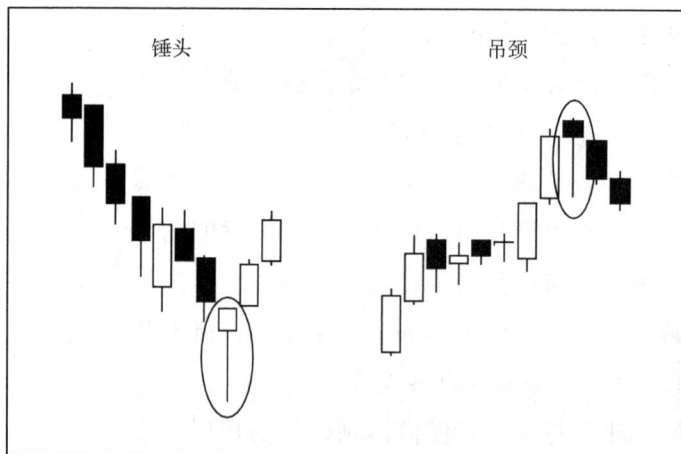

图 4-43　锤头和吊颈

吊颈是一个看跌提醒信号，它能够表明一个潜在的顶部或者是一个阻力水平的存在。在一段价格上升运动之后，一根吊颈线的出现表明卖方的力量开始增强了。较长的下影线表明交易时段中空方曾经控制了价格走势，即使后来对方稳住了阵脚并在最后拉高了价格，空方的力量还是显得很强大。正如锤头一样，吊颈线的看跌意味必须获得后续的一根蜡烛线的确认。

一个倒锤头和流星单独看起来几乎没有什么差别，但是按照其先前的价格运动趋势可以很好地区分它们（见图 4-44）。两者都具有很小的实体，同时具有很长的上影线和很短的下影线，甚至没有下影线。注意，两者的实体可以是黑色的，也可以是白色的。这组模式可以表明一个潜在

最后一次利多兑现，比如美联储在数次加息后宣称暂停加息，当日出现一根流星线，你说这意味着什么？题材性质与 K 线形态结合起来，你的判断能力将出现飞跃。

256

的趋势反转，但在实际交易时必须得到进一步的后续确认
信号。

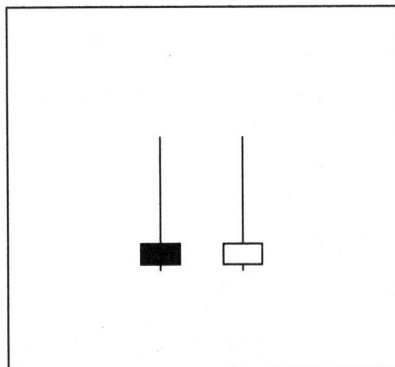

图 4-44　倒锤头或流星

流星是一个看跌的蜡烛线模式，它出现在一次价格运
动上升运动之后，并且处在星位（见图 4-45）。一根流星
线可以表明一个潜在的顶部或是一个阻力水平。开盘价跳
空于前一根蜡烛线之上，在盘中大幅度上涨，在收盘时价
格再次回到开盘价附近，这就形成了流星。如果要采取卖
空行动，必须等待流星线后面一根蜡烛线的确认才行。

趋势重于蜡烛线，永远不要本末倒置。

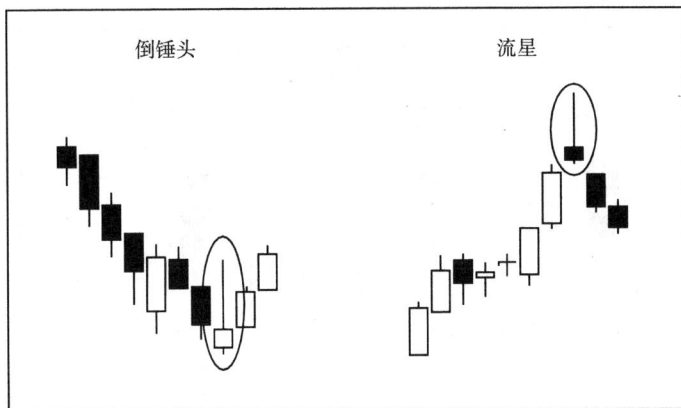

图 4-45　倒锤头和流星

一个倒锤头看起来和流星差不多，但它出现在一个价
格的下降运动之后。倒锤头表明了一个可能的趋势反转或
是一条支撑线。较长的上影线表明了买方力量在盘中一度

占据主导，但收盘还是位于开盘附近，所以采用倒锤头进场做多一定需要进一步地确认信号。

12. 合成蜡烛线

一个蜡烛线模式通常由一根或者多根蜡烛线构成，并且这些蜡烛线可以合成一根蜡烛线。这根合成的蜡烛线符合某一模式的特征，而且能够使用下列的方式合成：

（1）第一根蜡烛线的开盘价；

（2）最后一根蜡烛线的收盘价；

（3）这些蜡烛线创出的最高价和最低价。

利用第一根蜡烛线开盘价、第二根蜡烛线的收盘价以及期间出现的最高价和最低价，我们合成了一根新的蜡烛线，这是一个垂头线（见图 4-46）。在上面图中的第二个例子中，我们看到的合成线是流星线，如图 4-47 所示。

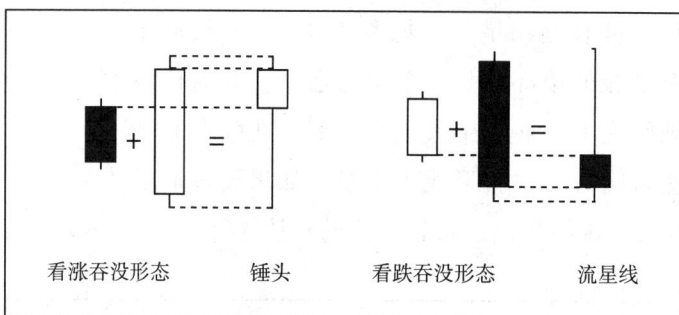

图 4-46　合成蜡烛线 1

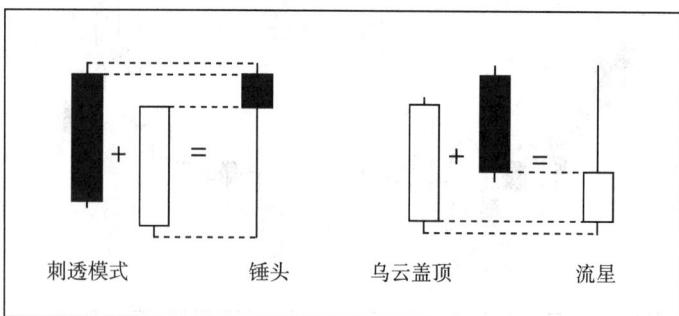

图 4-47　合成蜡烛线 2

可以将一个看跌的吞没形态或者是一个乌云盖顶形态合成为一个流星线。这个流星线所具有的较长的上影线表明一个可能的看跌反转（见图 4-48）。同流星线一样，看跌吞没和乌云盖顶也需要进一步地确认信号才能进场交易。

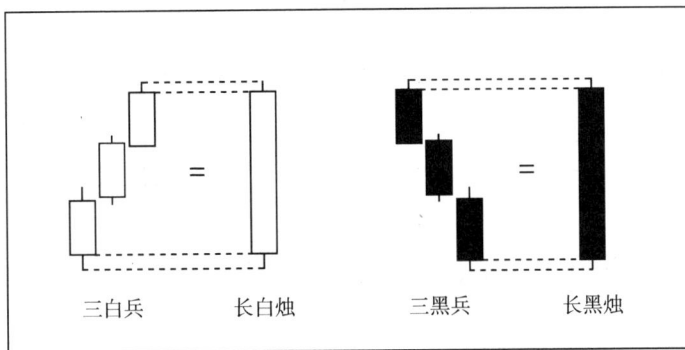

图 4-48 合成蜡烛线 3

如果待合成的蜡烛线超过两根，合成的方法是：使用第一根蜡烛线的开盘价、最后一根蜡烛线的收盘价和期间出现的最高价最低价。上面是三个白兵模式合并成为长白烛和三个黑兵模式合并成为长黑兵的例子。

（二）线态的六种

前面我们已经把蜡烛图的基本知识贯通了一遍，如果你还有什么不明白的话可以参考《外汇交易进阶》以及本书后面附录。但是，越是深入研究蜡烛图，越是发现其中太多繁芜的组合和模式，现在根据我们的交易实践将蜡烛图比较有效的模式归纳为六种线态：跳空（缺口）、影线、价配、渐短、过中、喇叭。

1. 跳空

跳空就是缺口，严格的缺口是第二根蜡烛线与第一根价格线完全没有任何重叠部分，比较不严格的缺口则可以允许有少部分影线重叠，但实体部分是绝对不能重叠的。缺口分为三类：突破缺口、度量缺口、衰竭缺口。三种缺口分别位于行情的初端、中段和末端。但是，需要注意的是，一波行情可能出现的缺口类型和数目并不确定。

那么，我们如何辨析目前的是哪类缺口呢？一般而言有两种方法：一种是较为传统，但不大正确的方法，主要是根据行情发展的程度和时间来辨析，如果行情已经大幅度和长时间飙升，此时出现了跳空缺口则是度量缺口和衰竭缺口的可能性较大，如果汇价刚刚从某一底部跃升，那么此时出现的缺口则为突破缺口的可能性较大；另外一种方法是通过动量指标的数值来区分，具体方法如下：

（1）如果缺口是向上跳空的，对应动量指标处在超卖位置，则此缺口为突破缺口，应该看涨；

（2）如果缺口是向上跳空的，对应动量指标处在区间中部，则此缺口为度量缺

口，继续看涨；

（3）如果缺口是向上跳空的，对应动量指标处在超买位置，则此缺口为衰竭缺口，减多仓，防止趋势多转空；

（4）如果缺口是向下跳空的，对应动量指标处在超买位置，则此缺口为突破缺口，应该看跌；

（5）如果缺口是向下跳空的，对应动量指标处在区间中部，则此缺口为度量缺口，继续看跌；

（6）如果缺口是向下跳空的，对应动量指标处在超卖位置，则此缺口为衰竭缺口，减空仓，防止趋势空转多。

下面是一个度量缺口的例子。

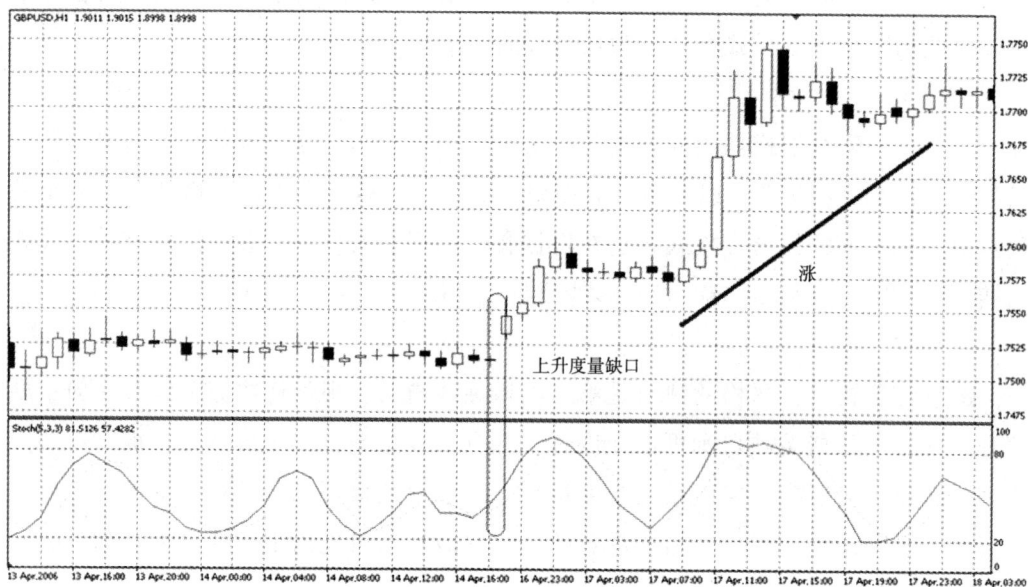

图4-49　上升度量缺口

需要注意的是，在日线图上，星期一比较容易出现跳空缺口，由于外汇交易流动性较高，小时图上几乎很难有跳空。在出现重大消息时，外汇市场在5分钟图上容易出现跳空。

2. 影线

只要两影线之一是实体的两倍以上长，则归纳为"影线"模式，蜡烛图传统模式中的各类十字、流星、锤头等都可以归纳进这个范畴。在外汇交易的小时图上，我们常常可以看到在较高的位置上出现"影线"模式，如果此后的价格出现下跌，

则可以顺势做空。在较低位置，也可以看到"影线"模式，挣扎是这类模式的共同特征，结合其后接着出现的阳线和阴线，我们确认其反转含义。需要强调的一点是，在影线前面必须有段明显的上涨趋势或者下跌趋势。

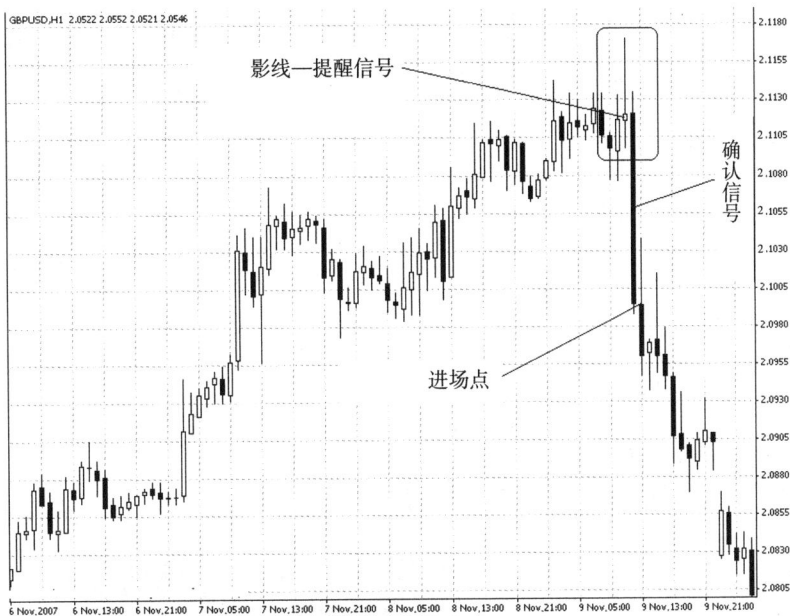

图 4-50　看跌影线的识别和交易步骤

图 4-51　看涨影线的识别和交易步骤

3. 价配

两根或更多蜡烛线的最低价或者最高价处于相同水平，这就是价配。价配表明了阻力位置和支撑位置的出现，但需要注意的是，在外汇交易中经常出现连续几根蜡烛线顶住某一位置运动，这时反而容易出现突破。那么遇到连续两根蜡烛线出现价配后，我们判断属于哪种情况呢？最好的办法是通过一根较长的实体线确认。看涨价配的最低价一致，前面有段明显的下跌行情；看跌价配的最高价一致，前面有段明显的上涨行情。

图 4-52　看涨价配的识别和交易步骤

4. 渐短

假如你正在进行长跑，随着你的体力逐渐下降，你的速度将越来越慢，具体体现为单位时间的跑动距离在下降，比如从一分钟 80 米下降到一分钟 60 米，最后到一分钟 30 米的时候，你可能已经累得不行了，所以就会停下来休息。汇价的运行也差不多是这样的：在上涨过程中，蜡烛线逐渐变短，意味着上涨动力在衰竭，很可能出现下跌；在下降过程中，蜡烛线逐渐变长，意味着下跌动力在衰竭，很可能出现上涨。当然，这类信号也需要后续的蜡烛线确认。这里的蜡烛线逐渐变短主要指的是蜡烛线实体。

GBPUSD,Daily 2.0439 2.0552 2.0353 2.0546

提醒信号—渐短　　　　确认信号

进场点

图4-53　看跌渐短的辨别和交易步骤

31 May 2005　10 Jun.2005　22 Jun.2005　4 Jul.2005　14 Jul.2005　26 Jul.2005　5 Aug.2005　17 Aug.2005　29 Aug.2005　8 Sept. 2005　20 Sept. 2005　30 Sept. 2005

5. 过中

看跌的乌云盖顶形态和看涨的刺透形态就是过中，其特点是前后两根蜡烛线异色，而且后一根蜡烛线的实体反向刺进前一根蜡烛线实体超过一半。乌云盖顶出现在上升趋势之后，刺透形态出现在下降趋势之后。在外汇交易中，过中形态不需要后续蜡烛线确认，见到过中后可以在后面一根蜡烛线开盘时进场。

> 乌云盖顶可能出现在一次性利空、最后一次利多、持续性利空三种情况下；刺透形态可能出现在一次性利多、最后一次利空、持续性利多三种情况下。

6. 喇叭

传统蜡烛图中的吞没形态和孕含形态就是喇叭。吞没形态是发散喇叭，孕含形态是收敛喇叭。前者表明市场很坚决，后者表明市场犹豫，所以吞没形态不需要后续确认，而孕含形态需要后续确认。图4-56和图4-57是示范。

> 我个人更偏好吞没，而非孕线。

（三）用动量过滤线态

仅仅利用蜡烛图模式识别反转经常存在虚假信号，因此需要借助动量指标来过滤线态发出的信号，最常用的过滤方法是将区间中的超卖和超买与线态对应起来。比如，在一个上升趋势后出现一个喇叭形态，该喇叭形态正好对

图 4-54　看涨过中的确认和交易步骤

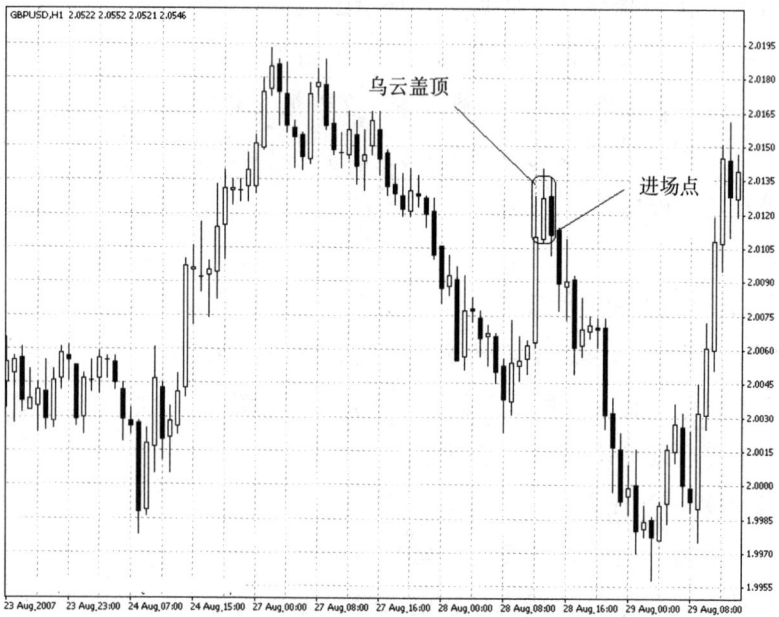

图 4-55　看跌过中的辨认和交易步骤

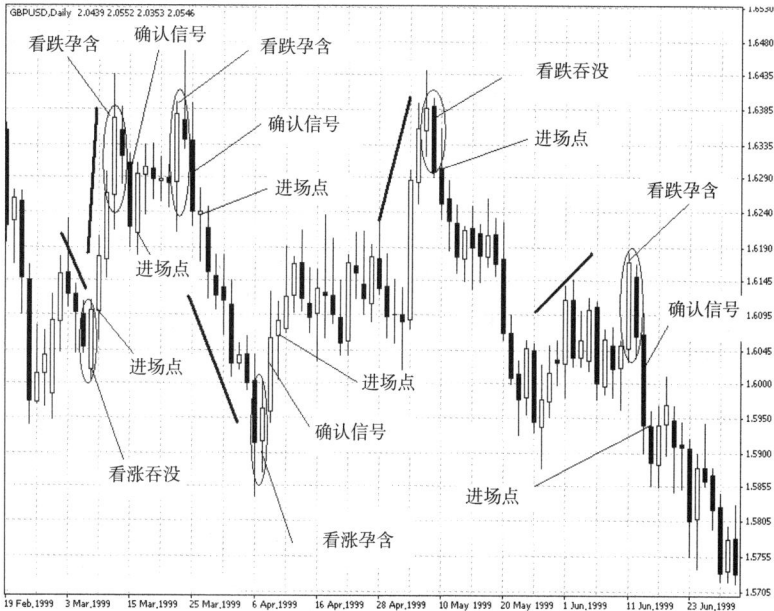

图 4-56 喇叭模式辨别和交易示范

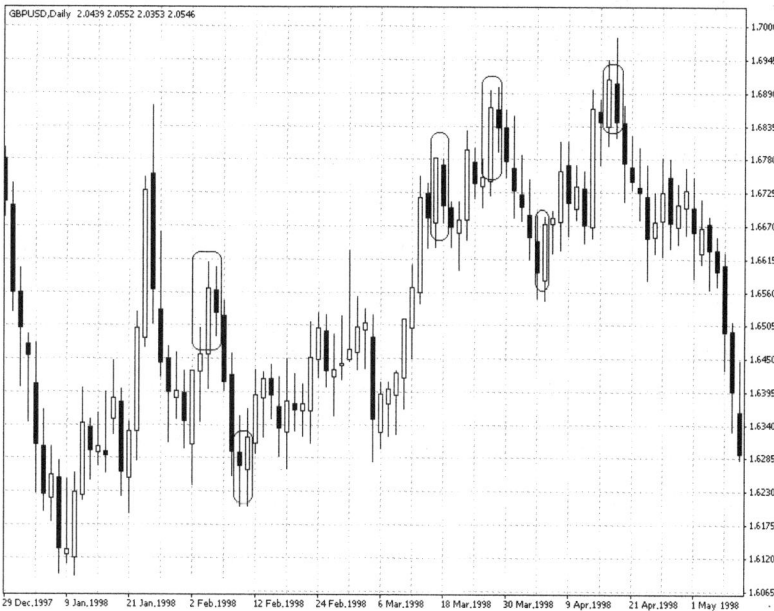

图 4-57 除了标注的喇叭形态，你在图中还可以找到哪些

应 RSI 的超买状态，这样就加强了这个形态的可信度。

图 4-58　动量过滤线态

（四）形态的类型和交易技巧

形态除线态也就是蜡烛图的各种单线和组合形式外，还有西方技术分析中的形态，这些形态一般都是很多价格线组成的，它们的颈线或者边界线一般都是良好的进场位置。对于形态的具体介绍大家可以参考《外汇交易进阶》一书的相关章节。

下面主要讨论每种形态的三个进场位置，每种位置对应的风险承受度是不同的，收益也存在差别。**第一种进场位置是最为激进的，称为"顶位"进场**，也就是在价格还没有突破形态的颈线或边界线时进场交易，将止损放置在对面边界线的外侧；**第二种进场位置相对传统，称为"破位"进场**，也就是在价格突破形态颈线或边界线时进场，将止损放置在该边界线的内侧，这也是传统教科书上的标准进场方法；**第三种进场位置最为保守**，但是在目前外汇市场假突破非常多的情况下，这种方法更为有效，这种进场称为**"见位"进场**，也就是价格形态边界线或者颈线后并

不急于进场，而是等待价格再次回到该线证明该线突破有效后再进场。这三种进场方法在我们的交易中都有使用，但具体的利用场合却不同，很难言语表明，三种进场方法如图 4-59 所示。

最常见、最失败的进场位置是"间位"。

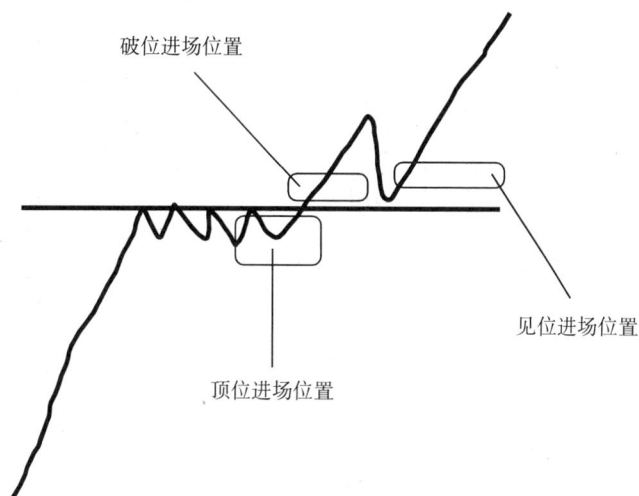

破位进场位置

见位进场位置

顶位进场位置

图 4-59　进场位置

至于进场方法的停损放置办法见图 4-60。

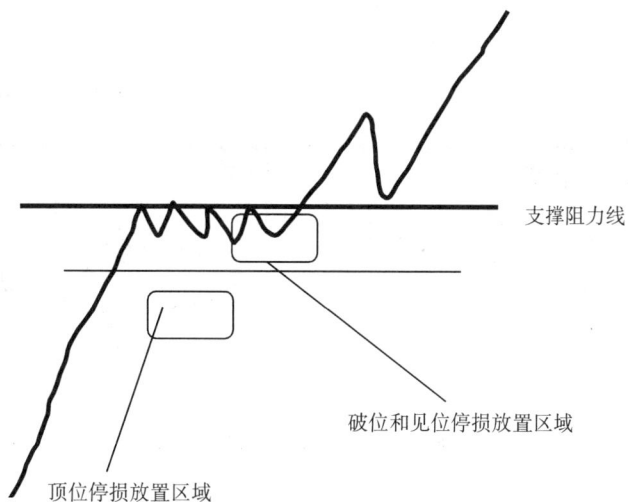

支撑阻力线

破位和见位停损放置区域

顶位停损放置区域

图 4-60　进场方法的停损放置

双峰反转往往与背离结伴同行。

1. 双峰反转

双峰反转主要包括双顶和双底，具体进场方法如图 4-61 和图 4-62 所示。

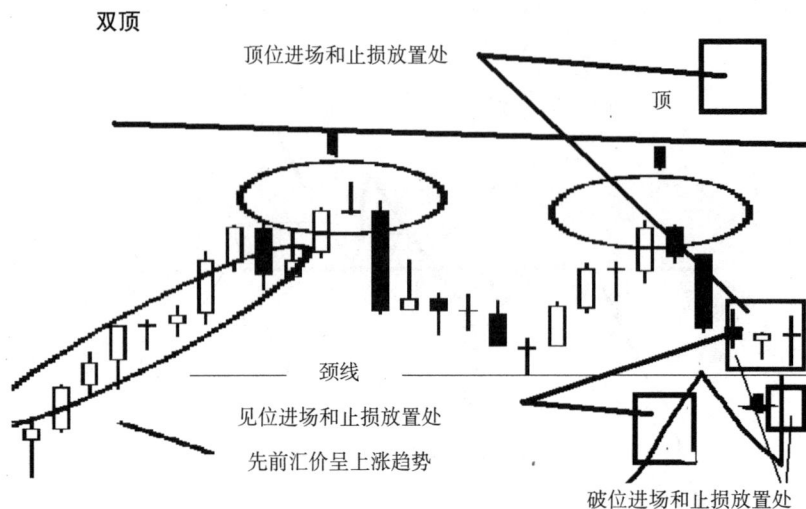

双顶

图 4-61　双顶进场点和初始止损点

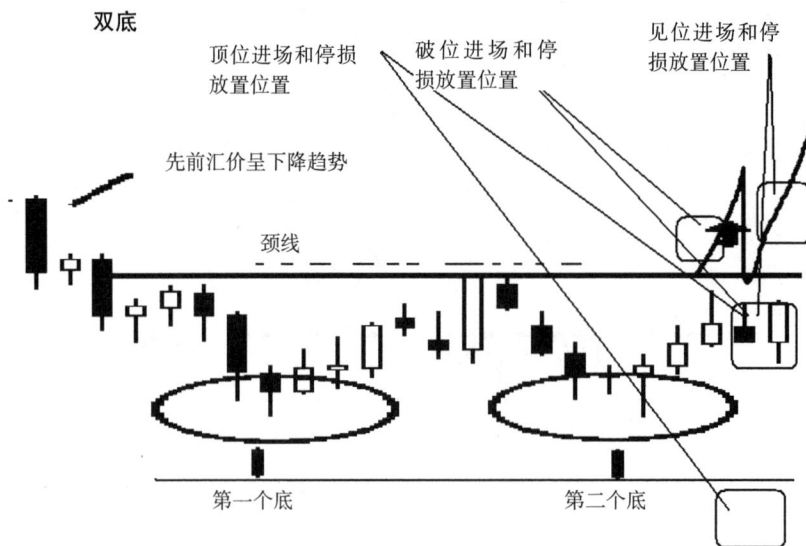

双底

图 4-62　双底进场点和初始止损点

2. 头肩反转（见图4-63和图4-64）

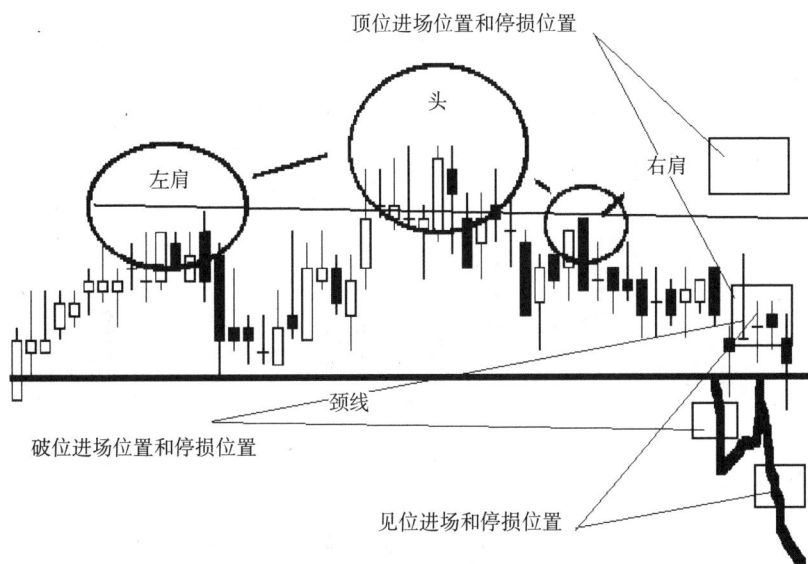

顶位进场位置和停损位置

头

左肩

右肩

颈线

破位进场位置和停损位置

见位进场和停损位置

图4-63 头肩顶进场点和初始止损点

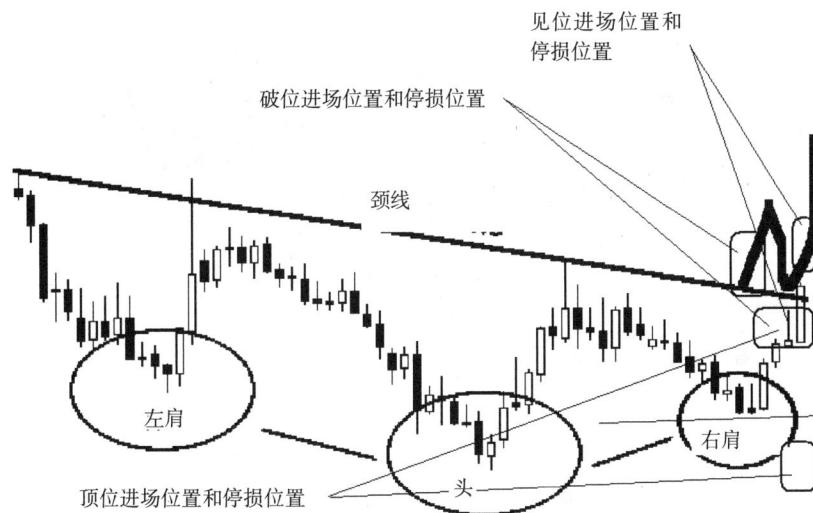

见位进场位置和
停损位置

破位进场位置和停损位置

颈线

左肩

头

右肩

顶位进场位置和停损位置

图4-64 头肩底进场点和初始止损点

3. 水平三角

水平三角形包括对称三角形（见图4-65）、上升三角（见图4-66）和下降三角
形（见图4-67）三类，我们这里只给出"顶位"进场和停损的示意图，其他两个

日线图上的三角形是趋势突破交易者的最爱之一。

进场位置大家应该可以根据前面的讲述类推出来。

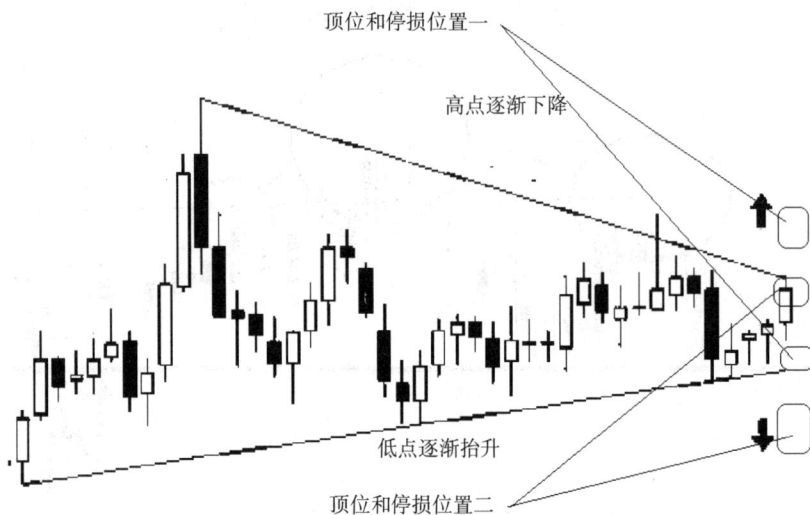

图 4-65　对称三角形进场点和初始止损点

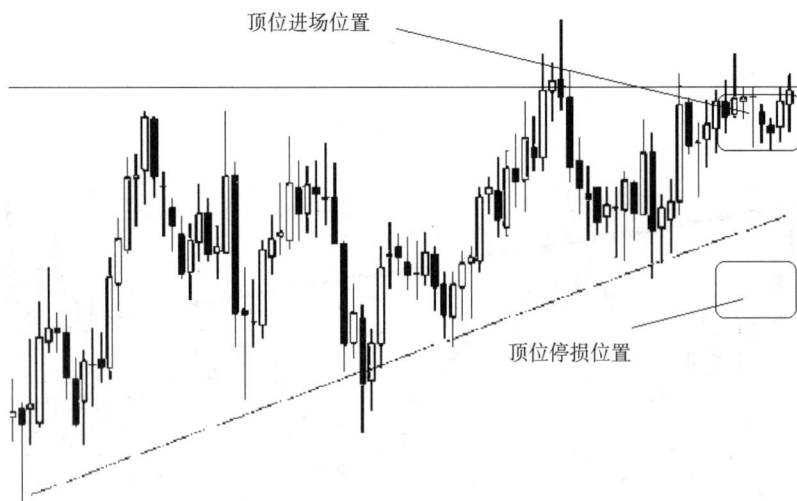

图 4-66　上升三角形进场点和初始止损点

4. 箱体

箱体交易大致遵循这样的原则：见阻力位置就卖出，停损放在阻力位置之上；见支撑位置就买入，停损放在支撑位置之下。当突破确认有效后可以在停损的同时反手破位进场，这个时候的停损放在箱体内，如图 4-68 所示。

海龟交易法可以看成某种箱体交易法。

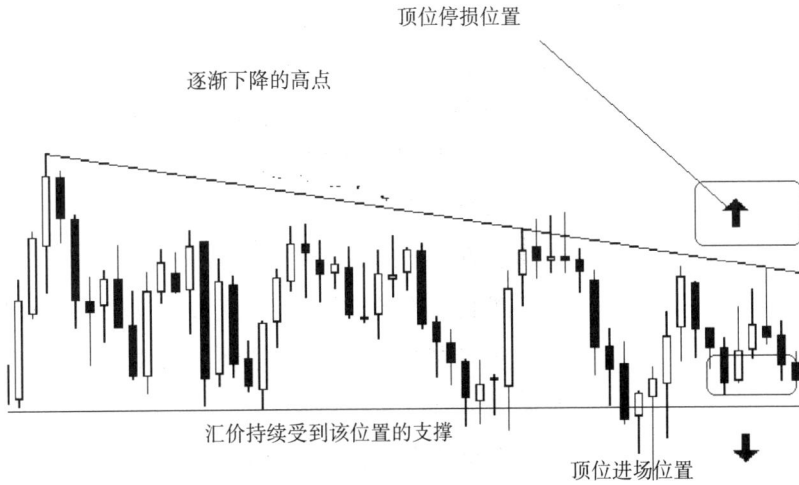

图 4-67 下降三角形进场点和初始止损点

图 4-68 箱体进场点和初始止损点

三、势〔均线和趋势线〕

我们已经讲了势位态中的态和位两个要素了,其实在实际的外汇交易过程中,我们需要首先了解的应该是"势",也就是趋势,通常所说的方向。交易中,趋势的把

严格来讲,方向是趋势的局部和体现,并不等于趋势,还有可能与趋势相反。

271

握是最为容易的，但也是最不容易的。说容易把握是因为，通过简单的几种方法或者指标，我们可以大致把握较大的趋势；说不容易把握是因为，想对所有层次的趋势，特别是短期内的小趋势有所把握，是不可能的，而波浪理论似乎一直把这个当作它的最高目标。

判断趋势主要的方法有这样几种：

（1）**高低渐次趋势判断法**，如果波段高点和低点都越来越高，则趋势向上，也就是创出新高；如果波段高点和低点都越来越低，也就是趋势向下。

（2）**移动平均线趋势判断法**，当汇价在移动均线上时，趋势向上，当汇价在移动均线下时，趋势向下；对于移动均线组，则是短期均线在长期均线上，趋势向上，短期均线在长期均线下，趋势向下。

（3）**阴阳线数目和实体大小趋势判断法**，如果阴线数目多于阳线，同时阴线的实体大于阳线的实体，则趋势向下；如果阴线数目少于阳线，同时阴线的实体小于阳线的实体，则趋势向上。

（4）**直边趋势线判断法**，连接最近两个逐渐抬升的低点得到一条射线，如果价格在此线之上则趋势看上；连接最近两个逐渐走低的高点得到一条射线，如果价格在此线之下则趋势看下。

（5）**均线衍生指标法**，利用诸如 MACD 之类的移动均线衍生指标来推断趋势，比如信号线在 0 轴之上，则趋势看涨；如果信号线在 0 轴之下，则趋势看跌。

（一）均线

移动平均线是判断趋势最常用的方法，在混沌交易法中的鳄鱼组线就充当了趋势导向器的作用，而这个鳄鱼组线就是三条移动均线。如图 4-69 所示。

移动平均法判断趋势主要存在四种方法：一是单线法；二是双线法；三是多线法；四是分组法。下面我们首先简单介绍一下除两线法以外的三种方法。

趋势交易者离得开均线吗？

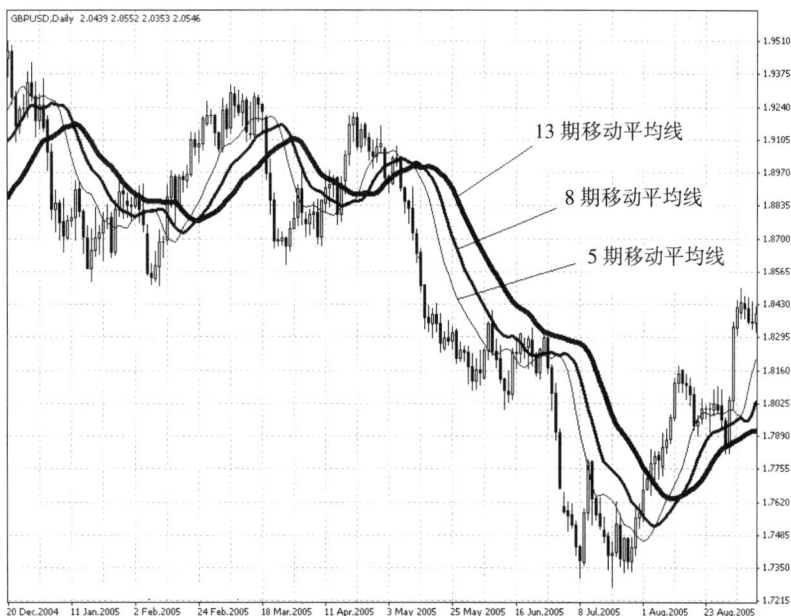

GBPUSD,Daily 2.0439 2.0552 2.0353 2.0546

13 期移动平均线

8 期移动平均线

5 期移动平均线

20 Dec.2004　11 Jan.2005　2 Feb.2005　24 Feb.2005　18 Mar.2005　11 Apr.2005　3 May 2005　25 May 2005　16 Jun.2005　8 Jul.2005　1 Aug.2005　23 Aug.2005

图 4-69　混沌交易法中的鳄鱼组线

单线法基本上是看价格与一条移动均线的关系，通常每个交易品种在某一段时期存在某一条最优的移动平均线，这条移动均线的有效之处在于其符合市场周期的参数，也就是移动的期数。但是，对于一个趋势交易者来说，通过肉眼观察可以找到一个大致最优的移动均线，而且**交易成功的关键在于制定良好的风险管理策略，所以花费大量精力寻求完美的参数并不理性。**单线法判断趋势主要是看汇价和均线之间的位置关系：汇价在均线上，趋势向上；汇价在均线下，趋势向下，如图 4-70 所示。

势位态当中，势最好通过一根均线来确认，化繁为简。

多线法的典型例子就是鳄鱼组线，如果三条均线向上发散，则趋势向上，如果均线向下发散则趋势向下。如图 4-71 所示。

分组法则是移动均线判断趋势的最新用法，是由戴若·顾比发明的，由此被称为顾比符合移动平均线。顾比将六条短期均线编成一组，代表投机交易者，将六条长期均线编成一组，代表投资交易者，通过模仿市场上的两组不同时间期限和性质的交易者，顾比复合移动平均线可以

图 4-70　单根移动均线的趋势判断

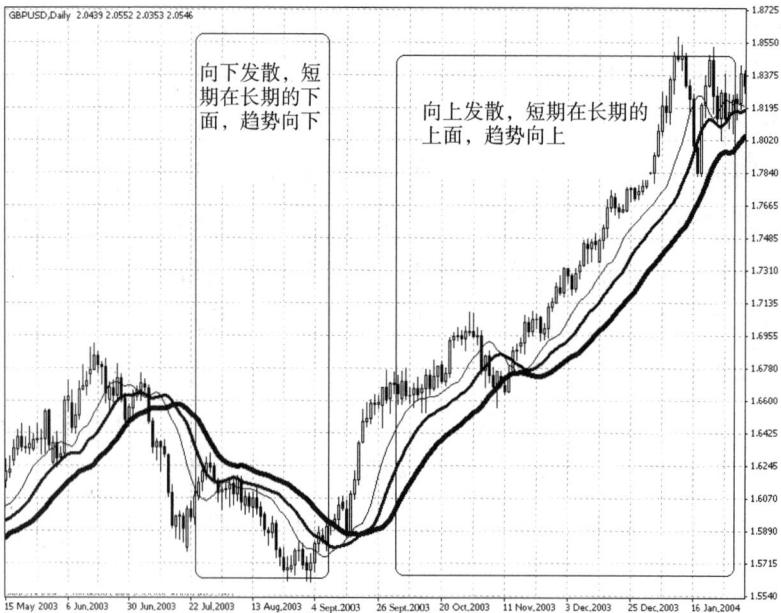

图 4-71　多根移动均线趋势判断

顾比均线的参数和公式可以查看相关资料。

提供关于趋势的一些看法。大致而言，短期组在长期组上代表趋势向上，短期组在长期组下代表趋势向下，如图 4-72 所示。

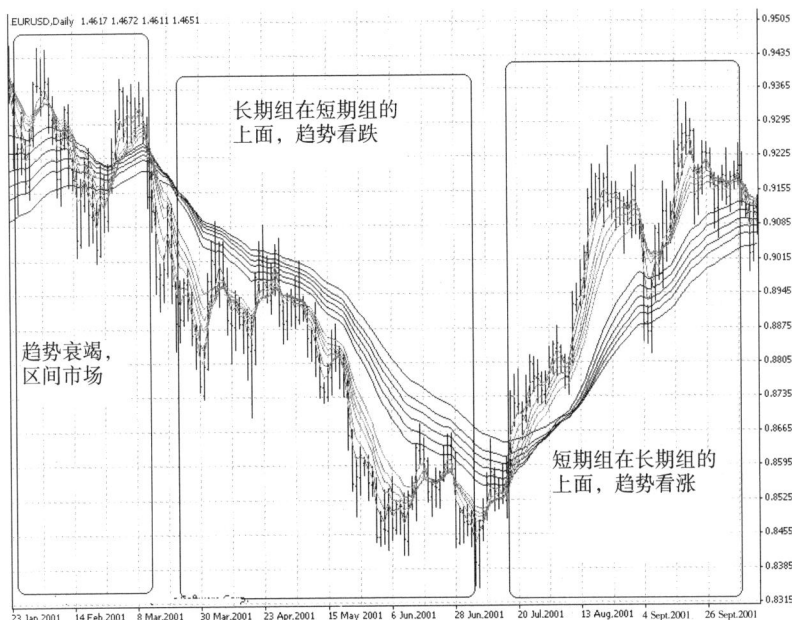

图 4-72　移动均线分组判断趋势

1. 均线的常用参数是斐波那契数字

移动均线的期限参数存在一定的传统，最近十年的交易系统在使用移动平均线的时候都倾向于使用斐波那契数字，这个数列是由 1+1=2，再由 1+2=3，再由 2+3=5，再由 3+5=8 这样由两个相邻的数字相加衍生出来，最后形成了 1，1，2，3，5，8，13，21，…这样的数列，被称为斐波那契数列。通常使用的均线参数是下面这些斐波那契数字：

5　8　13　21　34　55　89　144

比如，混沌交易法就是采用了 5、8、13 三个参数，而国内的某一著名股票理论也采用了上述的几个参数，当然也有在上述数字上面加减 1 的参数，比如 20、35 等，但大致上这些参数也确实体现了某些神奇的支撑作用和阻力作用，并且经常可以作为趋势的准确指示器。

2. 均线组的采用〔两条均线以上〕

均线组的使用主要是通过金叉和死叉来及时发觉趋势的变化。均线组的金叉和死叉与指标信号线的金叉和死叉含义基本一样：

斐波那契数列和卢卡斯数列有异曲同工之妙。

进场点往往需要利用较为宏观的信息，然后在微观上把握具体进场点位。均线提供了一种较为宏观的信息，但你利用什么工具产生微观信号呢？

（1）均线组金叉：短期均线上穿越长期均线；

（2）均线组死叉：短期均线下穿越长期均线。

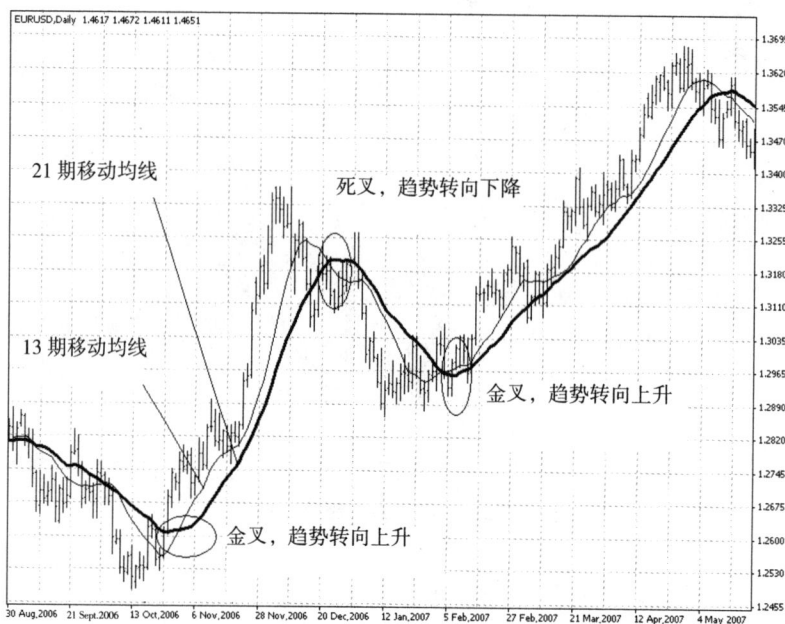

图 4-73 欧元兑美元日线图上的两线趋势判断

（二）斜趋势线

斜趋势线在趋势判断中最惹人非议，因为这类趋势线经常因为画线人的不同而存在很大的差异，并且这类趋势线比较适合一段非常规则的上升或者下降行情中进场和末端退场使用。

1. 上升趋势线

当价格出现一段比较明显和规则的上升后，取最近的两个低点连线，得到一条向未来延伸的射线，通常我们选择在汇价跌到趋势线附近时进场做多，将停损放置在该趋势线下方。如图 4-74 所示。

2. 下降趋势线

当价格出现一段比较明显和规则的下降后，取最近的两个高点连线，得到一条向未来延伸的射线，通常我们选择在汇价升至趋势线附近时进场做空，将停损放置在该趋势线上方。如图 4-75 所示。

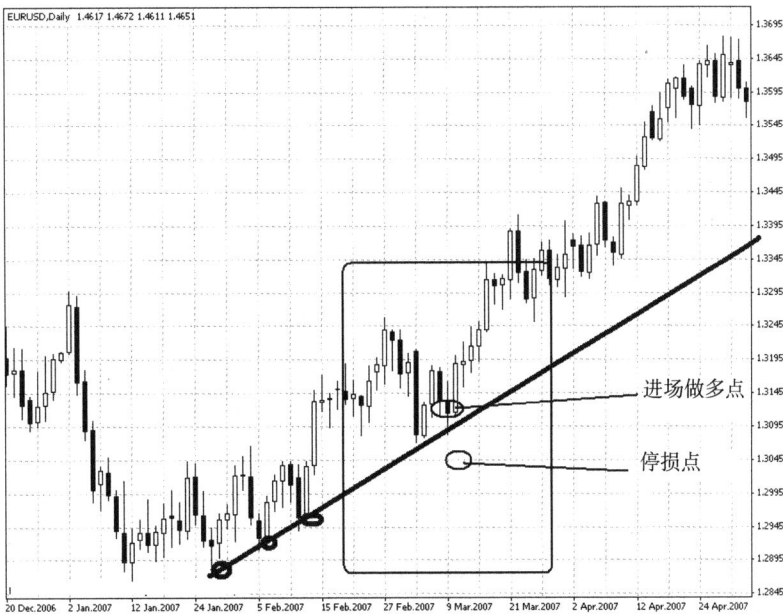

图 4-74　利用上升趋势线管理交易

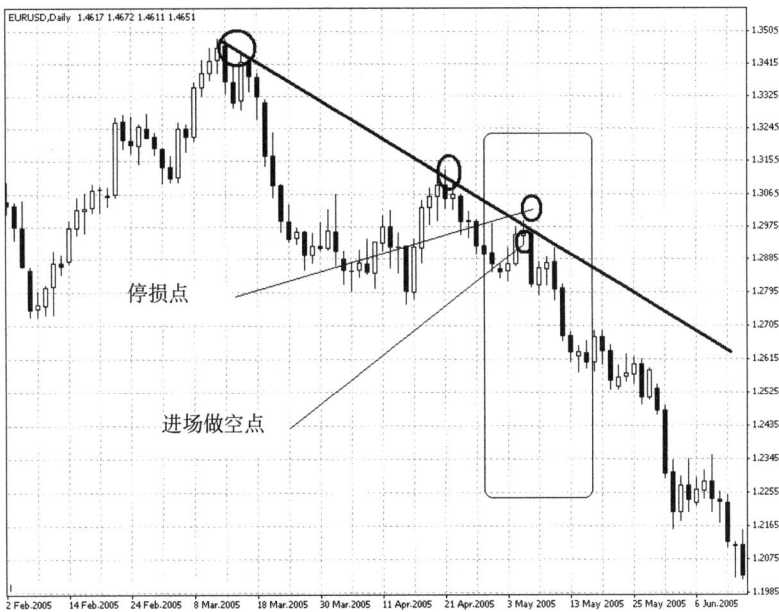

图 4-75　利用下降趋势线管理交易

3. 趋势通道

趋势通道在实际交易中发挥的作用不是很大，我们以上升趋势通道为例：从最近一个高点做上升趋势线的平行线，这样就得到一个上升通道，价格突破上升通道上轨表明向上的趋势在加速，价格突破下轨表明向上趋势可能已经完结，汇价转而向下的可能性增加。上升趋势通道是上轨可以作为短线盈利的目标，下轨则是进场点，下轨的下方则是停损位置。

（三）水平趋势线

水平趋势线经常由前期最高点和成交密集区横向延伸得到，通常这些水平趋势线更多地充当管理进场和出场的工具，所以这类趋势线更加准确的称呼应该是"位置线"，它们应该同动量指标结合起来发挥确定进场和出场位置的作用。

1. 阻力线

位于目前价格上部的前期成交密集区水平延伸线是第一类阻力线，而前期的高点则是第二类阻力线，通常以前被跌破的支撑位置也可以成为阻力线，这就是阻力线和支撑线之间的相互转换。

阻力线提供了做空的潜在位置，同时也为做空的风险管理提供了良好的位置。做空时，最好等到价格反弹到阻力线附近，同时出现乌云盖顶等线态确认了阻力的有效，如果有动量指标的超买更好，此时可以做空，同时将止损放置在阻力线之上的合适处。如图 4-76 所示。

2. 支撑线

位于目前价格下部的前期成交密集区水平延伸线是第一类阻力线，而前期的低点则是第二类阻力线，通常以前被升破的阻力位置也可以成为支撑线，这就是阻力线和支撑线之间的相互转换。

支撑线提供了做多的潜在位置，同时也为做多的风险管理提供了良好的位置。做多时，最好等到价格回调到支撑附近，同时出现刺透等线态确认了支撑的有效，如果有动量指标的超卖更好，此时可以做多，并将止损放置在支撑线之下的合适处。如图 4-77 所示。

艾略特波浪理论在测度时需要用到趋势通道。

日内交易支撑线和阻力线都比较繁多，把握起来比较费力，你考虑过日线交易吗？

图 4-76 用阻力线管理交易

图 4-77 用支撑线管理交易

（四）趋势线与止损的设立

趋势线经常作为管理交易的工作，因为趋势线不仅表明了市场上下的概率，同时也经常作为管理交易进场和出场位置的工具，特别是其中的水平趋势线。利用趋

势线管理风险的一般规则如下：

（1）利用既定的上升趋势线管理风险，在汇价调整到上升趋势线附近时进场做多，将止损放在上升趋势线下方，这样可以避免追高之苦，同时便于减小不必要的停损空间，进而获得一个理想的风险报酬比；

（2）利用既定的下降趋势线管理风险，在汇价反弹到下降趋势线附近时进场做空，将止损放在下降趋势线上方，这样可以避免杀跌之苦，同时便于缩小不必要的停损空间，进而获得一个理想的风险报酬比；

（3）利用既定的阻力线管理风险，在汇价反弹到阻力线附近时进场做空，将止损放在阻力线上方，这种方法只能在趋势向下和震荡市况中采用；

（4）利用既定的支撑线管理风险，在汇价调整到支撑线附近时进场做空，将止损放在支撑线上方，这种方法只能在趋势向上和震荡市况中采用；

（5）在趋势线附近出现反转的形态和线态，以及指标的超买或者超卖更能加强上述进场信号的效力。

（五）布林带用法精要

布林线是均线和方差理论的结晶，是最为科学的技术分析指标之一，我们根据其创始人的原著归纳了如下关于它的用法精要，至于基础知识希望大家参阅《外汇交易进阶》和《布林线》。

（1）一般来说，布林线中轨代表着市场的主要运行趋势。

（2）当市场上升强势趋势形成后，布林线的下轨线出现转头向下，市场趋势可以暂时结来。

（3）当布林线越收越紧时，常意味市场转势。个人观点转势时要综合 RSI、KDJ 判断向上，还是向下。当你选择的指标无明显卖出信号，但价格触及布林道上轨时，表明这是持续信号。

（4）W 底识别：如果价格 2 次探底时，没有像第 1 次探底时冲破下轨线，那么即使价格绝对数创新低，也认为

布林带是我外汇交易的常用工具之一。但是，布林带不是价格走势的精确边界，一定要结合驱动分析和心理分析，散户持仓比例是一个较好的辅助工具。

是探底成功。

（5）头肩顶识别左肩上攻时，力度最强，价格往往超出布林带之外，头部上攻，价格创新高，并能达上轨，但很少超过上轨。右肩上攻，但却无力触及上轨线。

（6）在价格处于上升趋势期间，价格行走在布林线上的主要特点是：价格不断地触及上轨线，同时还常常向上突破上轨线。下降趋势同理。

（7）当市场进入横向整固状态时，布林常会收窄，均线走平。当布林线口子越收越小时，此时一定要看其他指标综合判断，密切关注消息面的变化，毕竟消息面总是扮演着市场催化剂的角色。个人观点：早晨小时图上轨为今日的阻力位，下轨为支持位。小时图布林线上下轨是众多分析师的汇评操作依据。不信试试！

（8）当布林带在放大状态结束后，要么是盘整，要么反转，而不太可能是持续状态。

（9）日线图上，如果价格逐步上移至布林线的上轨并行走在上轨，分析指标同时呼应转强，那么，就可以判断上升趋势即将形成。下降趋势同理。

（10）顶部形态较底部形态复杂，因此分析顶部要有更大的耐心。

（11）建议用 MACD 配合布林带使同。

（12）买入信号组合：价格不断触及上轨且震荡指标为正。卖出信号组合：价格不断触及下轨且震荡指标为负。

四、势位态的综合运用

势位态的综合运用是我们技术分析之空间要素分析的最终目的，这个分析的流程一般都是这样的，通过移动均线等方法大致判定目前的方法，然后通过支撑阻力线找到可以进场的位置，最后当价格运动到这些位置的时候出现了相应的蜡烛线和动量指标位置，则我们立即进场，并将止损放置在相应的支撑阻力线的外侧。

下面我们举个简单的例子，如图 4-78 所示。

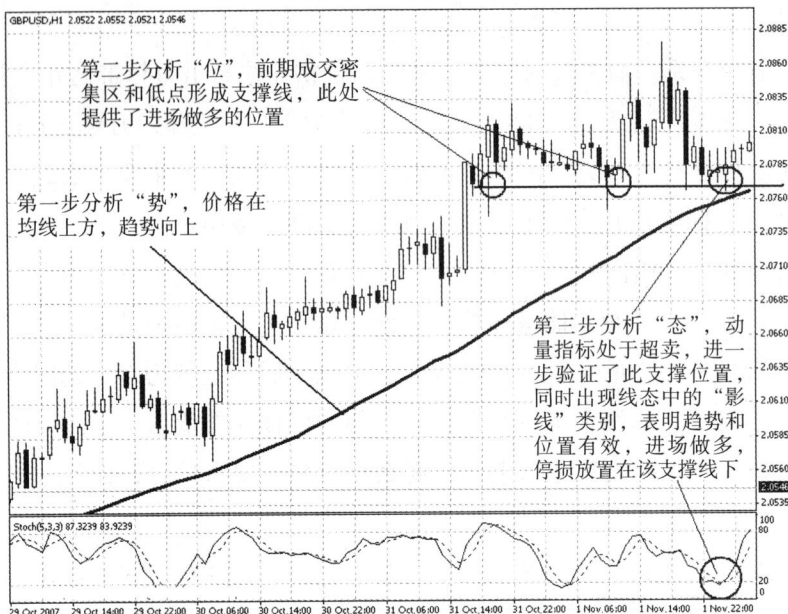

图4-78 势位态的综合运用

第四节 技术分析之空间结构分析

通过势位态的分析可以掌握所需要的交易信息，但为了达到对市场波动更加贴近的分析，我们经常使用波浪理论一类的空间结构分析。根据我们的交易实践完全依靠空间结构分析会形成市场偏见，违背顺势而为的原则，所以这类分析经常是作为主要分析的补充，而不是必要成分。

如果我们能够得到一个非常符合黄金比率的市场运动空间结构，那无疑会增加我们对交易的信心，并同时增强对市场的整体感。对于那些完全依赖于波浪理论交易的外汇交易人士而言，为自己的数浪和比率分析预留空间是非常必要的，任何时候都要设定停损保护。利用波浪理论和加特力（Gartley）理论最为有害的态度就是过于自信。

波段之间存在可数的几种比率关系是客观存在的事实，

也为很多交易者带来潜在的交易机会和实际的交易绩效，所以国内某些人士宣传波浪理论不可证伪和违背统计学概念的说法完全是错误的，根本就是没有接触实际交易的妄揣之言。虽然我们不能确定一个具体的比率，但我们可以确定极少的几个具体比率作为备选，并通过指标和态来确认这些转折点的可信度。

比如，我们预计到上涨趋势的第二浪可能在 0.382、0.5、0.618、0.764 几个位置完成并转而形成第三浪，但如何确定哪个位置是真正的二浪顶点位置呢？加入二浪下跌过程中，指标出现超卖，同时线态出现看涨吞没，刚好此位置是一浪的 0.382 回调位置，此时我们就可以少量买入。同时在该位置之下，最好是 0.5 位置之下放置停损。如果价格就此上涨，我们可以逐步金字塔追加仓位。如果价格出现下跌，我们可以在下一个支撑位置根据新的看涨线态和指标信号适量补仓，也可以保持观望，直到价格跌破止损或是止跌回升。

运用波段交易的要诀在于预留容错空间，设想到可能性，从而找出最佳的交易主案和备案，在任何情况下都要为自己的判断错误留下退路。

空间结构理论的核心是黄金分割率和其衍生比率，具体而言就是：

0.236，0.382，0.5，0.618，0.764，1.000，1.382，1.618，2.618 等。

空间结构理论主要是由研究区间市场为主的加特力波浪理论和研究趋势市场为主的艾略特波浪理论组成。两者都以黄金比率为基础，但国内人士对加特力（Gartley）理论比较陌生，所以我们先从该理论介绍起。

一、Gartley 理论

20 世纪初美国形态技术分析的先驱 H. M. Gartley 在 1935 年推出震撼投资界的形态分析力作 *Profits in the Stock*

将形态、震荡指标与比率结合起来使用。

283

Market，以每本 1500 美元的天价限量售出 1000 册，以当时正处于经济大萧条时期美国的购买力，这本书可以买到三辆全新的福特汽车。全书厚达 700 多页，其最为精华的部分出现在第 222 页，这就是被誉为具备最佳时间与价格形态的短线交易技术 Gartley "222"！

该项技术原理其实相当简单，以一个上升的 "222" 形态为例，首先价格出现一轮回升（由 X 点升至 A 点），然后展开由 A、B、C、D 四点所组成的回调，结构上必须满足这样的比率：AD＝（0.618）AX，D＝B+C–A，如此一来便构成完美的 Gartley "222" 价格形态，可以在 D 点买进，分享短期的突破性上升。

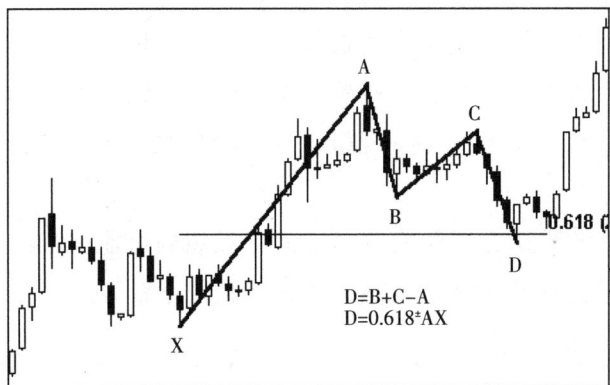

驱动市场能量高的市场采用艾略特波浪理论，而能量低的调整市场则要用到 Gartley 理论，两者的基础都是黄金率。

图 4–79　加特力 "222" 形态

H. M. Gartley 的经典价格形态自 1935 年面世至今仍历久弥新，其极其看重价格与时间同时呈现和谐比例的价格形态内涵，每时每刻都在投资市场上重复演绎着，并且不断被后继者发展创新，但基本结构一直未变。著名的 "蝴蝶转向" 形态就是由知名的技术分析专家 Larry Pesavento 在数十年投资生涯中将 Gartley "222" 形态发挥得淋漓尽致的硕果，我们将结合着实际走势，对 Gartley 最著名的十种基本价格形态逐一倾力推介，务求与交易者分享经典形态分析的精华。

（一）Gartley 基本价格形态之一、二

Gartley 基本价格形态一（见图 4-80）是由 A、B、C、D 四点所构成的"之"字形结构所体现（Gartley 基本价格形态二结构相同，方向相反），其中 AB 线与 CD 线在 60% 的情况下无论是价格升幅还是所运行时间均趋于相等。同时，BC 线回调 AB 线升幅的 0.618~0.786，当 AB 线升势较为强劲的情况下，BC 线可能仅回调 AB 线的 0.382。另外，在 40% 的情况下，当 CD 线运行期间若出现跳空缺口或很宽的价格波幅时，可以预期 CD 线的升幅将相当于 AB 线的 1.27 或 1.618。请结合实例来理解形态一、二，如图 4-81 和图 4-82 所示。

Gartley 形态似乎包含了一个锯齿形调整。

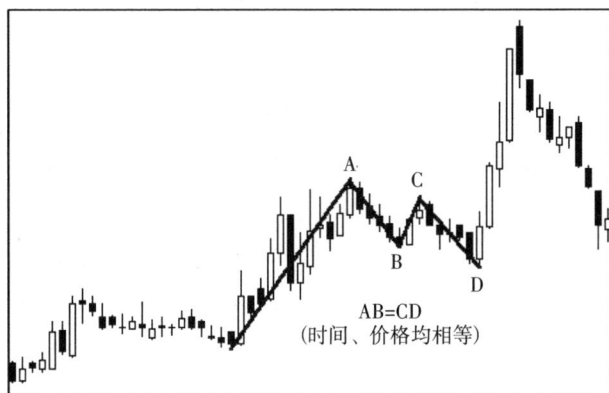

图 4-80　加特力形态一

图 4-81　加特力形态一实例

资料来源：《斐波那契高级交易法：外汇交易中的理论和实践》（第二版）。

图4-82 加特力形态二实例

资料来源：《斐波那契高级交易法：外汇交易中的理论和实践》（第二版）。

（二）Gartley 基本价格形态之三、四

H. M. Gartley 基本价格形态之三、四就是最著名的 Gartley "222" 上升与下跌形态，因其出现在《股市利润》一书中的第 222 页而得名，Gartley 用了最多的篇幅来详细描述这一形态，由于 "222" 形态总是在价格趋势见顶或见底之后才出现，因此追随它的投资者不必冒险去逃顶或抄底！

而且同样由 X、A、B、C、D 五个点构成的价格形态包含 AB=CD 的条件，使得投资者能够事先计算出相应的获利位置（A 点之上）与止损位置（X 点），这一点对于从事短线交易尤其重要，即分时走势中的 "222" 形态广泛应用于期货与外汇市场。

以一个上升的 "222" 形态（见图 4-83）为例，AD 线回调 XA 线的幅度，有 75% 的机会介于 0.618~0.786，另有 25% 的机会回调幅度为 0.382、0.5 或 0.707，期间的 AB 线与 CD 线应当趋于相等，BC 线通常反弹 AB 线的 0.618 或 0.786，若 AB 线下跌趋势较为强劲，则 BC 线反弹幅度可能只有 0.382。另外，XA 线与 AD 线所运行的时间也应存在和谐的比例，例如，若 XA 线需要 17 天的话，则 AD 线可能需要 11 天，这样在运行时间方面两段走势的比率为 1：0.618。在不常见的情况下，上升 "222" 形态有可能出

> 加特力形态中最为出名的 "222" 形态。

> 单纯使用斐波那契点位来确认反转点是完全行不通的，失败率会比较高，如果能够结合数据公布来利用的话，成功率会提高一些。不过，最为简便的做法还是用 K 线形态来确认斐波那契点位的有效性。

现失败走势，只要形态的起点 X 被击穿，则可以预期 AD 线的走势将至少会持续到相当于 XA 线幅度的 1.27 或 1.618，止损之后可以立即反手沽空。请结合实例来理解形态三、四，如图 4-84 和图 4-85 所示。

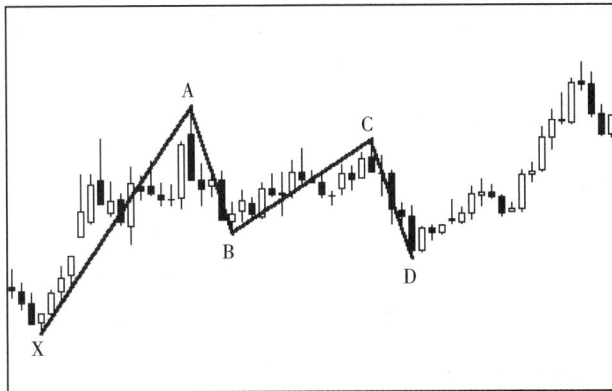

图 4-83　加特力形态三
资料来源：《斐波那契高级交易法：外汇交易中的理论和实践》（第二版）。

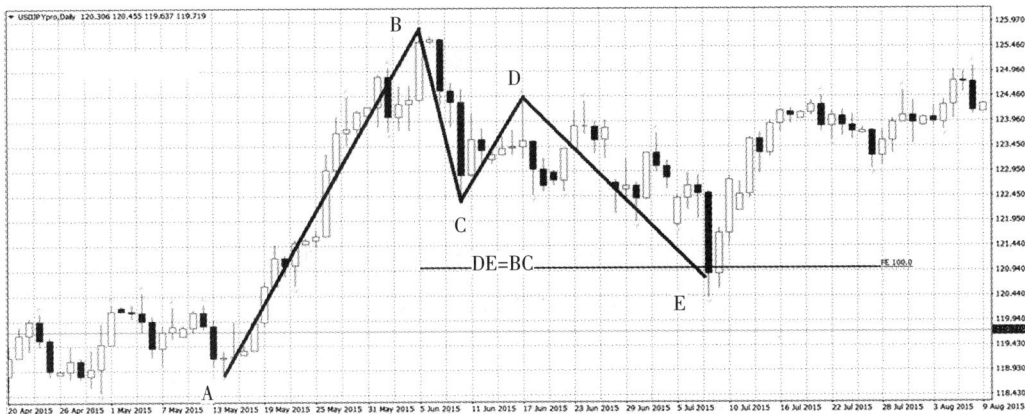

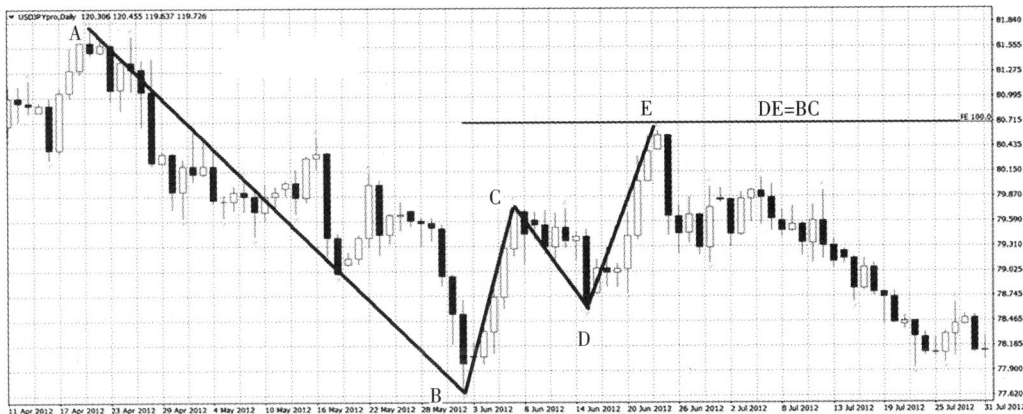

图 4-84　加特力形态三实例
资料来源：《斐波那契高级交易法：外汇交易中的理论和实践》（第二版）。

图 4-85　加特力形态四实例
资料来源：《斐波那契高级交易法：外汇交易中的理论和实践》（第二版）。

（三）Gartley 基本价格形态之五、六

H. M. Gartley 基本价格形态之五、六属于在能够事先确认市场运行趋势的前提下，捕捉（上升趋势中的）回调低点买进或（下跌趋势中的）反弹高点卖出的短线波动交易形态，这两种价格形态都由 X、1 和 A 三个点所组成，如图 4-86 所示。

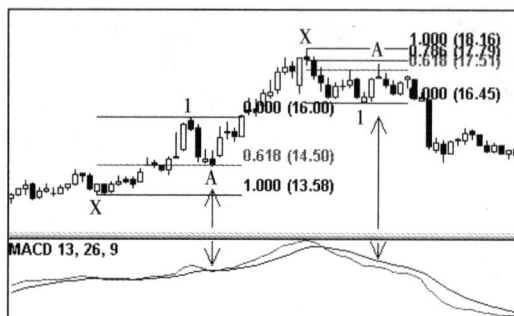

图 4-86　加特力形态五和六

其中，由 X 点至 A 点所需时间介于 5~13 天（以下均以日线图为例），在极罕见的情形下也会出现 21 天的运行时间，这些运行时间都属于斐波那契数列的数字，同时在 1 点至 A 点之间不能出现明显的波动形态（否则就变成了 Gartley "222" 的价格形态），**1A 线通常回调 X1 线的 0.618 或 0.786**，如果从 X 点至 1 点价格走势相当凌厉的话（仅需 3~5 天即完成），则 1A 的回调幅度可能只有 0.382。

只要从 1 点至 A 点的运行时间不超过 8 天，则可以预期在 0.618 或 0.786（强势则为 0.382）的回调位置将会出现反方向的戏剧性走势！交易者所冒的风险为 A 点与 X 点之间的价格差，而盈利的空间为短时间内迅速突破 1 点的快速波幅！

由于 Gartley 在介绍基本价格形态的时候并没有同时说明如何事先确认趋势，使得孤立运用这类价格形态的风险陡增！根据我们的实际使用经验，目前在技术分析中经常用到的平滑异同移动平均线 MACD 或抛物线转向 Parabolic

> 本形态其实就是一个斐波那契回调走势。

在确认市场运行趋势方面作用显著：当价格经过充分下跌且 MACD 开始进入上升状态（快线位于慢线之上），交易者就可以在价格第一轮冲高回落之际应用 Gartley 基本价格形态之五（反之则应用之六）在 0.618 或 0.786 的回调位置建仓，随后快速上升！请结合实例来理解形态五和六，如图 4-87 和图 4-88 所示。

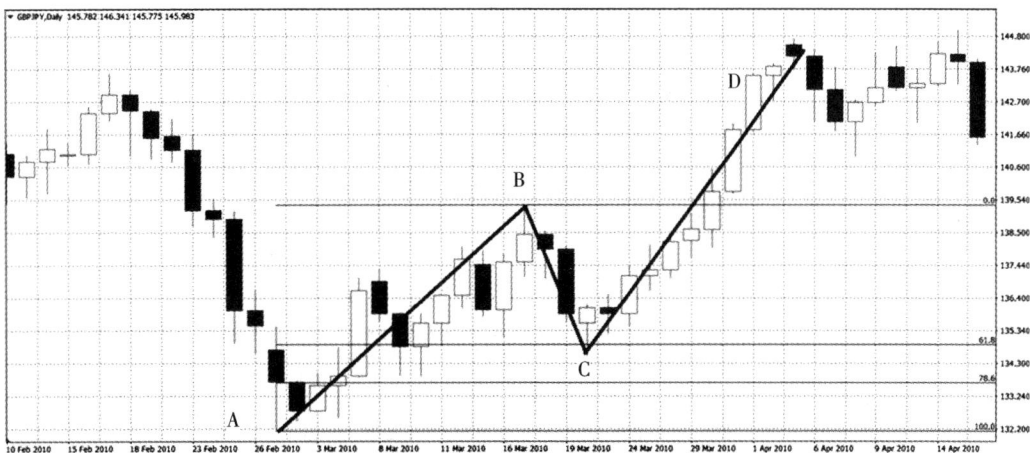

图 4-87　加特力形态五实例

图 4-88　加特力形态六实例

（四）Gartley 基本价格形态之七、八

H. M. Gartley 基本价格形态之七（见图 4-89）、八属于一种价格走势出现延伸（击穿低点或突破高点）之后趋势发生逆转（掉头回升或掉头下跌）的短期价格波

本例相当于斐波那契扩展比率的运用。

动形态，以属于见底回升的价格形态之七为例。

图 4-89　加特力形态七

该形态由 X、1、A 三个点构成，其中由 X 点至 A 点所需时间介于 5~13 天（均为 Fibonacci 数字），也有少数情形为 21 天。假如 1A 线等于 XA 线幅度的 1.27 或 1.618 的话，则可以预期价格将在 A 点见底回升，从 1 点至 A 点的长度就是反弹可能出现的幅度。如果所进行的是外汇交易当日交易的话，则这种短线形态不容忽视，因为 X 点通常就是当天的开盘价格，为短线炒家提供了一个捕捉即日买进或卖出的良机。请结合实例来理解形态七、八，如图 4-90 和图 4-91 所示。

图 4-90　加特力形态七实例

图 4-91 加特力形态八实例

（五）Gartley 基本价格形态之九、十

H. M. Gartley 基本价格形态之九、十属于较为少见但又十分容易辨认的短期转向形态，以见顶转向的形态之九为例，形态是由三个逐渐抬高的顶点所组成的，其中 A2 线与 1A 线、C3 线与 2C 线无论是波幅还是运行时间均呈现 1.27 或 1.618 的和谐比例关系，而且整个形态过程中不能出现跳空的缺口（否则还需要进一步的形态确认），在正常的价格波动情况下，1A 线和 2C 线通常回吐上一段波幅的 0.618 或 0.786。请结合实例来理解形态九和十，如图 4-93 和图 4-94 所示。

贯穿 Gartley 理论始终的都是关于调整浪的应对，这比艾略特波浪理论进了一步，因为调整浪是个难题。

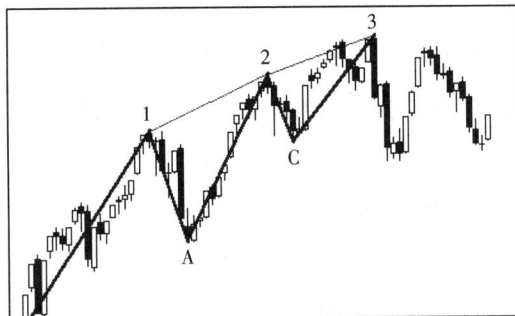

图 4-92 加特力形态九

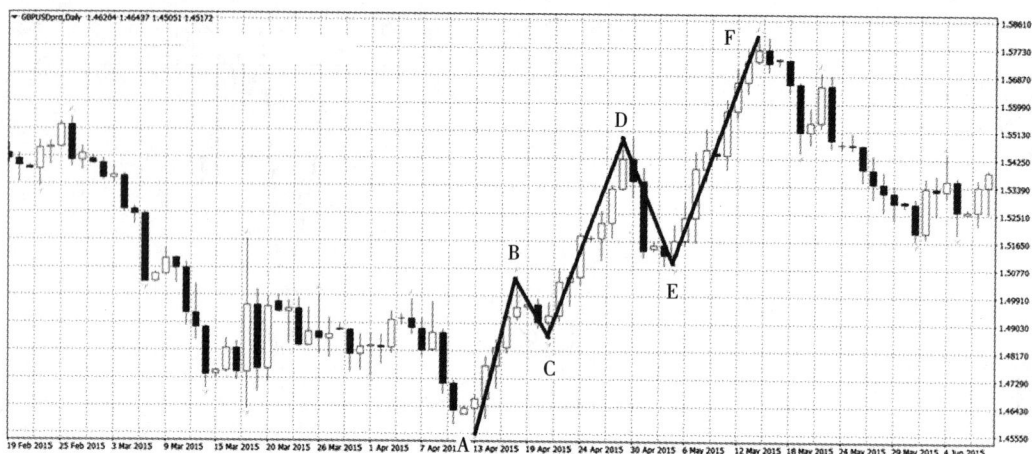

图 4-93　加特力形态九实例

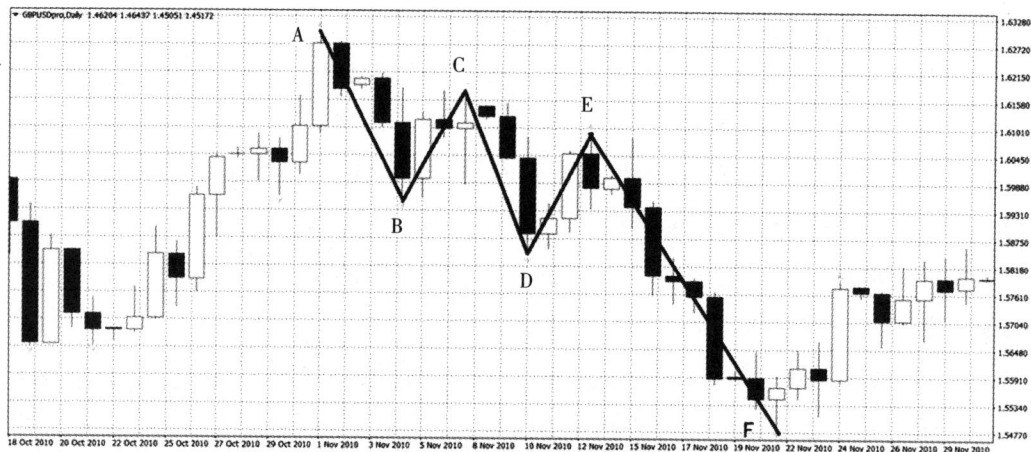

图 4-94　加特力形态十实例

（六）从 Gartley 形态到蝴蝶形态

Gartley 形态最初是由 H. M. Gartley 在 1935 年提出的，它发现了 4 个单独价格段之间的黄金分割关系，目的是指导大家怎样在**无序的区间市场里交易（在能量低的调整行情中交易）**。以图 4-95 左边的牛形 Gartley 为例，市场大多数人看到了 X-A 的大幅上涨，但最终未能把握住这拨涨势，因此他们决定在下一拨涨势到来时一定要把握住机会，在 B—C 处之间大家纷纷做多，之后不久，市场突然反转下跌，并一路滑向多头的止损位，当市场在 D 点清除了几乎所有的止损盘后，通常价格开

始反转，并开始新一轮的涨势，而且最高位将高于之前的
A点。可能你在交易的过程中遇到过很多次这样的情况，
Gartley 形态正是其救命的稻草。

"蝴蝶"空头形态中，
1.618 扩展比率类型是最多的。

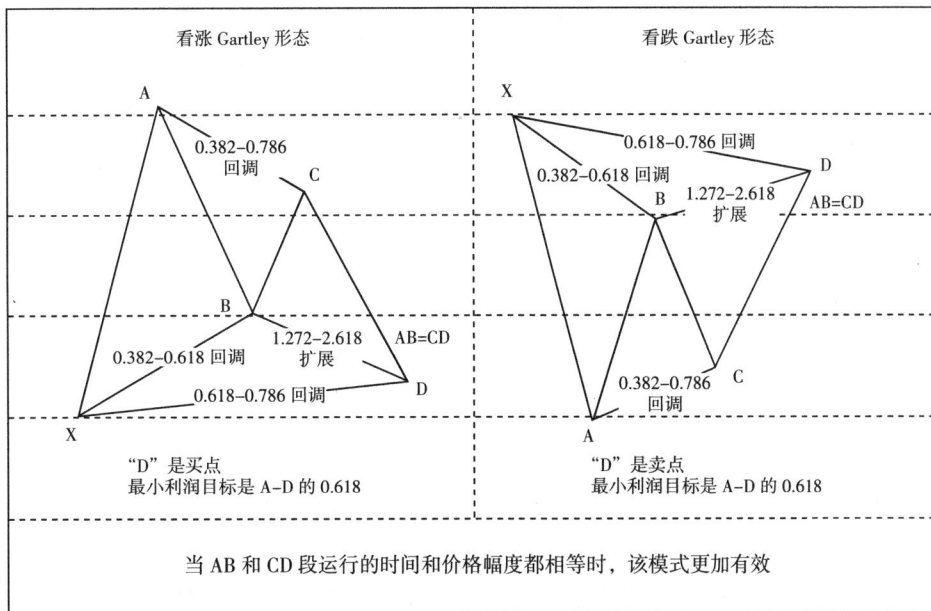

图 4-95　当 AB 和 CD 段运行的时间和价格幅度相等时，该模式更加有效

上面主要介绍了 Gartley 形态，它最初由 Larry Pesavento
发现，接下来将向大家介绍"蝴蝶"形态，它由 Larry 的同
事 Bryce Gilmore 发现。图 4-96 由一个熊市"蝴蝶"形态及
一个牛市"蝴蝶"形态构成，上面标注了所有的黄金分割
比率。与 Gartley 形态很相似，"蝴蝶"形态也反映了交易
者的心态，特别是恐惧和贪婪的心态。就目前而言，市场
产生突破，市场情绪随之高涨，所以应用黄金分割分析非
常有效。

"蝴蝶"形态的核心其实
就是斐波那契扩展延伸。

下面是外汇交易中运用"蝴蝶"形态进行分析的实例
图解，如图 4-97 和图 4-98 所示。

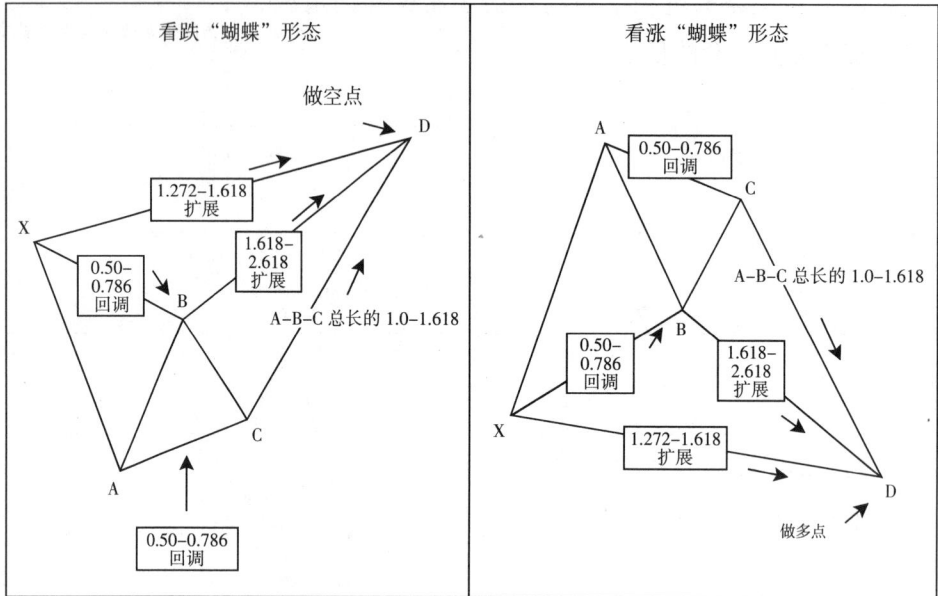

图 4-96 看跌"蝴蝶"形态和看涨"蝴蝶"形态

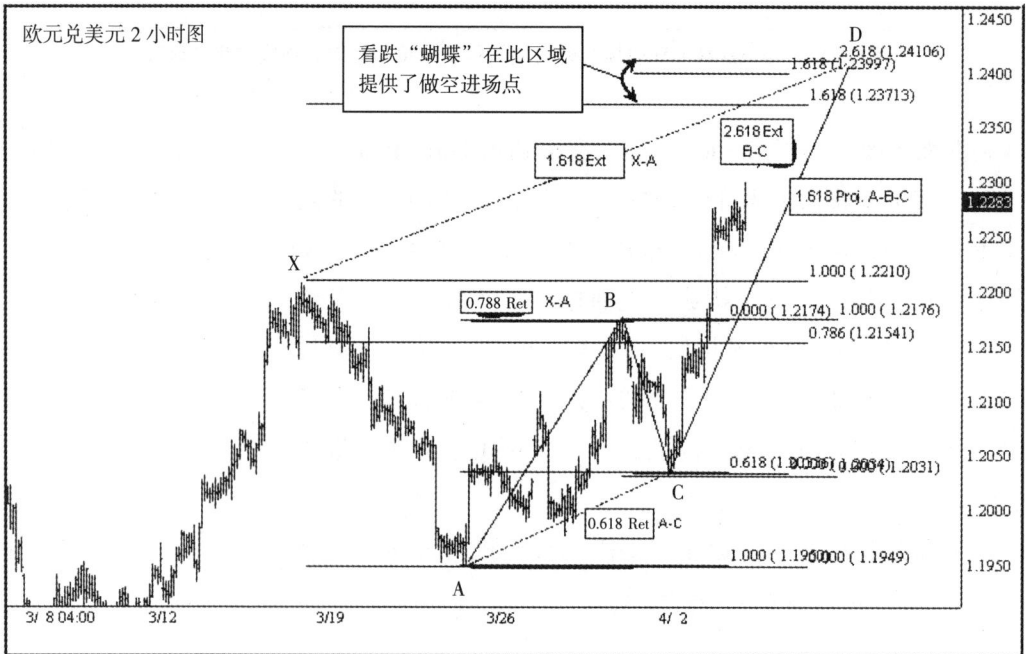

图 4-97 "蝴蝶"形态实例 1

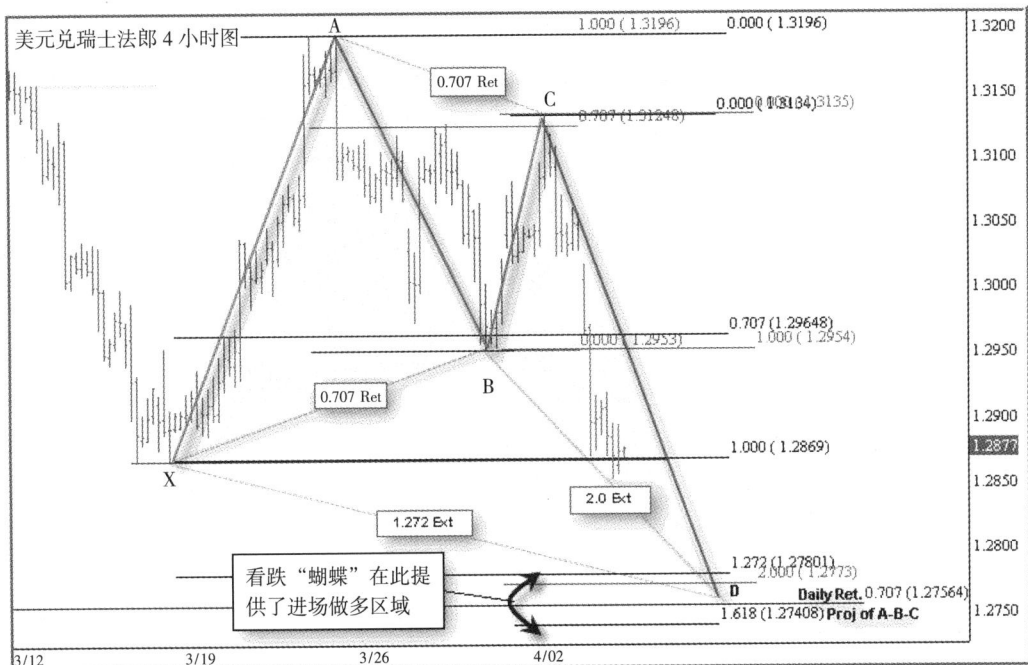

图 4-98　"蝴蝶"形态实例 2

二、波浪理论

艾略特认为群体心理的起伏总是呈现出同样的模式，然后他把这些模式定义为"波浪"。为了发表这些独具见解的思想，他将这套东西命名为"艾略特波浪理论"。

艾略特先生认为一个趋势市场是以 5-3 浪的结构出现的。**首先出现的 5 浪被称为推动浪，而接着出现的 3 浪则称为调整浪。**

让我们首先看看 5 浪推动浪模式（见图 4-99）。如果你看见下面的理想模式的话，就很容易掌握这种浪型。但波浪理论作为一个特立独行的分析门派不是三言两语就能够说透彻的，也不是一年半载就能够熟练应用的，我们在这里所能做的只是为您提供一定的基础知识。

（一）波浪理论基础

下面我们具体描述一下各个浪的具体情形。我们将使用股票作为例子，毕竟艾略特波浪理论最初来源于股票交

能量强则呈现 5 浪，能量弱则呈现 3 浪。基本面因素明朗，则往往呈现 5 浪；基本面因素晦暗，则往往呈现 3 浪。倘若美联储步入加息周期，而欧元区处于宽松状态，那么欧元兑美元的走势倾向于 5 浪还是 3 浪？

易，但事实上它更适合于外汇，因为波浪理论的隐含前提之一是群体行为，流动性越强的市场越适合用波浪理论进行分析，因此波浪理论更像是行为金融学的分支。

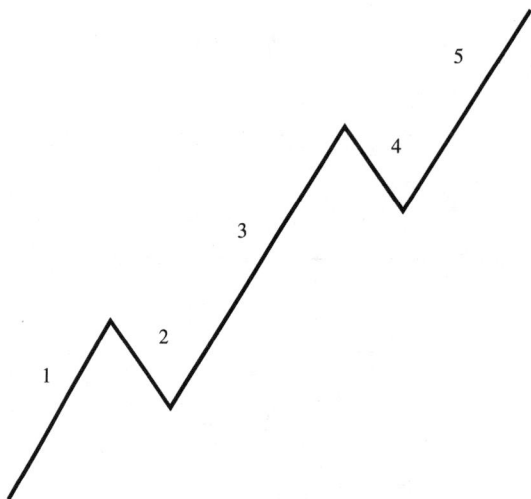

图 4-99　艾略特波浪理论的 5 浪推动浪模式

（1）1 浪：股票开始其最初的上升。这经常是由于市场的卖方力量耗尽，而一小部分交易者认为股票价格已经相当便宜了，所以择机买进，因此导致价格上扬。

（2）2 浪：部分人士开始兑现其盈利，这导致价格继续回落，然后存在主动性的买方所以价格并没有回到以前的低点。

（3）3 浪：这通常是最强劲和最长的一浪，这一浪肯定不是 1 浪、3 浪、5 浪中最短的一浪，并且经常是最长的一浪。

（4）4 浪：市场开始出现冲高后的调整，这浪通常是最复杂的一浪，也是时间上持续最久的一浪，如果你不知道自己在哪一浪中，那么你很可能在第四浪中，4 浪和 2 浪存在交替想象，如果 2 浪比较复杂，则 4 浪就比较简单；如果 2 浪是纵向调整，则 4 浪一般横向调整。

（5）5 浪：在这一浪中所有买家都进场了，所以这是市

当然这里面存在很多变动的因素，各浪之间也存在斐波那契比率关系，具体的深入可以参看我们《斐波那契高级交易法：外汇交易中的波浪理论和实践》（第 2 版）一书的深入讲授。

场歇斯底里的表现，也就是此波运动中的最后疯狂。之后接着就是调整浪的出现。其实在五浪的推动模式中，暗含了两浪调整，那就是 2 浪和 4 浪。

5 浪模式完成之后接着就是 3 浪的调整，当然这是理想的模型。看看下面一个完整的 5-3 浪模型，如图 4-100 所示。

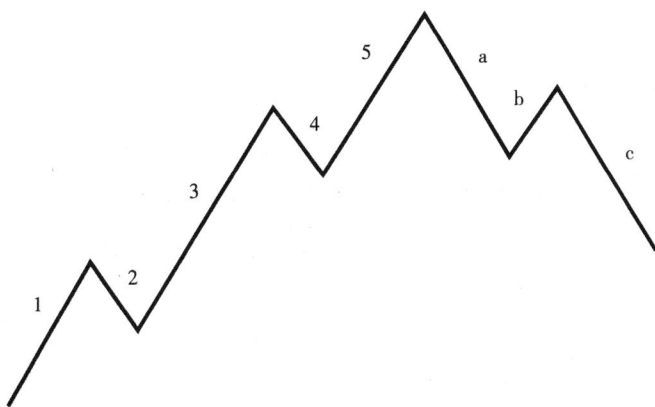

图 4-100　完整的 5-3 浪模型

大多数人存在误解，其实在外汇市场中，推动浪不一定是朝上的，而调整浪也不一定是朝下的。所以，我们在运用波浪理论的时候一定要注意到这点，而在股票市场则以上述的向上推动浪向下调整浪模型为主。具体原因在于外汇市场是货币的比率，没有"重力"现象，而股票市场必须靠资金注入才能上涨，一旦放手就会自由落体般坠下。下面是一个外汇市场中反向的 5-3 浪模式，如图 4-101 所示。

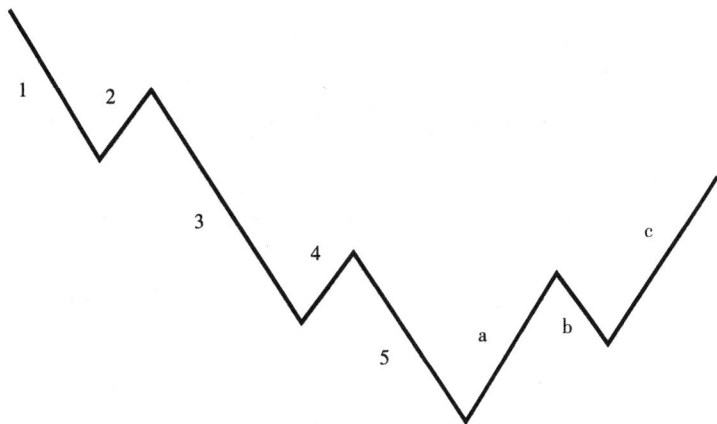

图 4-101　反向的 5-3 浪模式

在真实的交易世界中，波浪并没有理想模型那么完美和容易辨认，所以在交易的时候，你需要留足够的容错空间，宇宙中存在一种路径修正，也就是一切事情都被安排好，如果有意外发生则关键的安排也不会被破坏，这就是宇宙演化进程的一种容错考虑。我们在交易中也有借鉴这一思想。

（二）波浪理论交易实务

虽然波浪理论非常复杂，不过我们在自己的交易中经常使用这一理论，下面我们给出一个交易中使用的表格，可以反复使用这一表格来甄别和追随波浪，如图 4-102 和表 4-1 所示。

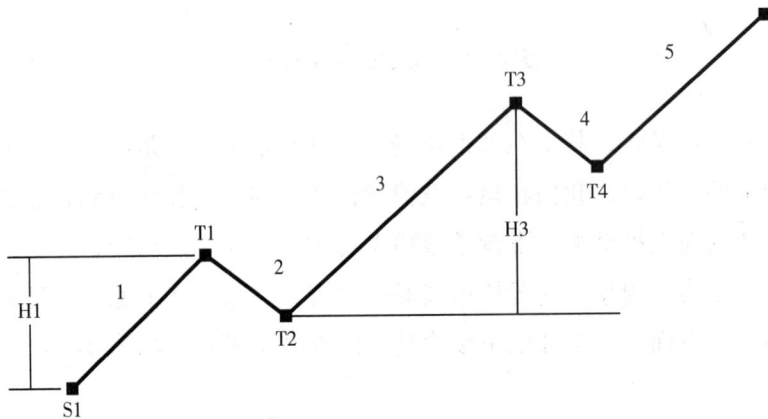

限于篇幅，我们不能详细讲解其具体运用，不过如果有什么疑问可以通过顶级交易员公众号沟通，也可以通过《斐波那契高级交易法：外汇交易中的波浪理论和实践》来深入掌握波浪理论在外汇交易中的运用。因为纯粹的艾略特波浪理论用起来比较复杂，我们做了简化。

图 4-102　数浪模型

表 4-1　波浪市交易表格
WAVE MARKET ANALYSIS

汇率（　/　）		时间级别（　）	交易起止（　）-（　）	
一浪起点判断 ①背离 ②动能交叉 ③蛰伏视窗 ④分形 ⑤目标区域 ⑥特殊形态 ⑦双趋势线突破	计算一浪的保守目标价位： 形态高度 H*1 [　　　]	计算一浪的一般目标价位： P 颈线-/+形态高度 H*3 [　　　]	进场位置 止损点设置 止损金额 止损比例	一浪实际价位

续表

给定第一浪： S1- T1- H1=	计算二浪的保守目标价位 T1- H1*0.383 [ ]	计算二浪的一般目标价位 T1-H1*0.5 [ ]	进场位置 止损点设置 止损金额 止损比例	二浪实际价位
给定第二浪 T2-	计算三浪的保守目标价位 T2+H1*1 [ ]	计算三浪的一般目标价位 T2+H1*1.618 [ ]	进场位置 止损点设置 止损金额 止损比例	三浪实际价位
给定第三浪 T2- T3- H3=T3-T2	计算四浪的保守目标价位 T3-H3*0.236 [ ]	计算四浪的一般目标价位 T3-H3*0.382 [ ]	进场位置 止损点设置 止损金额 止损比例	四浪实际价位
给定第四浪 T4- 给定一三浪 H13=T3-S1=	计算五浪的保守目标价位 T4+H13*0.382 [ ]	计算五浪的一般目标价位 T4+H13*0.618 [ ]	进场位置 止损点设置 止损金额 止损比例	五浪实际价位
判断推动浪结束 ①背离 ②动能交叉 ③蛰伏视窗 ④分形 ⑤目标区域 ⑥特殊形态 ⑦双趋势线突破	计算调整浪的保守目标价位 ①T4- [ ] ②P 颈线-/+形态高度 H*3 [ ]	计算调浪的一般目标价位 P 颈线-/+形态高度 H*3 [ ]	进场位置 止损点设置 止损金额 止损比例	第一调整浪实际价位

交易总结：

盈亏兑现+(   )/-(   ) 比例（   ）%

三、各个波段之间存在黄金比率

外汇交易中主要用的比率有 0.236、0.382、0.5、0.618、0.764、1.0、1.382、1.618 等，这些比率计算可以到下列网址进行：http：//www.actionforex.com/resources/tools/fibonacci_calculator_200603205723/。

国内比较权威的波浪理论研究网站位于：http：//bbs.macd.cn/。

另外，我们推荐一个在 MT4 上面使用的斐波那契比率自动计算指标 sb-zup-v2，图 4-103 是该指标呈现给我们的外汇市场的奥妙结构。注意其中一些不属于一般黄金分割率的比率，这些比率也是经常出现的结构。

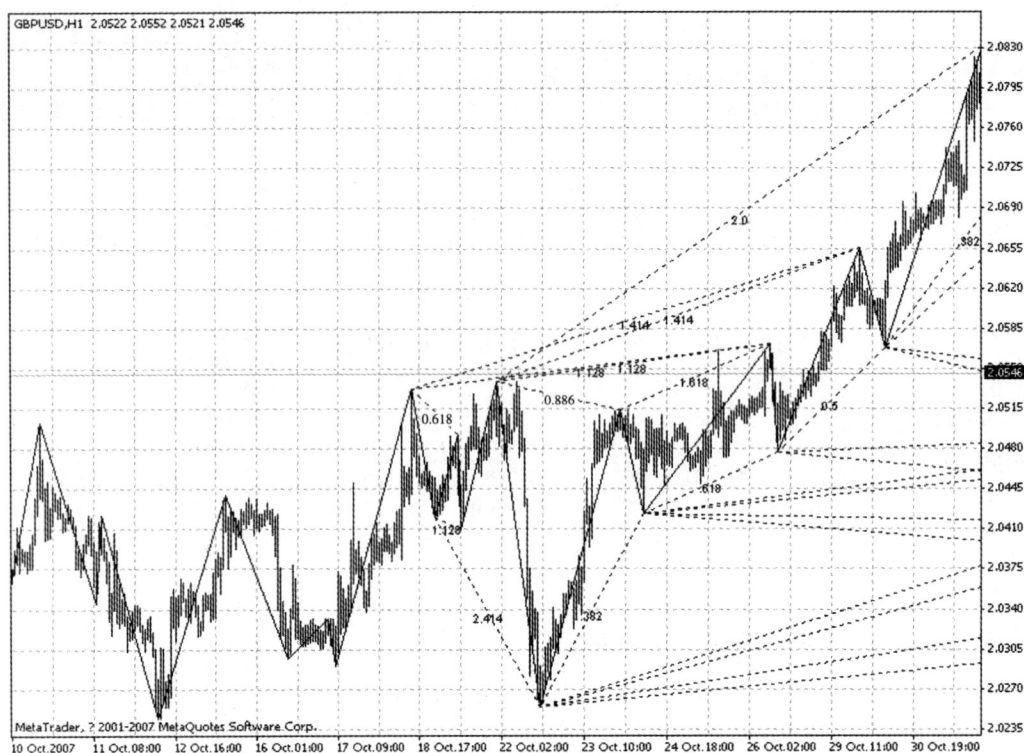

图 4-103　指标 sb-zup-v2 呈现的外汇市场的奥妙结构

为了方便大家使用，我们免费开放了指标 sb-zup-v2 的源代码，大家可以将其输入到 MT4 创建性指标当中：

```
#property indicator_chart_window
//#property indicator_separate_window
#property indicator_buffers 7
#property indicator_color1 Orange
#property indicator_color2 DarkTurquoise
#property indicator_color3 Crimson
#property indicator_color4 DarkTurquoise
#property indicator_color5 Crimson
#property indicator_color6 YellowGreen
#property indicator_color7 YellowGreen
//----input parameters
```

```
//----buffers
double PBuffer [ ];
double S1Buffer [ ];
double R1Buffer [ ];
double S2Buffer [ ];
double R2Buffer [ ];
double S3Buffer [ ];
double R3Buffer [ ];
string Pivot="Pivot Point", Sup1="S1", Res1="R1";
string Sup2="S2", Res2="R2", Sup3="S3", Res3="R3";
int fontsize=10;
double P, S1, R1, S2, R2, S3, R3;
double LastHigh, LastLow, x;


//+------------------------------------------------------------+
//| Custor indicator deinitialization function                 |
//+------------------------------------------------------------+
int deinit ( )
  {

  ObjectDelete ("Pivot");
  ObjectDelete ("Sup1");
  ObjectDelete ("Res1");
  ObjectDelete ("Sup2");
  ObjectDelete ("Res2");
  ObjectDelete ("Sup3");
  ObjectDelete ("Res3");

//----
  return (0);
  }
```

```
//+------------------------------------------------------------+
//| Custom indicator initialization function                   |
//+------------------------------------------------------------+
int init ( )
  {
  string short_name;

  SetIndexStyle (0, DRAW_LINE, 0, 1, Orange);
  SetIndexStyle (1, DRAW_LINE, 0, 1, DarkTurquoise);
  SetIndexStyle (2, DRAW_LINE, 0, 1, Crimson);
  SetIndexStyle (3, DRAW_LINE, 0, 1, DarkTurquoise);
  SetIndexStyle (4, DRAW_LINE, 0, 1, Crimson);
  SetIndexStyle (5, DRAW_LINE, 0, 1, YellowGreen);
  SetIndexStyle (6, DRAW_LINE, 0, 1, YellowGreen);
  SetIndexBuffer (0, PBuffer);
  SetIndexBuffer (1, S1Buffer);
  SetIndexBuffer (2, R1Buffer);
  SetIndexBuffer (3, S2Buffer);
  SetIndexBuffer (4, R2Buffer);
  SetIndexBuffer (5, S3Buffer);
  SetIndexBuffer (6, R3Buffer);

  short_name="Pivot Point";
  IndicatorShortName (short_name);
  SetIndexLabel (0, short_name);

  SetIndexDrawBegin (0, 1);

  return (0);
  }
```

```
//+--------------------------------------------------------+
//| Custom indicator iteration function                    |
//+--------------------------------------------------------+
int start ()

  {
    int    counted_bars=IndicatorCounted ();

    int limit, i;
//----indicator calculation
if  (counted_bars==0)
  {
    x=Period ();
    if (x>240) return (-1);
    ObjectCreate ("Pivot", OBJ_TEXT, 0, 0, 0);
    ObjectSetText ("Pivot", "Pivot Point", fontsize, "Arial", Red);
    ObjectCreate ("Sup1", OBJ_TEXT, 0, 0, 0);
    ObjectSetText ("Sup1", "S1", fontsize, "Arial", Red);
    ObjectCreate ("Res1", OBJ_TEXT, 0, 0, 0);
    ObjectSetText ("Res1", "R1", fontsize, "Arial", Red);
    ObjectCreate ("Sup2", OBJ_TEXT, 0, 0, 0);
    ObjectSetText ("Sup2", "S2", fontsize, "Arial", Red);
    ObjectCreate ("Res2", OBJ_TEXT, 0, 0, 0);
    ObjectSetText ("Res2", "R2", fontsize, "Arial", Red);
    ObjectCreate ("Sup3", OBJ_TEXT, 0, 0, 0);
    ObjectSetText ("Sup3", "S3", fontsize, "Arial", Red);
    ObjectCreate ("Res3", OBJ_TEXT, 0, 0, 0);
    ObjectSetText ("Res3", "R3", fontsize, "Arial", Red);
  }
    if (counted_bars<0) return (-1);
    limit= (Bars-counted_bars) -1;
```

```
for  (i=limit;  i>=0;  i--)
{

if (High [i+1] >LastHigh) LastHigh=High [i+1];
if (Low [i+1] <LastLow) LastLow=Low [i+1];

if (TimeDay (Time [i])! =TimeDay (Time [i+1]))
  {
  P = (LastHigh+LastLow+Close [i+1]) /3;
  R1 = (2*P) -LastLow;
  S1 = (2*P) -LastHigh;
  R2 = P+ (LastHigh - LastLow);
  S2 = P- (LastHigh - LastLow);
  R3 = (2*P) + (LastHigh- (2*LastLow));
  S3 = (2*P) - ((2* LastHigh) -LastLow);
  LastLow=Open [i]; LastHigh=Open [i];

  ObjectMove ("Pivot", 0, Time [i], P);
  ObjectMove ("Sup1", 0, Time [i], S1);
  ObjectMove ("Res1", 0, Time [i], R1);
  ObjectMove ("Sup2", 0, Time [i], S2);
  ObjectMove ("Res2", 0, Time [i], R2);
  ObjectMove ("Sup3", 0, Time [i], S3);
  ObjectMove ("Res3", 0, Time [i], R3);

  }

  PBuffer [i] =P;
  S1Buffer [i] =S1;
  R1Buffer [i] =R1;
  S2Buffer [i] =S2;
```

```
R2Buffer［i］=R2;

S3Buffer［i］=S3;

R3Buffer［i］=R3;


}


    return（0）;

}
```

第五节　技术分析之时间分析

空间分析完成之后，我们在有额外精力和时间的情况下，可以进行时间分析。我们比较推荐的分析是本节第三小节和第四小节的方法，简单易用。对于螺旋历法和江恩六边形，大家最好利用自动计算工具来提供潜在转折点，然后通过其他技术指标验证这些转折点。本节的时间分析主要运用于日线图上的交易，所以不适合日内交易者。

一、螺旋历法

华尔街证券交易员 Carolan 在 1992 年正式提出螺旋历法，随后这一方法得到特别重视，成为时间分析的重要工具。经历过 1987 年股灾的 Carolan 发现，此次股市崩盘与 1929 年的股灾在很多方面存在惊人的相似之处，请看表 4-2。

Carolan 发现这些巧妙之处后，深入钻研了股市波动的时间关系，从而正式提出了螺旋历法这一独特的时间分析技术。

螺旋历法是一组时间的集合，也就是斐波那契数字的平方根序列作为螺旋历法度量时间的时间尺度序列，而这个时间尺度序列的基本单位是太阴月，大概是 29.53 个历法日。

多年的交易实践让我更加关注重大事件和关键数据的发布时间，而不是螺旋历法的关键节点。

305

表4–2　1929年与1987年的螺旋历法特征对比

	1929年			1987年			历法日间隔	太阴月间隔
	太阳历法	犹太历法	中国农历	太阳历法	犹太历法	中国农历		
春季低点	5月31日	2月22日	4月23日	5月20日	2月23日	4月23日	21773个历法日	716.99个太阴月
夏季峰顶	9月3日	6月1日	8月1日	8月25日	6月2日	7月2日	21775个历法日	717.05个太阴月
秋季高点	10月11日	7月9日	9月9日	10月2日	7月10日	8月10日	21775个历法日	717.05个太阴月
市场崩溃	10月29日	7月27日	9月27日	10月19日	7月27日	8月27日	21774个历法日	717.02个太阴月

具体的公式是：

螺旋历法的时间序列＝斐波那契数字平方根序列×29.53

螺旋历法的时间序列大致是这样的：29.53个历法日，29.53个历法日，41.77个历法日，51.15个历法日……比如第十二个螺旋历法数字就是144的平方根乘以29.53得到，也就是12×29.53＝354.37个历法日。

我们可以由此得到一组无限延伸的螺旋历法时间序列。那么怎样运用螺旋历法推测未来的市场转折日呢？

首先找到一个重要日期，这个日期可以是历史的高点、低点，或者是重要节气日，可以是历史上的，也可以是未来的。你用作起点的这个日期被称为"螺旋焦点"，然后以螺旋焦点为基础向该点之前或者之后的日期推导，通过在起点日前上加减某个螺旋历法时间序列数字来列出某个可能的转折日。

螺旋焦点的选择更像一门艺术。

某些交易软件和网站提供了自动计算转折点的服务，大家可以利用这一工具尝试一下螺旋历法在外汇市场中的准确度。由于螺旋历法提供了很多可能的转折点，所以我们目前并没有找到可以有效运用该方法于外汇市场的途径。

彭博软件—博易大师提供了螺旋历法的自动计算功能，在该软件画线工具中可以找到。

二、江恩六边形

江恩的理论非常注重价格和时间的既定关系。而当代

交易大师威廉·拉瑞则认为江恩理论是营销的杰作，并非能够运用于市场的有效分析工具。我们在自己的外汇交易中，对江恩的运用主要局限于六边形和江恩正方，同时主要是一位非全职交易员在运用。所以我们根据与他的交流专门为江恩六边形列出了一小节，顺便在其中提一下江恩正方的简单用法。

刚开始做一个全面的了解，然后再根据实践不断筛选和优化自己的技术系统。

江恩六角形将一个正六边形（见图 4-104）由中心引线分成 12 等份，12 个角度代表 12 个月，每年春分作为 0 度，大致就是每年 3 月 21 日作为 0 度，以后每 30 度代表一个月的时间，这就是江恩六边形的时间循环。

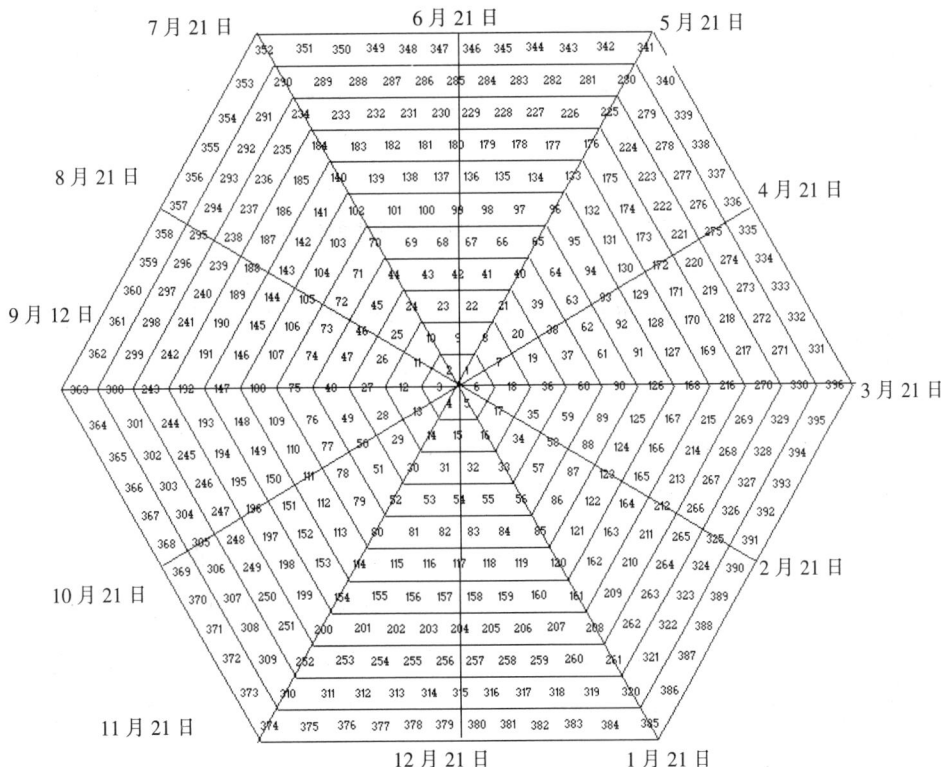

图 4-104 江恩六边形

从六边形中心逆时针排列数字，由内到外，一般从 1 开始。这既是江恩六边形的价位安排。这样价位和时间就对应起来了，比如 3 月 21 日对应了一系列数字，而这个交

易日正是 3 月 21 日，则查看今日行情中该价位是否出现，离得多远，因为该价位很可能是一个关键的阻力支撑位置，所以要加以注意。江恩六边形的运用很简单，根据交易日期查看对应的角度线，然后从中找到潜在的支撑阻力位置。

江恩正方形的用处也在寻找支撑和阻力位置，其规则如下：

（1）四方形的纵轴价位是潜在的阻力支撑位置；

（2）四方形的横轴价位是潜在的阻力支撑位置；

（3）四方形的两条对角线价位是潜在的阻力支撑位置。

下面是以英镑 20000 为起点所做的一个层扩展的江恩正方形，如图 4-105 所示。

20030	20031	20032	20033	20034	20035	20036
20029	20012	20013	20014	20015	20016	20037
20028	20011	20002	20003	20004	20017	20038
20027	20010	20001	20000	20005	20018	20039
20026	20009	20008	20007	20006	20019	20040
20025	20024	20023	20022	20021	20020	20041
20048	20047	20046	20045	20044	20043	20042

图 4-105　江恩正方形在英镑中的使用

江恩正方形的一个自动计算器位于下列网址： http：//xmlworks.com/gann/javascript/。

附文：江恩论述六边形的手稿

因为任何事物都是循环运动，没有什么东西是直线运动的，所以这个图是想展示给你角度是怎么在比较高和比较低的价格水平时影响股票价格变化的，以及为什么当股票达到比较高的价格时会出现比较快速的运动。原因是它们已经移动到距离 45 度角足够远的分离位置，没有什么能使它们停下来，它们的运动自然而然地就是飞速地上或者下。

在六边形里最开始的位置是 1，也正好是 360 度的循环位置。然后我们放置一个循环中的循环在这循环中，6 个循环后结束第二个循环，距离初始位置增加了 6。第二循环的结束位置是 7，7 在这里可以代表重要的月、年、周、日，而 7 日就正好是上帝安排的安息日。

第三个循环结束在 19，第四个循环结束在 37，比上一个循环增加了 18，第 5 个循环结束在 61，距离上一个循环增加了 24，第 6 个循环结束在 91，距离上一个循环增加了 30，第 7 个循环结束在 127，距离上一个循环增加了 36。

注意到了吧，从第一个循环开始，每次循环之间我们增加 6。也就是说，当这种循环进行 6 次后，我们可以得到"36"。

如上所讲的那样，这样就结束了第一个六边形的循环，这可以等价于 127 个月，这就解释了为什么一段大行情会运行 10 年零 7 个月，或者直到价格达到了六边形的方形，或者重要的最近的 45 度角才结束。

第 8 个循环结束在 169，距离先前的循环得到 42。这是一个非常重要的角度，也是一个非常重要的时间循环成因，它等价于 14 年零一个月，或者两个 7 年的循环，重要的顶低的极端点都落在这个角度上，你全都可以在这个六边形图上找到。（注释：169 为 13 的平方）

第 9 个循环结束在 217，距离先前的循环得到 48 的距离，第 10 个循环结束在 271，获得距离 54，如上所述，271 是从 1 开始的第 9 个循环，是第三个 90 度角，或者 270 度角，一个圆的 3/4，一个非常强大的点！所有的这些都被主 12 图，被四季的季节循环和 9 方图证实了，这一点也被六边形图证实了，无论你用多少途径或者从什么方向去演算，这些数字所展示的数学证据总是那么精确。（注释：这些数字毋庸置疑地证明了，任何条件下，数学都可以作为指引我们操作方向的一种强大工具）

第 11 个循环结束于 331，距离前一个是 60 的距离，第 12 个循环结束于 397，结束了全部的六边形，获得从 1 开始的 11 个循环，和 66 的距离。

66 个月，或者 5 年零 6 个月，标定了一个主要的大级别行情的顶点位置。但是要注意到，市场经常是在 60 个月达到顶点，然后出现反方向运动，而头部或底部的第二个顶底位置落在第 66 个月，一定要注意在主 12 图上 66 这个数字的位置!! 注意它在 9 方图上的位置是 180 度角上，所有的这些都证明了这个强大的角度位置。可以选择一个 66 度的角度，一个在 67.5 度，一个在 68 度，确认了这个点对于顶和底或者价格空间的上下移动具有双倍强大的作用。

注意在六边形上 360 度的数字，它代表一个 360 度的循环终结的位置。从开始点出发这个点出现在图形周围 180 度的位置上，但从中心点测量，它可以等于一个 90 度角或者 180 度角，使其成为强大的位置点，非常难以通过，这

通常是一个行情的结束或者一个行情的起点。

再次通过中心点就是六边形图的 1 这个位置，注意 7，19，37，61，91，127，169，217，271，331 和 397 都在这个方向的角度上，这些点是测量时间循环的重要位置！！从 1 开始，跟随着其他的角度，标定 2，9，22，41，66，97，134，177，226，281 和 342，都是同样规则地落在 90 度角上，或者 60 度角和 240 度角上。

仔细检查这些图和这些图上的每一个重要角度，你会发现为什么在日、周、月和年上出现价格抵抗，为什么股票会依照时间在这些强大和重要的点上停下来并出现顶底。

当一些股票的价格通过并超越了 120 度，特别是超越了 127 度和 127 点并且跳出了第一个六边形中的方形，它的波动将变得更快速疯狂，更加快速地涨跌！！注意在中心附近从 66 滑到 7，你将撞击 180 度或 90 度，但是当股票跳过 162 去，在撞上另外一个强的角度之前它们可以达到 169，这就是股票从时间的中心开始运动并为什么在比较高的价格上发生快速上下运动的原因。（注释：这段可能翻译不够准确，但大致意思基本可以肯定）

记住，任何事情都是要寻找一个引力中心，重要的顶和底的形成都是遵照一个价格中心和一个可测量的时间中心点，一个基准或起点，或者某个顶部和底部，一个角度形成直接的向上或者穿越交叉，可能形成一个同样的在股票运行的日、周、月和年的穿越和交叉。因而当一个股票越过 22.5，将打穿一个 22.5 的角度，而当那些角度被打破股票就会涨得更高，那么就会碰到更大的阻力，下跌过程的法则刚好相反。

市场的运行模式类似其他普通事物的增长模式，这就好比如果你要建筑一栋大楼，你先要打好地基，然后最后才能在地基上面盖四面墙，不过还没有完，最低限度，你还在这四面墙上盖上房顶，四边形和六边形可以完全证明市场时间和空间的运行原因和规律，你可以想象在市场里建造一个建筑物，你需要根据四边形或者六边形来建造四面墙。四面墙有四个面向（理解指中途的顶底），有地基（底部）和房顶（顶部），这不就是市场中的一个立方体吗。

假设一个超过 20 年的市场循环，第一个 60 度或者说 5 年时间，是立方体的基础构筑部分。第二个 60 度运行到 120 度，将结束第一个角度循环，或者第一个循环超过了而形成 10 年的循环，第三个 60 度，是第二个循环结束的位

置，它将结束于 15 年或者 180 度角的位置，这是一个非常关键的位置。好像我们房子盖到了一半，而碰到资金困难，而这种困难阻止你继续下去。第四个 60 度，或者是说 240 个月，或者说是 20 年循环的结束位置。它是第三个循环的结束位置，这就好像我们已经完成建筑工程的 2/3 一样，这将是一个几乎无法超越的位置，足以结束 20 年的循环而形成顶点第 5 个 60 度，或者是说 300 度角，300 点，300 日或者 300 月，完成了 25 年。重复第一个 5 年循环！这个 5 年将彻底结束我们所建筑的四面墙，是一个重要的角度。第 6 个 60 度，或者说 360 度，是时间因素规则中 30 年循环的终点。在一个 45 度角的位置上每个月运行 1 度的时候，市场完成顶部，这时一个立方体完成了，而一个新的又重复开始了。把我上述的观点和六边形图结合起来学习，将对你的理解非常有帮助。

威廉·戴伯特·江恩

1931 年 1 月

三、二十四个节气与汇率波动的关系

太阳回归年的周期要经历二十四个特定点，这就是二十四个节气。二十四节气的名称最早出现在西汉《淮南子》一书中，其名称和顺序基本与今天沿用的相同。汉武帝第一次将二十四节气订入历法。世界上很多国家在古代也曾使用类似我们农历的阴阳合历，但他们最多也只认识到二至二四个节气，比我们古代有系统的详细划分要差很多。

目前，很多人士已经认识到二十四个节气对金融市场的影线，美元兑各主要货币的汇率走势的转折点经常出现在二十四个节气的当天或者前后一天，比如下面这幅图，如图 4-106 所示。

有人曾经发现德国马克兑美元经常在立春发生价格回归现象，其实外汇市场中的二十四节气现象远远不止于此。我们给出一个可以查找美元兑日元时间之窗的网址，其中某些时间点就是利用二十四节气确定的：http：//www.l38.net/timewin.html。

> 二十四节气事后来看对市场的高低点有一定预测作用。

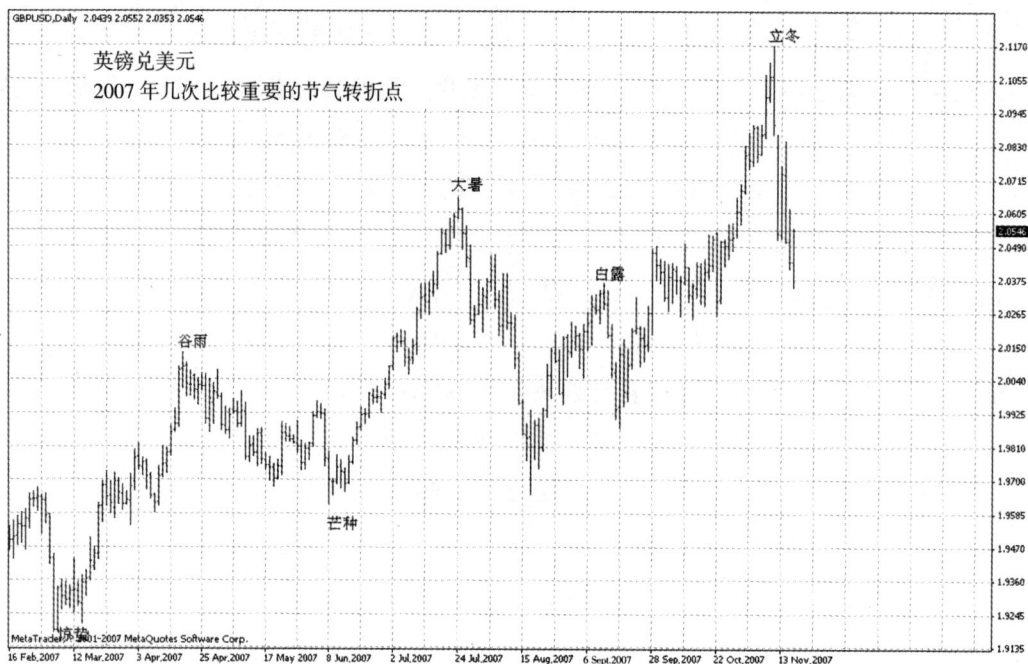

图4-106 英镑兑美元与节气点

外汇交易中对于二十四节气的最好利用办法是注意观察在二十四节气当天和前后一天是否出现明显的转折线态和动能指标超卖（或超买）。比如在春分一天，如果该天的蜡烛线为流星，同时震荡指标处在超买区间，那么可以认为市场转折的可能性增加了。

背离也可以用节气节点。

为了方便大家观察市场，我们给出二十四节气的公历对照表（见表4-3），具体准确的日期需要查看日历。

表4-3 二十四节气对应的公历日期

中国二十四个节气	西方公历对应日期
小寒	1月6~7日
大寒	1月20~21日
立春	2月3~4日
雨水	2月19~20日
惊蛰	3月6~7日
春分	3月21~22日
清明	4月5~6日

续表

中国二十四个节气	西方公历对应日期
谷雨	4 月 20~21 日
立夏	5 月 5~6 日
小满	5 月 20~21 日
芒种	6 月 6~7 日
夏至	6 月 21~22 日
小暑	7 月 7~8 日
大暑	7 月 23~24 日
立秋	8 月 7~8 日
处暑	8 月 23~24 日
白露	9 月 8~9 日
秋分	9 月 22~23 日
寒露	10 月 8~9 日
霜降	10 月 23~24 日
立冬	11 月 7~8 日
小雪	11 月 22~23 日
大雪	12 月 7~8 日
冬至	12 月 21~22 日

犹太历法和中国农历对于金融交易者把握时间周期的作用相对较大，需要每一个炎黄子孙善待世代相传的这些精髓。不过，一切要以实践为准绳！

四、公历月份中的季节周期

进行外汇交易的绝大部分人要么做多美元，要么做空美元（也就是做多非美）。在外汇市场九成以上交易量中美元都是汇率波动的主要驱动因素。绝大部分外汇交易者要么利用基本分析，要么利用基本分析进行交易，当然也有很多交易者两者兼而行之。这使得外汇交易员们极其重视美元指数的作用，但在初级交易者和民间交易者中**很少有人意识到外汇变动中的季节因素**。我们在自己的职业生涯中听得最多的可能是每日重复的三大市场周期，所以我们

农产品的季节性是一个非常重要的话题，外汇市场中的季节性很少有人讨论和关注。

决定将外汇交易中的季节周期公布出来。

作为我们最为重视的时间分析，公历月份中的季节周期如此重要，以至于我们在中线交易中仅仅依靠价格运动和季节周期进行分析。随着交易技能的不断提高，你将逐渐发现某些货币具有明显的季节周期，比如元月效应之类广为人所知的季节特性。

在最近的十年中有八年的元月，美元兑欧元升值；在最近的十年中有九年的元月，美元兑日元升值。历史重演是技术分析，乃至时间分析的关键前提。虽然我们不能确保未来这些时间周期将继续完美重演，但在做好安全保护的前提下我们为什么不利用这些历史呢？市场在绝大多数时间重复了这一模式表明了统计上的显著性，表明这并非随机现象，对于其背后的基本面因素或者技术因素我们并不完全了解，但这却是某种大概率事件。这些统计数据对外汇交易者而言价值非凡。

了解统计特征背后的原因是必然的一步，否则就是刻舟求剑。

表4-4~表4-7给出了从1999~2006年四大货币对的月均波动，这个波动是由该月第一天的开盘和最后一天的收盘计算出来的，从中我们可以发现很多有趣的规律。括号代表负值。

表4-4　英镑兑美元的季节性

英镑兑美元	1月	2月	3月	4月	5月	6月	7月	8月	9月	10月	11月	12月
1997年	(6.44)	1.90	0.62	(0.85)	0.89	1.38	(1.48)	(1.58)	0.14	3.40	0.64	(2.61)
1998年	(1.23)	0.53	1.66	(0.08)	(2.43)	2.14	(2.05)	2.78	1.06	(1.45)	(1.69)	0.73
1999年	(1.10)	(2.69)	0.84	(0.17)	(0.51)	(1.54)	2.76	(1.04)	2.68	(0.16)	(2.81)	1.23
2000年	0.09	(2.27)	0.76	(2.47)	(3.35)	0.89	(1.08)	(3.50)	1.96	(1.94)	(1.56)	4.79
2001年	(1.92)	(1.30)	(2.01)	1.24	(1.03)	(0.22)	0.62	2.03	1.44	(1.18)	(2.10)	2.18
2002年	(3.00)	0.47	0.60	2.28	(0.16)	5.22	2.04	(0.87)	1.23	(0.20)	(0.45)	3.42
2003年	2.25	(4.56)	0.65	1.01	2.36	1.77	(2.65)	(2.05)	5.24	2.04	1.54	3.81
2004年	2.13	2.50	(1.15)	(3.69)	2.99	(0.63)	(0.02)	(1.16)	0.53	1.40	3.85	0.43
2005年	(1.89)	2.03	(1.58)	0.97	(4.72)	(1.41)	(1.88)	2.71	(2.20)	0.39	(2.30)	(0.37)
2006年	3.36	(1.44)	(0.92)	5.09	2.50	(1.14)	1.11	1.98	(1.70)	1.68	3.08	(0.36)

表 4–5　欧元兑美元的季节性

欧元兑美元	1 月	2 月	3 月	4 月	5 月	6 月	7 月	8 月	9 月	10 月	11 月	12 月
1997 年	(5.92)	(3.02)	1.22	3.63)	1.07	(0.90)	(5.05)	3.02	3.05	2.92	(1.53)	(1.21)
1998 年	(1.80)	(0.04)	(1.81)	3.20	0.87	(1.39)	1.70	1.63	4.52	0.87	(2.48)	1.61
1999 年	(3.19)	(3.14)	(2.07)	(1.78)	(1.61)	(0.69)	3.41	(1.27)	1.12	(1.24)	(4.36)	(0.32)
2000 年	(3.63)	(0.71)	(0.83)	(4.65)	2.83	1.65	(2.70)	(4.20)	(0.68)	(3.96)	2.82	8.07
2001 年	(0.58)	(1.39)	(5.09)	1.72	(4.90)	0.43	3.09	4.12	0.14	(1.05)	(0.39)	(0.69)
2002 年	(3.43)	1.22	0.25	3.30	3.77	6.29	(1.38)	0.49	0.49	0.36	0.38	5.49
2003 年	2.63	0.23	1.27	2.49	5.40	(1.75)	(2.47)	(2.20)	6.03	(0.56)	3.57	5.19
2004 年	(0.95)	0.16	(1.35)	(2.73)	1.71	0.09	(1.47)	0.99	2.07	2.90	3.72	2.06
2005 年	(3.77)	1.46	(2.00)	(0.69)	(4.33)	(1.58)	0.13	1.85	(2.59)	(0.27)	(1.70)	0.52
2006 年	2.63	(1.94)	1.65	4.31	1.40	(0.16)	(0.13)	0.37	(1.09)	0.61	3.76	(0.33)

表 4–6　美元兑日元的季节性

美元兑日元	1 月	2 月	3 月	4 月	5 月	6 月	7 月	8 月	9 月	10 月	11 月	12 月
1997 年	4.86	(0.67)	2.76	2.65	(8.46)	(1.32)	3.47	2.02	(0.24)	(0.02)	6.16	2.18
1998 年	(2.35)	(0.38)	5.57	(0.19)	4.57	0.07	4.27	(3.84)	(2.00)	(15.03)	6.64	(7.60)
1999 年	2.73	2.85	(0.32)	0.65	1.88	(0.35)	(5.49)	(4.44)	(2.96)	(2.09)	(1.99)	0.43
2000 年	5.07	2.80	(6.82)	4.64	(0.19)	(1.44)	3.20	(2.42)	1.35	0.71	1.42	3.64
2001 年	1.86	0.69	7.64	(2.33)	(3.46)	4.53	0.25	(4.97)	0.34	2.41	0.87	6.74
2002 年	2.28	(0.95)	(0.48)	(3.21)	(3.37)	(3.85)	0.08	(1.16)	2.79	0.57	0.07	(3.09)
2003 年	0.91	(1.48)	(0.08)	0.69	0.40	0.16	0.68	(3.01)	(4.51)	(1.41)	(0.25)	(2.27)
2004 年	(1.41)	3.31	(4.42)	6.02	(0.83)	(0.74)	2.37	(1.73)	0.80	(3.86)	(2.70)	(0.41)
2005 年	0.96	0.90	2.41	(2.24)	3.33	2.17	1.43	(1.75)	2.60	2.68	2.92	(1.74)
2006 年	(0.59)	(1.19)	1.74	(3.36)	(0.91)	1.58	0.20	2.36	0.66	(0.99)	(1.00)	2.81

表 4–7　美元兑加元的季节性

美元兑加元	1 月	2 月	3 月	4 月	5 月	6 月	7 月	8 月	9 月	10 月	11 月	12 月
1997 年	(1.76)	1.63	1.16	0.98	(1.46)	0.36	(0.22)	0.75	(0.48)	1.94	1.05	0.47
1998 年	1.60	(2.07)	(0.31)	0.85	1.82	0.69	3.14	3.59	(2.19)	0.86	(0.59)	0.31
1999 年	(1.77)	(0.10)	(0.18)	(3.35)	1.16	(0.74)	2.99	(0.90)	(1.68)	0.25	0.26	(1.85)
2000 年	0.01	0.13	(0.11)	2.10	1.10	(1.06)	0.42	(0.99)	2.08	1.34	0.87	(2.47)
2001 年	(0.03)	2.58	2.53	(2.64)	0.18	(1.56)	1.27	1.14	1.91	0.58	(0.95)	1.25
2002 年	(0.26)	0.79	(0.42)	(1.74)	(2.54)	(1.18)	4.35	(1.60)	1.77	(1.80)	0.47	0.54

续表

美元兑加元	1月	2月	3月	4月	5月	6月	7月	8月	9月	10月	11月	12月
2003年	(3.62)	(2.30)	(1.09)	(2.54)	(4.43)	(1.82)	4.28	(1.27)	(2.40)	(2.42)	(1.48)	(0.20)
2004年	2.19	0.72	(1.98)	4.84	(0.73)	(2.19)	(0.11)	(1.18)	(3.92)	(3.45)	(2.57)	1.24
2005年	3.11	(0.49)	(1.90)	3.96	(0.35)	(2.37)	(0.15)	(2.80)	(1.99)	1.69	(1.37)	(0.30)
2006年	(2.03)	(0.20)	2.80	(4.42)	(1.35)	1.33	1.39	(2.44)	1.30	0.40	1.64	2.24

从上面的统计数据中，我们可以总结出如下规律：

第一，**美元兑日元的汇率在7月通常具有正值的波动**，也就是USD/JPY在该月通常是上升的。从图4-107中我们可以更加形象地看到这一规律。在十年中的九年，美日汇率在7月末都比月初上升了。通常而言，将这一现象归结为日本第一财政季度的结束或是美国下半财年的开始。在4~6月新财政年度的第一季度里，一般会产生4兆日元左右的对外证券投资的买超出现，过去几年的数据都超过了这个数字。这种大规模资本流出的出超因素，产生了日元贬值的压力，在经常收支、对日本国内的股市投资等基础上计算出来的4~6月季度的汇市供求，过去几年一直是美元供不应求的状况。但真正的原因现在仍不得而知。无论其原因究竟为何，美日汇率这一季节性规律非常明显，如果你在7月决心建立美日空头则要留心是否存在极大危险。通常情况下，我们建议你在7月的时候建立期限较短和仓位较轻的美日空头，而不是相反，因为这时候建立美日空头成功的概率很小。

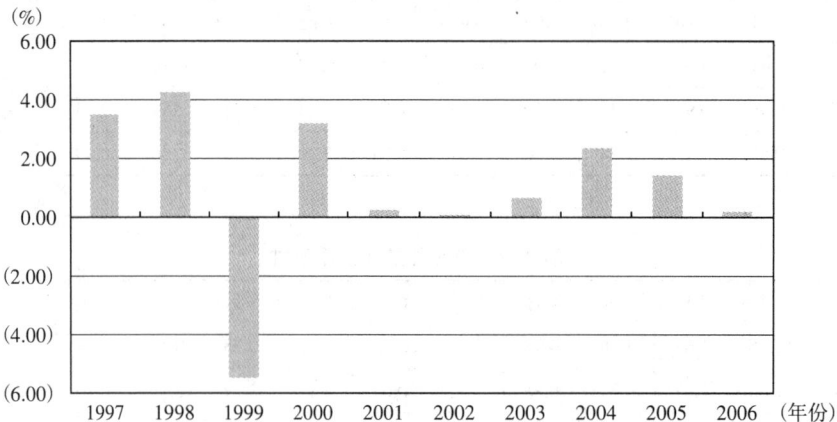

图4-107 美元兑日元7月表现

第二，**8月的美日汇率通常倾向于下跌**。美元兑日元的汇率季节性在8月也非常突出，虽然其强度逊于前一个月，但是其整体的显著性仍然居于市场前列。从图

4-108 可以看到，8 月将 7 月的美日汇率升幅侵蚀掉了。事实上，8 月，日元兑所有货币似乎都是居于上涨趋势。所以，在 8 月的时候，我们不要轻易做多英镑兑日元、欧元兑日元等交叉货币。

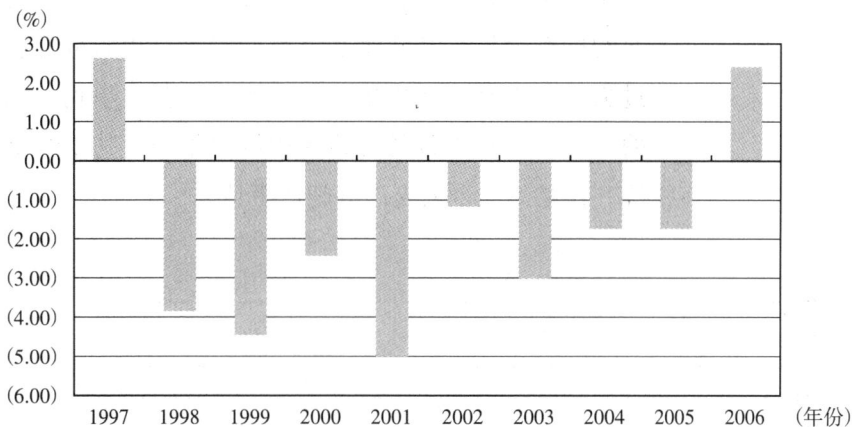

图 4-108 美元兑日元 8 月表现

第三，9 月的英镑兑美元汇率倾向于上升。1997~2006 年的十年中有八年，英美汇率上升（见图 4-109）。很多欧洲交易者在整个 8 月休假从而离开了市场，当他们在 9 月重新回到市场的时候引起了英镑的上升。但在 2005 年和 2006 年这种关系似乎被打破了，所以这一季节性规律的未来可信度遭到破坏。

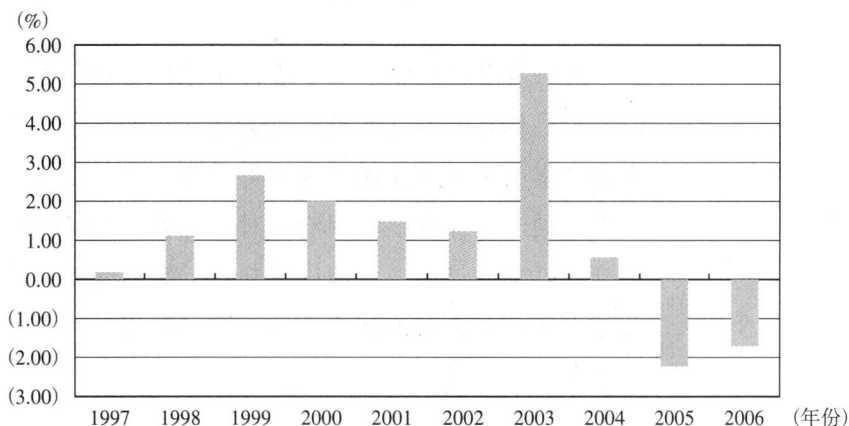

图 4-109 英镑兑美元 9 月表现

第四，12 月欧元上升，1 月欧元下降，则可能会成为一种经验法则。1 月的欧元兑美元汇率倾向于下降。过去的十年中有八年欧美汇率倾向于在 1 月下降，美元在该月呈现强势（见图 4-110）。2007 年，我们也看见了这一种情形，估计可能跟

交易者们圣诞后重新进入市场，调入美元本金有关。毕竟外汇市场中，美元账户更加方便。而且年末很多会计结算在进行，众多机构和公司将在美国的投资利润转回国内，在 1 月重新建立其投资头寸。解释这个原因的理由据说有北约驻军换汇等特殊供需方面的因素。我们再看看图形上过去六年 1 月欧元出现阴线的实体部分，平均大约 236 点的变化。并且 1 月的月线为阴线的年份，其年线也都是阴线，这是一个令人充满兴趣的事情。

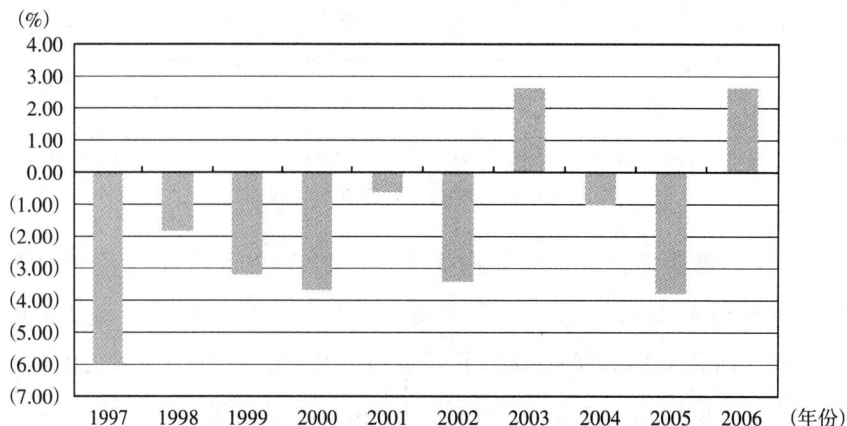

图 4-110　欧元兑美元 1 月表现

利差动向和风险偏好比季节性更加重要，分析的时候要有主次之分。

我们给出的这些季节规律，你存在多种方式来运用它们。如果你在 9 月交易英镑兑美元，这时候你应该看技术面和基本面是否支撑做多这一货币对，这是你需要注意的方面。同时，你可以利用货币对在季节上的涨跌规律增加持仓的胜率。虽然，季节周期并非不变的重复，但它如同其他那些具有价值的技术工具一样，提高了我们交易的成功概率。

第六节 技术分析高级技巧

技术分析我们谈了很多，从空间分析到时间分析，几乎囊括了一切主要领域。但对于实际交易而言，我们有更多的经验需要传达给大家。对于"顺势而为"一直存在很大的非议，很多人认为这就是一句不可证伪的话，同义反复而已，空话一句。

其实，**顺势而为确实可以提高报酬风险比**。因为在趋势市场中，如果设定了理想的风险报酬比，那么长期交易下来肯定是赚钱的。因为趋势市场的噪声很小，所以截断利润，让亏损奔腾很容易做到。如果交易手续费太高，而市场的区间震动太多的话采用趋势交易的突破方法则很容易败在胜率低和交易费用高上。

所以，顺势而为有很多前提，比如市场的性质是趋势市场，手续费要低等，如果具备这些前提是否就可以顺势而为了呢？非也，**我们还需要有具体的方法来度量这个势**。首先找到势可能存在的地方，然后度量这个势。在本章中，我们除了讲述势的度量方式，还要教给大家一个马鞍式交易法如何识别真假突破等非常关键的问题。下面一一叙述。

一、顺势而为的两个客观标准：大时间周期；均线追随

顺势而为提法漫天飞，真正知道什么是顺势而为的人又有几个。根据我们交易股票、黄金和外汇市场多年的经验，我们发现顺势而为是有客观标准的，这个标准源于我们的交易实践，同时也经受了实践的考验。

在欧美各国中流行一种**"三屏交易法"**，就是利用三个不同的时间架构分析交易行情。最大的时间框架用于分析

如何顺势而为？你所知道的名家、大师、高手和巨擘具体用什么方法来顺势而为？

有了客观而明确的标准，才谈得上实践和总结。

趋势，中层的时间框架用于分析进场位置，也就是支撑阻力水平，最小的时间框架用于实施进场。这里面隐含了一个大时间结构制约小时间结构的思路。

国内很多期货交易高手都是利用纯蜡烛线图判断趋势，几乎不用任何技术指标，但他们都无一例外地采用了大时间周期分析趋势。比如，交易日线，要通过周线来分析趋势；交易小时线要通过周线或者 4 小时线来分析趋势。而很多初级交易者却几乎只看一个时间框架的图。

我们的建议是，经常换到更高的时间框架上，这样对于培养顺势而为的具体能力非常有好处，不信你坚持 21 个交易日看看。

另外一个顺势而为的方法是使用移动平均线，这种方法比较适合那些专盯一个时间框架的交易者。由于均线过滤了该时间框架内的噪声，它与更大的时间框架几乎等价。所以，跟随均线进行交易也是顺势而为的方法。在外汇市场中，日内交易最好在小时图以上时间框架使用均线。

顺势而为的具体方法就是上面两个：采用大时间周期视野和均线追随。

二、K 线精髓

很多国内翻译和著述的蜡烛图书籍都没有统计过这些形态的真正成功率，这是蜡烛图技术最大的遗憾。交易毕竟是一门概率管理的科学，怎么可以在不知道概率分布的情况下贸然出牌呢？

最为流行的外汇交易策略中很多都采用了日本蜡烛图技术。利用这些交易方法的外汇交易员们一般是根据既定的图形模式决定买卖。由于图形众多，所以要设计出一个可靠的定量方法来测试这个技术的可行度是非常困难的。我们这里将选择特定的蜡烛图模式进行定量化测试。

从一大堆的蜡烛图模式中选出我们的测试对象，最后我们决定选择早晨之星和黄昏之星两个模式（见图 4-111）。

欲穷千里目，更上一层楼！

顺势而为强调一个"顺"，那么如何预判趋势呢？你对此有什么见解和体会吗？能不能结合到具体实践中去？

大数据在技术分析中的运用是早晚的事情。定量化决策和验证是技术分析进步的坚实基础。

我们选择这两个模式的主要原因是从外汇历史图表来看，它们出现的频率很高。

图 4-111　早晨之星和黄昏之星

　　早晨之星一个看涨的反转信号。在下降的趋势中出现了一根大阴线，接着在该阴线的收盘价位置或者该位置之下，第二根蜡烛线开盘。第二根蜡烛线的交易范围非常狭窄，其最高点位于前一根蜡烛线的中线以下。第三根蜡烛线是一根大阳线，其收盘价超越了第一根蜡烛线的中线。

　　黄昏之星是一个看跌的反转信号。在上升趋势中出现了一根大阳线，然后在该阳线的收盘价位置或者该位置之下，第二根蜡烛线开盘。第二根蜡烛线的交易范围非常狭窄，其最低点位于前一根蜡烛线的中线以上。第三根蜡烛线是一根大阴线，其收盘价跌破了第一根蜡烛线的中线。

　　我们在出现早晨之星的时候买进一标准手该货币对，在出现黄昏之星的时候卖出一标准手该货币对。我们最初的策略不包括使用停损订单和止盈订单，交易中只采用上述两种模式来管理进出场。交易测试从 1999 年 12 月 31 日开始进行，使用的工具是 MT4。

　　图 4-112 是上述测试的结果（Rank-排名，Net Profit/loss-净盈亏，Number of trader-交易笔数，Winners-盈利笔数，Losers-亏损笔数，Max Drawdown-最大连续亏损额，Annual%Retuan-年回报率）。

　　这个比较简单测试的结果表明了轻微的盈利，较大的最大亏损额表明我们还可以通过制定较高的风险管理策略来提高报酬率。实际上，我们需要对进出场的规则

Rank	Currency Pair	Net Profit/ Loss	Number of Trades	Winners	Losers	Max Drawdown	Annual % Return
1	EURUSD	$40398	19	12	7	$25770	4.4%
2	AUDUSD	$38522	16	12	4	$11966	4.2%
3	GBPUSD	$29345	17	7	10	$39440	3.4%
4	NZDUSD	$20080	20	11	9	$17260	2.4%
5	USDJPY	$2045	19	8	11	$23264	1.55%
6	USDCAD	($11586)	22	11	11	$46480	−1.4%

图 4-112　早晨之星和黄昏之星的定量测试

出场和仓位大小与风险管理关系最密切。

进一步细化。

我们这里将注意力集中于欧元兑美元上，图 4-113 显示了此货币对进行的所有交易的风险报酬率分布。

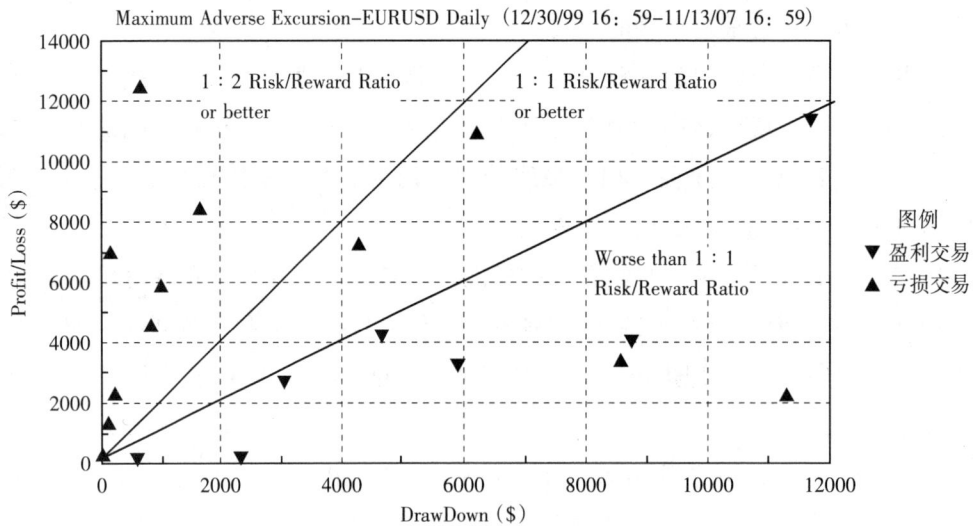

图 4-113　风险报酬率分布

图 4-113 也许对没有经受过金融统计分析的人来说理解起来比较困难，但其主要意思是说由于没有及时止损使得亏损过大因而拖低了整体表现。如果我们将每笔交易的最大亏损限制在 1000 美元的水平，则可以极大地提高我们的盈利水平，如图 4-114 所示。

限制最大亏损是提高系统表现的有效手段之一。

EURUSD Daily（12/30/99 16：59-11/14/07 16：59）

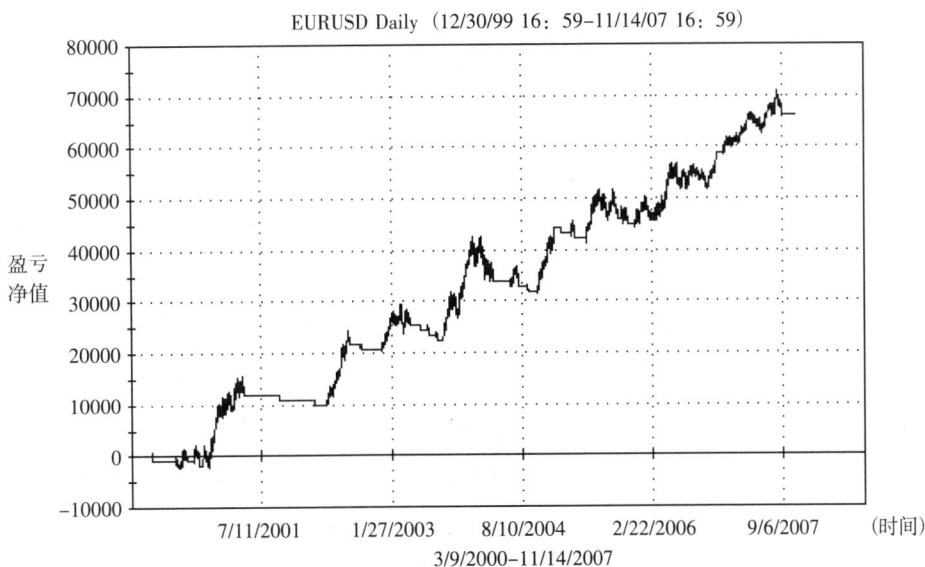

图 4-114　限制最大亏损后的净值曲线

从这里我们了解到，**其实蜡烛图带来的利润只是基础，要去扩大战果必须依赖从严的止损**。所以，对于行情分析的工具不要过分迷信，资金管理才是精髓。蜡烛图的精髓其实在蜡烛图之外，这就是风险报酬控制。

三、进场位置重于行情分析

对于交易新手来说，总是认为市场究竟是上还是下比一切都重要，并且成天将精力集中于找到一种能准确判断市场方向的方法上。其实，市场的方向就是上下两个，按照最粗浅的理解我们知道乱猜也能中的概率是 50%。但要把 50% 提高到 90% 是非常难的，应该说是不可能的，因为如果你乱猜的话胜率应该趋近于 50%。

基于良好的风险管理，即便通过扔硬币选择方向也能持续盈利，这就是交易的奇妙之处。

提高胜率的努力在最初阶段总是比较容易的，但随着胜率的提高，你所花的时间和精力越来越多才能提高相同幅度的胜率。**从 50% 的胜率到 55% 的胜率你只需要花一分钟：掌握均线就可以帮助你很快提高胜率。**

但是，把胜率从 55% 提高到 60%，你可能要花上几周的时间。而将胜率从 60% 提高到 65%，则需要花上一年以

上的时间。更进一步说，如果你想把胜率从50%提高到90%，那么可能用人类整个历史长度才能达到。也许很多软件宣称90%以上的胜率，其实稍微有点常识就知道是假的，或许其报酬率为负无穷大。

近期看到所谓零风险炒股，简直是连金融学的常识都没有，更不要说交易的实际操作。如果风险为零，收益也就只能为零了。风险可以控制，但绝对不可能为零，所谓无风险利率的载体——国债其实也是有风险的。

在交易中，即使你知道了方向也经常不能够盈利，关键在于**市场并非直线运动，市场充满噪声和调整**。市场向上，你趋势判断对了，最终由于进了一个很糟糕的波段高位而饱受煎熬。巴菲特提倡安全空间，其实也就是讲的一个好的进场位置。**价值分析判断的是大方向，而安全空间则涉及良好的进场位置**。巴菲特讲价值投资，但操作的时候却非常注重安全空间。没有安全空间，也就是没有一个好的进场位置，他是绝对不下手的。所以位置总是一个必要的考虑因素。

判断交易位置具有简单而明确的规则，而行情的判断则是费力不讨好，我们看过众多复杂的方法，经过多角度论证的分析结论经常被真实的市场走势所嘲笑。相同的时间花在判断交易位置上要比花在判断市场走势上能产生更大的效益。一句行话：交易位置的学习曲线是边际收益不变的，而交易方向的学习曲线是边际收益递减的。

那么如何判断交易位置呢？很简单，支撑阻力就是。至于支撑阻力的寻找方法，前面也有述及，这里不再多讲。支撑和阻力提供了进场位置，而且提供了风险控制和报酬管理的具体工具：停损和止盈的设定都需要它，也只能依靠它。而且风险报酬率是交易中唯一的关键变量，谁控制了风险报酬率，谁就控制了交易。因此，支撑阻力线是控制交易的唯一要素。

最后送大家一句话：好的位置可以将错误变成正确，

市场总是嘲弄绝大多数人的决定。

均线与支撑阻力线结合起来，你就懂了交易的一般奥秘。

糟糕的位置则可以将正确变成错误。

四、布林线的深入运用：马鞍式交易

我们在前面已经对布林线的用法进行了总结，而相关的基础知识在《外汇交易进阶》中已经有所述及。本小节我们将介绍一种日内小时图上的布林线运用技法，这种交易采用了马鞍式技巧，也就是利用 OCO 订单在现价的上下放置订单。

当一方订单成交后，另一方的订单就自动取消了，如果成交一方的订单反方向运动到被取消订单的位置，则停损出场；如果订单触发后如预期运动则在收盘价回到外轨内时，止盈出场。当连续 5 根价格线近乎水平排列时，选取它们的最高点加 5 点和最低点减去 5 点，分别放置做多订单和做空订单，而且最好两个订单采取一方成交另一方取消的 OCO 订单。

布林线的设置，我们使用参数为： 13，8，1.618。若设置成上述参数需要使用 MT4 的自定义指标 Bands，关于 MT4 软件和指标的使用请参考《外汇交易进阶》一书。下面我们给出 2007 年的几个真实交易案例，如图 4-115~图 4-119 所示。

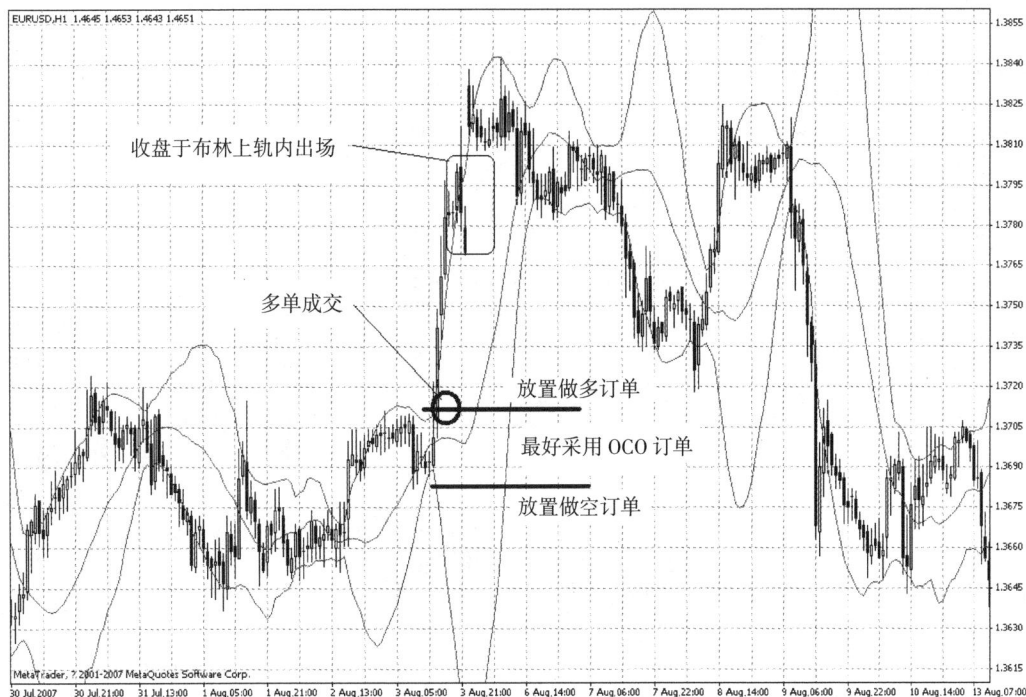

图 4-115 马鞍式交易实例（一）

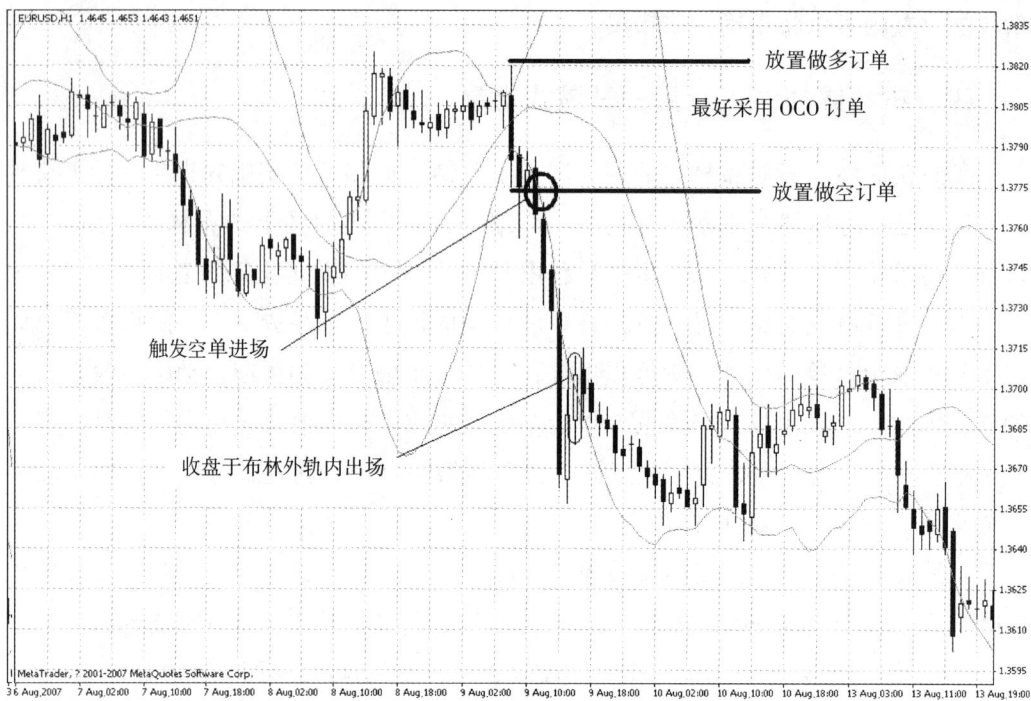

图 4-116　马鞍式交易实例（二）

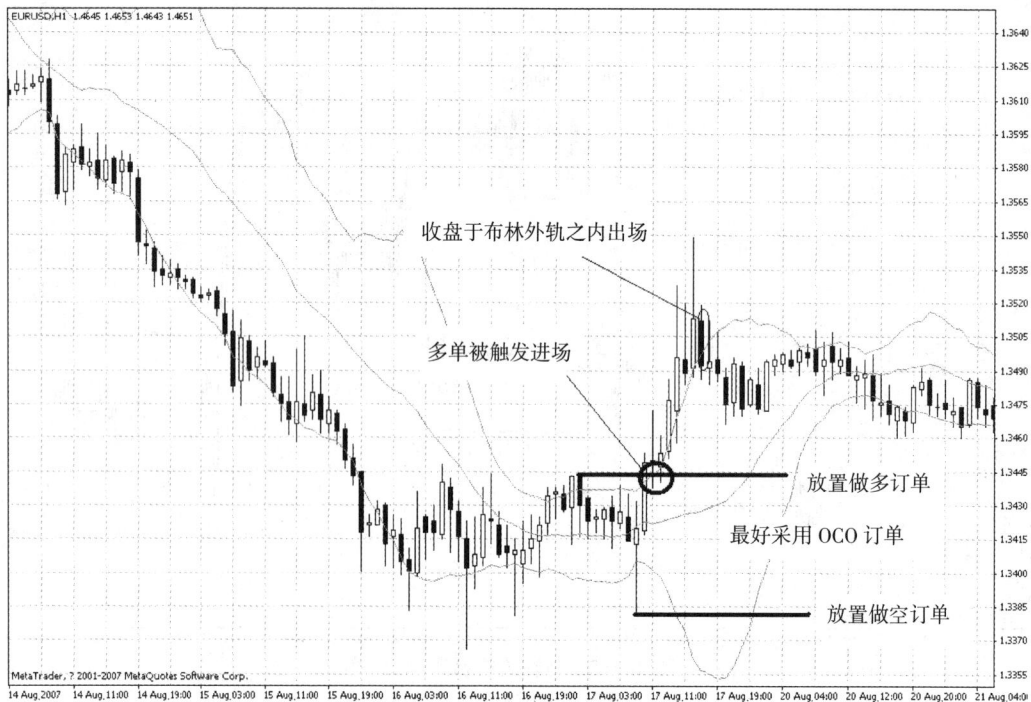

图 4-117　马鞍式交易实例（三）

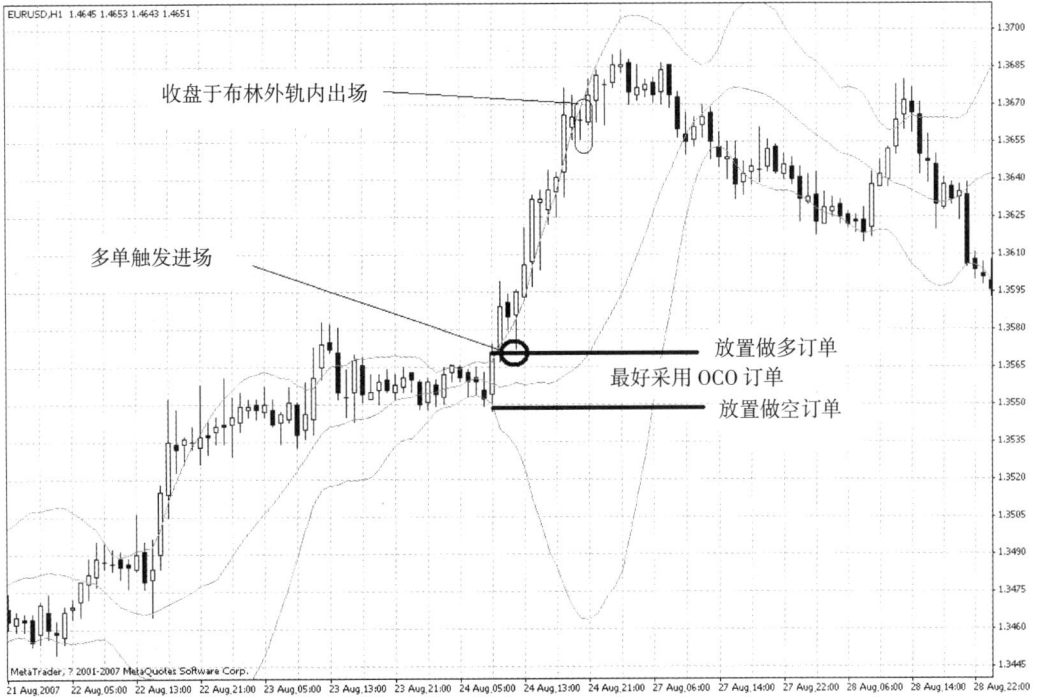

图 4-118 马鞍式交易实例（四）

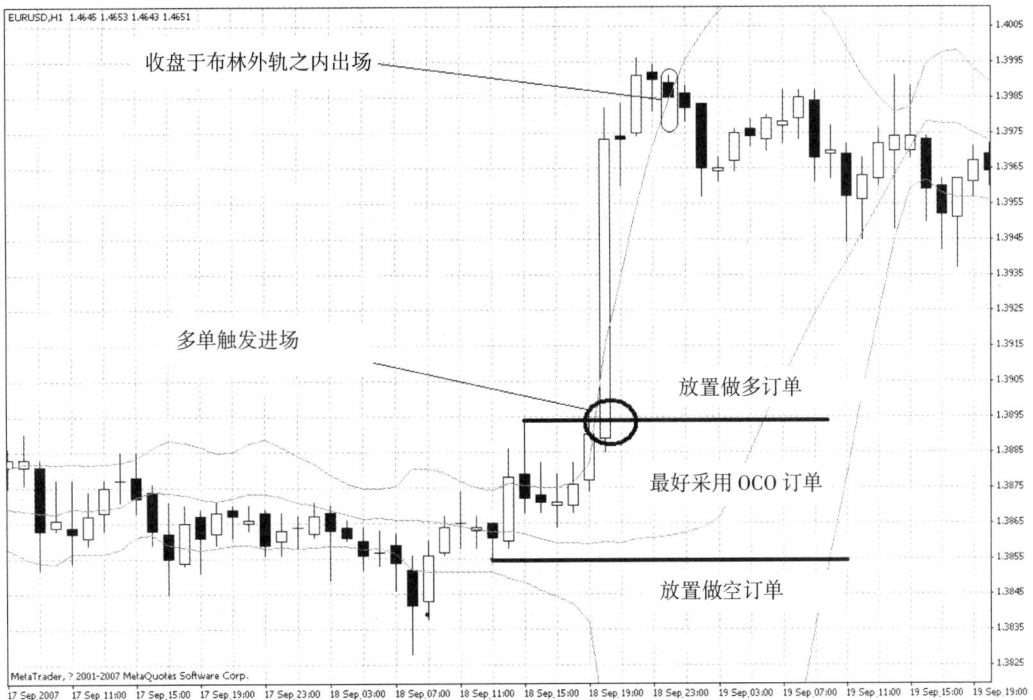

图 4-119 马鞍式交易实例（五）

五、真假突破

随着技术分析的扩散，以传统趋势交易为主的技术在日内交易中受到严峻的考验，这类技术的典型进场方式是突破（破位）进场。在三十年前，甚至十几年前，一旦行情产生了突破，止损基本上都用不着，因为行情会一泻千里，而现在就完全不同了，做突破交易的，不设止损，几乎就是死路一条。

所谓的"海龟汤交易法"专门就是做假突破的交易法。

（一）突破的定义

简单来说，突破是指对一个重要水平位置（分形的水平延伸线，也就是波段高点或者低点延伸的水平线）被快速地击穿，并且引发之后的快速延伸行情。当然这是一个很粗略的定义。

首先是关于分形，为什么会产生分形？分形不是预测出来的，比如预测本轮英镑的高点是多少，因为是资金的趋势被打破，造成了原先的趋势被打破。**所有的行情无论大小都是由资金来推动的，而不是画线或某个数据而造成的**。分形的形成是因为原先推动趋势的资金，因为种种的原因没有能够继续提供动力，被反向趋势的资金给击退了，在随机的某一点形成了分形。但是，价格靠近到这个分形的时候，再形成分形，那就可能不是随机的了。因为在前个分形的附近，会有较多资金认为由于分形的参考意义，这些资金会在分形附近继续进场。如果原始的推动资金无力消灭这些资金，那么新的分形就将形成，类似双顶就是这样形成的。反之，如果原始的推动资金，有着足够的能量，击退新的这些资金，那么突破就将形成。

真突破的根源在于持续性强的驱动因素。一次性利多或者利空，最后一次利多或者利空都会导致假突破。突破与题材性质的关系，你搞清楚了吗？

（二）真突破的特征

如果是有效的突破，那么一定是非常迅速，而不带深幅回撤。突破的时候，有两股资金，原始的趋势推动的资金，以及在分形附近认为趋势不会延续而反向交易的资金。后续的资金，他们进场的主要原因是由于前分形的存在，

他们认为原先的趋势，会在这个分形位置附近停止。然而一旦事实证明，原先的趋势仍在持续，原始的推动资金依旧强势的时候，那么，他们交易的理由就没有了，他们会选择止损平仓，甚至是反向的开仓。那么原来两股方向相反的资金变成了一股方向相同的资金，推动盘，止损盘，跟风盘，追高盘一拥而上，所以，行情必然迅猛地发展。当然，这里所说的是有效的突破。

在一些关键的位置被实质性突破之后，行情会迅猛发展的另外一个主要的因素是，在外汇市场中，有相当多的期权存在，期权的种类也有多种，看多，看空，不到价期权等。比如，现在有一个量很大的在 1.2750 的看空期权。也就是说，到了 1.2750 的话，那么期权就将被执行。那么卖出期权的机构，会在欧元靠近 1.2750 之前，在现货市场不断地卖出欧元，以保证 1.2750 这个价位不到，期权不会被执行。然而，如果一旦很不幸地被触及了，那么这个机构将在现货市场买入欧元，以抵消他在期权上的亏损，如此一来，又多了一笔资金做多欧元了。就像 1.2970 的欧元，一旦这个位置被有效突破了，那么行情必定是迅猛的。

（三）假突破的特征

在三十年前，甚至十几年前，外汇市场中，假突破的比例很少。然而现在，假突破比比皆是。寻找原因的话，主要是外汇市场的交易量大了很多，尤其是散户的资金多了很多。大家看一下几大外汇交易商在 2000 年以后的惊人的发展速度，就知道加入保证金交易的普通投资人的增长速度了。

羊群越来越庞大，波动就越来越大，反复也就越来越多了。

随着散户投资人的数量和资金的迅速发展，以及普通投资人投资水准的上升，以前非常有效的一些投资的技巧，现在都已经成为了陷阱。比如 MACD 的金叉、死叉，RSI 的超买和超卖，以及以前的简单突破交易，在现在，如果按部照搬的话，很难有十几年前的收益了。

市场也好，市场的主力也好，都会千方百计地让比较成功的交易方式失效。 突破交易作为曾经很有效的交易手法，现在变成了打止损的一个工具了。因为投资人都有了止损的概念，为了消磨普通投资人的意志和资金，主力不断地用假突破来使投资人从心灵上和资金上都受到摧残，等到真正突破的时候，投资人已经没有意志和资金了。

假突破最明显的一个特征是在突破了一个重要的分形之后，以极快的速度，重新回到分形之下，或者是突破之后不产生加速行情而连续横盘，然后迅速下杀到分形之下。这就是通常所谓的**多头陷阱**和空头陷阱。

（四）突破交易法

当然，突破交易也不是什么完全无效的方法，有效的突破还可以带给我们趋势和快速的盈利，那么如何才能比较有效地交易突破呢，下面是一些建议：

第一，尽量少交易，现在的外汇市场可以说是相当险恶的，少做少错，多做多错，**如果天天做日内交易，而且还是以突破交易作为主要手段的，那么，这就是市场，市场的主力，交易商最希望你做的。**不停地交易、追高、止损、哭泣。所以，**少做日内交易，中线为主。**

第二，不要把突破交易的仓位，作为中线底仓。一年内，主流货币的中线机会也就1~2次，在判断好了中期趋势之后，如果采用突破建仓的话，你可能会面临很多次的失败的建仓，而等不到最后那次成功的。所以我个人建议，中线仓位的建立，最好是在趋势产生之前埋好，而突破交易作为底仓盈利，趋势有可能产生而形成的突破时候，加仓。由于底仓在手，突破交易，即使不是很成功，也会比较有底。趋势产生了，就算没有成功的加仓，有底仓在，也至少不会踏空行情，心态也比较容易控制。

第三，在判断中期的趋势时候因为突破而反转的时候，要特别小心观察，有没有一些比较重要的阻力位置存在，在这些阻力的位置，有非常多的概率产生假突破。回顾一

趋势的概念可以让你少走几年弯路。

杰克·史瓦格也推荐顶位埋伏的方法。

下英镑和欧元的周线，大家可以看出一些端倪，如图4-120和图4-121所示。

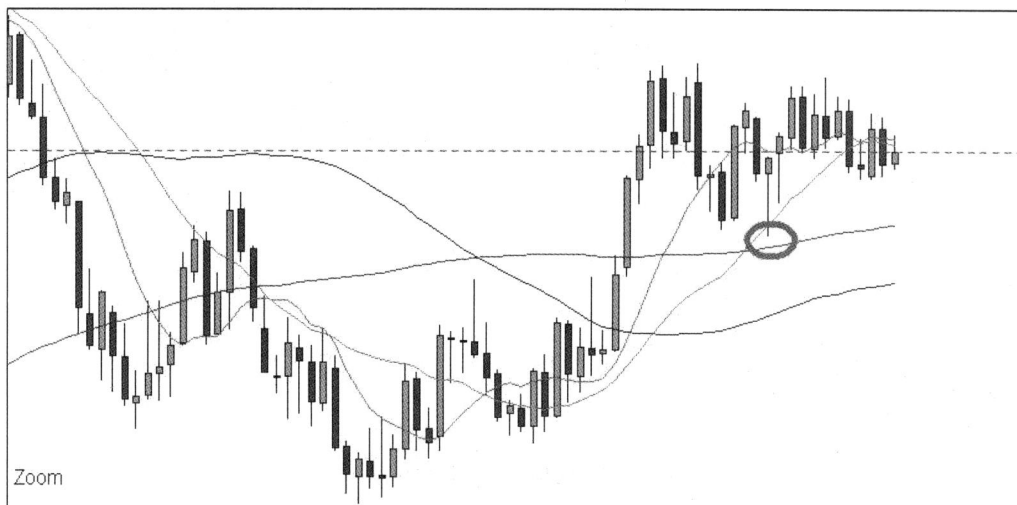

图4-120 英镑周线

图4-121 欧元周线

第四，对于行情的突破有没有一些比较结实的支撑存在，需要关注的、比较多的是均线的支撑，每次要产生比较有效的突破，并且产生加速的行情均线都会很舒展地排列，而不大会产生很扭捏的情况。就像英镑的这两次突破（见图4-122），前一次均线都很配合地呈现多头的排列，强劲有力的突破；之后的这次突破，120日的均线方向和原先的趋势不同，所以在突破之后，没有能够连续地发力。

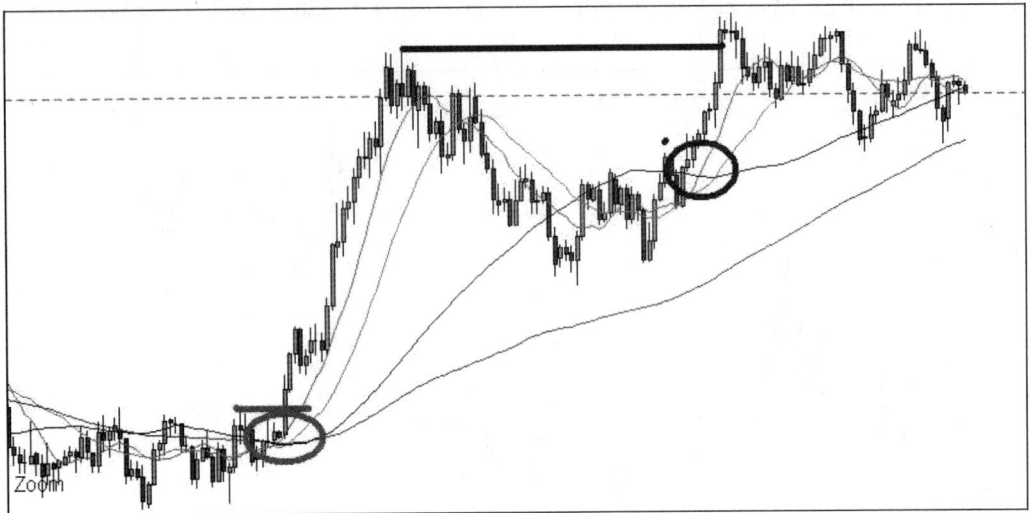

图 4-122　突破的力度与均线排列

二次突破与第 3 浪关系紧密吗?

第五，做二次突破，少做一次突破。在这里就要引进 5 分钟的概念了，突破是速度非常快的事情，只能在很小的周期上寻找突破的有效性和进场点。何谓做二次突破，看了图 4-123，大家就了解了。

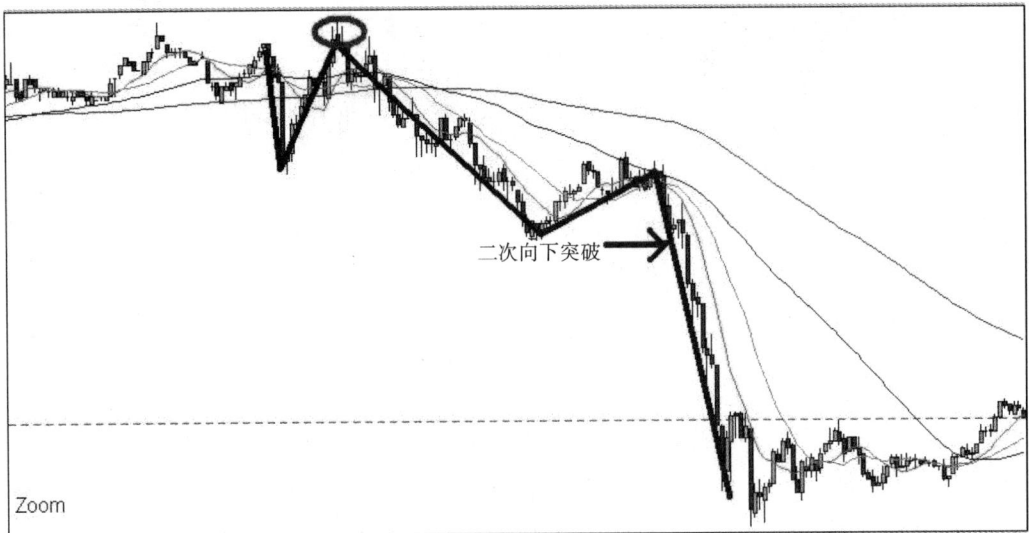

二次向下突破

图 4-123　二次突破

箭头处才是进场的位置。分形，突破，回抽，新低，在新低的地方进场，这样虽然会少做一段幅度，也有可能

会漏掉这段行情，但保险系数更高，就可以杜绝圈中所发生的假突破。如果做多突破的话，要等回撤之后，再创新高才进场。

第六，如果使用 21 和 55 两条均线突破是有效的话，那么在突破之后，回抽 5 分钟的 21 均线应该得到良好的支撑，继续创出高点（见图 4-124 和图 4-125）。比较强势的是到了 10 均线就立即受到支撑，如果到了 55 还出新高，那么突破就是假的，所以在做突破交易的时候，打开 5 分钟线，仔细地观察，看看行情之后的发展如何。

突破后回抽确认突破有效。

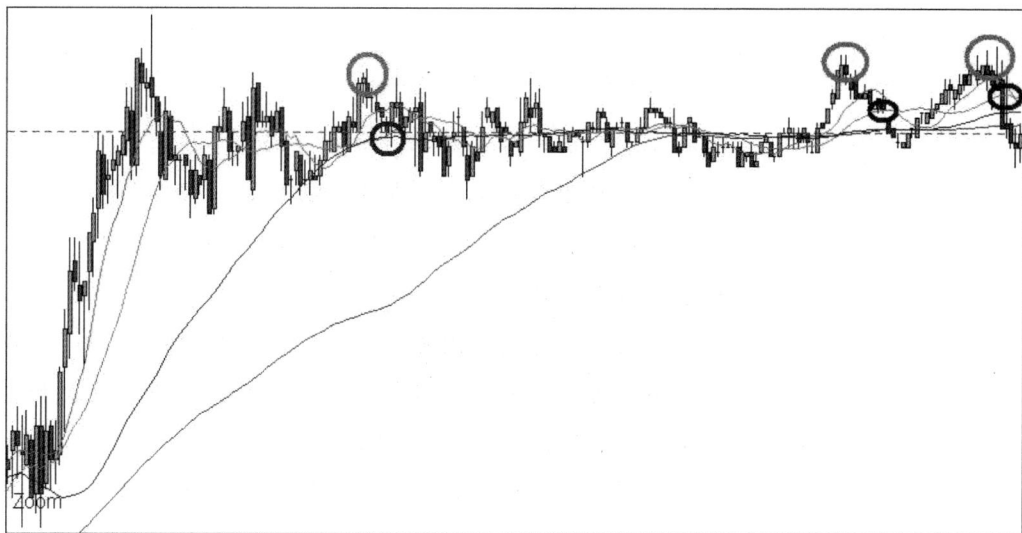

图 4-124 回抽确认（一）

当然，有些突破时候的判断需要经验的积累，这里所说的只是一些大概的想法和经验，希望能给初学者一些帮助，抛砖引玉，也希望大家提出更多的想法。最后还是这句话，突破一定要加速！

六、金融市场差异和交易策略的差异

很多初级交易者和那些入行很多年也不能稳定获利的交易者存在一个共同的特点，那就是认为技术分析的具体方法可以在所有金融市场通用。**由于金融市场间的管制制**

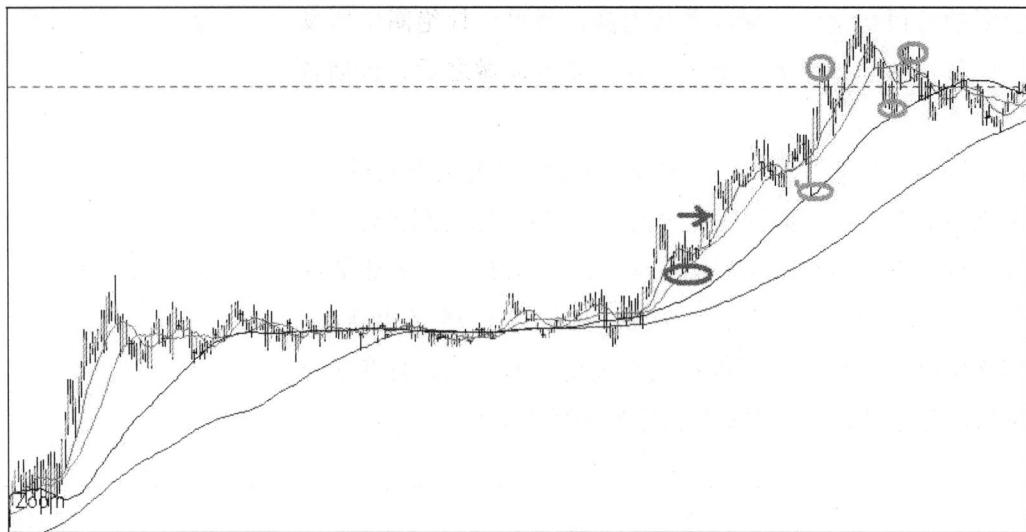

图 4-125　回抽确认（二）

度和交易制度差异，**技术分析的方法并不具有普适性**。所以，依靠技术分析的高手基本上都是精于一个市场，甚至一个品种，相反基本面分析的高手却很可能贯通很多市场，特别是宏观交易者。

根据我们与团队内和圈子中的全职交易员的谈话，我们发觉就股票、外汇、期货三个市场而言，最为关键的是三个市场的杠杆率和波动率的差异。

股票市场，特别是内地的股票市场由于没有实行真正的保证金交易制度和涨停无限制度，所以波动率非常低，而趋势特别明显，一般采用日线为单位的交易。交易方法以趋势交易为主。比较有用的技术分析手段是蜡烛线和成交量以及均线。

期货市场由于大宗原材料受到世界经济周期的明显影响，因此其国际性和季节性的特点非常强，跳空极多。我们几乎没有见过日内的期货交易高手，至少没有看见过持续成功的日内交易高手，主要原因是巨大的跳空使得日内重仓博微利交易的风险报酬比很不理想。所以，**成功的期货交易者基本也是采用金字塔式的顺势交易法在日线上操作，一年也就是为了抓那么一两波大行情。**

技术分析易学难精，基本分析难学难精，但是后劲足。

一年能不能抓住一波，是期货市场上高手与亏货的"分水岭"。

总体而言，由于股票和期货市场适合日线上的操作，而日线上的趋势比较明显，所以通常比较适合追进止损，而不是止盈。**突破交易的胜率在这些市场上未必高，一旦抓对则获利非常丰厚，足以抵消众多小额亏损。**

而外汇市场由于其在日线上几乎无利可图，而且高杠杆的便利性使得日内交易比较有优势。但由于外汇的区间波动特性比较浓重，基本上12天内小时线会两次经过同一价位，所以完全依靠趋势突破交易的话不容易扩大盈利。对于区间比较浓厚的市场应该将止盈和追进止损结合起来。日内的突破交易要非常慎重。

七、波幅分析和交易方法

波幅是我们判断行情运行节奏的主要因素之一，然而这项指标却是很多投资者最为陌生的一项。为此，我们特别提供波幅分析方法和波幅分析参考表给投资者作为参考。

经过历史统计，我们发现欧/美10年来的平均每日波幅基本稳定在100点左右，然后再对样本进行正态统计分析，发现约2/3的单日波幅汇集在70~130点。这就指示我们在做日内操作时主要预期的日内高低点差距在这个范围左右。

而市场在运行过程中还会出现这个范围之外的小波幅和大波幅，根据对历史数据的统计，我们将单日60点以内的波幅定义为极小波幅日，将单日160以上的波幅定义为极大波幅日。

我们这里做的波幅分析主要是对极小波幅日出现后进行分析，规律：当市场连续出现极小波幅日时，接下来极容易出现极大波幅日。这个时候结合形态进行进一步判断：

（1）如果连续出现3日或更长的极小波幅日保持区间震荡形态，则预示着市场面临突破，一旦突破区间震荡关键阻力位，很可能爆发连续的单边极大波幅日。

（2）如果连续出现3日或更长的极小波幅日保持同向

波幅极大日是一个非常有价值的参考点，你会怎样使用它？

运行，这时候需要区分出现在趋势的是起始阶段还是末端，或者区分该段走势为次要趋势还是主要趋势。

大部分情况下：

（1）当出现在趋势的起始阶段时，引发的极大波幅日方向更大可能性是顺势；

（2）当出现在趋势的末端时，引发的极大波幅日方向更大可能性是逆势；

（3）当出现在次要趋势时，引发的极大波幅日方向则更大可能性是顺应主要趋势方向的。

为了提高对方向把握的准确性，交易者还可进一步根据具体的运行形态进行辨别，比如是否是中继形态，是否是反转形态等。

当然，上述内容只是波幅分析方法的冰山一角，但却是极有实战价值的一部分，全面的波幅分析方法我们将在下面一一述及。

（一）美元兑瑞郎波幅特征和统计规律

我们以 2006 年为例，这一年美元兑瑞郎不断下跌。瑞士经济的持续强劲增长使得瑞士国家银行加息五次，这使美元兑瑞郎的汇率由 1.3200 下降到 1.2200。如图 4-126 所示。

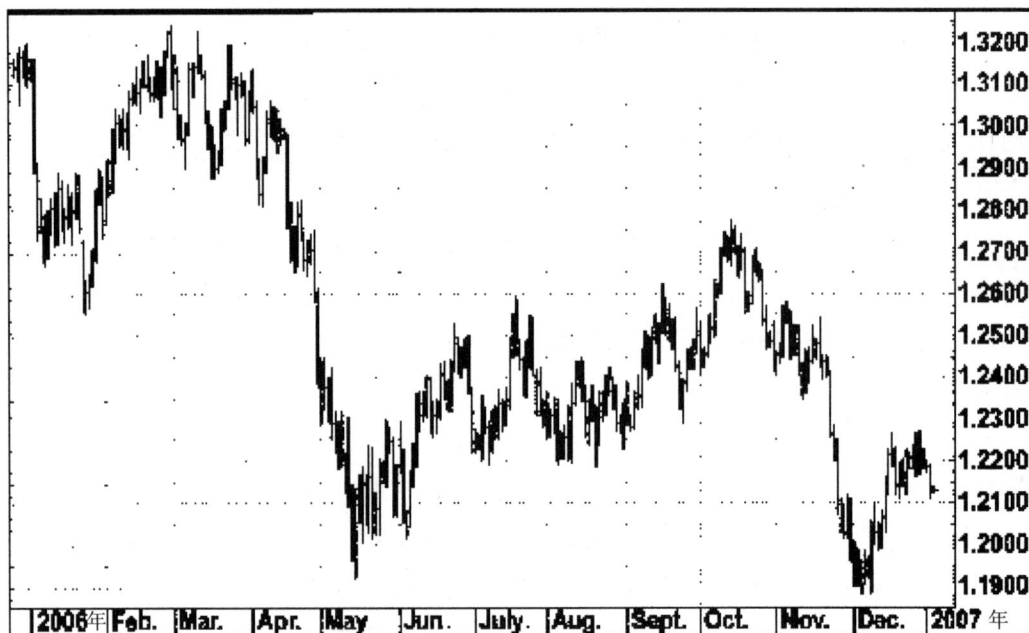

图 4-126　美元兑瑞郎日线图

本分析检视了从 2006 年 1 月 2 日至 2006 年 12 月 29 日的历史数据，共约 260 个交易日。我们分析得出了美元兑瑞郎的交易趋势特征以及日均波幅，收盘价的变化等。同时，我们还检视了这段时间的日内数据以便统计出该货币对在 24 小时内的波动特征。所有这些都可以帮助我们在交易美元兑瑞郎时做得更好。通过这些统计特征，我们可以恰当地决定日内盈利目标，同时更好地设置日内交易的停损等。图 4-127 显示了美元兑瑞郎的日波幅统计，从中我们可以看到最小的日波幅是 27 点（发生在 2006 年 4 月 14 日），最大的日波幅是 269 点（发生在 2006 年 1 月 3 日），平均日波幅是 106 点，日波幅中位数为 103 点。大约 73% 的日波幅位于 60~130 点，所以日内的盈利目标应该参考这一水准。

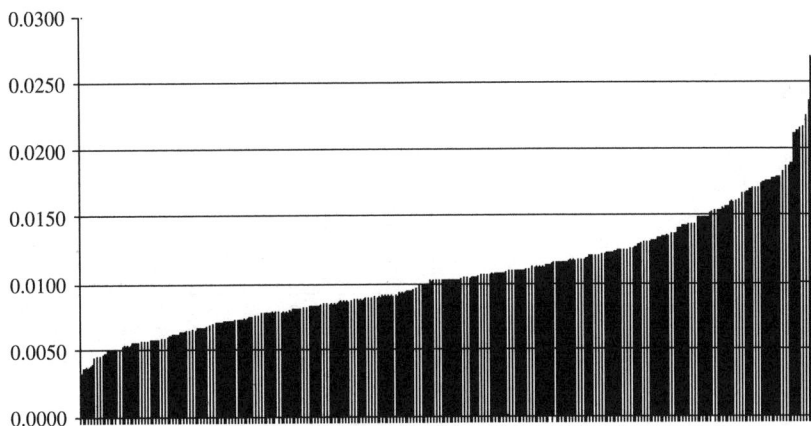

图 4-127　美元兑瑞郎日波幅统计

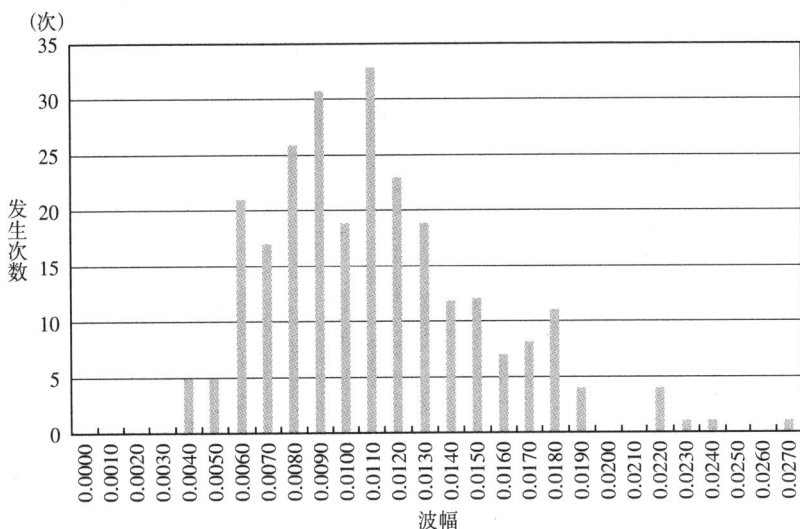

图 4-128　美元兑瑞郎日波幅分布图

图 4-128 反映了日波幅的统计分布，图 4-129 是日收盘相对于前日收盘的变化值分布图。从中我们可以发现大部分的美元兑瑞郎的收盘变化值在下降 70 点到上升 90 之间分布。84% 的收盘变化值位于此区域，这个数据表明了 2006 年的情况，不过我们可以大致推测在这几年，美元兑瑞郎的收盘变化值大部分应该在-80 点到 80 点分布，我们可以据此推断自己的日盈利目标的最大极限值。

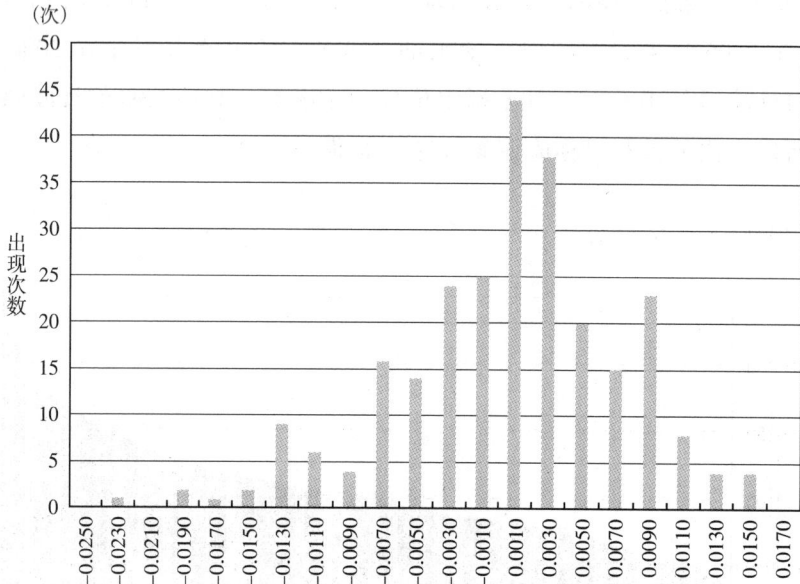

图 4-129 美元兑瑞郎日收盘变化值

在上述统计时段内，美元兑瑞郎收盘呈阳线的次数是 136 次，大概占了 53%。在收盘最终走高的交易日内，盘中的交易的下跌幅度一般不超过 50 点，据此我们可以在下跌幅度超过 50 点时判断今日很可能收低。

下面是收低日的对应统计。

日内以小时为单位统计的波幅表明美国中部时间的 7：00、8：00 和 9：00（也就是欧美市场重叠的时间）是交易最为活跃的时间。

下面是美国中部时间（微软视窗操作系统的时区功能提供了该时间）7：00~10：00 的波动峰值统计，7：00~8：00 的波动峰值平均数是最大的，而 9：00~10：00 的波动峰值中位数是最大的。

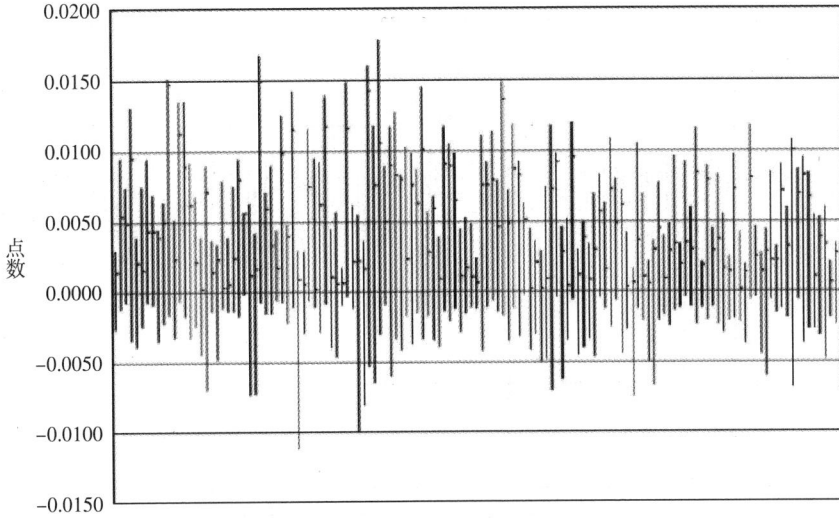

图 4-130 美元兑瑞郎收高日的波动区间统计

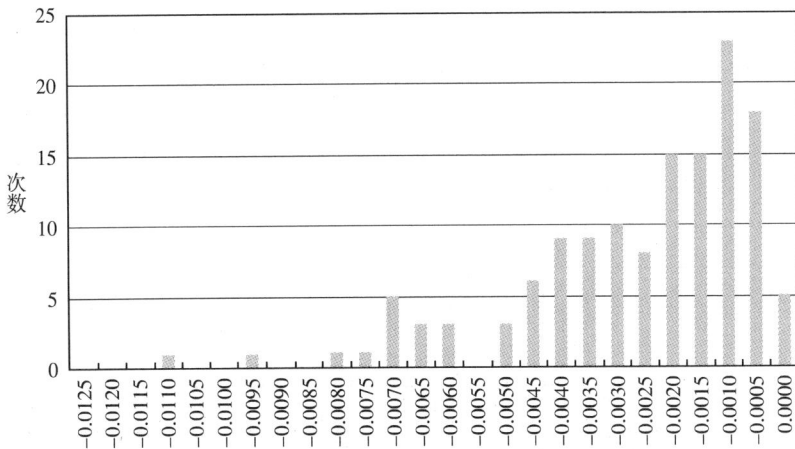

图 4-131 美元兑瑞郎收高日低点与开盘价的差值分布

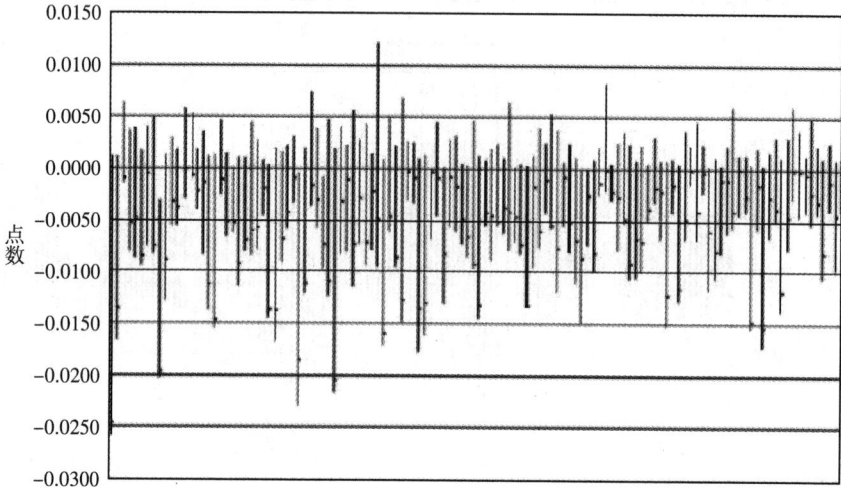

图 4-132　美元兑瑞郎收低日的波动区间统计

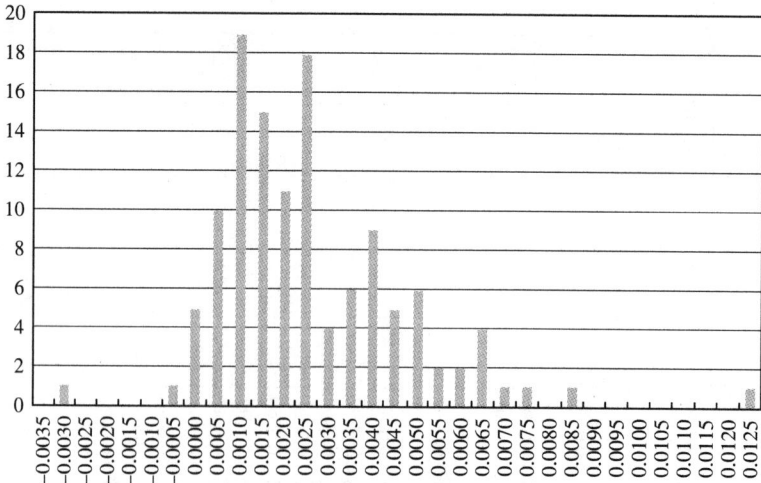

图 4-133　美元兑瑞郎收低日的高点与开盘价（前日收盘价）的差值分布

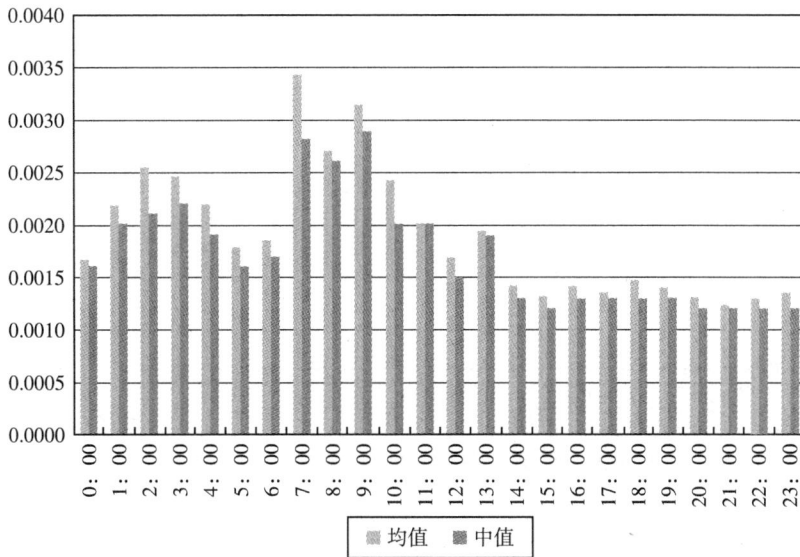

图4-134 美元兑瑞郎日内各小时平均波幅统计（2006年1月2日至2006年12月29日）

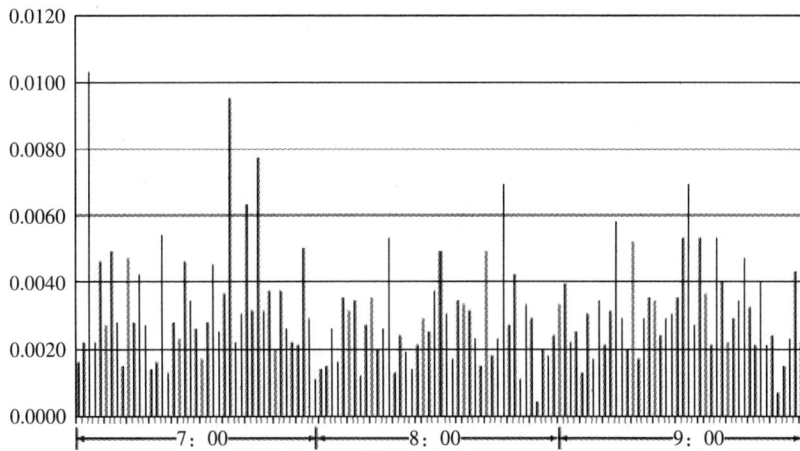

图4-135 美元兑瑞郎美国中部时间7：00~10：00波动情况

美国中部时间7：00~9：00的小时波幅值有70%都位于20~40点，下面是详细的分布情况。

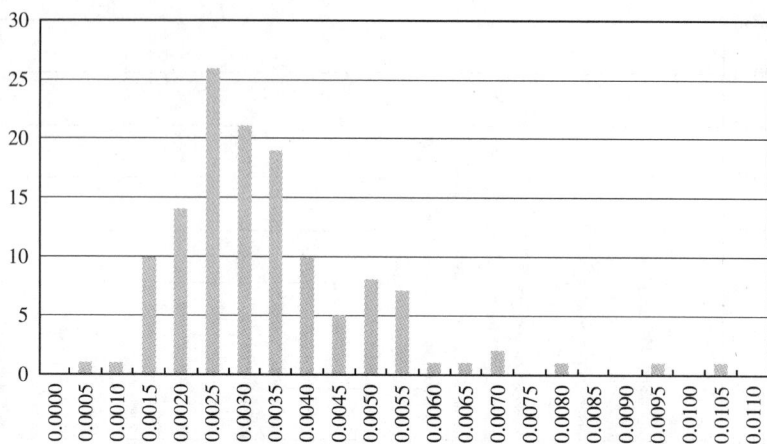

图4-136　美元兑瑞郎7：00~9：00的小时波幅分布

在本版当中，我们更新了美元兑瑞郎的日内波幅统计数据和周内波幅统计数据（见图4-137和图4-138），从中你可以找到一些什么规律，这些规律对于设定止损幅度和止盈目标有什么帮助？

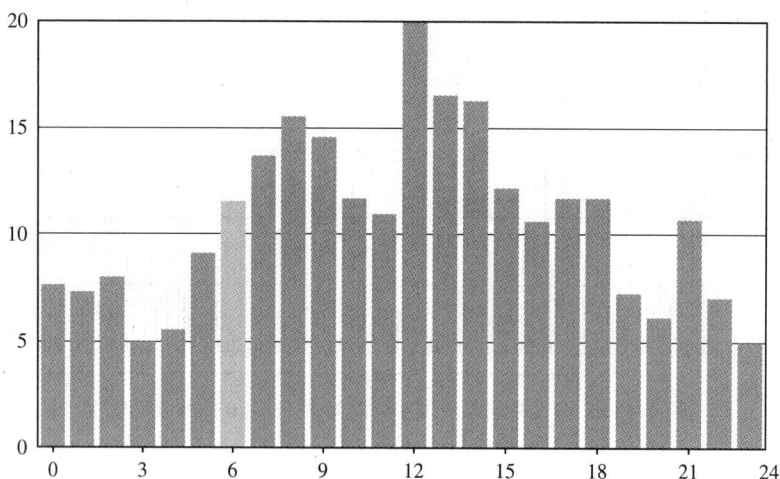

图4-137　美元兑瑞郎日内各小时平均波幅
（基于2009年1月至2017年7月数据统计）

（二）英镑兑美元波幅特征和统计规律

英镑兑美元从2006年以来大幅度上升，2007年下半年的时候英镑兑美元已经站稳于2.0000之上。下面研究所采用的数据从2006年2月1日至2007年1月31日。在这段时期内，英镑兑美元的最小日波幅是25点（发生在2006年4月14

日），最大日波幅是 325 点（发生在 2006 年 5 月 11 日）。

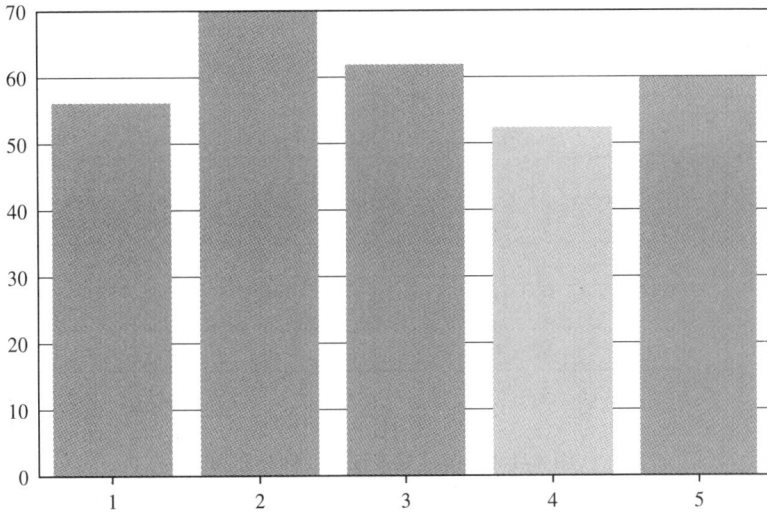

图 4–138　美元兑瑞郎周内各天日均波幅
（基于 2009 年 1 月至 2017 年 7 月数据统计）

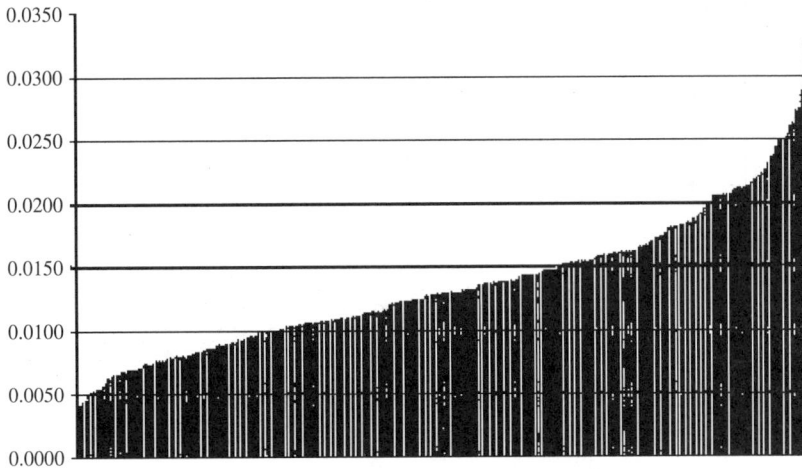

图 4–139　英镑兑美元日波幅统计

英镑兑美元的日波幅值主要分布在 61~180 点。

从图 4–141 中可以看到 81% 的收盘变化幅度为 –100~100 点。所谓收盘变化就是该日收盘价相对于前日收盘价（今日开盘价）的变化值。

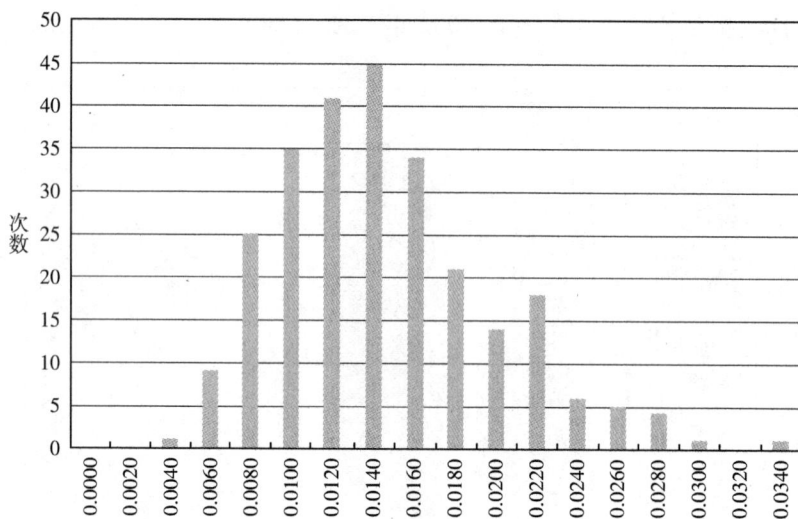

图 4-140　英镑兑美元日波幅分布图

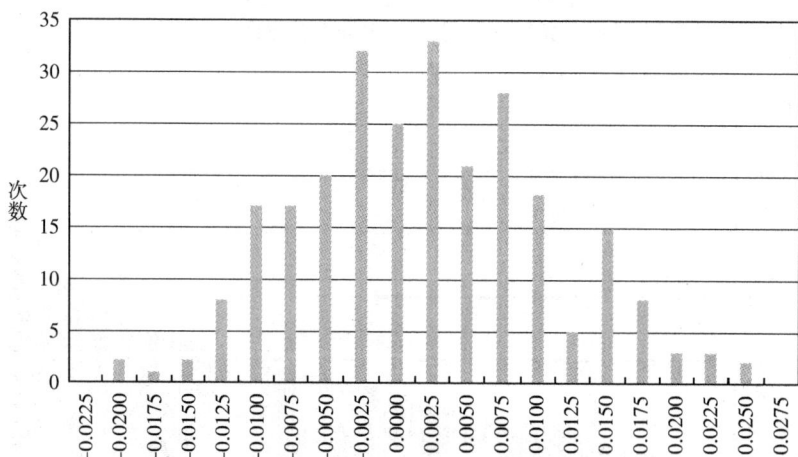

图 4-141　英镑兑美元日收盘变化值

收高日，也就是收盘价相对开盘价（前日收盘价）更高的交易日，此类交易日盘中出现的低点跌破开盘价 100 点的只有 4 次。图 4-142 是收高日的波段区间分布。

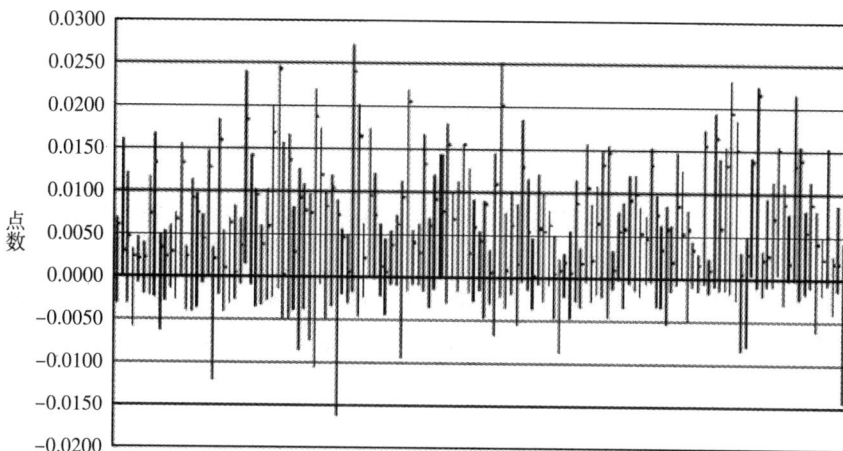

图 4-142 英镑兑美元收高日的波动区间统计

在英镑兑美元收高日，盘中低点在 68% 的情况下比开盘价（前日收盘价）低 1 点到 30 点，如图 4-143 所示。

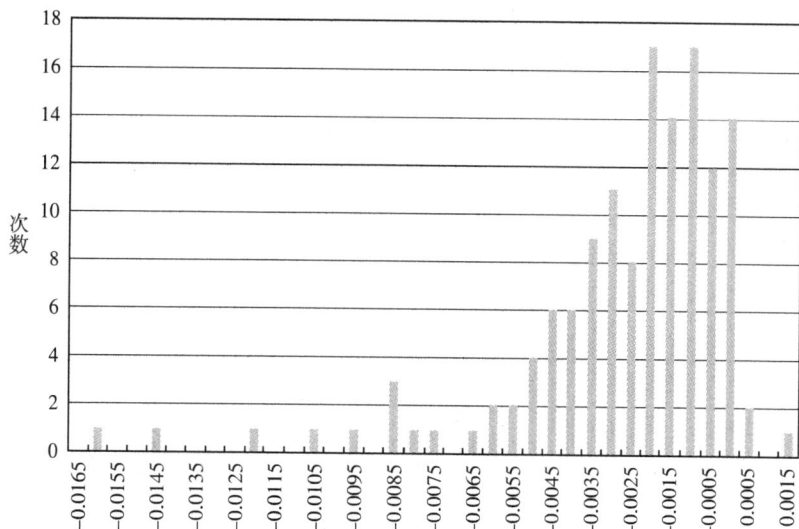

图 4-143 英镑兑美元收高日低点与开盘价（前日收盘价）的差值分布

收低日的盘中最高点绝大多数没有高于开盘价超过 100 点。如图 4-144 所示。在 68% 的情况下，收低日的盘中高点不超过开盘价（前日收盘价）40 点。

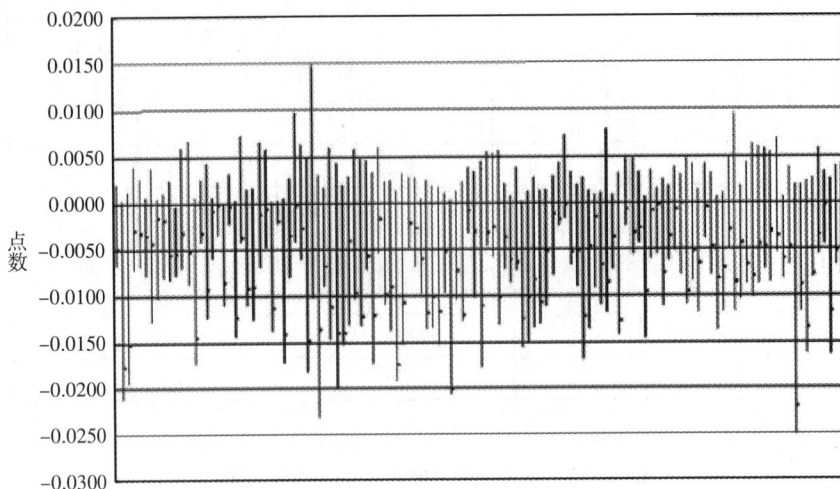

图 4-144　英镑兑美元收低日的波动区间统计

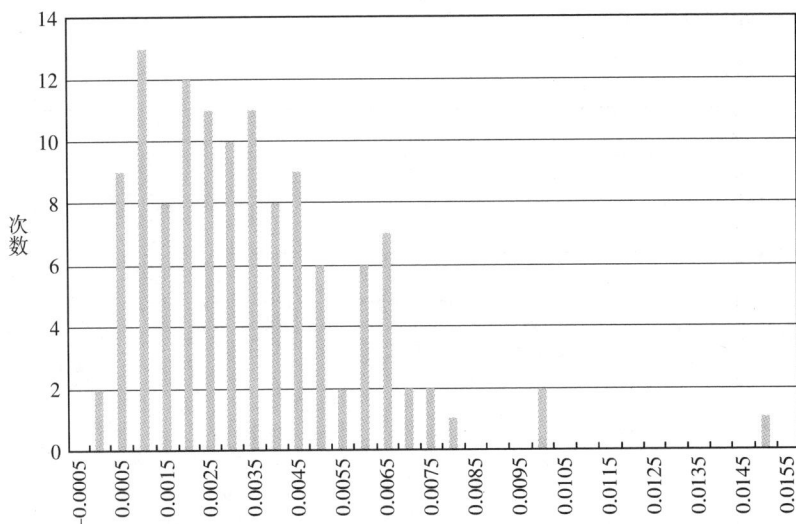

图 4-145　英镑兑美元收低日的高点与开盘价（前日收盘价）的差值分布

日内小时为单位的波动中，7：00、8：00、9：00 三个小时最为剧烈。

小时波动最大的值出现在美国中部时间 7：00，而第二大的值出现在 9：00。

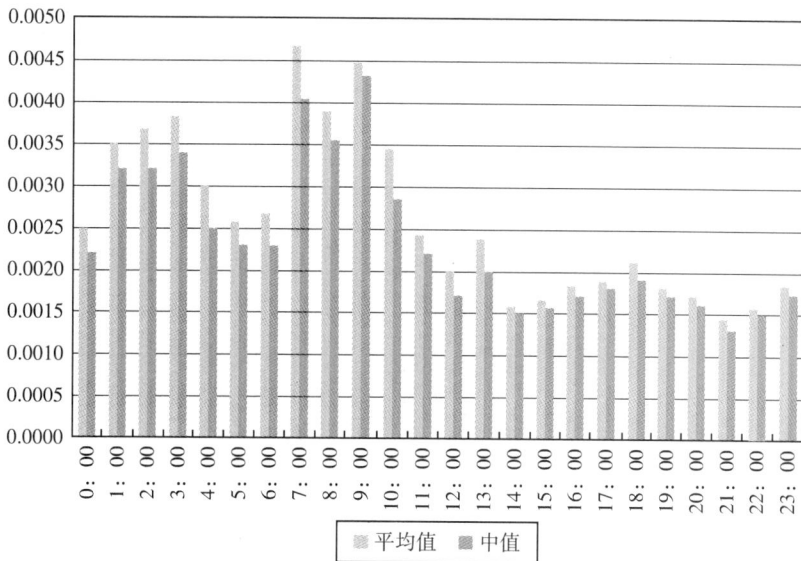

图 4-146 英镑兑美元日内各小时平均波幅统计（2006 年 1 月 2 日至 2006 年 12 月 29 日）

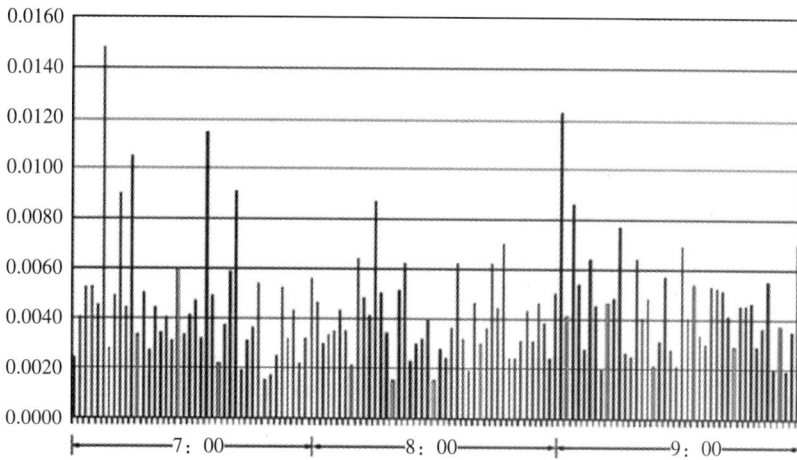

图 4-147 英镑兑美元美国中部时间 7：00~10：00 波动情况

7：00~10：00 的小时波幅值 82% 都分布在 16~50 点。

在本版中，我们更新了英镑兑美元的日内波幅统计数据和周内波幅统计数据（见图 4-149 和图 4-150），从中你可以找到一些什么规律，这些规律对于设定止损幅度和止盈目标有什么帮助？

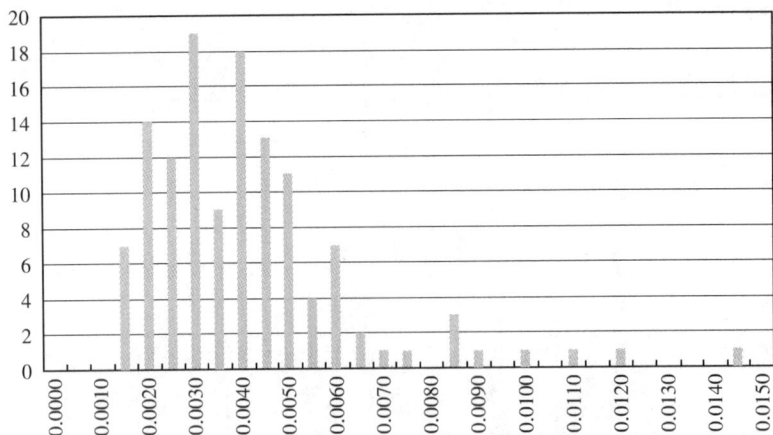

图 4-148　英镑兑美元 7：00~10：00 的小时波幅分布

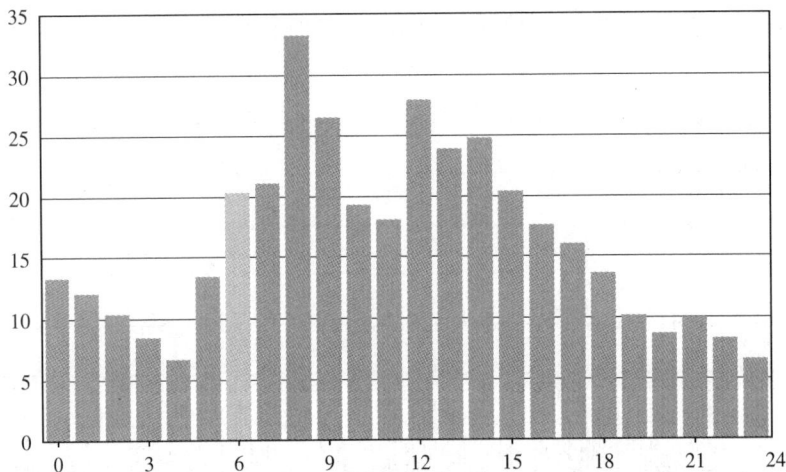

图 4-149　英镑兑美元日内各小时平均波幅（基于 2009 年 1 月至 2017 年 7 月数据统计）

（三）美元兑日元波幅特征和统计规律

我们研究了 2006 年 3 月 1 日至 2007 年 2 月 28 日的美元兑日元数据。发现了如下规律：

（1）美元兑日元的日均波动幅度为 92 点，在 79% 的情况中日波幅位于 41~120 点。日波幅超过 200 点的次数仅占 14%。

（2）在 85% 的情况下，日收盘变化在 -75~75 点。日收盘变化值超过 100 点的仅占 4%，而日收盘变化值超过 -100 点的仅占 1.5%。所谓日收盘变化值就是收盘价相对于前日收盘价（今日开盘价）的点数变动。

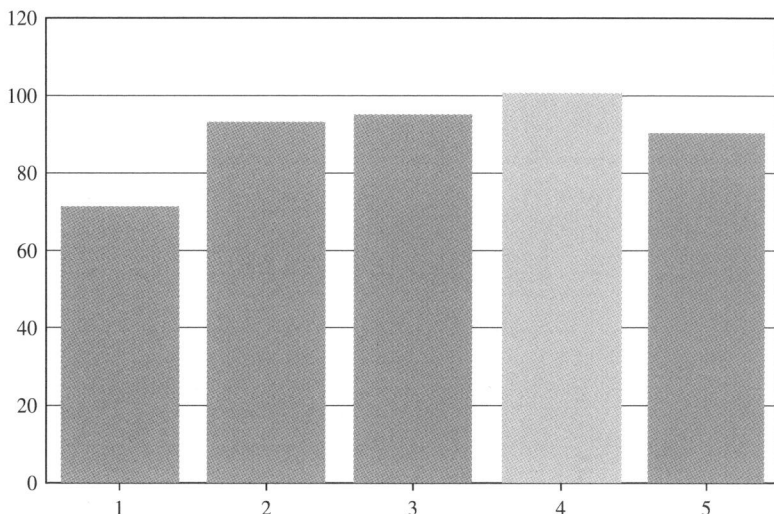

图 4-150 英镑兑美元周内各天日均波幅（基于 2009 年 1 月至 2017 年 7 月数据统计）

（3）在 73% 的情况下，收高日的盘中最低价不低于前日收盘价超过 30 点。

（4）在 72% 的情况下，收低日的盘中最高价不超过前日收盘价 30 点。

（5）美国中部时间 9：00~10：00 的小时波动最大，平均值为 26 点，中值为 20 点；7：00~8：00 的为第二大波动小时，平均值为 25 点，中值为 21 点。

下面我们看看具体的统计数据。

统计时期内，美元兑日元的日最小波动发生 2006 年 4 月 14 日，为 30 点；日最大波动发生在 2007 年 2 月 27 日，为 325 点。如图 4-151 所示。

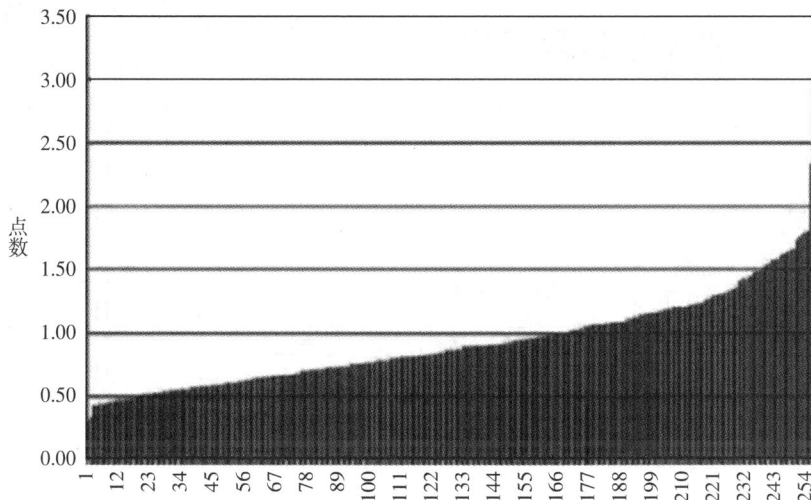

图 4-151 美元兑日元日波幅统计

绝大多数日波幅在 40~100 点，只有 2007 年 2 月 27 日的波动完全脱离这一范围。如图 4-152 所示。

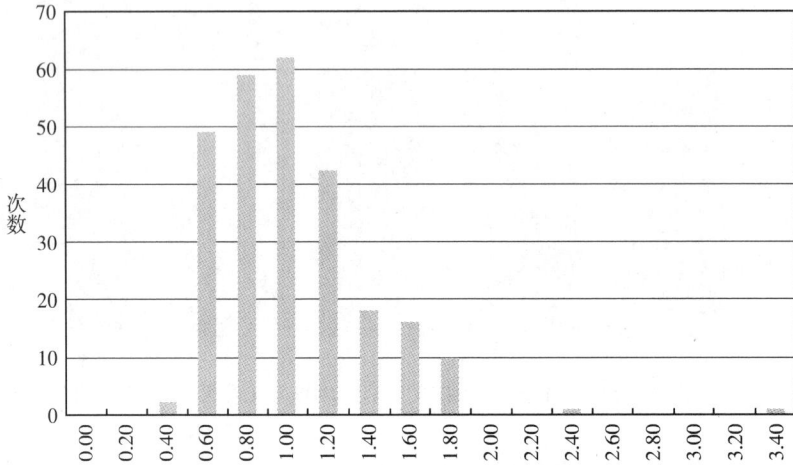

图 4-152　美元兑日元日波幅分布图

最大的收盘变化负值为 272 点，最大的收盘变化正值为 132 点。如图 4-153 所示。

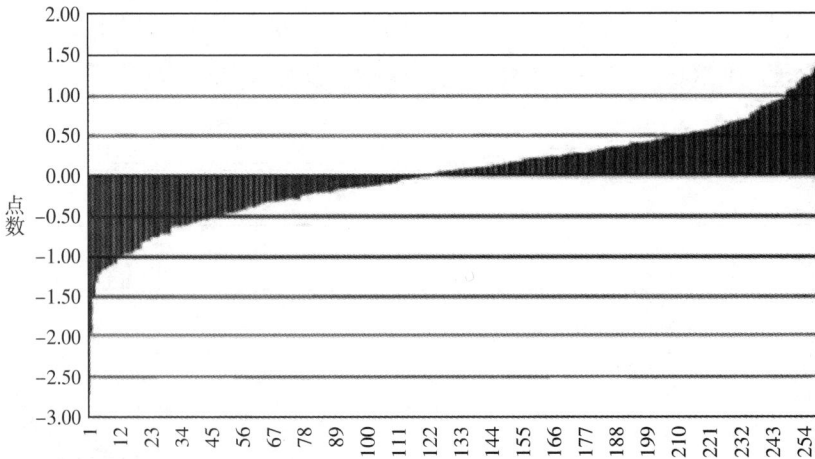

图 4-153　美元兑日元日收盘变化值

在 86% 的情况下，日收盘变化值落在 -75~75 点。如图 4-154 所示。

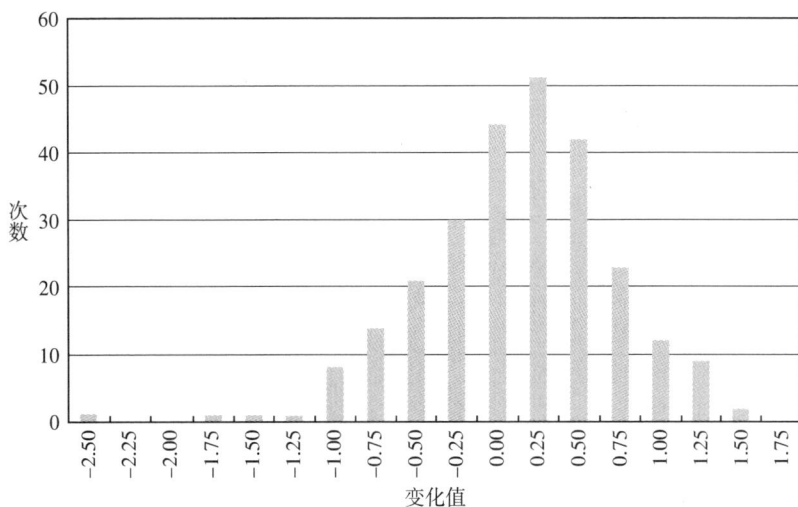

图 4-154　美元兑日元日收盘变化值分布

收高日的分布区间的最低点不会比前日收盘价（今日开盘价）低 100 点以上。如图 4-155 所示。

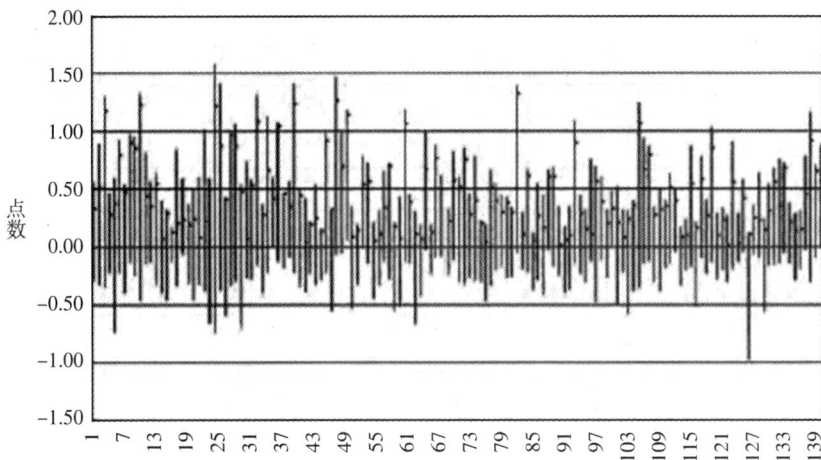

图 4-155　美元兑日元收高日的波动区间统计

在 73% 的情况下，收高日的最低点低于前日收盘价（今日开盘价）不超过 30 点。如图 4-156 所示。

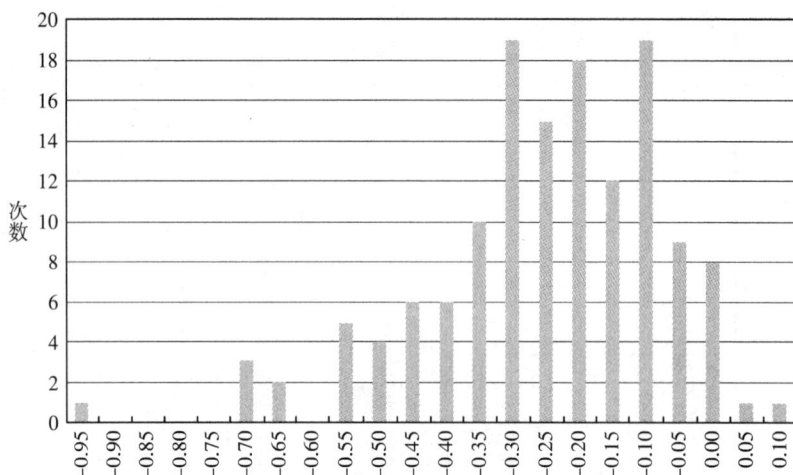

图 4-156 美元兑日元收高日低点与前日收盘价的差值分布

图 4-157 中两根较长的影线代表当天上冲超过 100 点后发生下跌收低的两天。

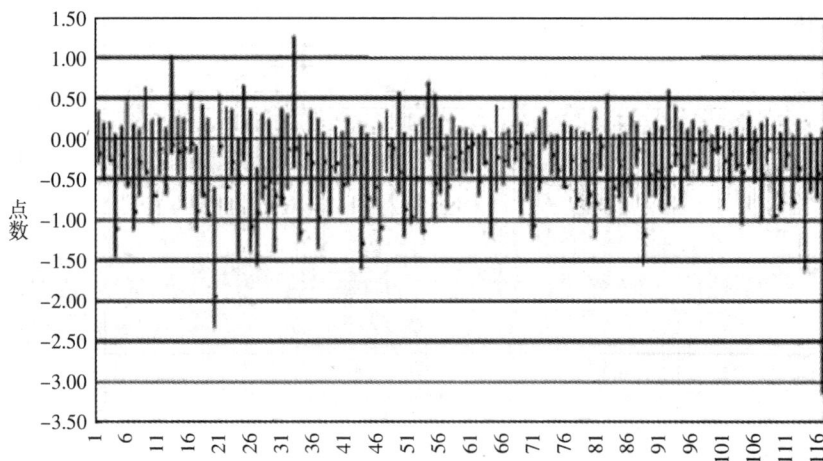

图 4-157 美元兑日元收低日的波动区间统计

在 72% 的情况下，收低日的最高点不会超过前日收盘价（今日开盘价）30 点。如图 4-158 所示。

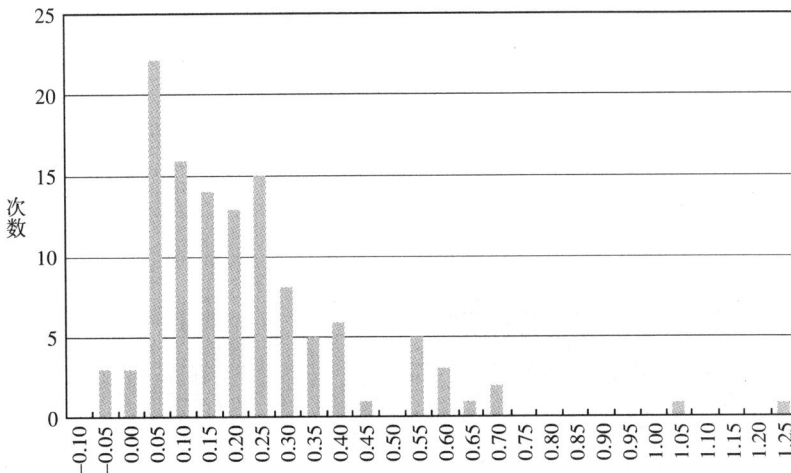

图 4-158　美元兑日元收低日的高点与前日收盘价的差值分布

在一天 24 个小时中 9：00 具有最大的平均波幅。如图 4-159 所示。

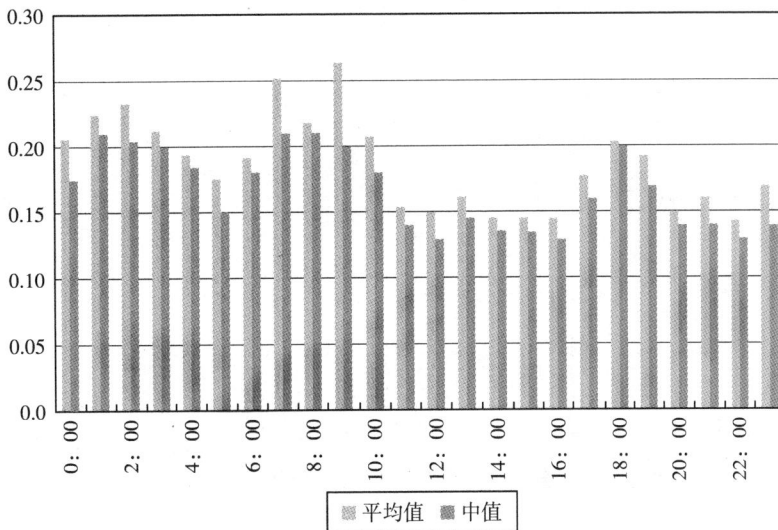

图 4-159　美元兑日元日内各小时平均波幅统计（2006 年 1 月 2 日至 2006 年 12 月 29 日）

波动最大的日内时刻为 7：00~10：00，而波动的最高峰出现在 9：00 这个小时内。如图 4-160 所示。

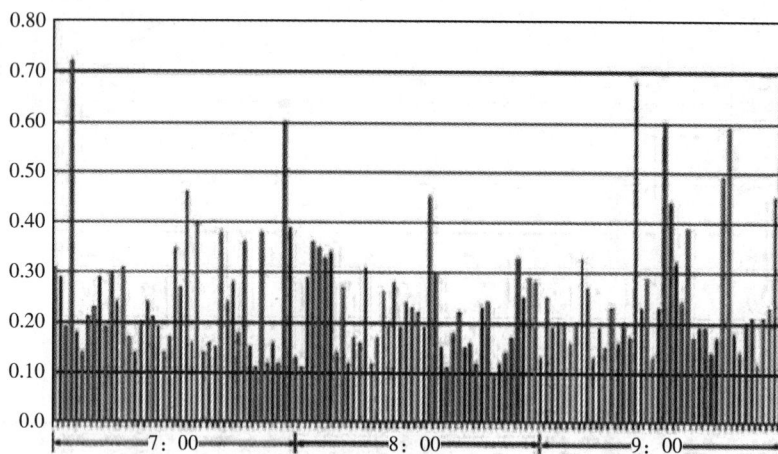

图4-160 美元兑日元美国中部时间7：00~10：00波动情况

在84%的情况下，美元兑日元的小时波动位于5~30点。

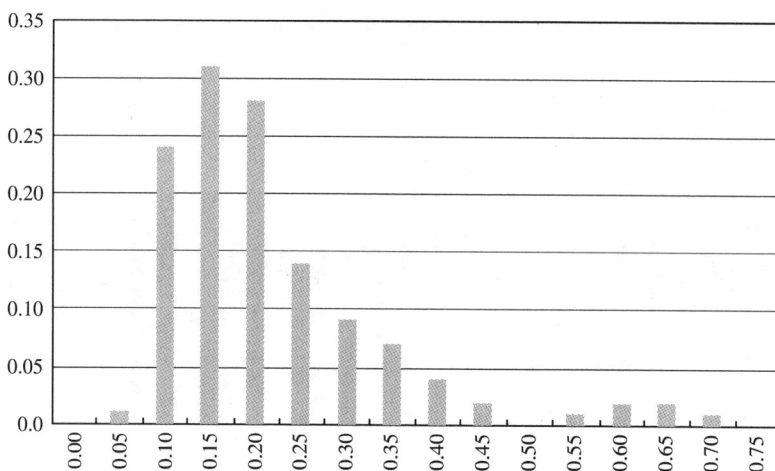

图4-161 美元兑日元7：00~10：00的小时波幅分布

在本版中，我们更新了美元兑日元的日内波幅统计数据和周内波幅统计数据（见图4-162和图4-163），从中你可以找到一些什么规律，这些规律对于设定止损幅度和止盈目标有什么帮助？

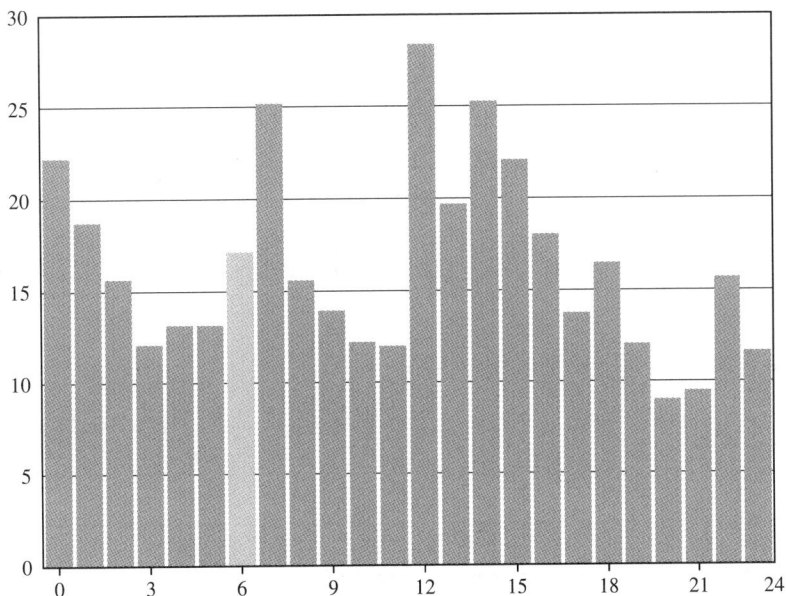

图4-162 美元兑日元日内各小时平均波幅（基于 **2009** 年 **1** 月至 **2017** 年 **7** 月数据统计）

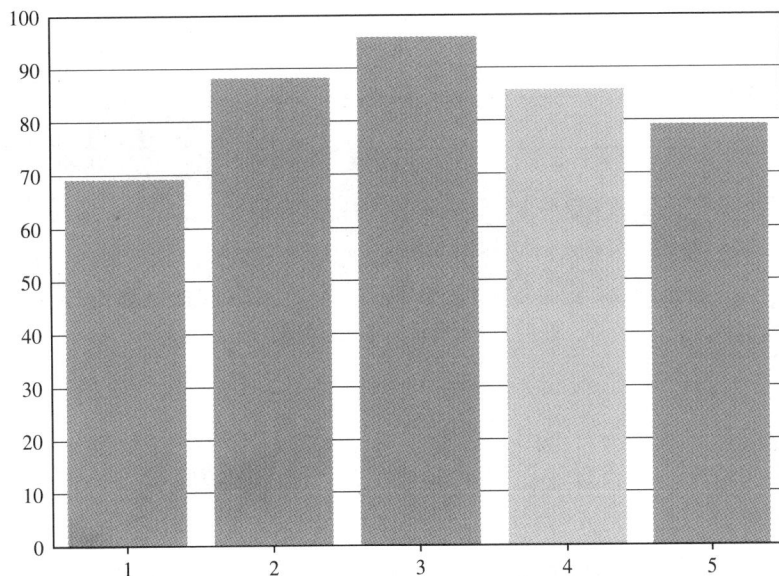

图4-163 美元兑日元周内各天日均波幅（基于 **2009** 年 **1** 月至 **2017** 年 **7** 月数据统计）

（四）澳元兑美元波幅特征和统计规律

我们统计了从 2006 年 4 月 3 日至 2007 年 3 月 30 日的澳元兑美元汇率数据，从中我们发现如下规律：

（1）澳元兑美元的日均波幅为 64 点，超过 100 点的日波幅仅占 8.8%，79% 的

日波幅都位于 40~100 点。

（2）收盘变化值在 –50~50 点的情况占了 84%。

（3）如果澳元兑美元下跌了 30 点，那么该日收高的可能性只有 9%。

（4）如果澳元兑美元上涨超过前一交易日的高点 30 点，那么该日收低的可能性为 13%。

（5）美国中部时间 7：00、8：00、9：00 和 18：00 都具有最大的小时波幅 –17 点。

下面我们看一下更加详细的统计情况。

澳元兑美元的日均波幅为 64 点，中值则为 60 点。如图 4–164 所示。

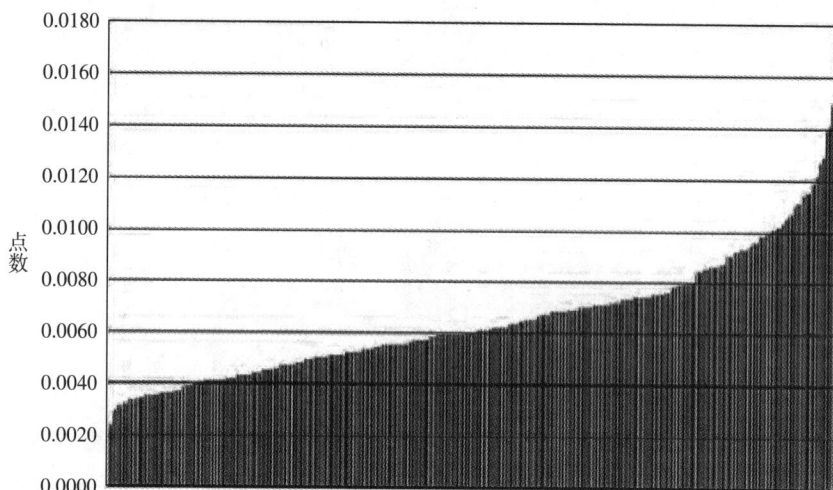

图 4–164　澳元兑美元日波幅统计

澳元兑美元的日波幅值集中在 40~100 点。如图 4–165 所示。

在 84% 的情况下，收盘变化值在 50~50 点。绝大多数收盘变化值位于 0~25 点。如图 4–166 所示。

澳元兑美元的收高日中低点低于前日收盘价超过 50 点的只有 4 次。如图 4–167 所示。

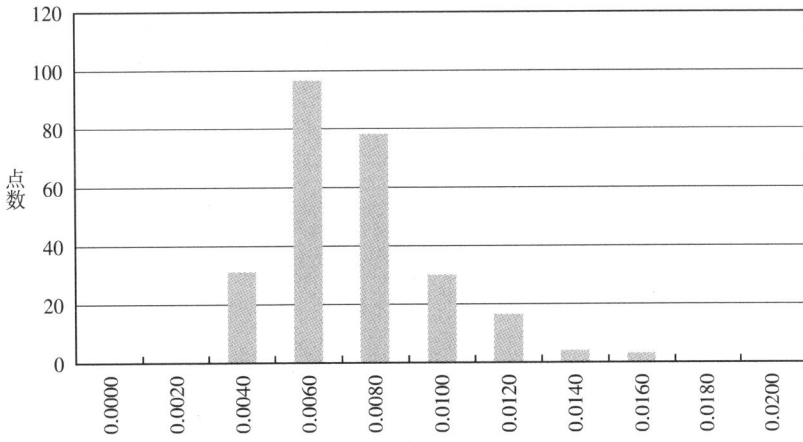

图 4-165　澳元兑美元日波幅分布图

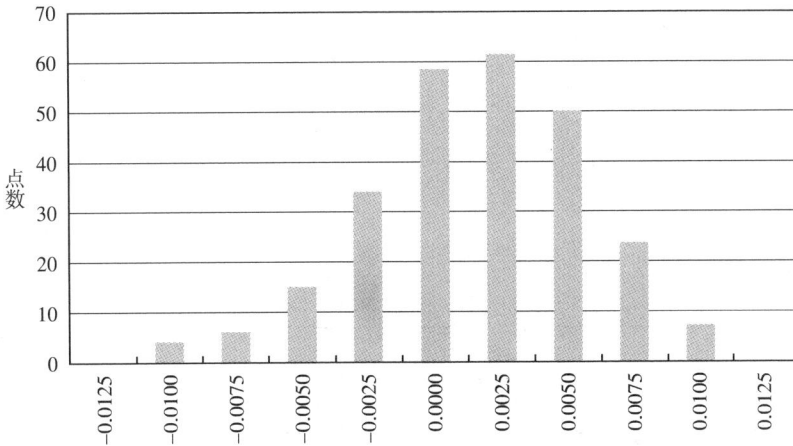

图 4-166　澳元兑美元日收盘变化值

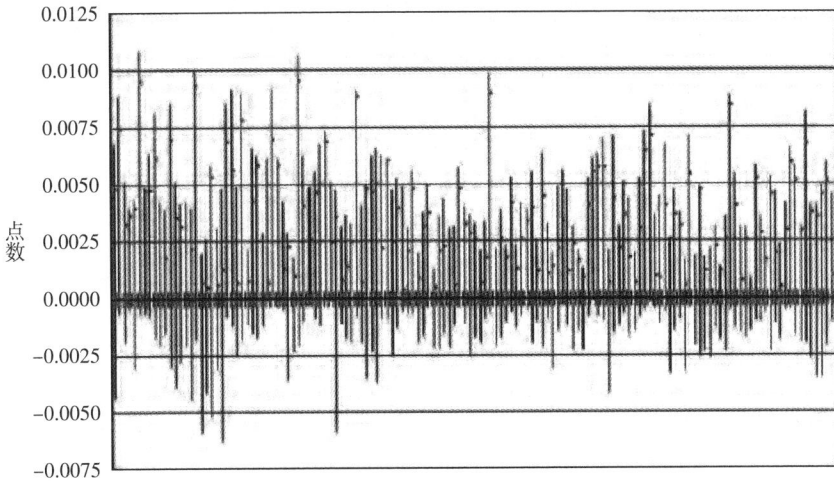

图 4-167　澳元兑美元收高日的波动区间统计

在 259 天中有 142 天澳元兑美元收高，有 81% 的收高日盘中低点较前日收盘价低 24 点到 0 点。如图 4-168 所示。

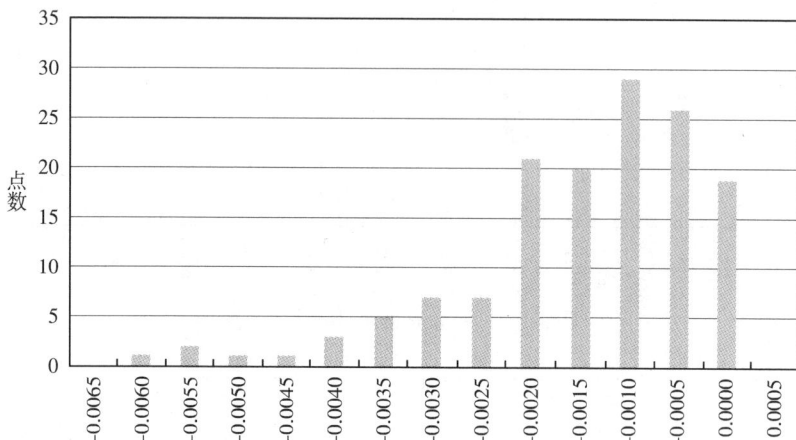

图 4-168　澳元兑美元收高日低点与开盘价的差值分布

在我们统计的时期内，澳元兑美元汇率在上涨超过 50 点后仅仅有 3 次收低。如图 4-169 所示。

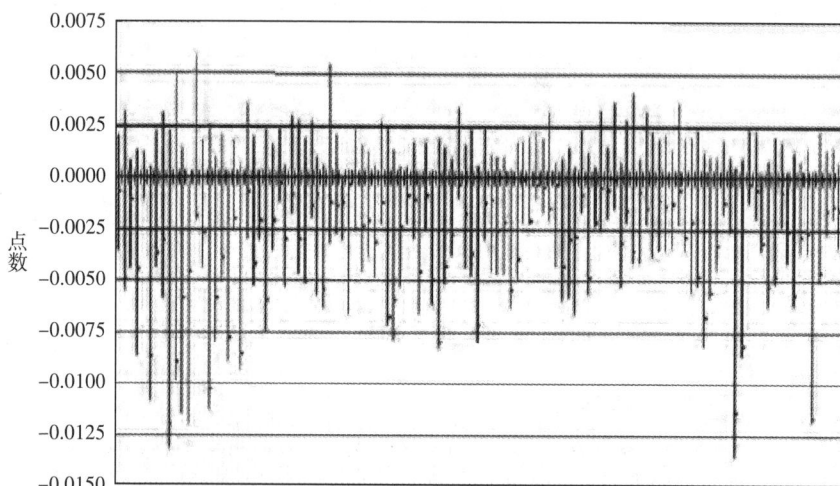

图 4-169　澳元兑美元收低日的波动区间统计

收低日的高点差值在 1~29 点的情况占了 78%。也就是说在 78% 的情况下，澳元兑美元的收低日的盘中最高价不会超过开盘价（前日最高收盘价） 29 点。如图 4-170 所示。

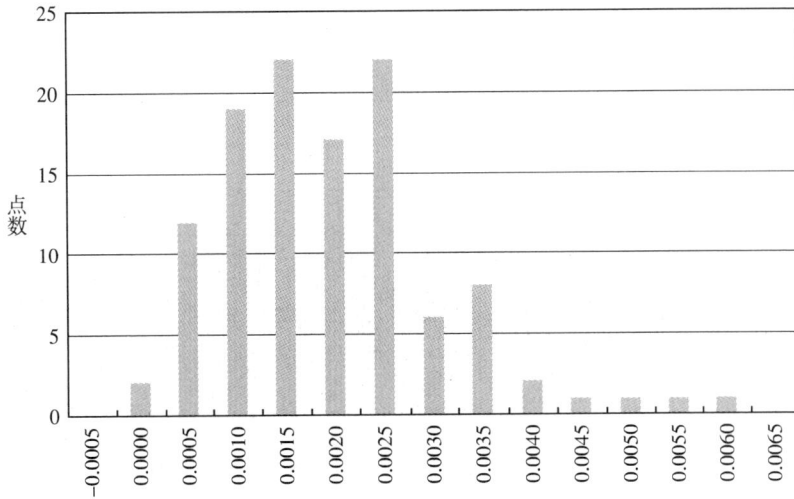

图4-170　澳元兑美元收低日的高点分布

澳元兑美元除了具有通常主要货币对的活跃小时之外，还在18点非常活跃。如图4-171所示。

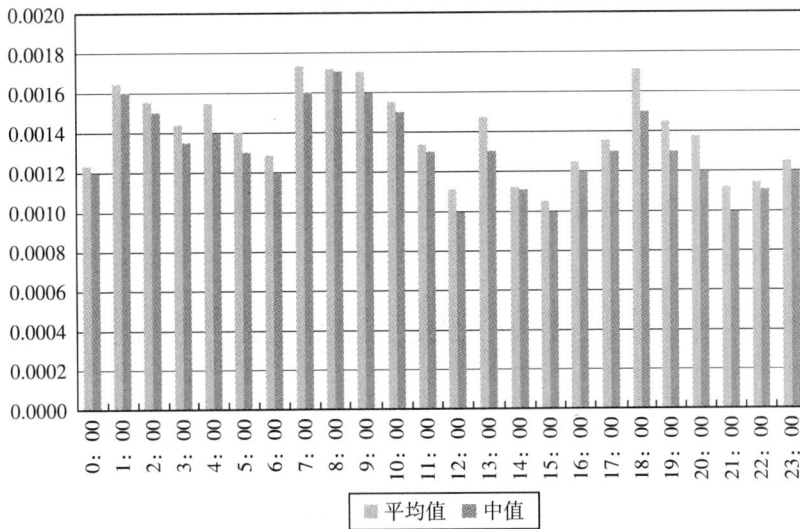

■平均值　■中值

图4-171　澳元兑美元日内各小时平均波幅统计（2006年1月2日至2006年12月29日）

在7：00~10：00的三个小时中，最为活跃的小时为7：00~8：00。如图4-172所示。

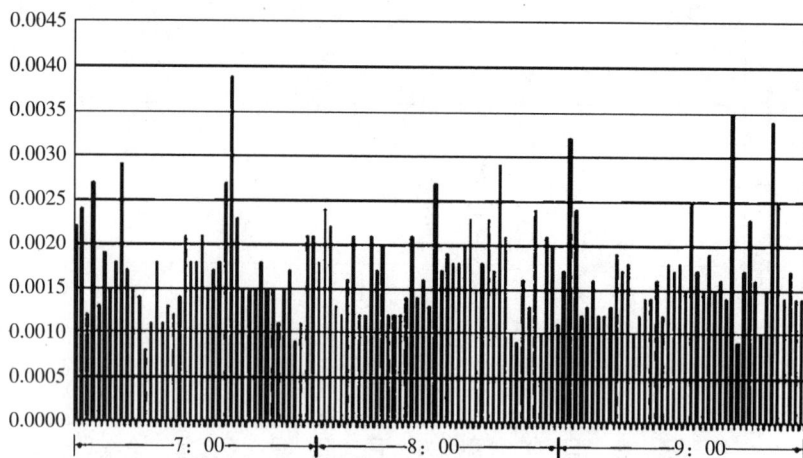

图 4-172　澳元兑美元美国中部时间 7：00~10：00 波动情况

在 82% 的情况下，7：00~10：00 的小时波动值在 10~22 点。如图 4-173 所示。

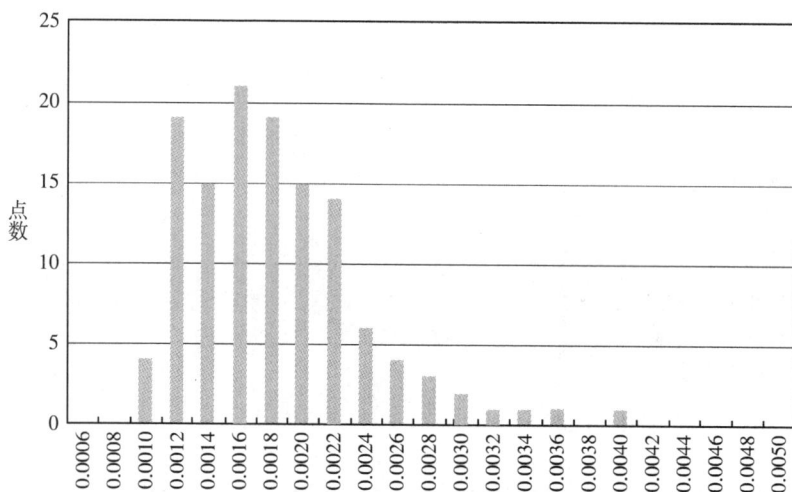

图 4-173　澳元兑美元 7：00~10：00 的小时波幅分布

18 点的波幅也很占据前列，其波幅分布情况如图 4-174 所示。

在本版中，我们更新了澳元兑美元的日内波幅统计数据和周内波幅统计数据（见图 4-175 和图 4-176），从中你可以找到一些什么规律，这些规律对于设定止损幅度和止盈目标有什么帮助？

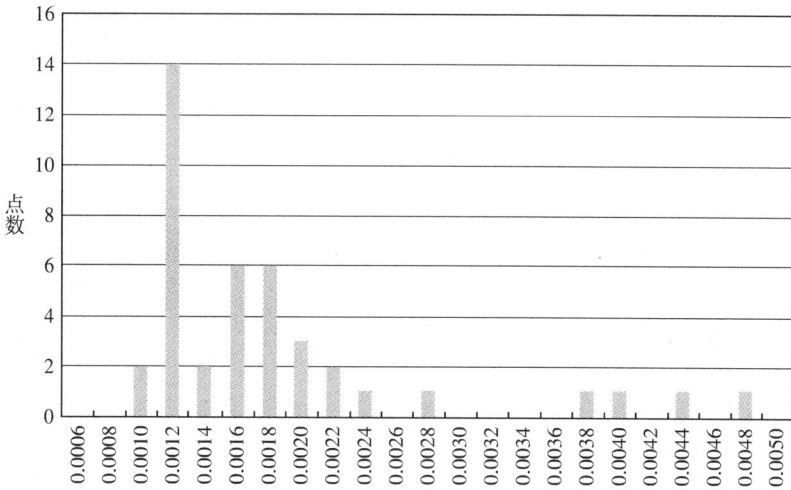

图 4-174 澳元兑美元 18 点小时波幅值分布

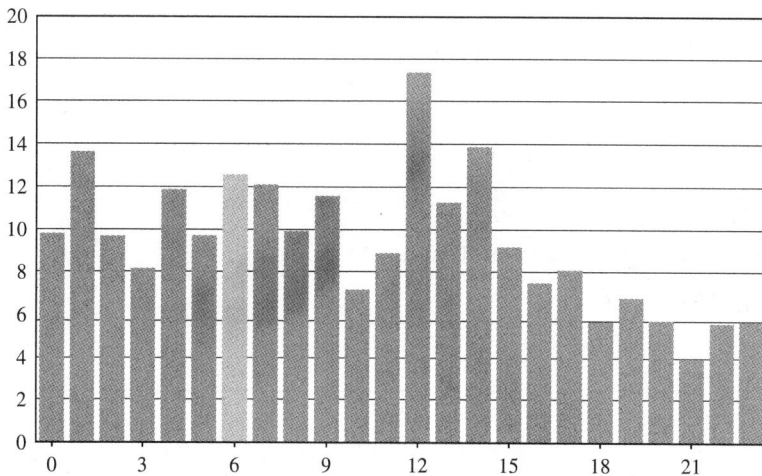

图 4-175 澳元兑美元日内各小时平均波幅（基于 2009 年 1 月至 2017 年 7 月数据统计）

（五）新西兰元兑美元波幅特征和统计规律

我们统计了从 2006 年 5 月 1 日至 2007 年 4 月 30 日的新西兰元兑美元的交易数据，从中得出下列规律：

（1）新西兰元兑美元的日均波动幅度为 72 点，81%的日波幅位于 41~100 点。超过 100 点的日波幅仅占 13%。

（2）81%的收盘变化差值位于−49~50 点。

（3）如果盘中低点较前日收盘价低 30 点以上，则此交易日收高的可能性仅仅为 11%。

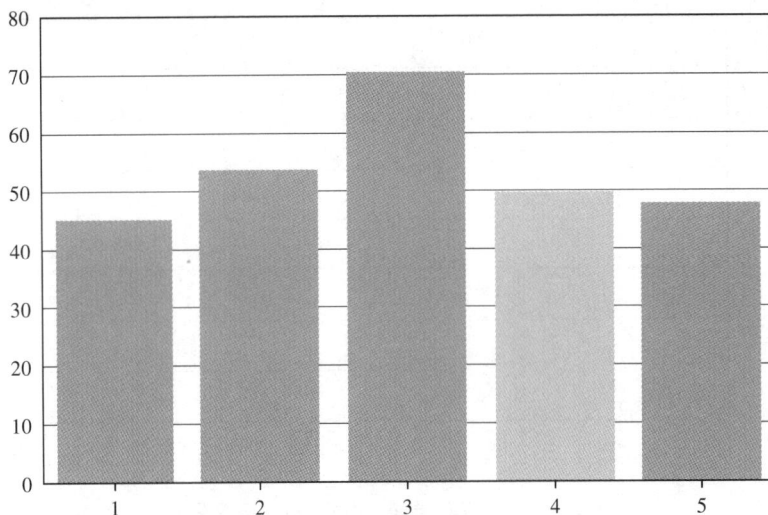

图 4-176　澳元兑美元周内各天日均波幅（基于 2009 年 1 月至 2017 年 7 月数据统计）

（4）如果盘中高点较前日收盘价高 30 点以上，则此交易日收低的可能性仅仅为 13%。

（5）日内波动最大的小时分别为 7∶00、8∶00、9∶00。

下面给出一些关于新西兰元兑美元的详细统计数据分析。

2006 年 5 月至 2007 年 4 月，新西兰元兑美元的日均波幅为 72 点，波幅的中值为 68 点。如图 4-177 所示。

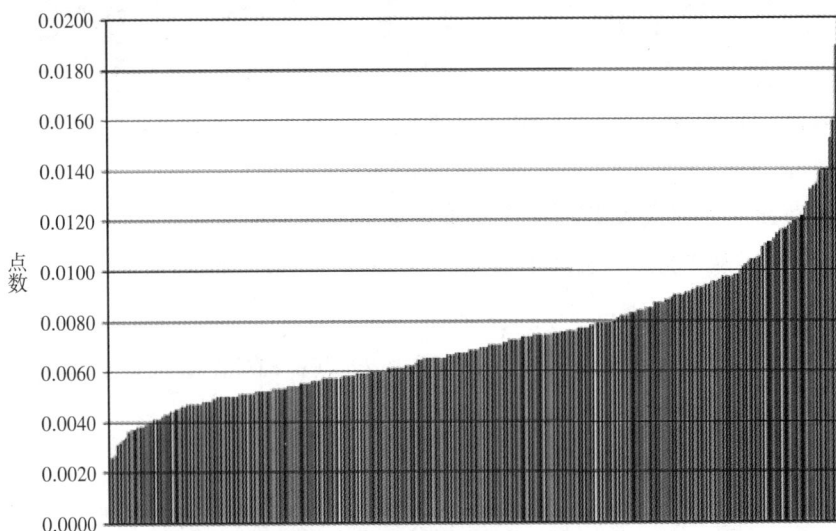

图 4-177　新西兰元兑美元日波幅统计

绝大多数日波幅集中于 51~60 点，请看图 4-178。

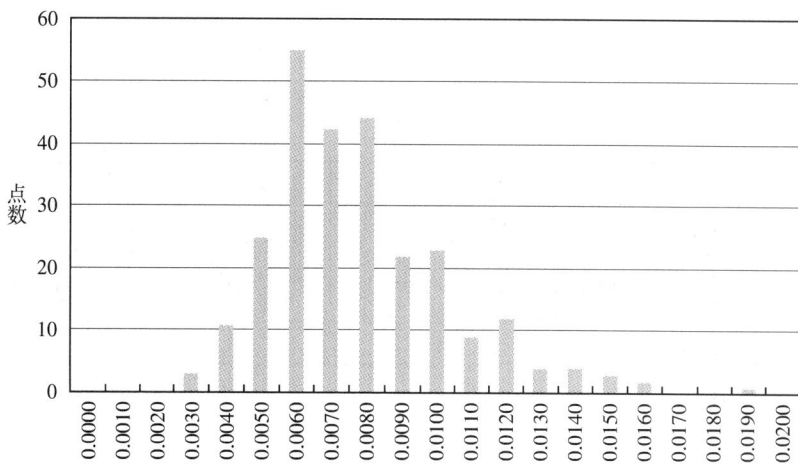

图 4-178 新西兰元兑美元日波幅分布图

在 80% 的情况下，收盘变化差位于 -49~50 点，请参看图 4-179。

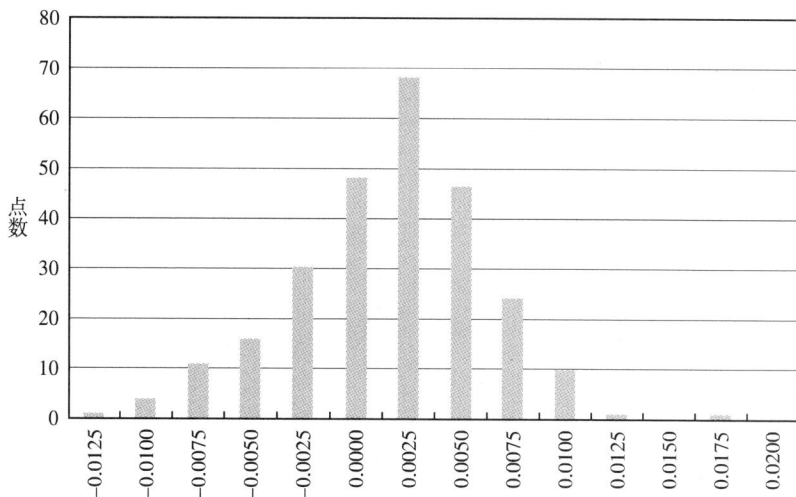

图 4-179 新西兰元兑美元日收盘变化值分布

如果盘中向上突破前日收盘价超过 50 点，则此交易日几乎总是高收。如图 4-180 所示。

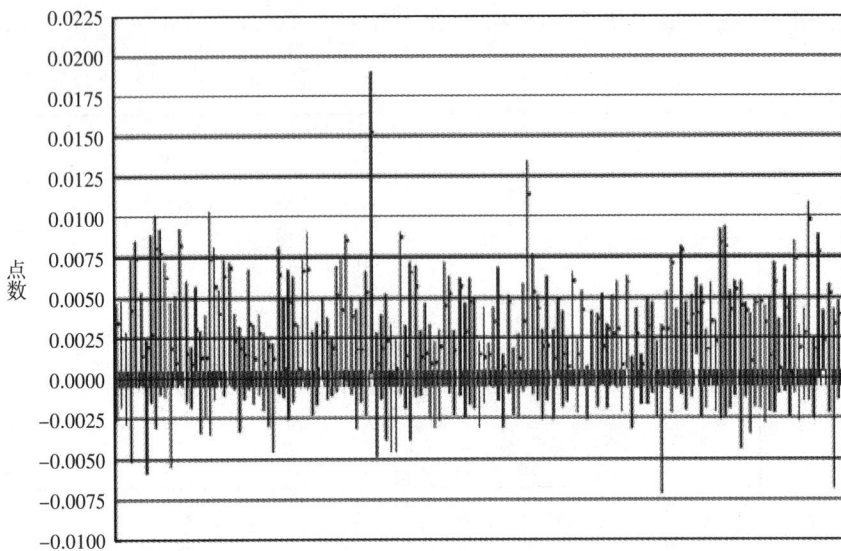

图 4-180　新西兰元兑美元收高日的波动区间统计

在 69% 的情况下，收高日的低点与前日收盘价的差值在 24 点以内，也就是说，该日的低点较前日收盘价最多低 24 个点。如图 4-181 所示。

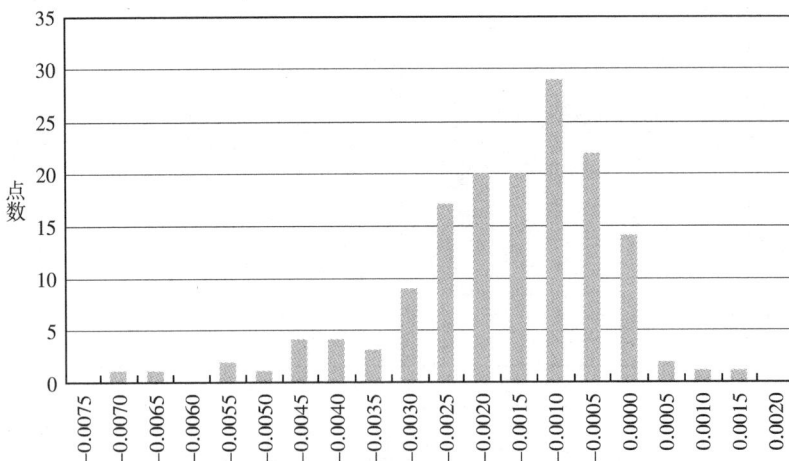

图 4-181　新西兰元兑美元收高日低点差值分布

收低日的盘中最高价几乎不能突破前日收盘价超过 50 点，请看图 4-182 只有一日例外。

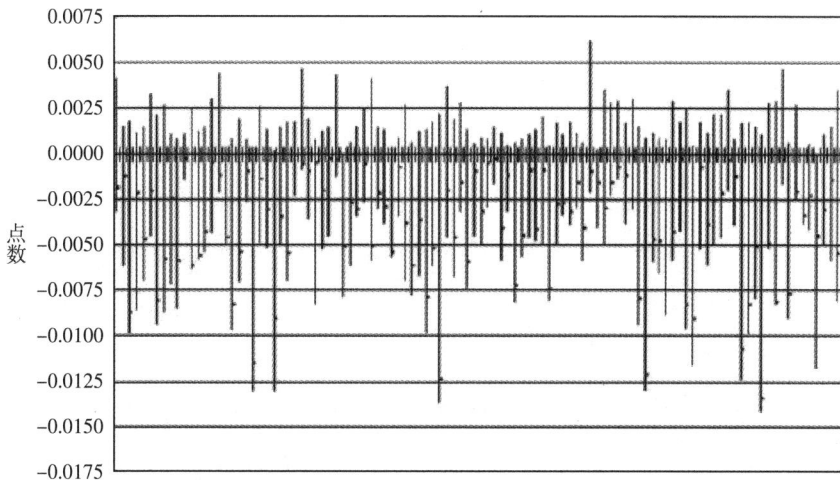

图 4-182 新西兰元兑美元收低日的波动区间统计

在 70% 的情况下，低收日的高点差不会超过 20 点。也就是说，70% 的低收日的盘中高点不会超过前日收盘价 20 点以上。如图 4-183 所示。

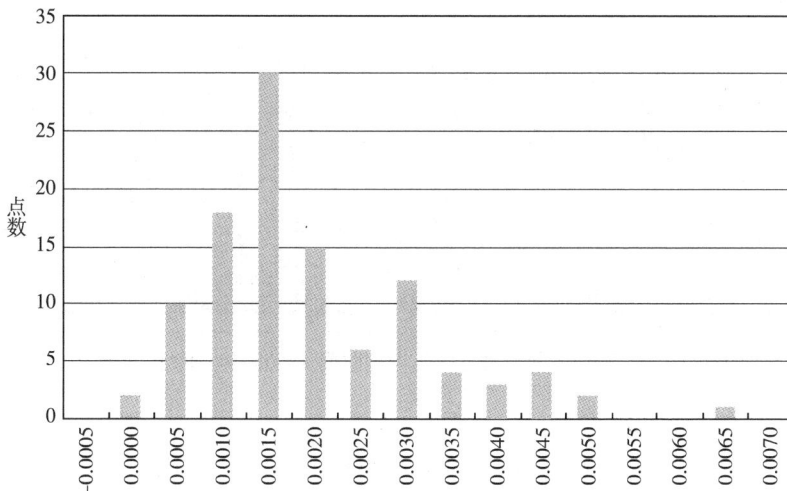

图 4-183 新西兰元兑美元收低日的高点分布

日内小时的波幅居于前列的主要是 7：00、8：00 和 9：00。如图 4-184 所示。图 4-185 给出了新西兰元兑美元从 7：00~10：00 点的波动情况。

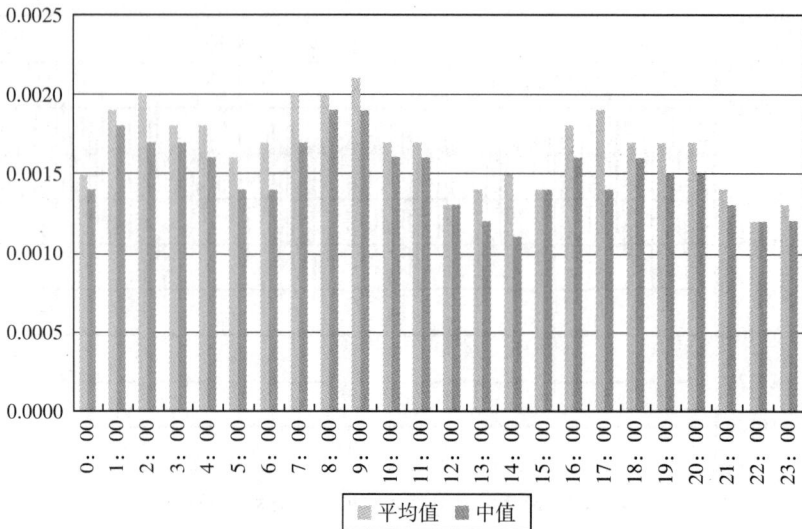

图 4-184　新西兰元兑美元日内各小时平均波幅统计（2006 年 1 月 2 日至 2006 年 12 月 29 日）

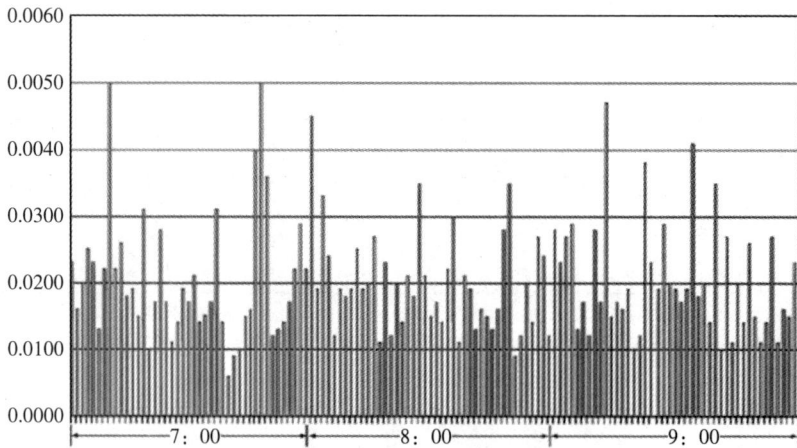

图 4-185　新西兰元兑美元美国中部时间 7：00~10：00 波动情况

　　在 71% 的情况下，7：00~10：00 的小时波幅集中于 11：00~24：00。

　　在本版中，我们更新了新西兰元兑美元的日内波幅统计数据和周内波幅统计数据（见图 4-187 和图 4-188），从中你可以找到一些什么规律，这些规律对于设定止损幅度和止盈目标有什么帮助？

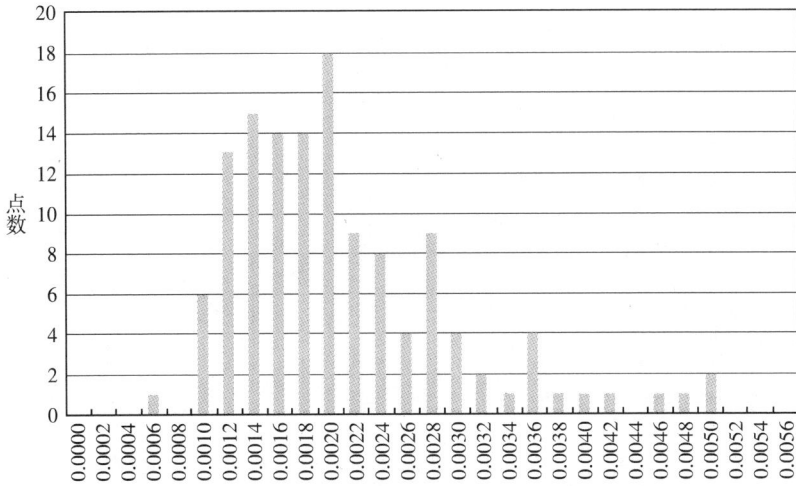

图 4-186 新西兰元兑美元 7：00~10：00 的小时波幅分布

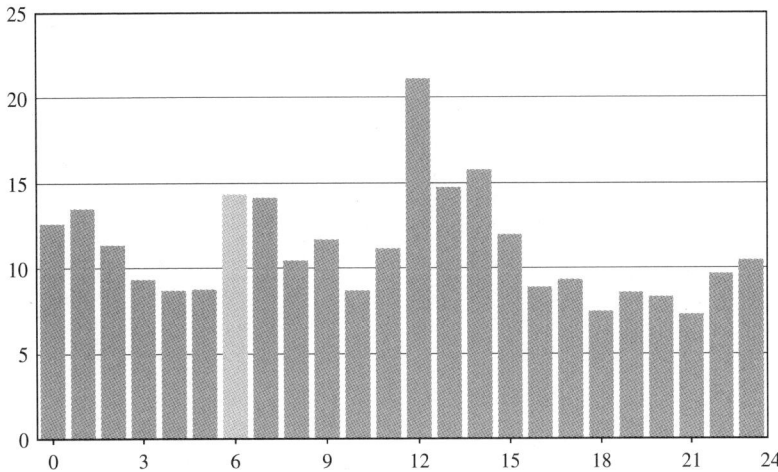

图 4-187 新西兰元兑美元日内各小时平均波幅（基于 2009 年 1 月至 2017 年 7 月数据统计）

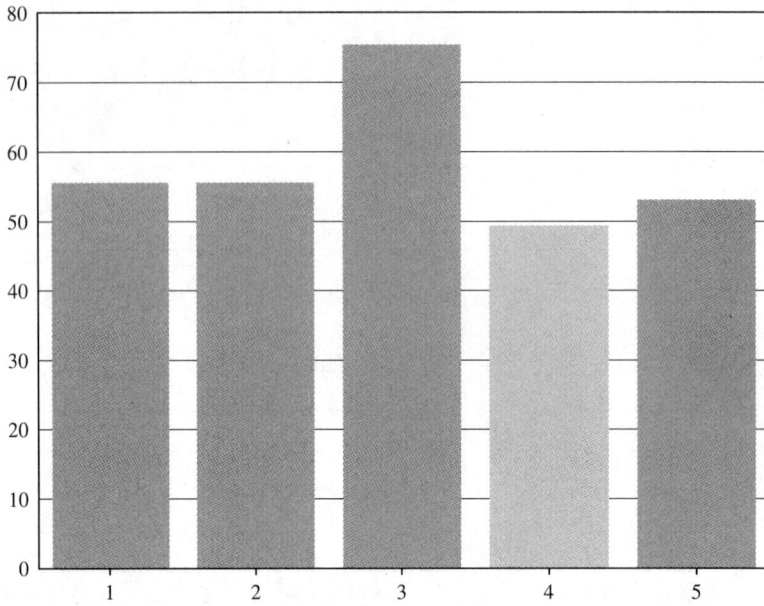

图 4-188　新西兰元兑美元周内各天日均波幅（基于 2009 年 1 月至 2017 年 7 月数据统计）

第五章

交易手法
FOREX TRADING STRATEGY

水因地制流，兵因敌制胜。故兵无常势，水无常形，能因敌变化而取胜者，谓之神。

——孙武子

第一节　区间行情的交易手法：边缘介入法

很多时候同样的行情分析，甚至同样的进场位置却带来不同的盈亏结果。主要原因在于交易者在实际操作中采取的手法存在重大差异。因此，在本章和后面几章，我们重点介绍一些非常实用的交易手法。

本章我们首先讲授边缘介入法。该交易法将市场运动看作一个大箱体内的来回波动，虽然不知道其价值中枢，但却能大致了解其价值的边缘，也就是价格偏离价值的最大极限范围。通过前期高点或者低点，以及其他方法我们可以找到这些较重要的关键支撑和阻力位置。从而在汇价下跌到支撑位置时进场做多，停损放在此支撑位置下；在汇价下跌到阻力位置时进场做空，停损放置在阻力位置之上。

本章后面我们给出了一张此交易手法的自用表格作为

相对于基本分析和技术分析，交易手法与实践更接近。不过，没有分析的基础，手法也很难发挥其应有的作用。分析是基础，手法是上层建筑。

重大利多不涨反跌，重大利空不跌反涨也属于边缘。

参考，大家可以根据实际发展自己的交易表格，用于控制风险报酬比和改进交易习惯，提高交易绩效。

边缘介入法，以见位做单为主要思路，这是一种通过支撑和阻力控制风险报酬率和胜率的方法。边缘介入法寻找边缘的方法主要分为基本面和技术面两类。**基本面类的边缘介入法集大成者是索罗斯，技术面类的边缘介入法的集大成者是琼斯。**我们这里主要讨论技术面类的边缘介入法。

技术面的边缘介入法首要步骤是寻找现价上面的阻力位置和现价下面的支撑位置。由于采用的交易时间框架不同，所以寻找支撑和阻力位置是不同的，大的有周线上的支撑阻力，小的有小时线上的支撑阻力。如果从风险报酬率波动角度考虑的话，我们推荐的是以日线和 4 小时线上的支撑阻力做边缘介入。

支撑阻力的寻找方法前面已经有所涉及，现在结合后面的区间市交易表格介绍（见表 5–1）。表格的首行关乎交易的货币对，时间级别和交易时段，这些大家应该都知道是怎么回事了。

> 价格与指标的背离，价格与基本面的背离，都是很好的边缘介入机会。

表 5–1　参考交易表格

编号

区间市交易表格
ZONE MARKET ANALYSIS

汇率（　　/　　）　　　　时间级别（　　　）　　　　交易起止（　　　）–（　　　）

第二位 [　　]	设立依据					止盈金额　　/　　比率	

见位做单　　破位止损　　破位做单　　见位止盈

止损位 [　　]	反身位 [　　] 突破20点		设立依据		止损金额　　/　　比率	

第一位 [　　]	背离	成交密集区	前期顶底	对称关系	黄金率	斐波数字	尾市格局

居间 R/S [　　]	设立依据	止盈金额　　/　　比率
	中途不做新单	
居间 R/S [　　]	设立依据	止盈金额　　/　　比率
	中途不做新单	

续表

居间 R/S [ ]	设立依据				止盈金额 / 比率		
	中途不做新单						
居间 R/S [ ]	设立依据				止盈金额 / 比率		
	中途不做新单						

| 第一位
[ ] | 背离 | 成交密集区 | 前期顶底 | 对称关系 | 黄金率 | 斐波数字 | 尾市格局 |
| | | | | | | | |

| 止损位
[ ] | 反身位
[ ] 突破20点 | | 设立依据 | | 止损金额 / 比率 | | |

见位做单　破位止损　破位做单　见位止盈

| 第二位
[ ] | 设立依据 | | | 止盈金额 / 比率 | |
| | | | | | |

交易总结：
盈亏兑现+（　　　）／ −（　　　）　　　　　　　比例（　　　　）

表格的"第一位"主要是我们需要找到主要支撑阻力位置，也就是大箱体的边缘，这些边缘主要依靠价格和指标的背离，前期成交密集区，前期顶底，前期出现类似反转区域的对称关系以及黄金分割位置，斐波那契神奇位置以及前日收盘格局对今日走势的暗示等进行判断。找到第一位后要在此位之外设定止损位置，止损位置之外一段距离要设定反向操作位置，同时要为该反向操作设定简单的止盈目标，这就是"第二位"。

当"第一位"进场的单子比较顺利地发展时，需要随时关注两个"第一位"之间的居间支撑阻力位置，这些位置比第一位置的支撑阻力效率要弱些，可以根据蜡烛形态在这些位置减仓。最理想的情况是单子最好从此第一位到达彼第一位。

我们只是给了你一个参考，具体的交易手法和表格需要你根据自己的实践慢慢总结。

第二节　趋势行情的交易手法：反身介入法

在没有利率等结构性因素变化的前提下，外汇市场每12天就要经历一个价位至少两次，这表明外汇市场经常做区间运动，所以我们首先采取边缘介入的方法。

日内交易的一个重要前提是点差等手续费足够低。

在上一节中我们给出了自己所采用的一张交易表格，其中给出了边缘介入失败后反向操作的要求，这就是反身介入法。

很多专业投资者首先采用边缘介入的方法，同时为了预防碰到趋势市场所以会在边缘的外侧放置停损单和反转单。

边缘介入法强调的是见位做单，也就是见到阻力做空，见到支撑做多；而反身介入法强调的是破位做单，也就是突破阻力做多，突破支撑做空。这两种方法分别针对区间市场和趋势市场，也就是通常所说的震荡市场和单边市场。

边缘介入法和反身介入法往往是配对出现的。

由于在交易中，我们很难准确区分这两种市况，所以总是要准备两套方案。**在没有重大的基本面持久改变的情况下，区间市的可能性更大，所以我们先运用边缘介入，失败后再利用反身介入；在具有明显重大基本面持久改变，也就是结构性因素改变的情况下，趋势市的可能性更大，所以我们先运用反身介入，失败后再利用边缘介入法**。

技术分析的圣杯是什么？区分单边和震荡，你认为光凭技术分析能够做到吗？

我们所经历的**结构性变化主要是指利率的持久变动预期和经济总体持续向好**。由于息差交易的盛行，2007年之前的外汇单边走势明显受此刺激。从这里我们知道，基本面分析可以判断两种市况出现的大致概率。但需要注意的是，基本面中不同因素对外汇市场波动的决定期限，像加息进场对外汇市场的影响是非常持久的，而一个消费者数据发挥的影响则是很短暂的。前者是结构性变化，后者是非结构性变化。

驱动因素是一次性影响还是持续性影响？

请看图5-1给出的先边缘介入后反身介入的实例。

EURUSD,H1 1.4645 1.4653 1.4643 1.4651

3. 反身介入做多

2. 空单停损

前期顶部给出的边缘

1. 边缘介入做空

居间 R/S

居间 R/S

前期底部给出的边缘

MetaTrader, ? 2001-2007 MetaQuotes Software Corp.

17 Oct.2007　17 Oct.19:00　18 Oct.03:00　19 Oct.11:00　19 Oct.19:00　22 Oct.12:00　23 Oct.04:00　23 Oct.20:00　24 Oct.12:00　25 Oct.04:00　25 Oct.20:00　26 Oct.12:00　29 Oct.05:00　29 Oct.21:00　30 Oct.13:00　31 Oct.05:0

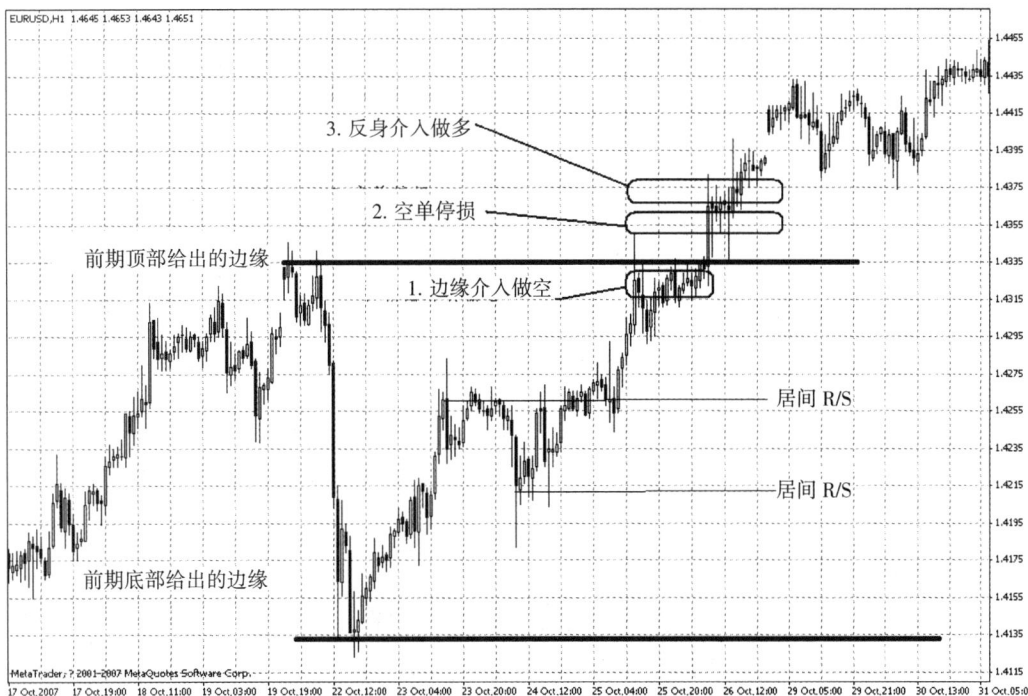

图 5-1　先边缘介入后反身介入的实例

第三节　金字塔顺势加码法

技术分析最重要的概念是"趋势"，最伟大的发明则是"金字塔加码"。金字塔加码是一种下注的方法，是资金管理的一个方面。它的合理性存在于市场与 21 点游戏的一个区别：21 点在每一局时，赌徒通过计牌法可以了解到这一局的胜率大小，并且这是你的系统所能告诉你的关于这一局所有信息。但是，市场则不同，下一局的观察会影响到你对目前这一局胜率的估计，因为这本身就是同一个事件，只不过它是一个连续事件。这就是"趋势"的概念。

很拗口，是吗？那么举一个例子，你观察到一个趋势的早期特征，这时你估计你的胜率是 51%，你下了 100 元的"赌注"，该赌注胜面所依赖的是趋势真的存在，对于

另一方面就是上面所说的赌注大小。

假设你能预先观察到下一局，并不能使你这一局的胜算更高；如果你使用效率更高的计牌法，那是另外一回事。

51%的概率，你还是感到忐忑不安。

过一段时间，你发现了这个趋势更进一步的特征，它得到发展了。好，这时你的心情稍稍放松了一些。为什么？因为你觉得你下对了赌注，你对这个趋势更有把握了，你的胜率提高到了70%，你再加码100元。再过一段时间，你发现趋势成熟了，你的胜率提高到了90%，你甚至可以说"我胜券在握"，于是再加码100元。

一个趋势中你三次下注，而不是一锤子买卖。如果预期中的趋势没有得到发展，相信大家都知道应该怎么办，这不多说了。那么，在一个趋势中你应该按"100->100->100->"下注呢，还是"100->60->30"，还是"30->60->100"呢？

也许你会说，因为胜率在不断提高，赌注也应该相应提高，所以选择"30->60->100"。如果是这样，你就会将自己置于一个非常不利的地位：一个趋势总会经历"开始->发展->成熟->结束（反转）"这些过程，当你认为自己"胜券在握"时，那么行情很快会反转的概率也会很高，如果采用倒金字塔加码，行情一个较小的反转就可以吞食你所有的账面利润。其实，你应该把三次下注看作是一笔交易。

因此，**水平加码、金字塔加码较倒金字塔加码为优，而作为一个谨慎的赌徒，金字塔加码更可取**。金字塔加码适用于趋势行情，而趋势行情是市场中最重要的行情。

下面是澳元兑美元的金字塔加仓交易实例，如图5-2所示。

从时间比例上说，倒不定是出现得最多的行情。如何预判趋势出现的概率？

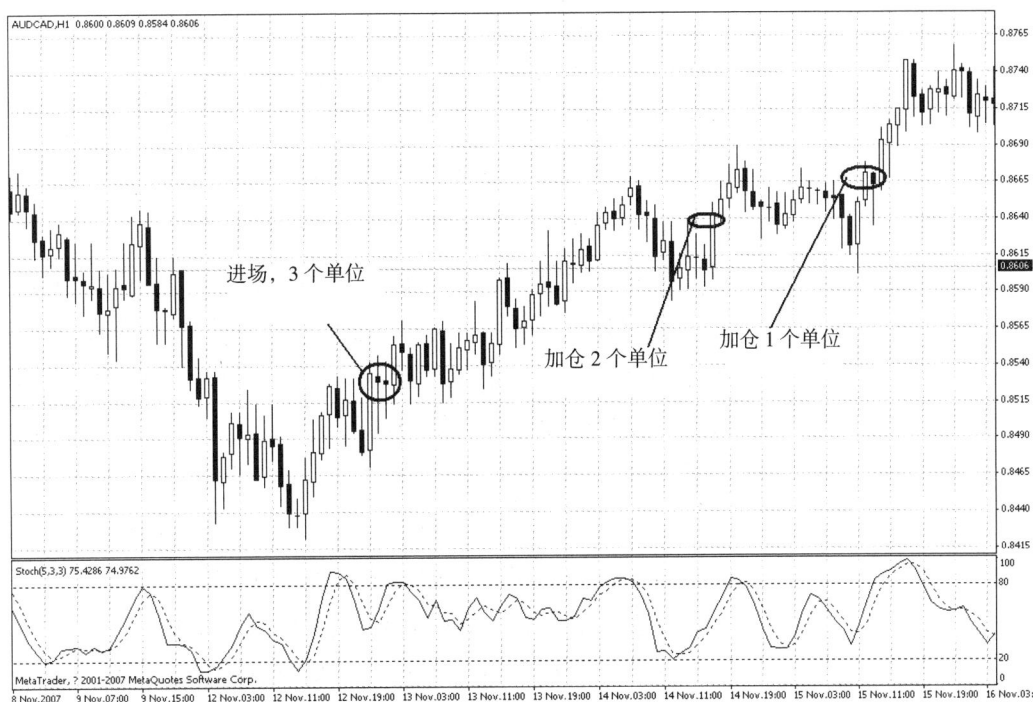

图 5-2 澳元兑美元的金字塔加仓交易实例

第四节 数据行情的交易手法

　　有很多人认为数据跟消息一样，都只是昙花一现，不足为患，市场在数据过后，又会回复原来的轨迹。其实这种说法并不全对，因为消息与经济数据是两种不同的事物，影响深度也不尽相同。前者绝大部分都只是影响短暂，而且不会形成趋势，后者却有较大机会成形趋势，甚至影响到日后政府的施政方向。消息与经济数据最大的分别莫过于数据可以预期，而且是定时定候的公布，消息则是突发性的，为分析带来更多的不确定因素。

　　在我们对数据行情加深认识以前，要清楚知道以上两者的分别，才能够作出较有效力的对应。通常而言，**经济数据的重要性在于对某国未来一段时间的经济预测以及目**

　　一次性利空或利多与持续性利多或利空是截然不同的。

375

前的经济表现。由于经济数据就是统计所得，表现形式上与我们所经常看到的各种货币的图表是没有区别的（如果把数据图表化的话）。所以，我们看经济数据最重要的还是要看趋势。这个理解本质上跟我们看图表所要求及寻找的答案是没有本质上区别的。

关于经济数据对市场的影响而言，通常有两种途径：一个是"预期心理"（Expectation），另一个是"震撼效应"（Shocking Effect），前者会出现"Pricing-in"（提前消化）现象，后者会增加汇价的波动率和速度。

通常而言，每月的经济数据，都会提前一周至两周公布预期。这些预期都是各大通讯社对经济学家或业界做调查的结果，各通讯社间的结果可能不尽相同。目前市场都默认路透通讯社的预期中间数作为预测数字的参考。

相信大家都知道，要在市场生存、赚钱，时间和信息的获取是各方投资者所希望的，这种共同的期望就形成了一些我们所谓的"提前消化"的现象。

问题是，为什么不是每次数据公布前，都出现"提前消化"的现象呢？这是因为：

（1）市场的焦点；

（2）数据重要性的次序；

（3）当时市场价格是否因为前期的发展而出现了过分的价值上升或下跌，这些都是影响数据行情会不会出现提前消化的因素。

大家都知道做外汇不是做单一货币，大家目前所做的外汇市场，其实是叫作"美汇"的。也就是说，主要货币都跟美元做汇兑交易（或以美元作为报价参考）。所以，当我们要看美元的走势时，也不得不个别因应各种货币国的经济发展。

在各国此消彼长的经济表现下，也会影响到汇价的表现。**在做数据行情的时候，我们也要留心可能出现的提前消化效应导致"消息入市，证实平仓"的现象。**很多时候，

"走预期"的行情要注意，不然会做多在最高点附近，做空在最低点附近。

大家都会奇怪，为什么明显是利好的数据，会出现利反的现象呢？原因是有市场的预期心理，造成了"提前消化"的现象，而实际数据的"市场价值"，又都已经反映在现价水平了。然后，市场就会因应情况，开始出现平仓现象。而到底平仓量是多少，还要视乎市场对未来一段短时间的"预期心理"。

一方面，数据价值，也就是数据可能带来的波动幅度到底是多少？是 50 点，是 80 点，还是 100 点？这要视乎提前消化的程度而定；另一方面，如果事前未出现明显的提前消化现象，则震撼效应就会起到明显的作用。真实数据跟预期值相差越大，震撼效果就越高。在这里，有两个重要的问题：一是我们如何确定有没有出现"提前消化效应"；二是我们如何确定数据价值？

通常而言，我们都会事前一周到两周得到有关于数据的预期数字，而此时，我们要留意市场出现言论以后价位发展的方向。在这里，要注意两点：

第一，要注意市场言论。一般而言，市场在重要数据公布以前几天，就会出现大量有关的言论，有好的也有坏的，问题是，我们应该相信哪一边呢？这当然涉及我们对数据的理解。我们要事前熟识经济数据的最基本的解释。我们要做到这点，其实很简单，在前面章节已经提供了部分经济数据最基本的解释。虽然及不上真正教科书的知识，但对于我们熟识市场运作，其实已经相当的足够了。余下的只是我们从经验中证实以及改进对市场的感觉，主要是熟悉市场反应而已。

第二，当我们获得了市场言论的方向，我们就要寻找相应的参考点，也就是价格的参考点。我们最常用的方法是先审视一下当前市场的焦点，这有助于我们了解未来某个数据对市场的重要性，当我们能够确定有关数据的重要性以后，我们要对该数据进行分析。

进行了这一步，下一步是切实观察市场价位的变动。

> 一次性利多或者利空，最后一次利多或者利空都容易引发"兑现平仓"现象。

重点是在确认市场言论的方向以后，行情价位会否顺着市场预期的方向发展。例如，市场认为某数据利好美元，我们就要观察价位从那时开始，是否顺着市场预期的方向发展，如果市场价格真的向着那个方向发展而又向前走了一段距离（如 100 点以上，在数据公布前一刻的价位），我们就要小心行情有可能出现"提前消化"的现象了。当我们发现了"可能"的提前消化现象，下一步就是"心理价位"的应用。

前面曾经提到，震撼现象的产生，多数是跟预期有太大的反差，而这个所谓的"大反差"，其实并没有一定的比例，又或能够数量化，所以，这也需要有经验的辅助，以及对经济数据的了解。通常而言，我们对于这个反差会有两方面的比较：第一，跟以往历史数据的比较，如果在毫无迹象的情况下，出现了创新高或较上一次增长高很多（相反就是低很多或新低）的经济数字，又或者原来预期下跌很多，而结果却增长不错（相反就是预期上升却出现不该有的下跌）；第二，以百分比计算，有一倍或以上的差距。这两个因素，都会造成震撼效应。请记着，震撼效应的形成，主要是由于跟市场预期差距过大所致的。

不知道大家认为一个数据应该值多少点子呢？我想，大家未必会想到，即使想到，又不一定能够量化成为较接近的价值。前面我们已经都知道我每日波幅的统计数据。我们能把这个研究成果有机地跟数据行情结合吗？是的，完全可以这样做。

事实上，我们目前就是这样做的。有十年以上投资外汇经验的朋友们，都应该记得二十多年前，20 世纪 90 年代初或以前，美国甚至其他主要货币的国家的经济数据，市场对其有着无比强力的反应。随时一个重要数据，当天都会有四五百点的行情。但经过了市场长时间的发展，以及各国政府有效政策的调控，目前的汇市相较于十年前已经稳定了很多，所以，现在已经很难见到有三百点以上的

行情在数据出现之前大幅顺着预期方向走，那么肯定就存在吸收效应。

行情了。从这方面说，近年的"意外"行情，是少之又少，所以，一个系统的研究更见成果。

在我们计算数据价值的同时，我们要先以每天的平均波幅作为参考，然后当数据出来以前，我们先统计当天已有的波幅是多少，以最少的平均波幅减去已有的波幅，得出数据后行情的可能发展空间（假设是顺着一个方向走，当然也可以因为"震撼效应"而出现"突变"）。如果是重要的数据（例如美国的非农业数据及 CPI 等），我们就用最大的平均波幅作为基数。这种计算是判断数据行情时一个行之有效的方法，其重要性在于我们将会对于数据后行情的可能发展空间有大致印象，甚至是实际上的价位目标。

当我们有了初步的计算（要在数据前完成）后，我们就可以因应市场在数据后的反应作出是否进场的决定了。如果数据的确顺应市场的预期，而又从幅度计算当中，得出倘有空间的结果，我们进场获利的机会就大增。但是，大家应该知道，数据并不能永远顺着市场预期走的。所以，我们必须在数据来临的时候，人为地做一个"参考点"。

相信大家都已经听过心理价位的问题，但大家可能又不知道是怎么回事。其实，这是一个相当有效而又简单的实战应用技巧，一般有经验丰富的投资人都会有这个经验。只不过，应用的名目有所不同而已。

我们所说的心理价位，其实就是在公布数据以前的最后价位。例如，美国非农数据的公布时间是 20：30，我们要先抄下 20：30 前的最后价位，而并非是计算出来的结果。通常而言，如果市场在公布数据以后，都会有一个向前冲的过程。我们可以视其为合乎或不合乎市场预期条件下所产生的行情，而这种行情，通常又会是直线行情（最少会延续一段时间和距离）。这时候我们的"心理价位"就会产生一个相当于"支撑位"或"阻力位"的作用。

心理价位有两方面的应用：一是作为"突破点"应用，二是作为一个支撑作用。前者是反向行情，后者是顺向行

大家也可以用实际的波幅统计作为参考。

情，对我们的操作而言，我们更加看重前者。因为如果是顺向行情的话，心理价位是不容易触及或接近的，除非市场在犹疑。

无论做技术分析还是基本分析都需要一个参考点。

通常来说，如果数据行情出现反向发展的话，由于在数据公布后，会有大量买盘（或卖盘）出现，他们会利用"心理价位"作为重要的止损位置，如果一旦心理价位被打破的话，大量止损会涌现，可想而知。在这个时候，我们可以进场做超短买卖了，就是针对止损盘而来。大家都应该知道，止损盘的大量出现，价位进一步快速发展是肯定的。所以，当市场反向突破了心理价位时，我们可以顺着当时的方向，在突破心理价位一刻追进买入或卖出，由于是"快速行情"，持仓时间基本是 5 分钟以内，最高可以达到 50 点的利润。

止损方面，我们做这种行情，是不需要设置大止损的，我们通常以当天的"心理价位"作为止损；当行情并非我们所预想，入市后价位又反冲过心理价位的话，我们就要止损了。这种止损，通常都是 20 点以内，除非你的入市价太差。其实，我们做这种行情需要的是反应和判断，所以入市价离心理价位不会太远，最多也只是 10 点以内，加上止损，也不过是 10~20 点止损。相对来说，在这么短的时间内，盈损比达到 1~2 倍，风险报酬率是很高的。

关于数据的顺向行情，我们有另一种做法。这种做法，有两个参考点：一是心理价位（即公布数据前的最后一口喊价）；二是利用我们的 30 点回头确认法。通常，数据如果让市场觉得大好或大坏，当数据公布后，价位会大幅快速地偏离心理价位。所以，正常情况下，我们不容易利用心理价位做"顺势直线行情"，只有市场还在犹豫方向的时候，才会出现在心理价位附近徘徊的情况。由于在心理价位附近，即随时都有机会反破心理价位的，所以风险是较高的。我们并不建议这样做，只是作为一种参考而已。

通常都因为市场出现了"震撼效应"才会导致大幅度

的直线行情。在这样的情况下，我们首先要做的是预先计算当天的"可能幅度"。我们是从自己记录的数据库中，计算出了相应货币的平均波幅，然后按照当时的方向，计算当天的可能目标。

我们使用五天平均数，目的是避免单日可能出现的特大差异。

例如，当天的英镑低位是 1.8100，预期当天是向上的话，则加上平均波幅 200 点（只是例子），目标价就是 1.8300，如果公布数据前的价位是 1.8200，也就是说，如果数据行情是顺势的话，距离目标还有 100 点。通常呢，如果是直线行情的话，可能一公布数据，价位就已经跳了几十点了，怎么办呢？那就轮到 30 点回头理论的应用了。大家都应该对 30 点回头确认有初步认识的，但我们这里不是谈如何确认高位，而是如何利用这 30 点确认法做数据行情。

大家都知道，当美国开市后出现了一段冲刺行情以后，回头超过了 30 点，头部或底部就要确认了。但我们做数据行情不是要确认底部，而是在前面提及的目标未达到、前数据又出现了"震撼效应"时，我们要留意 30 点回头确认位置，即以当时的最高位减去 30 点或低位加上 30 点。如果行情没有达标的话，则每次价位回头 30 点以内（即在确认位前），我们都可以尝试买入或卖出，止损位在 30 点确认位以外，目标是当天计算的幅度目标，这是最低要求。

下面举两个交易实例，关于更多和更深入的数据行情交易方法请参见《外汇交易进阶》相关章节。

2005 年 8 月 31 日，当天美国要公布中西部芝加哥 PMI（采购经理指数），市场预期 61.2，对上一个月达到 63.2，大家应该明白市场的接受范围，如果是正负几个点，都是正常和可以接受的。但是，当天的 PMI 却意外地下跌了很多，达到 49.2，数字本身没什么大问题，问题是，业界的定义是，当数值低于 50 即表示了衰退，而高于 50 就代表企业扩张的开始。

PMI 是一个非常重要的经济数据，在 A 股的股指走势上你也可以明显看到这个数据的影响力。国内 PMI 有一个官方的，叫中采 PMI，还有一个非官方的，以前叫汇丰 PMI，现在叫财新 PMI。制造业 PMI 目前阶段的影响力仍旧超过非制造业 PMI。

大家可以想象得到，前期的数值还在显示出企业扩张的意欲"极高"，现在说所有企业都止步了，还要做出收缩

或裁减业务的行为？这能一时间接受得了吗？这就是造成市场受"震撼效应"的原因了。所以，当天我们已经根本就不用理会心理价位了，反而要留意直线行情的持续时间。

结果是很明显的，当天晚上在美国收市前，根本未见过回头30点的，就出现过大约三次回头不足30点的调整。而这种调整，正适合前面说的30点回头确认法的做法。我们可在每次回头没到30点以前进场买入欧系，然后出新高或在价位达到计算幅度的结果，最后才决定平仓。

2005年9月2日，当天是非农数据公布的重要日子，市场在当天以前的两天，已经有累积升幅达到400~600点，市场已经普遍预期有可能作出调整。结果也是明显的，实际的非农数字虽然较市场预期的差，但却没有像前天的芝加哥PMI那样的"离谱"，结果是市场在冲了一小段，大约20点以后就回头并反向冲过了"心理价位"（20：30的价位），结果是可想而知的，我们在英镑下破了心理价位后，追进去抛空了两次，基本上都是做心理价位突破交易而来的。第一次是5分钟平仓，只有小赚；第二次是因为它回升不足，判断将会继有新低，所以也赚了。

第五节　区间优化交易法

虽然说外汇平台提供的货币对从几对到几十对不等，但比起股票市场而言，这已经是非常少了。由于外汇市场这种品种上的优势，使得我们可更加容易和清晰地掌握各个货币对的特点和差异。通过一些关键要素的甄别，我们很容易地将区间交易的名单缩减到一个可管理和操作的规模。

通常我们交易的主要货币对都有美元的身影，所以有美元的货币对都是活跃度过高的货币对。我们说这话可能

经济数据相对较少的货币对也有利于区间交易。

你也应该明白是什么意思了吧，也就是说，如果进行区间交易，那么最好不要选择有美元的货币对，至少是那些波动性不是太过分的货币。交叉货币对是适合区间交易的好对象，这里还有一层原因，具体来说是交叉货币对不受美元因素的影响，这样可使得我们更加关注两个货币本身的表现。更为重要的是，我们经过多年的区间交易发现利率差越小的货币越适合于薄利交易。

我们来看一个表格，表5-2显示了息差和价格波动幅度之间的正相关关系，也就是息差越大，则汇价的波动幅度越大。当然，货币对中两个货币之间其他基本面因素的差异程度也会发生很大的影响，但我们这里主要集中精力于最为关键的息差，而且最近十几年的外汇行情受到息差的影响特别严重。

影响外汇走势的最大驱动因素：息差与风险情绪。

表5-2　息差和价格波动幅度

货币对	息差（基点）	十二个月的交易区间（点）
EUR/GBP	150	351
EUR/CHF	150	698
USD/CAD	100	865
AUD/USD	100	914
CAD/JPY	400	925
USD/JPY	500	1088
AUD/CAD	200	1088
NZD/USD	200	1143
AUD/JPY	600	1210
USD/CHF	325	1358
EUR/AUD	100	1382
EUR/USD	175	1565
NZD/JPY	700	1631
GBP/CHF	300	1650
EUR/CAD	100	1903
EUR/JPY	325	2007
GBP/AUD	125	2115

续表

货币对	息差（基点）	十二个月的交易区间（点）
AUD/NZD	100	2115
GBP/JPY	476	2412
GBP/USD	25	2660
CHF/JPY	200	3331
EUR/NZD	200	3905

上面的数据向我们展示了货币对中两个货币之间的利息差对波动率的决定性影响，那可看到 EUR/GBP 在我们进行这个统计的时候拥有大约 150 基点的息差，而对应的 12 个月，EUR/GBP 的波动点数为 351 点。排在第二位的是 EUR/CHF，它们的利息差别也是 150 个基点，对应过去 12 个月的波动点数为 698 点。

我们再来看看这张表格的最下面，首先看看倒数第四的 GBP/JPY，它们之间的息差为 475 个基点，对应的波动幅度高达 2412 点。作为一个统计上的经验法则，我们认为**货币之间的息差越小，则其波动性也就越小。**

息差预期比现在的息差更为重要。

但是，我们发觉货币对还有自己的一些特点，使得它们并不完全遵从这个规律，比如表 5-2 中的 USD/JPY 以及 NZD/JPY，虽然它们拥有的息差非常大，但它们并没有相应地体现出完全匹配的波动特征。但是，息差的重要影响还是非常明显了，根据我们的经验法则，我们知道在该段时间内息差结构下，最好的区间交易对象应该是排名靠前的几种交叉货币对，你存有一定疑虑的时候，可先统计一下历史的日均、周均、月均波动数据再进行操作。这些统计数据在一些大的外汇网站上面每日列出。

由于一天之中存在四个显著不同的交易时段，澳洲时段、亚洲时段、欧洲时段和美洲时段，所以在区间交易中我们不得不考虑时段特点对于交易风险报酬比的影响。**选择好的交易时段对于我们的区间交易绩效有非常大的提高。**

通常我们**不能在重叠时段内交易**，因为开盘和收盘总会造成市场的大幅波动，尤其是亚欧重叠时段和欧美重叠时段。同时，我们**不能在重要数据发布的时段进行交易**，这些数据的发布时间可到美国国民经济研究所网站上订阅，也可到国内的各大外汇站点查询。只有给出了数据影响等级的外汇网站才值得你去查阅，因为这样你才可以明确哪些数据会对你的交易产生重大影响。

> 注意，这里说的情况是针对区间交易的，不要张冠李戴。

我们推荐的最佳区间交易时间为北京时间 5:00~14:00。由于亚洲市场的推动力量较小，所以这段时间内的平均波动幅度在 30 点以内，没有明显的方向。一般多为调整和区间行情，而这恰好适合我们的区间交易。

具体操作方法是这样的：交易者可以在北京时间早上 6:00~8:00 观察一下当时的市场情况，这时采用 5 分钟图为最佳选择；若行情为上下来回的震荡形态，可以在行情震荡到两端时作 5:00~15:00 的操作，只放止赢不做短线止损即可。

若到北京时间 11:00 后还不能挣钱，则要及时平仓止损。最终止损可放 30 点左右。也就是说，风险是高于报酬的，所以区间交易必须提高胜率。而区间交易的一个关键性特点是胜率高，报酬率低，而趋势跟随交易的特点则是胜率不高，但报酬率特别高。区间交易稍微在风险控制上出现一点问题就会功亏一篑，所以很多区间交易者一次亏损就把此前多笔盈利的钱还给市场了。

区间交易的最适合时段我们已经透露了，只要有具体的进场位置，我们推荐你采用阻力和支撑进场法。具体而言是**在价格上涨到阻力时，根据震荡指标或者蜡烛线择机卖出，止损放置在此阻力线之上；价格下跌到支撑时，根据震荡指标或者蜡烛线择机买进，止损放置在此支撑线之下。**

> 支撑阻力线，震荡指标和 K 线形态结合起来，同时考虑息差预期和交易时区。

阻力和支撑的具体找法：第一，利用斐波纳契回调线确定，具体方法参见波浪理论和 Gartley 理论的相关章节；第二，利用前期成交密集区确定；第三，利用前期高点和

低点确定。当然，还有其他的方法，但是在区间类的交易中，这三种方法经过我们的实践被认为是最有效和简单的方法。

关于区间优化交易法更加深入的探讨，请参看《外汇交易进阶》中的《帝娜薄利交易法》。另外，我们还需要补充一点的是，区间交易的方法除了在上边界处卖出、下边界处买进之外还可以采用对冲交易的方式进行，即在一个账户里同一时间买入卖出同一种货币对。关于这种操作的实时策略指导大家可以参看比较好的外汇对冲交易指导网址：http：//www.dailyfx.com.hk/hedging/。

第六节　英镑择时交易法

日内股票指数交易者一直非常钟爱开盘区间突破交易技术，今天我们公布一种类似的技术用于英镑日内交易，这个方法是 KRISTIAN KERR 最早正式阐释的。

日内外汇交易无疑是一个最具挑战的外汇交易市场，较高的杠杆率（一般是 100∶1）能够增加利润，同时也放大了损失。由于高杠杆的存在使得交易时机对于交易的成功至关重要。另外，缺乏像股票市场一样的交易量和挂单信息使得外汇交易新手需要发展新的交易策略，这种策略必须依靠价格和时间构成的微观市场结构。英镑择时交易法就是这样的一类方法，它利用了外汇交易中心转化带来的汇价变化规律。

英镑择时交易法是专门针对英镑兑美元在日内的一个运动方向的特别交易方法。这次运动发生在法兰克福和伦敦开盘后第一个小时内。这个方法最初是设计用于英镑兑美元的，随着我们的不断实践发现其中的原理也适合其他主要汇率。由于伦敦市场之外的英镑兑美元交易量非常小，

英国的交易员被美国监管机构罚了不少，但外汇市场上那些惯用伎俩仍旧难以杜绝。

所以伦敦时段的交易具有一个较真实的运动方向。但其他的货币，比如美元兑日元由于在所有时段都有较多的交易，所以没有明显的开盘和收盘。

现在我们给出英镑择时交易法的规则，这些规则只针对一个做空交易而言，但是这些规则反转后可以用于一个做多交易。注意，我们只将现在叙述的这种方法用于英镑兑美元交易。

（1）在法兰克福和伦敦交易时段于美国东部时间 1：00 开始后，英镑兑美元跌破此时段开盘价的至少 25 点；

（2）然后英镑兑美元回升超过此时段开盘价 25 点；

（3）接着英镑兑美元再次下跌，并跌破首次下跌形成的区间低点；

（4）在跌破该低点超过 7 点以上时入场做空；

（5）一旦空单成交，在进场点上设定不超过 40 点的保护性止损；

（6）当市场进一步下跌了一段等于进场位置到停损位置的距离后，平调一半仓位，使用追进止损保护剩下的仓位。

正如前面提到的一样，在欧洲交易时段之外，英镑兑美元的交易非常少，**绝大部分这个货币对的交易是通过英国和欧洲大陆的交易商完成。这使得这些交易商对于英镑兑美元的实际供求信息非常了解，他们利用掌握的停损设置情况在开盘后先触发止损，然后再向真实的方向运动。**而这个方向正是我们需要抓住的，所以才设计了这个有针对性的交易策略。这个交易策略与标准普尔 500 指数期货的交易策略类似，都是为了抓住开盘后的真正趋势方向。

图 5-3 给出了一个英镑择时交易法的例子。第二根垂直线表明了法兰克福开盘，而第三根垂直线则表明了伦敦开盘，第一根线则是美国东部时间的半夜 12：00。当法兰克福市场开始运行时，英镑兑美元首先向下运行，打掉了很多最近的做多停损单，然后向上运行，打掉上面的做空停损单，当伦敦开盘后价格再次下行，跌破了法兰克福开

声东击西。

盘后形成的区域的低点，这样真正的趋势开始了。我们此时入场做空同时放置停损，汇价最终下跌了90点。

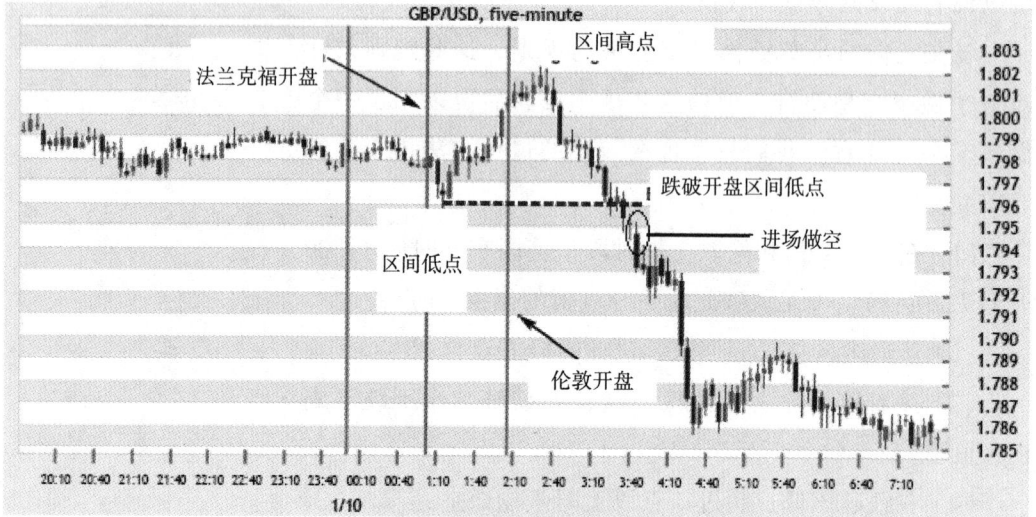

图5-3 英镑择时交易实例（一）

图5-4给出了一个真实交易中的变种，但确实是一个经常会发生的情况：价格在法兰克福开盘后并不急于上下，而是盘整很长一段时间直到伦敦开盘价格再出现开盘区间，定下区间的高点和低点，接着才是真正的区间突破。

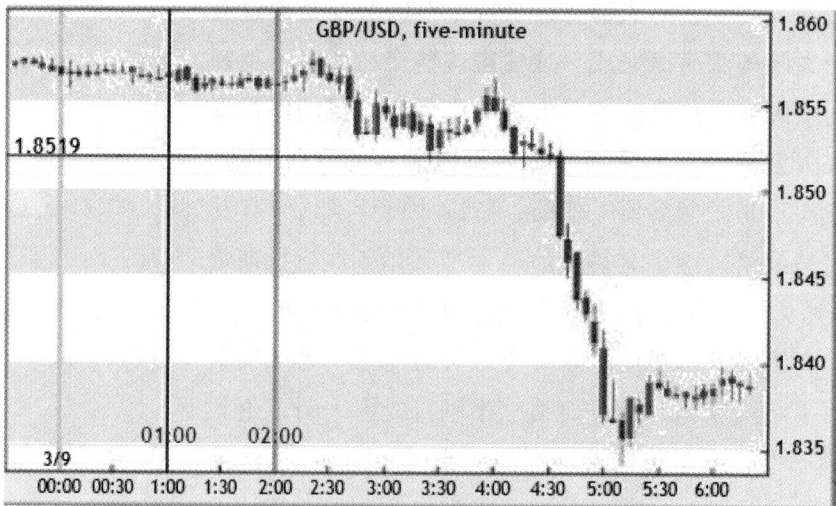

图5-4 英镑择时交易实例（二）

英镑择时交易策略可以帮助你抓住日内真正的波动，同时限制你的风险，这是

多年外汇交易的经验所得，这个方法建立在对全球外汇交易的市场架构的理解之上。最后需要补充一点的是，这个交易采用英镑兑美元的 5 分钟图。

本书中，我们觉得有必要讲一讲欧系货币日内的一个普遍结构（见图 5-5），这个结构与上述英镑择时交易有一定关系。当然，如果处于下跌趋势中，则这个结构应该颠倒过来。后面给了三个实例，前两个实例是英镑兑美元日内上涨的实例（见图 5-6 和图 5-7），第三个实例则是欧元兑美元日内下跌的实例（见图 5-8）。

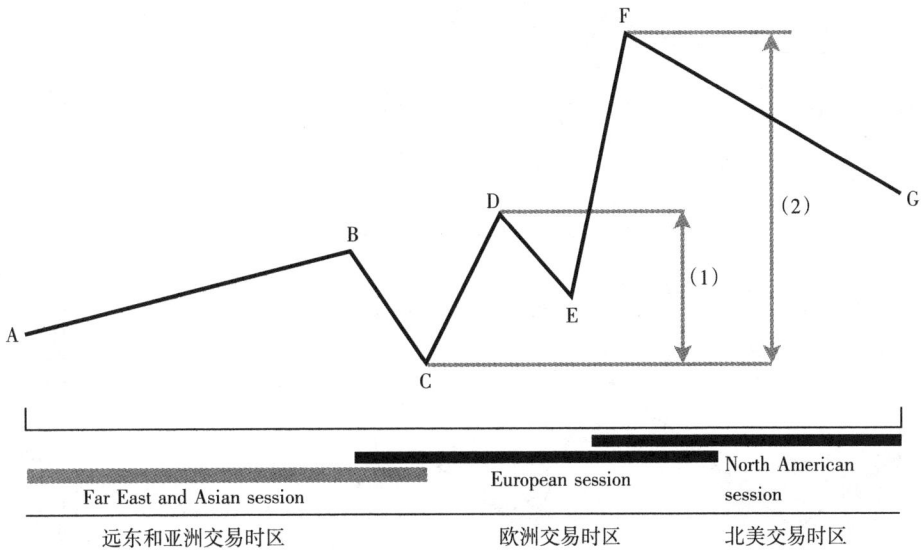

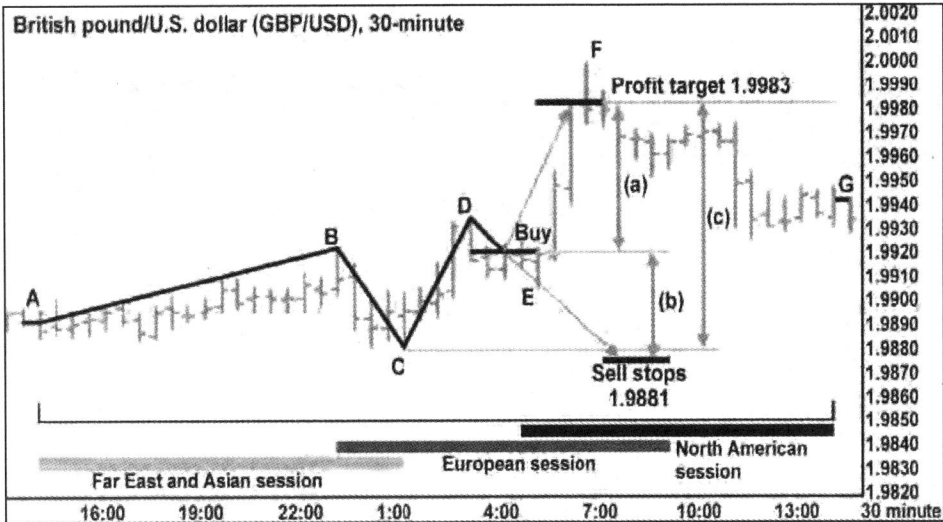

图 5-5　欧系货币日内走势的结构

图 5-6　英镑兑美元日内走势蕴含普遍结构的实例（一）

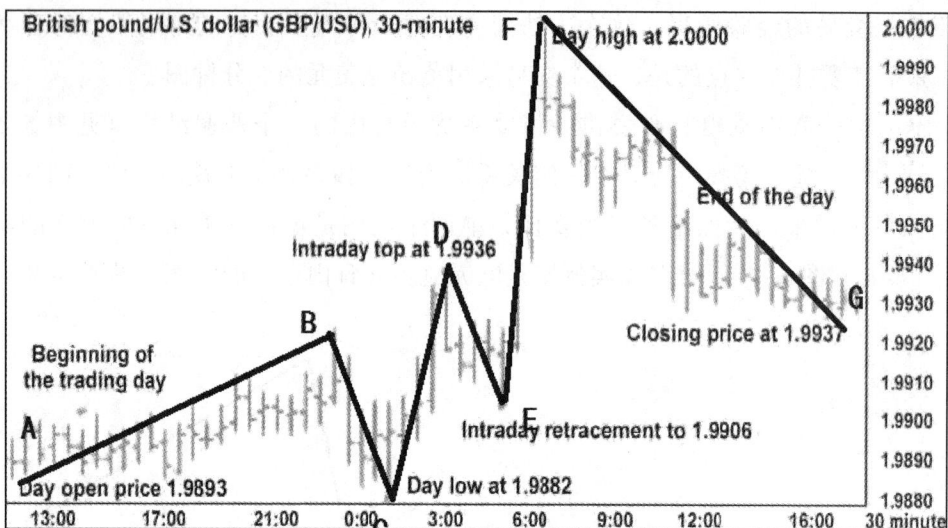

图 5-7　英镑兑美元日内走势蕴含普遍结构的实例（二）

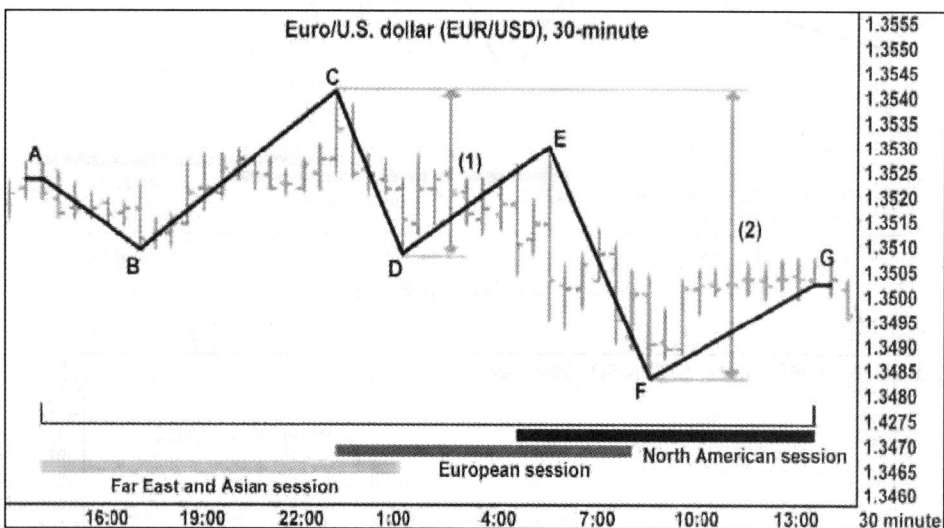

图 5-8　欧元兑美元日内走势蕴含普遍结构的实例

第六章

交易心理和实务
TRADING ATTITUDE AND EMOTION AND OPERATION

知道幻觉的存在就可以帮助你避免做出错误的决定。

——诺夫辛格

第一节　交易心理和控制

在我们的外汇交易实践中，对于影响交易绩效的心理因素有很多的直观感受和理性总结，而且也深感内地交易书籍在这方面的不足。**很多初入汇市的人都知道恐惧和贪婪是交易者的大忌，但这种说法显得过于肤浅和缺乏可操作性了，恐惧和贪婪并不能完全描述和指导真正的外汇交易。**很多外汇交易和股票交易的书籍只强调对行情的把握，往往忽视了操作者心理对交易进出的决定性影响。本章专门探讨外汇为主的金融交易中，心理因素的影响和处理办法。

没有规矩，无以成方圆。规矩是策略，方圆是心态。

一、网上交易［交易频率］与绩效

在本章我们首先谈谈网络交易对交易绩效的影响。国外的行为金融学家调查了 1607 位网络交易者，他们刚从电话交易转变为网络交易。在这些投资者转变为网络交易之

交易频率与交易绩效成反比，为什么会有这样的现象呢？为什么高频交易程序和极少数高频炒单的炒家又能持续稳定盈利呢？个中的奥秘在哪里？

前的两年时间内，他们的头寸周转率为 70%，在转变为网络交易之后，其头寸周转率迅速上升到 120%，在上网交易两年后，他们的头寸周转率下降为 90%，仍然高于电话交易时的周转率。

在转变为网络交易之前，这些投资者是成功的，他们每年的盈利为 18%，比市场整体水平高出 2.35%。然而，在进行网上交易之后，这些股票投资者的投资盈利水平下降到了 12%，较市场整体水平低了 3.5%。

网上交易使得交易者的交易频率大大提高了，大量的网络信息也损害了交易者冷静思考的独立性，这些合起来使得交易者的绩效大大下降了。很多美国的投资大师都居于僻静之处，这无疑提高了交易成本，但却降低了交易频率和情绪的波动性。

在外汇交易中，我们应该注重控制交易的频率，最为重要的是制定清晰的进出场策略，通过严格的交易系统来抑制过度交易的冲动。

具体的措施有：

（1）在纸上写下自己明确的交易规则，包括进场、出场、加仓和减仓的具体条件；

（2）按照这些规则制定交易表格；

（3）根据交易表格筛选交易机会，管理交易进程；

（4）在完成 60 个交易日后，进行一次绩效分析，找出交易规则中最需要修改的地方，尝试修改；

（5）按照新的修改制定交易表格；

……

在这里我们需要提醒大家的是，初次制定的交易条件必须经过模拟交易后，才能运用于真实交易。

通过上述策略，我们可以控制网上交易的冲动。

二、性别与交易绩效

在我们的外汇交易团队中，男性占据多数。但是，女性交易员具有相当大的优势，特别是在刚进入交易界时，因为她们的风险控制意识比男性更强。不过，经过市场筛选的男性交易员也通常可以做得很好。

外汇交易是一项很艰苦的工作，需要智力的大量运用和情绪的极端控制，需要收集大量的技术面和基本面信息，并在此基础上做出决策。然而，过分自信会导致外汇交易者高估信息的准确度和自己的判断分析能力，最终导致错误的外汇交易决策。

过度自信会带来频繁交易和高风险交易，最终带来无法挽回的损失。行为金融学家发现，在较男性化的任务中，也就是判断运用较多的任务中，男性会较女性表现出过分的自信。**在做外汇交易决策时，男性交易员整体比女性交易员更加自信，同时交易更加频繁。**

国外行为金融学家研究了 30000 个家庭 1991~1997 年的交易记录。他们发现单身男性交易最为频繁，年周转率为 85%，已婚男性的交易频率排名第二，年周转率为 73%，已婚女性的交易频率位于第三，年周转率为 53%，而单身女性的交易频率位于最后，年周转率为 51%。也就是说男**性交易者较女性交易者更频繁地交易。**

但是，越是频繁的交易带来的交易绩效越差。在完成了性别交易频率统计后，这些行为金融学家按照交易频率将周转率最低的 20% 交易者划为第一组，这一组交易者的平均年周转率为 2.4%。交易频率次低的 205 名交易者被划为第二组，以此类推交易频率最高的 20% 交易者划为第五组，他们的平均年周转率超过 250%。

五个组的毛回报率都是 18.7%，但除去手续费后的净回报率却大相径庭。最频繁交易的一组的平均净回报率为 11.4%，而最不频繁交易的一组的平均净回报率为 18.5%。

有一段时间新加坡的几家对冲基金招聘会要求查看应聘者的无名指是否显著长于食指。据说这意味着理性思考能力更强。

基于冲动的频繁交易与基于可靠模型的频繁交易完全是两回事。前者越亏越多，后者越赚越多。一个在重复错误的行为，一个在重复正确的行为，结果截然不同。

这样就很容易看出来，男性交易者与女性交易者整体交易回报上的差异了。所以，为了提高交易绩效必须放弃不必要的交易，而这要求严格和明确的交易准则。

男性交易者通常更为自信，这不仅体现在交易的次数上，在交易的风险喜好程度上他们也超过女性。主要表现在：他们倾向于买入高风险的交易品种；他们倾向于集中投资，也就是风险过于集中化，没有分散投资对象。实际的统计研究表明：单身男性的投资组合风险最高，其次是已婚男性、已婚女性和单身女性。

从上面我们也知道，组建一个投资团队最好是男性和女性取得一个大致平衡的比例，已婚男性和已婚女性的风险偏好不同于单身时，大致就是由于处在一个性别平衡的生活环境中，对冲了性别带来的风险偏好。

三、团队交易与个体交易

交易是一件过度刺激的工作，很多人为了偷懒和减少紧张而加入了某些投资团体，只有少部分人确实是为了分工而进行了合作。成员同质化严重的团队会使得决策水平降低，同时心理偏差放大，最终拉低交易绩效；成员异质化严重的团队会提高决策水平，同时减少心理偏差，最终会提高交易绩效。

我们来看相反的两个例子。位于美国布法罗市的 Klondike 俱乐部是一个民间的投资团体，这个交易团体的 18 位成员来自社会各个层面和年龄段，经济水平也不一样。他们被价值线公司评为美国最优秀的投资俱乐部。另外一些投资俱乐部则表现不佳，比如加州投资俱乐部则是为一群工作多年的退休职工设立的，这些人的经历和年龄非常接近，极大地影响了他们的交易绩效。

为了更好地利用团队交易需要注意几点：第一，团队的分工必须明确，而且照顾到个人的特长和特点。第二，团队的成员异质化程度要深。第三，先分头分析，再聚拢

结了婚的男员工，老板都觉得比较好管理。

探讨和交流；先独立形成自己的投资分析意见，再进行沟通，避免"羊群效应"。

四、恐惧和贪婪的不可证伪

谈到贪婪和恐惧，我们需要澄清的一点是，很多关于贪婪和恐惧的说法都是不可证伪的，也就是空对空的说法，毫无可操作性，因为这种关于恐惧和贪婪的判断非常主观，带有浓厚的事后诸葛亮情节。

恐惧和贪婪更多是针对结果而言，理性与非理性更多是针对过程而言。

在我们的初级交易员选拔中，我们经常看到这些新手们总结自己的操作经验和教训：在此次英镑兑美元的交易中，我由于没有很好地及时出场大致盈利变成亏损，我犯了贪婪的错误；虽然在操作中需要极其谨慎，但由于我没有控制住自己的恐惧情绪，使得交易中过早地离场，丧失了大好的交易机会，我没有让利润奔腾。

上述这些总结，在散户交易中随处可见。我们在讲课中进场举出这样一个例子：我们在低价买进，涨到一个比较高的位置开始横盘，你是出还不是不出，有人回给出，有人回说继续持有。

当你出了结果，价格又涨上去了，你会说自己恐惧了；如果你没有出，结果价格又跌下来了，你会说自己贪婪了。这类的恐惧、贪婪都是没有任何标准的说法，都是针对结构给出的一个自圆其说的判断，亏了就是恐惧和贪婪，赚了就是谨慎和果敢。

其实，交易中最为重要的是明确和客观的交易标准，严格执行这个标准就是谨慎和果敢，在执行中走样或更改就是恐惧和贪婪。修改交易系统必须在真实交易之外完成，并在真实交易中进行足够样本的检验，不能经常变更系统规则。

所以，正如我们在本书一直重复的那样，首先建立交易系统，然后实践，根据足够的反馈进行修改，再实践，再修改，循环提高。

五、交易中最薄弱的两个心理环节

交易的最大秘诀在于截短亏损让利润奔腾，具体做法是顺着趋势做，但这些都显得太过于抽象，似乎不具有可操作性。通过前面的讲述，我们逐渐掌握了通过一些特别的方法掌握趋势，并通过支撑阻力线管理风险回报率，但这些只是对那些理性或者机械的操作者才有用，人的天性使得我们经常背离交易的根本原则。如果你仅仅掌握了我们前面教给你的工具还并不够，因为你们没有学会"心法"，要知道佛道中曾有一句话："心外求法，皆是邪法！"所以，我们在本小节就是要传授给你交易心法，破除你的"邪见"。

在人的金融交易行为中存在两种心理现象，一种是不敢赢，另一种是不怕输。 前者造成过早卖出较好的头寸，后者造成过久持有较差的头寸，这种做法无疑是截短盈利，让亏损奔腾。最初发现这一现象的两位行为金融学家，他们称之为"倾向性效应"。

在交易头寸刚有微利的时候，交易者是最想卖出的，因为他们此时往往最怕亏损，所以很多人会迅速兑现盈利，以便提高胜率，但无形中降低了报酬率；在交易头寸出现亏损的时候，交易者总是不愿卖出，认为这样会让亏损成为实际，而持有头寸还可有扯平的希望，这样就提高了风险水平，通过截短盈利和放大亏损，风险报酬率不合理地提高很多，完全违背了交易的根本原则：截短亏损，让利润奔腾。

为了克服这些心理上的先天弱点，需要通过寻找支撑阻力线来管理交易风险和报酬比率。比如，支撑线进场做多，在支撑线下放置停损，随着行情不断发展可以把停损移动到下一个支撑位置下，如果头寸一开始就不顺利，则在第一个支撑线下出场。对于做空也是类似的道理。

进出场都由事先预定的水平线和价格关系定夺，如果不接受你的预先设定，不按照这些设定来执行就是恐惧和

人性倾向于局部和眼前的利益，结果丧失了整体和长期的利益。

贪婪的表现。

六、克服心理弱点的方法

我们对交易中心理弱点的克服主要采取下列的措施：

（1）在初步盈利和亏损时，注意到自己的兑现盈利冲动和放大亏损惰性。

（2）定下交易的进出场规则，这些规则一定要数量化，这样可以避免交易者受到情绪的影响。

（3）明确投资的目标，不要抱着不切实际的盈利期望，从而忽略了高收益伴随的高风险事实。

（4）分析决策时一定要远离人群，避免"羊群效应"。

我们有必要专门谈谈最后一点，作为一种最常用和有效地克服心理弱点的方法，大师们经常使用它们，比如巴菲特、邓普顿、肯尼斯·费雪。远离人群，是大师们保持心理平衡和理性的关键之一，减少外部不必要的扰动，再通过强化交易规则，这样正气内存，外邪不再，自然就能获得上乘的交易状态和最佳的交易绩效。

> 没有原则的人是没有价值的人，没有原则的交易是没有价值的交易。

第二节　交易绩效衡量标准

对于交易绩效的不同衡量方式，意味着完全不同的价值判断，错误的衡量方式会导致错误的交易方式产生。但是，现在几乎没有什么内地的书提到交易绩效衡量标准的问题，而国外的书籍中也很少有专门提及。

作为长期从事外汇、黄金、股票的交易者，我们觉得**交易者持有何种交易绩效衡量标准会决定其交易方式向什么方向演化，而这最终将决定交易的长期绩效。一个人的价值观决定其态度，而态度决定其行为，行为会影响其结果。**在交易事业和生活中，同样也是如此。

> 看一个人的作息表就能了解一个人的价值观，也能知道一个人未来的成就。

　　我曾经看多一个自称期货交易高手的人将胜率作为交易绩效的最高衡量标准。其实如果你注重胜率的话，你会很快兑现盈利，而让亏损的单子留着，所以你的风险报酬率将非常糟糕。九笔单子赚小钱，一笔单子亏大钱是这类交易价值观带来的结果。

　　追求胜率是我们的养育环境和教育背景决定的。特别是在儒家文化圈覆盖的地区，我们从小受到的教育要求我们追求完美，强调少错多对，追求的是当下这件事情的得失，而不是整体的得失。所以，**中国自然哲学的整体观遇到中国道德文化的完美观就立刻失去了影响力。**如果在乎当下的得失，交易员就会让盈利的单子尽快兑现，让亏损的单子留着，这样就可以得到一个胜率很高的结果，也就是少错多对的结果，在乎件件事情做好，而不是做好关键的事。下面我们具体谈谈对交易技能提高真正有效的绩效衡量标准。

一、进攻能力的衡量 ［风险报酬率］

　　评判一个交易员的成功与否不能根据其胜率，也就是不能根据盈利笔数占总交易笔数的比率考察。我们在失败的交易者中看到太多这类型的交易者，曾经有一个交易员在外汇交易者连续 99 笔单子没有亏损。而当我们惊奇于其胜率的同时，他告诉我们他从来不停损，而当时的行情也恰好是大震荡市场，大约是 2006 年 4 月的事情。

　　后来市场开始走出单边，而他还是坚守提高胜率的手法，截短利润（尽快兑现利润），让亏损奔腾（等待它自动扯平），结果他连续逆势加仓，最后几笔单子就把以前的盈利连同本金赔光。

善败者，小败也！善战者，小败而求大胜者也！

　　从他的交易记录中，我们可以计算出平均盈利和平均亏损，当时我们算了一下他 99 笔单子的平均盈利不到 300 美元，但平均亏损却接近 10000 美元，所以他的风险报酬率大致为 100：3。他的胜率很高，但毫无意义。

从这个例子我们知道，风险率和报酬率都需要交易员控制，短时间内很高的报酬率可能表明交易者的进攻能力很强，但这种情况伴随着的可能是较弱的防守能力。

在这一小节，我们给出进攻能力的衡量标准，那就是：

总盈利/起始资金 = 累计报酬率

从上面我们知道，光是看累计报酬率极有可能是错误的，所以我们需考察累计报酬率中的浮动亏损程度，这个比较复杂，需要随时关注，具体的方法是用加总每笔盈利交易的单笔最大浮动亏损，再加上亏损交易的亏损总额，这样得到一个真实的风险总水平，然后加兑现的总盈利，用风险总水平除以总盈利，因此得到一个风险报酬率，这个数字越小越好，至少不能大于1。通过这个风险报酬率和前面的累计报酬率我们可以看出一个交易者的进攻能力。在不容易计算风险报酬率的情况下，可以使用累计报酬率。

下面我们需要衡量交易者的防守能力。

二、防守能力的衡量 ［最大单笔亏损额］

防守能力是更为重要的交易能力，却也是大家最为忽视的交易能力。这个能力通过最大单比亏损额来衡量，下面是 20 个交易日的单笔亏损（兑现亏损）：

500，785，453，985，740，

342，557，849，375，463，

290，284，390，241，483，

302，473，382，239，489

这段时间的最大单笔亏损是 985，发生在第四个交易日。假设前一段时间的最大单笔亏损为 977，那么这段时期的防守能力是提高的。这种比较一定要在同样单位的交易中进行，比如一标准手对一标准手，而不能是一标准手和三标准手的亏损进行比较。

最大亏损不能让你一蹶不振。

通过风险报酬率和最大单笔亏损额的综合考察，我们可以考察自己交易中需要改进的地方。

比如上期交易绩效衡量表明：风险报酬率为0.7，最大单笔亏损为900；而本期交易绩效衡量表明：风险报酬率为0.8，最大单笔亏损为800，表明虽然我的兑现亏损额下降了，但浮动亏损却提高了，说明我的防守能力很好，进攻能力却有待提高，很可能是我选择进场时机的能力在下降，导致进场后就遭受巨大的调整。

通常，我们只需要将同样时期长度的累计报酬率相互比较，并且比较最大单笔亏损额就行了。前者表明了我们的进攻能力，后者表明了我们的防守能力。

比如，上期交易绩效衡量表明：累计报酬率为30%，最大单笔亏损为840；而本期交易绩效衡量表明：累计报酬率为59%，最大单笔亏损为1900。这表明进攻能力在上升，但却是以牺牲防守能力为基础的，如果连续遭遇亏损则很危险。需要让最大单笔亏损下降。

一个成熟交易者最好是预设一个最大单笔亏损，然后在这个范围内设定停损。

三、关于胜率的评判作用

在交易中有三个比率关键：风险报酬率、胜率和周转率。一般交易者最为重视的是胜率和周转率，最后才是风险报酬率，所以他们的交易次数很高。同时，过早兑现盈利，将停损拖得过久。而成熟的交易者最为重视风险报酬率和胜率，最后才是周转率。无论是短线还是长线的成熟交易者，即使是"刮头皮的交易"者也很看重风险报酬率。他们主要是通过技术面的支撑阻力线和基本面的价值中枢得到一个良好的风险报酬率，像价值投资就是依靠价值中枢跟价格之间的安全空间来缩减风险，扩大报酬。而技术交易人士则在价格贴近支撑时做多，在价格贴近阻力时做空，以此来控制风险报酬率。所以，**风险报酬率的控制方法就是支撑阻力和安全空间。**

胜率的提高有两种方法：一种是过早兑现盈利，将停损拖得过久；另一种是通过顺势而为。第一种方法会提高胜率到一个很高的水平，但却让风险报酬率很难看；第二种方法不仅可以提高胜率，而且可以协助风险报酬率提高。所以，**胜率的正确控制方法就是顺势而为。**关于顺势而为主要是根据我们前面章节提到的方法。技术上判断趋势最为关键的方法只有一点"N字"法则。

所谓的"N字"法则就是，高点越来越高，低点越来越高，表明趋势向上；如果相反，则趋势向下。

周转率的非理性提高是致命的，对于那些不由自主的过度交易，周转率总是与交易绩效背道而驰。为了正确地提高周转率，从而促进累计报酬率，需要做到下面

几点：第一，建立定量的交易准则，这套准则可以处理一切进场、出场和减仓、加仓决策；第二，严格按照这个交易准则行事；第三，采用一个可以产生更多有效交易信号的时间框架，通常意味着使用更小的时间框架；第四，采用多套迥异的交易系统产生更多交易信号；第五，交易不同品种，特别是那些相关性很小的品种；第六，计算好总体的风险水平，做好控制；第七，很低的交易手续费。所以，提高周转率的办法主要是采用更小的时间框架。

做生意赚钱主要是靠利润率和周转率，交易也是如此。但是，胜率却最容易被人误用。

> 均线是最傻瓜、但是效果不错的趋势确认工具，你会用了吗？

> 手续费是周转率最大的敌人，非理性交易是周转率害人的最大帮凶。

第三节　实际交易

一、交易日志

很多行业都需要日志来监督和改进绩效，比如航海等。对于交易来说，日志作用很多：

（1）避免犯同一的错误；

（2）反馈自己的交易绩效和描绘交易能力提升路径；

（3）管理自己的情绪，通过日志使得自己远离干扰，回归判断的中立和思维的清晰；

（4）逐渐形成有理有据的进出场秩序。

交易日志中应该分为文字、图表和表格三个部分，在本章的第二小节我们给出了帝娜专用的外汇交易表格作为表格部分的范本。下面我们给出一个团队初级交易员刚入门时的交易日志，限于篇幅图标就省去了。大家需要明白的是，日志的目的在于给出反馈，加强纪律，提高能力。

> 日志是最好的老师！

二、交易日志范本

2005 年 11 月 23 日：

（1）目前观察 EUR/USD 走势：①月图中三均线呈空头排列展开，月 K 线位于 5# 均线之下，相对强弱刚好下穿 50 中线，表明大势走弱。②周图中三均线呈空头排列展开，周 K 线位于 5# 均线之下，但目前为一小阳线，相对强弱从今年三月开始一直位于 50 中线以下，中间有数次在其近运动但终未成功上行，目前向上运动但仍位于 50 中线以下，大约 40。③日线图上三均线合拢，5# 和 8# 向 13# 靠拢，并且 5# 刚好上穿 8# 均线，相对强弱呈弱势，值 40，正上行。④四小时图上三均线呈多头排列，目前尚未完成的 K 线是力图下穿 5# 均线的大阴线，相对强弱出现背离，有下行趋势，目前值约 52。⑤二小时图上，三均线呈多头排列，目前尚未完成的 K 线已经下穿 5#，并力图下破 8#，相对强弱有钝化现象，即前几次上涨时相对强弱在 75 上行着走，目前有向下趋势。⑥一小时图上，三均线呈多头排列，但目前 K 线已下穿 5# 和 8# 均线，并正力图下穿 13# 均线，相对强弱从 80 值下落到 50 值上，快要下穿 50 中值。⑦30 分钟图上，5# 已经下穿 8#，正在下穿 13#，而相对强弱目前正从 80 附近下到 50 附近，前期有一波相同走势从 1824 下到 1782，但 5# 只向下穿越 8# 后便上行，且下行中 K 线虽是阴线却呈"渐短"模式。⑧分析结论是等待均线完全呈空头展开排列（而非目前的交叉）以及相对强弱下穿 50 中线，价格下破 1782 时卖空 EUR/USD。

（2）在 1784 作空一手 EUR/USD［17：20］。

（3）目前下跌到 1769，在 1760 附近遭遇支撑，不再下行，虽然点差已赚回，有 $7 盈利，且相对强弱位于 33 附近，但均线相比其他周期可能还将下跌，所以持仓继续做空［19：35］。

（4）现价上升到 1808，已站在 13# 上，三均线正聚拢，仍呈空头排列，止损点在 1813，相对强弱值 40，由 23 上升来，我仍坚持看空/持卖空操作，并在判断错误时在 1813 止损出局［22：06］。

（5）止损后，由于汇价一直受阻于 1820，我立刻再做一手空仓，实际作空汇率 1807［22：08］。

（6）目前盈利 $20 左右［23：09］。

（7）第一次卖空止损点为 29 个点，过于狭窄，应该稍大于 35 左右为宜。

2005 年 11 月 24 日：

（1）在浮动盈利 $20 后，汇率又上移，并一度浮动亏损但再次受阻于 1820，并构成一个下降途中的楔形，所以决定继续持空仓［2：44］。

（2）昨晚 3 点过才睡，现在起来看盘，竟然波动不大，EUR/USD 似乎正要完成一个下降途中的上升楔形，而 USD/JPY 在形成一高一低的双底后，在颈线附近运动，相对强弱明显出现背离。从汇率间分析情况，应该预示着一波下跌行情（EUR/USD）与一波上涨行情（USD/JPY）将会出现，我在等待。如果形势判断有误，我将止损出局，损失 40 点左右［7：35］。

（3）我用最近的最高最低点之间的部分做黄金分割率划分，即黄金分割率回撤，令人惊奇的是在由最低点向上的过程中，0.382、0.5、0.618 都充当了阻力线，而前两条黄金回撤线又充当过支撑线。开盘等四个 K 线的主要价位绝大多数应验于这三个位置上［8：25］。

（4）由于英镑位于近期几天较高的位置（即位于前几个高位数值构成的区间内），所以卖空一手英镑（GBP/USD），总结前两次操作的教训，特设立 20 点的止盈位［9：16］。

（5）英镑被止损出局，虽然一度盈利但未达到 20 点，汇率一度下降，仍未达到额定下的止盈位，不觉突然上穿近期最高点 EUR/USD 再次回返上移但受阻于 0.5 线，我再做两手空单，此次 GBP/USD 投资得出结论，英镑由于波幅奇异，所以止盈点在 10 点左右为宜，设止损位则应权衡，总之不宜久留于该市场中，易被击中，应像小鸟取食，迅速而不贪婪［18：44］。

（6）GBP/USD 在顶部形成流星 K 线，与三均线构成指天悖逆，我立即再做空两手 GBP，此时相对强弱进入 70 值左右［19：04］。

（7）GBP/USD 做空两手成功，赚入 20 点计 $40［19：06］。

（8）总计做空的三手 EUR/USD 一度下降到 1794，离止盈位 1793 差一个点，但无法再下跌。我迅速把止盈位提高到 1794，此后汇率重心上移，浮动盈利在-2 到 7 之间，上涨止步于 0·382 折返线，相对强弱 9 个小时来一直位于 50 中线下（30 分钟图），据此我仍然做空，并将止盈位定在 1794，止损位不变［20：00］。

（9）目前 30 分钟图上，EUR/USD 在一个五波趋势浪后，进行了一个楔形调整，调整完成后又进行了锯齿形（单纯型）调整，看来跌势已定。前述艾略特五波可以从二四波未重合，三五波的相对强弱指标出现背离两个要素确认［20：30］。

（10）做空的三手 EUR/USD 在 1794 成交，盈利 $32［20：34］。

（11）再做空三手 EUR/USD，前面的锯齿形调整成了个三角形调整，并与前面的楔形构成圆弧顶，目前浮动亏损达 $30，但我仍坚持持有空仓，并定好止损 30 点，止盈 20 点，在该三角形底边 1782 附近有支撑，应该可以在反复后突破，因为相对强弱指数在 50 中线以下长时间运动，显示 EUR 呈弱势，目前 MACD 在前面 3 和 5 波也出现背离，并且死叉后又与 0 度死叉，运行于 0 度以下，始终不能形成金叉 [23：19]。

（12）目前 EUR/USD 汇价在 0·382 回撤线与三角形底边间进行，触及 0·382 则下行，于三角形底边 1782 处则受明显支撑。多空在此搏斗甚烈，而此处则是我入场做空点，如不能下行，我将不能盈亏相抵，但此处若下破成功，则如行云流水般顺畅下行，此处已支撑差不多一天，上升主浪走完后又经一天多调整，目前呈圆弧顶下降重心，看好做空的后市结果 [23：27]。

（13）如果下跌验证，那么我所见的这幅三十分钟 K 线图无疑是最为标准的艾略特波浪形态 [23：28]。

（14）EUR/USD 又开始从三角形底边反弹，至三角形上斜边处受阻挡，看来这个三角形调整很标准 [23：58]。

（15）反弹的 K 线已接近三角形尖端，运行空间越来越狭窄，不知能否及何时下泻 [24：17]。

2005 年 11 月 25 日：

（1）交易平台突然锁死，一切买卖交割皆停止，而图像还在变化，由于买价不下行，即使图中汇率下跌几十点，我仍然无法止盈出场，在评论栏中发现一条消息，说交易平台将在今天东部时间上午 11：00 关闭，在下午 7：00 重开，弄得我无能为力，感觉这个交易商不太负责，怎么可以在汇价还在波动的时候就草率关闭交易平台，使客户的头寸陷入毫无保护的境地 [1：30]。

（2）EUR/USD 仍旧在昨晚急剧下挫后在 1795 与 1775 之间挣扎，不过下降趋势明显，在昨天一个楔形和三角形调整后，从 1：30 到目前汇价受制于上述区间，并力图下挫 1775 一线 [7：55]。

（3）交易平台开放了 [8：00]。

（4）下破曾四次作为支撑位的 1762 一线，自动止盈 $40，再做 3 手空单 EUR/USD，5 浪后的调整差不多到位，5 浪后的初次下跌位被击穿，后市向好（看空）[10：13]。

（5）在一个由 1760 构成底边的三角形中，价格不断下降但到 1760 反弹，反弹

后触及三角形与水平成 45 度角的斜边则回落，看来盈利在今天无法迅速实现，浮亏在 $30~$80 [14：40]。

（6）汇价一度创新低，点差赚回来了，静观跌势止盈，但止盈点不超过 20 点。[15：50]。

（7）以前的一根支撑线 1757 现在成了阻力线 [16：19]。

（8）出去玩了几个小时，回来三个空单刚好在最低处买入平仓，每手空单赚进 10 个点，今天共赚进 77 个点，超过每天盈利 20 点的标准，只求保障本金的基础上稳定增长，"先为不可胜，以待敌之可胜"。在市场面前永远谦虚 [20：32]。

（9）EUR/USD 在强劲反弹到下降趋势线上后，再度下跌 50 点，证实了先前对艾略特波浪的分析，但我已达到今日目标没必要奢望市场中的所有利润，"知止而后能" [22：00]。

（10）今天发现的两个准确率在 70% 上的 K 线形态：①指天悖逆，5# 在空头排列下降途中突然上穿 8# 和 13# 均线，并形成流星 K 线，之后马上又下穿 8# 和 13#，并在开盘时低于前流星 K 线的实体最低点，此时做空，GBP/USD 的第二次做空，就是如此；②忤地生星，一大阴直落，于其最低处生成一个十字星，意味着又一波反弹。

（11）交易绩效记录。

表 6-1 交易绩效记录

11/23/20054：33：07AM	16098502	Sell	EUR	USD	−10000.00	1.1784	
11/23/20059：17：07AM	16106873	Buy	EUR	USD	10000.00	1.1813	
11/23/20059：17：07AM							Total：−29.00
11/23/20058：03：24PM	16120924	Sell	GBP	USD	−10000.00	1.7225	
11/24/20055：29：22AM	16131075	Buy	GBP	USD	10000.00	1.7263	
11/24/20055：29：22AM							Total：−38.00
11/24/20055：57：44AM	16131938	Sell	GBP	USD	−20000.00	1.7264	
11/24/20056：05：12AM	16132148	Buy	GBP	USD	20000.00	1.7244	
11/24/20056：05：12AM							Total：40.00
11/23/20059：25：21AM	16107317	Sell	EUR	USD	−10000.00	1.1807	
11/24/20055：35：53AM	16131409	Sell	EUR	USD	−20000.00	1.1803	
11/24/20057：29：29AM	16133851	Buy	EUR	USD	30000.00	1.1794	
11/24/20057：29：29AM							Total：31.00
11/24/20059：48：35AM	16136770	Sell	EUR	USD	−20000.00	1.1781	

11/24/20059：06：48PM	16143246	Buy	EUR	USD	20000.00	1.1761	
11/24/20059：06：48PM							Total：40.00
11/24/20059：07：38PM	16143312	Sell	EUR	USD	−20000.00	1.1754	
11/24/20059：15：00PM	16143519	Sell	EUR	USD	−10000.00	1.1757	
11/25/20054：42：34AM	16153017	Buy	EUR	USD	30000.00	1.1744	
11/25/20054：42：34AM							Total：33.00

注：初始资金$4000，现在$4077。

三、帝娜交易专用外汇表格

在交易中除了记录一些比较零碎的东西，还需要表格规范交易流程。我们给出了两张交易表格：第一张是"外汇交易分析表格"（见表 6-2），主要是早盘分析，也就是为一天的交易做好准备；第二张是"外汇交易关注表格"（见表 6-3），主要是盯市分析，也就是在一天的重要交易时点进行分析和交易。两张表格中的绝大部分知识，本书中都已经给出，如果还有不明白的地方，欢迎加入交易员俱乐部和参考本丛书的其他有关书籍。

表 6-2　外汇交易分析表

行情剖析		
动能分析	交叉分析	
	背离分析	
	区间分析	
	离度分析	
形态分析	类型	
	颈线或者趋势线	
	目标位	
趋势分析	布林线分析	
	直边趋势线分析	
线态分析	跳空	
	影线	
	喇叭	
	渐短	
	价配	
	过中	

续表

行情剖析		
基本分析	汇市焦点	
	数据公布	

交易计划		
进场依据简述		
计划进场位置	实际进场位置	
计划止损位置	实际设立止损位置	
计划止损比率	实际设定止损比率	
计划盈利位置〔最保守〕		
计划盈利比率		
潜在风险报酬比	实际进场风险报酬比	

交易总结			
交易结果	盈利亏损率	交易结果分析	

表 6-3　外汇交易关注表格 （　／　）

时间/项目	动能分析〔位〕	线态分析	形态分析	基本面分析	趋势分析
15：00	交叉 背离 区间 确认	跳空　影线 喇叭　价配 渐短　过中 确认	类型 颈线 趋势线 规模 目标位		布林线 直边趋势线
15：30 18：00	交叉 背离 区间 确认	跳空　影线 喇叭　价配 渐短　过中 确认	类型 颈线 趋势线 规模 目标位		
20：15 22：00	交叉 背离 区间 确认	跳空　影线 喇叭　价配 渐短　过中 确认	类型 颈线 趋势线 规模 目标位		
22：30	交叉 背离 区间 确认	跳空　影线 喇叭　价配 渐短　过中 确认	类型 颈线 趋势线 规模 目标位		

续表

时间/项目	动能分析〔位〕	线态分析	形态分析	基本面分析	趋势分析
23：00	交叉 背离 区间 确认	跳空　影线 喇叭　价配 渐短　过中 确认	类型 颈线 趋势线 规模 目标位		
23：30	交叉 背离 区间 确认	跳空　影线 喇叭　价配 渐短　过中 确认	类型 颈线 趋势线 规模 目标位		
24：00	交叉 背离 区间 确认	跳空　影线 喇叭　价配 渐短　过中 确认	类型 颈线 趋势线 规模 目标位		

结篇语
CONCLUDE AND GUIDE

金科玉律已经深植我们脑海，现在则是奉行不渝的时刻。

——马克姆

第一节　一致性原理

这本书也要结束了，在结束之前，我们提出我们认为的交易中的永恒真理，也就是交易中始终不可违背的原则。交易中，我们需要根据市场结构的变化采取不同的交易策略，但这里给出的原则是不能违背的。第一条定律是：一致性原理；第二条定律是：防守第一原则。

什么是一致性原理呢？一致性原理由下面三个部分组成：

（1）坚持假设，除非被市场推翻；

（2）交易系统稳定性与改进；

（3）技术［行为］分析与基本［驱动］分析的对立误解。

首先，我们看第一条"坚持假设，除非市场推翻"。通常我们根据水平的支撑阻力线来判断市场是否推翻了先前的假设。如果我们认为市场向上的概率较大，那么就应该在最近一个被确认有效的支撑位置进场，同时在支撑位置

没有被市场证伪的假设是需要坚持的假设。

之下设定停损。

为什么在支撑位置之下设定停损呢？因为我们假定市场此支撑位置之上运行则表明趋势是向上的，如果跌破这个支撑市场就向下了。这就是一个假设，除非市场跌破这个止损，否则我们是不能随意出场的。

索罗斯的恩师之一，提出了可证伪，我们设定止损就表明我们判断错误的条件，也就是我们假设成立的条件，这是为交易提供了可证错性，如果不设定一个交易错误的标准，或者标准过于含糊，则表明我们认为此交易是永远正确的，也就是不可证伪的，这是不符合科学交易的精神的。

因此，**不设定停损，意味着你认为自己的假设不可能错误，你对市场的看法没有错误。如果设定止损，则意味着在市场碰到你的止损前，之前关于市场的认识都是正确的。坚持设定止损就是坚持了交易的可证伪性，只有坚持可证伪性，交易水平才能提高。**这是我们对哈耶克思想在交易方面的发展，也就是对索罗斯反身理论的延伸，表明除了人的不完备性之外，交易还应注意提供可以证明错误的条件，也就是设定止损。对于不懂可证伪的读者而言，可以在网上搜索一下相关的解释，这涉及哲学问题，不深入说了。

其次，我们来看第二条"交易系统稳定性与改进"。交易是一个概率游戏，只有多次用同样的方法才能衡量交易方法的绩效，所以交易要保持一致性，不能随时和经常改变交易方法，只有通过贯穿一致的交易进出场规则才能衡量交易绩效。

但一致性原则是相对的一致性，也即是经过一段实际的检验之后，足够的交易样本可以提供改进交易系统所需要的数据，这时候可以改进交易系统，但改进之后的交易系统必须保证一段时间内的固定。通过相对的一致性原理，我们可以稳步和高效地提高我们的交易绩效。

很多新交易者和大部分失败的交易者，交易中完全没

止损就是底线，没有原则的人没有底线，没有止损的交易是没有底线的交易。一个人没有原则，没有底线，就会经常吃亏。当你树立起自己的原则和底线之后，周围的人就会有所顾忌和预期，自然你也没有那么累，不会一直吃暗亏了。当你在交易中没有原则和底线时，市场就会一直让你吃亏。

有任何法度，或者经常变化法度，每次交易的判断都非常随意和主观。这样根本无法保证交易绩效的稳定，更无法衡量，提高的基础都没有了。所以，交易中保持相对的一致性是非常必要的。

最后，我们来看第三条"技术［行为］分析与基本［驱动］分析的对立误解"。对于一致性原理，大家最大的误用是认为技术分析不能和基本分析共同使用。这种说法是没有理论和实践根据的。第一，从理论上看，基本面因素通过人的思绪进而引发了技术面的价格运动，所以两者并不对立，通过交易者情绪就可以连接两者；第二，实际外汇交易中，部分成功交易员综合了这两种方法，通过基本面判断市况是趋势还是震荡，然后通过技术面交易 。最为关键的不是技术面和基本面是否对立，用了基本面不用技术面是否就遵循了一致性原理，而是是否采用了一致的交易准则。这些准则可以由基本分析和技术分析混合构成。

第二节　紧握你的枪，保护自己，然后攻击

国际交易大师克罗最为推荐的两本交易员参考书籍是《一个股票作手的回忆录》和《孙子兵法》。在克罗的书中，他花了很大的篇幅描述孙子兵法的应用。其实，孙子兵法的核心就是三点：

● 知己知彼；

● 先为不可胜，以待敌之可胜；

● 避实击虚。

我们从外汇交易乃至金融交易中来谈谈这三点的运用和意义。在外汇交易中，分析是必要的，因为这是一个摄取信息，进而推断出适合交易机会的过程。而交易也是一个明晰自己风险偏好和个人其他特点的过程，所以技术分

胜可知，不可为。

析和基本面分析是知彼，而自己的交易心理控制则是知己。只有在这个基础上交易才有胜算。

仅有分析得出判断还不够，还需要根据市况做出抉择，需要决定交易的方向，这大概涉及进攻的范畴，而决定交易的位置和止损则是交易中的防守问题。进攻涉及盈利，而盈利是不能随意增加的，所以只能"待敌之可胜"，而亏损是可以控制，所以可通过止损设置来"为不可胜"。亏损是可以控制的，所以"不可胜在己"，而盈利是难以预知的主观决定的，所以"可胜在敌"。

交易是一个概率游戏，所以在胜率大的时候下注，根据胜率调整筹码，这就好比根据虚实调整兵力，进攻敌人实力强大的部分，胜率低，而进攻敌人实力虚弱的部分，胜率高。所以，用兵也是根据胜率分布兵力。交易则是根据概率分布筹码。

凯利公式与《孙子兵法》有什么联系？

在整个《孙子兵法》的体系中，避实击虚是胜利的最终实现手段，在交易中，根据胜率调整筹码也是取得盈利持久增长的关键。

外汇交易圣经用下面三句话概括整个法则：

（1）尽最大努力厘清市场和自己，最大化可交易机会（周转率）；

（2）通过支撑阻力控制风险，通过判断趋势最大化利润（风险报酬率）；

（3）根据胜率的高低安排交易的仓位，重高轻低，胜率高就仓位重些，胜率低就仓位轻些（胜率）。

【开放式思考题】和【进一步学习和运用指南】

第一章

【开放式思考题】 在研读完第一章的内容之后，可以进一步思考下列问题。虽然这些问题并没有固定的标准答案，但能够启发思考，跳出来看某些观点。

1. 思考一下为什么"反人性"是获得交易优势的一个常见策略。

2. "先为不可胜"具体有哪些方法可以落地？

提示：比如及时停损、预判行情波动率等。

【进一步学习和运用指南】

1. 本章许多内容都与《孙子兵法》有关，建议进一步阅读这本兵法经典。

2. 那些看上去像是障碍的东西，长期来看，其实是有价值的，亲自接触一次，哪怕只有几秒钟，也比旁观几百次远远有效。我们总认为记忆系统就像一台录音机，但这种理解是错误的。我们的大脑是一个活体结构，一个几乎永远装不满的箱子。我们面对困难且克服困难的机会越多，脚手架就会变得更多。脚手架多，我们学习新东西的速度就越快。建议进一步阅读《股票大作手操盘术：原著新解和实践指南》第三十章"博弈技能需要足够的投入养成"。

3. 江恩被称为 20 世纪著名的交易者，由他所创造的把时间与价格完美地结合起来的理论，至今仍为交易界人士所津津乐道，备受推崇。江恩在交易理论上有所

创新，他非常重视点位和周期，具体可以参阅《华尔街45年：顶级交易员深入解读》。

4. 钮教授是著名的西方战略研究学者，他以西方战略，诠译《孙子兵法》，提供了新的研究方向。其一生对中西方战略的研究，令人敬佩。他撰写的《孙子三论》从一个全新角度剖析了《孙子兵法》。作为一个交易者，应该读一读这本书。

第二章

【开放式思考题】在研读完第二章的内容之后，可以进一步思考下列问题。虽然这些问题并没有固定的标准答案，但能够启发思考，跳出来看某些观点。

1. 德州扑克是一种玩家对玩家的技巧性牌类游戏。通常由2~10人参加。德州扑克一共有52张牌，没有王牌。每个玩家分两张牌作为"底牌"，五张由荷官陆续朝上发出的公共牌。这是一项需要很多技术的竞技对抗，而且玩家可以主动选择正期望值来进行参与，要不要继续游戏的决定权在玩家自己，也就是说"选择易胜的格局"。知名的华裔德州扑克高手老邱强调："在对局中，牌手需要在很短的时间内做出跟进还是放弃的判断，要对周遭的形势有全面的认知，评估自己的风险和回报……"。而美国传奇股票投资家和基金经理彼得·林奇（Peter Lynch）也说："华尔街的股票投资人和证券经纪们，你们应该学习德州扑克，这里面的道理可以让你们受益终身。"请指出外汇交易与德州扑克的相似之处有哪些？有哪些不同之处？

2. 胜算率和报酬率在凯利公式中处于什么样的地位？

3. 胜算率、报酬率与巴菲特的"滚雪球理论"是什么关系？

【进一步学习和运用指南】

1. 了解并且玩一下21点游戏。21点又名黑杰克（Blackjack），起源于法国，已流传到世界各地，有着悠久的历史。现在在世界各地的赌场中都可以看到21点，随着互联网的发展，21点开始走向网络时代。该游戏由2~6人玩，使用除大小王之外的52张牌，游戏者的目标是使手中的牌的点数之和不超过21点且尽量大。这个游戏充分体现了概率的特征。

2. 在网络上检索一下有关德州扑克与交易的相关文章，归纳一下其中的观点。

3. 检索一下"墨菲定律"或者"墨菲法则"的相关文章，思考如何管理风险。

4. 建议进一步阅读《围捕黑天鹅：极端波动性市场的投资风险防范》（*Skalking the black swan*）这本书，并且可以登录作者的相关网站 http：//stalkingtheblackswan. com/，了解如何管理风险和从极端波动中获利。

5. 建议进一步阅读《外汇交易三部曲：驱动分析、心理分析、行为分析》的第十五章"仓位管理和凯利公式"，学习如何解决趋势稀缺性和仓位倾向性两个根本问题。

第三章

【开放式思考题】在研读完第三章的内容之后，可以进一步思考下列问题。虽然这些问题并没有固定的标准答案，但能够启发思考，跳出来看某些观点。

1. 商品货币的核心驱动因素是什么？

提示：参阅陶川所著的《全球宏观经济分析与大类资产研究》一书第十章第二节"商品货币汇率的驱动因素"和《外汇短线交易的 24 堂精品课》的第十九课"市场联动中寻找机会：以'澳元和黄金关系套利'为例"。

2. 避险货币的定义和核心驱动因素是什么？

提示：参阅陶川所著的《全球宏观经济分析与大类资产研究》一书第十章第一节"日元和瑞士法郎的避险属性"。

3. 如何分析风险偏好？

提示：参考《黄金短线交易的 24 堂精品课》第十六课"最关键的指标：风险偏好"和《顺势而为——外汇交易中的道氏理论》的两个小节——"利率和风险偏好驱动"和"象限分析法：外汇市场的四种主题行情"，以及《外汇短线交易的 24 堂精品课》的第十八课"洞悉风险偏好的变化：短线交易者必须注意的首要驱动因素"。

4. 什么是"国债收益率曲线倒挂"？应该如何运用这一指标来指导外汇交易？

【进一步学习和运用指南】

1. 建议进一步阅读《投资巨擘的圭臬——价值投资的谱系与四大圣手之道》第五章第二节"索罗斯的智慧法则一：反身回归"、第五章第三节"索罗斯的智慧法则二：生存第一"、第五章第七节"索罗斯的智慧法则六：预定错误"。

2. 为了真正让本章提到的"因果制约"落地，建议进一步阅读《股票大作手操盘术：原著新解和实践指南》的第二十九章"'为什么'是高手的钥匙：本质与现象"和朱迪亚·珀尔（Judea Pearl）所著的《为什么：关于因果关系的新科学》（*The Book of Why: The New Science of Cause and Effect*）。

3. 地缘政治建议进一步阅读李义虎的《地缘政治学：二分论及其超越》。

4. 2020 年 4 月，桥水基金（Bridgewater Associates）创始人雷·达里奥（Ray Dalio）撰文指出："为了理解历史上各大帝国及其经济的兴衰迭起，以及当前世界秩序形势，你需要了解货币，信贷和债务的运作方式。了解他们的工作方式至关重要，因为自古以来人们都在围绕着财富的获取而互相竞争，而影响财富增减的最大单一因素是货币和信贷。因此，如果您不了解货币和信贷的运作方式，那么您将无法了解经济的运作方式；如果您不了解经济如何运作，就无法理解经济形势变化的重要成因，而经济形势的变化往往是影响政治的最大推动力，同时决定了整个经济政治体系的运作方式。"2020 年 5 月，吉姆·罗杰斯（Jim Rogers）分析了日本经济的未来长期展望，预言日本 20 年后势必没落。他指出："二战后日本历经长达半个世纪以上的繁荣，二战或更早以前，也克服过无数难关，但对现在正面临的重大问题却过于视而不见。日本负债逐日膨胀，人口持续减少，出生数也大减，几年后或 20 至 30 年后必面临严重的状况。"从中可以看出达里奥和罗杰斯共同重视的宏观经济指标是什么。

5. 有一定经济学或者数学基础的读者可以进一步阅读潘红宇的《汇率与宏观经济——基于中国数据的实证分析》、汤凌霄的《新兴大国货币错配、浮动恐惧与汇率制度演变》和张明的《穿越周期：人民币汇率改革与人民币国际化》。

6. 外汇交易者要随时关注美联储的动向，下面几个网站是重要的信息来源：

（1）http://www.federalreserve.gov/ 美联储官网

（2）http://www.cmegroup.com/trading/interest-rates/countdown-to-fomc.html 美联储观察（FedWatch）

（3）http://economistsview.typepad.com/timduy/ 经济展望

（4）http://www.economywatch.com/ 经济观察

7. 外汇相关性和强弱分析的数据可以从如下网站查询：

（1）http://www.mataf.net/#en 外汇相关性分析

（2）http://fxtrade.oanda.com/analysis/currency-heatmap-sorted 外汇相对强弱表

（3）http://www.oanda.com/currency/strength-heat-map 全球汇率强弱对比图

8. 关于主要中央银行政策变化的分析参考参阅明明的《全球货币政策与大国兴衰》。

9. 有兴趣的读者可以阅读一下《股票作手回忆录：顶级交易员深入解读》的第九章"流动性为王"和第十一章"利用消息出货的两次精彩操作"。

第四章

【开放式思考题】 在研读完第四章的内容之后，可以进一步思考下列问题。虽然这些问题并没有固定的标准答案，但能够启发思考，跳出来看某些观点。

1. 拉斯·特维德（Lars Tvede）将金融市场的信息分为两种：第一种是新闻消息，第二种则是市场参与者的交易信息。他认为第一种信息缺乏价值，比如商业周刊封面文章指出，国债价格将进一步下跌。但实际情况却是国债价格随后开始了大幅上涨。那么，为什么新闻消息与实际走势经常出现背离呢？

2. 1987 年股灾中，理查德·丹尼斯（Richard Dennis）遭受重挫。1988 年，他宣布退出投机界。检索并且分析一下互联网上的资料，探讨一下为什么他会遭遇重大失败。

3. 你所采用的技术形态中，最有效的是哪一个？

4. 职业交易者支全明指出："为什么我们一定要分析价格波动背后的原因？因为对于我以及很多做大趋势的人来说，技术分析不能给我们提供足够的信念，即使你从均线、趋势线或者说其他理论找到了一个品种，可以出现有很大的行情，但是单靠技术分析很难形成持仓的信念，因为发现大机会很多人都可以，但是如何从一点点的利润一直拿到整个行情是很难的，需要我们从基本面上提供信息支持。这个是市场的认知。"如何将技术面与基本面分析结合起来。

5. 你如何做到顺势而为？

【进一步学习和运用指南】

1. 建议进一步阅读《乌合之众》和《疯狂之众》两本群体心理学经典著作。

2. 建议进一步阅读史蒂夫·尼森（Steve Nison）的《日本蜡烛图技术》（*Japanse Candlestick Charting Techniques*），以便对"态"有更深入全面的掌握。

3. 建议进一步阅读《斐波那契高级交易法——外汇交易中的波浪理论和实践》，以便对"位"有更深入全面的掌握。

4. 建议进一步阅读《顺势而为——外汇交易中的道氏理论》，以便对"势"有更深入全面的掌握。

第五章

【开放式思考题】在研读完第五章的内容之后，可以进一步思考下列问题。虽然这些问题并没有固定的标准答案，但能够启发思考，跳出来看某些观点。

1. 如何确定价格波动的边缘？

提示：各种背离，比如技术面与基本面的背离、价格与指标的背离、技术面和心理面的背离等；日均、周均波幅规律等。

2. 投机交易暴利的前提是什么？

提示：大行情和金字塔顺势加码法。

3. 突破与假突破的交易价值谁更大？

【进一步学习和运用指南】

1. 建议进一步阅读《股票大作手操盘术：原著新解和实践指南》第二十章"顺势加仓和初始止损"、第三十一章"阻力最小路径的道与术"和第三十二章"大机会与重大运动"。

2. 有兴趣的读者可以阅读一下《股票作手回忆录：顶级交易员深入解读》的第五章"只有大的波动才能为你带来大的利润"、第七章"大盘和时机：趋势下的试探后加仓"、第八章"错误的时机与正确的时机：关键点位与催化剂"、第十章"顺势加仓：阻力最小路径与仓位管理"。

第六章

【开放式思考题】 在研读完第六章的内容之后，可以进一步思考下列问题。虽然这些问题并没有固定的标准答案，但能够启发思考，跳出来看某些观点。

1. 趋势预判更重要，还是仓位管理更重要？

2. 场内资金管理和场外资金管理谁更重要？

3. 为什么要坚持写交易日志？

【进一步学习和运用指南】

1. 在博弈场上，缥缈的自尊心是毫无价值的东西，如果不摆正这个观念，那么就会丧失真正有价值的东西。正确的策略和强大的实力比自尊心更有价值，而筹码只归属于那些策略恰当和实力雄厚的人。世间法只在乎你的实力如何，而不在乎你是谁！有兴趣的读者可以阅读一下《股票作手回忆录：顶级交易员深入解读》的第三章"开始看到转型的曙光：没有失败，只有反馈"、第十二章"外来和内在的蛊惑：如何保持交易者的初心"、第十四章"心态与格局：重新崛起的内外因素"和第十六章"去伪存真：消息至上主义的罪与罚"。

2. 建议进一步阅读行为经济学和金融学方面的专业读物，比如布雷特·N.斯蒂恩博格（Brett N. Steenbarger）的几本专著。

3. 建议按照《外汇短线交易的 24 堂精品课》的第三课"外汇'无压力交易'心法：追求有效果的做法和观念"和第四课"外汇交易的心理控制术：潜意识沟通策略"进行训练。

第七章

【开放式思考题】 在研读完第七章的内容之后，可以进一步思考下列问题。虽然这些问题并没有固定的标准答案，但能够启发思考，跳出来看某些观点。

1. 什么是外汇市场中"易胜的格局"？纯粹的技术手段能够发现这一格局吗？

2. 可证伪性是科学交易的基本特征，停损是获得这一特征的基本手段。那么，怎么科学地停损呢？

3. 外汇市场的大赢家是靠术（技术面），还是靠道（基本面）？

【进一步学习和运用指南】

1. 初学者最好认真阅读《外汇交易三部曲：驱动分析、心理分析、行为分析》的第一章"外汇交易的终极合理流程：应对随机强化和一致强化的武器"和《外汇短线交易的 24 堂精品课》的第二课"达成完美：随机强化下的困境"、第八课"悖逆交易成功法则的天性：不兑现亏损的心理倾向"、第九课"可证伪的假定才是科学的交易决策：当被证伪时，坦然接受"。

2. 学有余力的读者可以进一步阅读卡尔·波普（Karl Raimund Popper）的《科学发现的逻辑》（*The Logic of Scientific Discovery*）和《开放社会及其敌人》（*The Open Society and It's Enemies*）。

伟大成就往往源于微不足道的小事。

——巴登

一、对冲基金的含义和分类

由于对冲基金在外汇市场上产生了很大的影响，而国内的普通投资者却对于这类机构投资者并不了解，所以我们这里根据维基百科和其他一些网络资料整理一些关于对冲基金的基本知识，希望对广大外汇交易者理解外汇市场有所助益。

1992 年欧洲货币体系汇率机制危机，1994 年国际债券市场风波，特别是 1997 年爆发并蔓延的亚洲金融危机，1998 年长期资本管理公司（LTCM）濒临倒闭，这一连串的事件一再引起国际社会对机构投资者，特别是对对冲基金的关注。人们都指责对冲基金通过高杠杆交易，或者通过"羊群心理"带动其他市场参与者，加剧资产价格的剧烈波动。

对冲基金（Hedge Fund）是一种衍生工具基金，亦即对冲基金可以运用多种投资策略，包括运用各种衍生工具如指数期货、股票期权、远期外汇合约，乃至其他具有财务杠杆效果的金融工具进行投资，同时也可在各地的股市、债市、汇市、商品市场进行投资。与特定市场范围或工具范围的商品期货基金、证券基金相比，对冲基金的操作范围更广。

第一个有限合伙人制的琼斯对冲基金起源于 1949 年。该基金实行卖空和杠杆借贷相结合的投资策略。卖空是指出售借入的证券，然后在价格下跌的时候购回，获取资本升值。杠杆投资是通过借贷扩大投资价值增加收益，但同时也有加剧亏损的风险。

两者结合，形成稳健投资策略。20 世纪 80 年代后期，金融自由化的发展，为基金界提供了更为广阔的投资机会，更使得对冲基金进入了另一轮快速发展阶段。进入 90 年代，随着世界通货膨胀威胁逐渐解除，以及金融工具日趋成熟和多样化，对冲基金更加蓬勃发展。

现有三家从事对冲基金资料收集和整理的机构：

（1）"资产管理统计公司"（Managed Account Reports Inc.，MAR）；

（2）"对冲基金研究公司"（Hedge Funds Research，HFR）；

（3）"对冲基金顾问公司"（Van Hedge Funds Advisor，VHFA）。

对冲基金不像传统基金有义务向有关监管部门和公众披露基金状况，它们的资料主要依赖基金经理自愿呈报，而不是基于公开披露资料。其原因与对冲基金以合伙制为主的组织形式，以及以离岸注册为主尽量逃避监管的运作方式分不开。对冲基金运作神秘和缺乏监管，这正是造成对冲基金危害金融市场的原因之一。

对冲基金分为 8 种类别：

（1）宏观基金（Macro Funds）。这类对冲基金根据国际经济环境的变化利用股票、货币汇率等投资工具在全球范围内进行交易。老虎基金、索罗斯基金以及 LTCM 都属于典型的"宏观"基金。

（2）全球基金（Global Funds）。更侧重于以从下而上（Bottom-up）的方法在个别市场上挑选股票。与宏观基金相比，它们较少使用指数衍生工具。

（3）买空（多头交易）基金（Long Only Funds）。它们按对冲基金架构建立，征收利润奖励费和使用杠杆投资，但从事传统股份买卖。

（4）市场中性基金（Market-neural Funds）。这类基金采用相互抵消的买空卖空手段以降低风险。

（5）卖空基金（Short Sales Funds）。基金向经纪商借入它认为价值高估的证券并在市场出售，然后希望能以低价购回还给经纪商。

（6）重组驱动基金。此类基金的投资人旨在于利用每一次公司重组事件而获利。

（7）抵押证券基金。

（8）基金中基金（Funds of Funds）。 即投资于对冲基金的对冲基金。

据 MAR 的保守估计，两家最大的对冲基金——老虎基金和索罗斯基金在 1998 年 8 月期间，所管理的资产曾一度达到 200 亿美元以上。1997 年底的 1115 只对冲基金中，在美国注册的有 569 家，占 51%，其余的主要在加勒比离岸金融中心的几个岛屿上注册，主要是考虑充分利用这些岛屿所提供的各种税务及法律优惠。对冲

基金、特别是大的宏观基金躲避监管，是它可以肆无忌惮冲击国际金融市场牟取暴利的一个重要原因。

对冲基金有三个明显特征：

（1）基金经理的报酬源自实现了的利润分红，有别于传统基金按资产总额收取一定比例的管理费。

（2）对冲基金经理作为有限投资合伙人，将自己的资金投资于所管理的基金中。而在传统互惠基金中，基金经理一般不将自己的资本投入管理的基金中。以上两个特征直接影响基金经理的回报目标和所承受的风险。

（3）利用杠杆投资、获取最大利润已成为对冲基金最常用的投资手段。

根据杠杆使用的不同倍数，对冲基金又可根据所承受的投资风险高低分为三类：

（1）低风险基金，主要从事美国和外国的市场投资，这些基金很少使用超过合伙人资本两倍以上的杠杆，它们像其他传统基金一样买卖股票，预计股票上升时买进，认为股票下跌时抛空，它们是真正的"对冲"基金。

（2）混合型基金，它们通常的杠杆比率不超过 4：1，在股票市场、债券市场和货币市场进行投机买卖。

（3）高风险投机基金，采用高杠杆投资策略，借贷与合伙人资本之比通常高达 30：1。LTCM 是最典型的高杠杆基金。它在资产负债表内的投资杠杆高达 30 倍。高杠杆是对冲基金扰乱国际金融市场秩序、导致国际金融动荡的最直接、最重要的因素之一，它与基金动作的神秘性一起构成了对冲基金具有市场危害性的基础。

二、美联储历任主席

下面资料来源于美联储网站。

主　席	任　期
Charles S. Hamlin	Aug. 10，1914~Aug. 9，1916
W. P. G. Harding	Aug. 10，1916~Aug. 9，1922
Daniel R. Crissinger	May 1，1923~Sept. 15，1927
Roy A. Young	Oct. 4，1927~Aug. 31，1930
Eugene Meyer	Sept. 16，1930~May 10，1933
Eugene R. Black	May 19，1933~Aug. 15，1934
Marriner S. Eccles	Nov. 15，1934~Jan. 31，19481
Thomas B. McCabe	Apr. 15，1948~Mar. 31，1951
Wm. McC. Martin Jr.	Apr. 2，1951~Jan. 31，1970

主 席	任 期
Arthur F. Burns	Feb. 1，1970~Jan. 31，1978
G. William Miller	Mar. 8，1978~Aug. 6，1979
Paul A. Volcker（沃尔克）	Aug. 6，1979~Aug. 11，1987
Alan Greenspan（格林斯潘）	Aug. 11，1987~Feb. 2006

　　　　注：现任主席是本·伯南克（Ben.Bernanke）。

三、美联储机构组成及联储成员分布图

在外汇新闻中，我们经常会听到美联储机构内的某位成员的讲话。但很多个人投资者对美联储的内部结构非常陌生，为了更好地理解这个全世界的"中央银行"的政策影响，我们来看看它的内部结构。整个美联储体系由如下机构组成：

（1）决策机构：联邦储备委员会（FED）。联邦储备委员会负责制定货币政策，包括规定存款准备率、批准贴现率、对 12 家联邦银行、会员银行和持股公司进行管理与监督。委员会在货币金融政策上有权独立作出决定，直接向国会负责。联邦储备委员会由 7 人组成，全部由总统任命，参议院批准，任期 14 年，每 2 年离任1 人，委员会的主席和副主席由总统从 7 名委员中任命，任期 4 年。

（2）执行机构：联邦公开市场委员会（FOMC）。联邦公开市场委员会主要专门负责公开市场业务的实施，从而指导货币政策的全面贯彻执行。联邦公开市场委员会由 12 名成员，其中有 7 名来自联邦储备委员会，5 名区域联邦储备银行的行长（其中必须包括纽约联邦储备银行行长，其余各分行轮流参加），而且其主席由联邦储备委员会主席担任。

（3）执行机构：12 家联邦储备银行。区域性联邦储备银行是按照 1913 年国会通过的联邦储备法，在全国划分 12 个储备区，每区设立一个联邦储备银行分行。每家区域性储备银行都是一个法人机构，拥有自己的董事会。会员银行是美国的私人银行，除国民银行必须是会员银行外，其余银行是否加入全凭自愿而定。加入联邦储备系统就由该系统为会员银行的私人存款提供担保，但必须缴纳一定数量的存款准备金，对这部分资金，联邦储备系统不付给利息。附图 1 是 12 家联储银行的分布。

四、英联邦的成员国

英镑的荣耀与英联邦的存在密切相连。了解英镑就需要了解英联邦。英联邦（The Commonwealth）是由英国和已经独立的前英国殖民地或附属国组成的联合体。

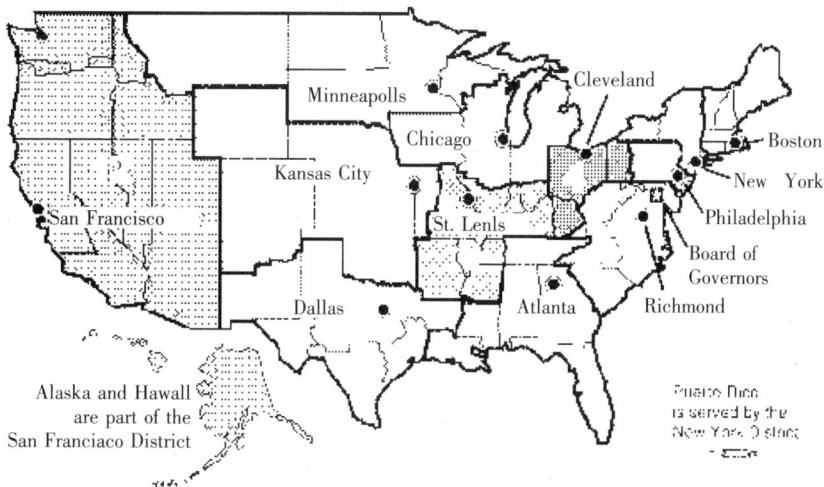

图 1　12 家联储银行

第一次世界大战后，英国慑于日益高涨的殖民地民族解放运动，调整了同原英帝国其他成员之间的关系。

1926 年"英帝国会议"的帝国内部关系委员会提出，英国和已经由殖民地成为自治共和国的加拿大、澳大利亚、新西兰和南非是"自由结合的英联邦的成员"，"地位平等，在内政和外交的任何方面互不隶属，唯有依靠对英王的共同效忠精神统一在一起"。

1931 年，《威斯敏斯特法案》从法律上对此予以确认，英联邦正式形成。1947年，印度、巴基斯坦各自宣布独立并加入英联邦。1949 年，印度成为共和国，选举了自己的国家元首。从此英联邦成员由需对英王效忠的原则演变为英联邦成员"接受英王为独立成员国自由联合体的象征"，英王是"英联邦的元首"。

英联邦现有 53 个成员（2004 年 5 月），包括：安提瓜和巴布达、澳大利亚、巴哈马、孟加拉国、巴巴多斯、伯利兹、博茨瓦纳、文莱、喀麦隆、加拿大、赛普勒斯、多米尼加联邦、斐济、冈比亚、加纳、格林纳达、圭亚那、印度、牙买加、肯尼亚、基里巴斯、莱索托、马拉维、马来西亚、马尔代夫、马耳他、毛里求斯、莫桑比克、纳米比亚、瑙鲁、新西兰、尼日利亚、巴基斯坦、巴布亚新几内亚、圣基茨和尼维斯、圣卢西亚、圣文森特和格林纳丁斯、萨摩亚、塞舌尔、塞拉利昂、新加坡、所罗门群岛、南非、斯里兰卡、斯威士兰、坦桑尼亚、汤加、特立尼达和多巴哥、图瓦卢、乌干达、英国、瓦努阿图、赞比亚。

每年 4 月 27 日为英联邦日。出版物有《英联邦潮流》（双月刊）、《今日英联邦》

和《英联邦手册》，英联邦不设权力机构，英国和各成员国互派高级专员代表大使级外交关系。

英联邦总部和常设机构均设在伦敦，其组织机构有：

（1）英联邦政府首脑会议，通常两年举行一次会议。1966年以前在伦敦举行，自1966年起轮流在成员国中举行，由东道国政府首脑主持。会议不通过决议，会议发表的总原则对与会国没有约束力。

（2）亚太地区英联邦政府首脑会议，从1978年起每两年举行一次，讨论共同关心的地区性问题。

（3）英联邦部长会议，包括每年举行的部长会议和不定期举行的各类会议等。

（4）英联邦秘书处，1965年成立，负责成员国间的协商和交流。

（5）英联邦基金会，成立于1966年。此外，英联邦还有一些专业性组织，如英联邦议会协会、英联邦新闻联盟、英联邦广播协会、英联邦青年交流理事会、英联邦体育运动联合会和英联邦艺术协会等。

现时大多数前英国领土和殖民地都留在英联邦，除了下列地区：

（1）缅甸（1948年独立）；

（2）爱尔兰从英国独立以后，曾经是会员国。1949年建立爱尔兰共和国以后离开英联邦；

（3）南也门（1967年独立）；

（4）香港在1997年7月1日回归中国，是20世纪最后一个脱离英联邦的地区；

（5）津巴布韦2003年12月正式宣布退出英联邦。

五、外汇交易术语

外汇新闻中最为头疼的是外文术语，很多国内英语过了六级的交易者对于很多外汇交易的专用术语也望而生畏，这些词汇即使在牛津高阶词典也无法查到准确意思。为了方便内地交易者阅读涉及外汇交易的英语新闻，我们特别列出了一些英汉对照的外汇交易术语，同时给出汉语解释。如果还有不懂的术语可以查阅谷歌和百度以及巴伦氏出版的金融词典。

A

Accrual，累积，在每一次交易期间内，远期外汇交易所分配的升水或折扣直接关系至利益套汇交易。

Adjustment，调整，官方行动，用于调整内部经济政策来修正国际收支或货币利率。

Appreciation，增值，当物价应市场需求抬升时，一种货币即被称作增值，资产价值因而增加。

Arbitrage，套汇，利用不同市场的对冲价格，通过买入或卖出信用工具，同时在相应市场中买入相同金额但方向相反的头寸，以便从细微价格差额中获利。

Ask（Offer）Price，卖出（买入）价，在一外汇交易合同或交叉货币交易合同中一指定货币的卖出价格。以此价格，交易者可以买进基础货币。在报价中，它通常为报价的右部价格。例：USD/CHF 1.4527/32，卖出价为 1.4532，意为您可以 1.4532 瑞士法郎买入 1 美元。

At Best，最佳价格，一指示告诉交易者最好的买进/卖出价格。

现价或更好，一交易以一特定或更理想汇率执行。

B

Balance of Trade，国际收支，指一国承认的，在一定时期内对外交易的记录，包括商品、服务和资本流动。

Bar Chart，棒形图表，一种由 4 个突点组成的图表：最高和最低价格组成垂直棒状，被一小水平线标志于棒形的左端为开市价格，右端的小水平线则为关市价格。

Base Currency，基础通，其他货币均比照其进行报价的货币。它表示基础货币相对第二种货币的价值。例：USD/CHF 报价为 1.6215，即是 1 美元价值 1.6215 瑞士法郎。在外汇交易市场中，美元通常被认为是用作报价的"基础"通货，意即报价表达式为 1 美元的 1 个单位等于不同单位的其他货币。主要的例外货币为英镑、欧元及澳元。

Bear Market，熊市，以长时期下跌的价格为特征的市场。

Bid Price，买入价，该价格是市场在一外汇交易合同或交叉货币交易合同中准备买入一货币的价格。以此价格，交易者可卖出基础货币。它为报价中的左部，例：USD/CHF 1.4527/32，买入价为 1.4527；意为您能卖出 1 美元买进 1.4527 瑞士法郎。

Bid/Ask Spread，差价，买入与卖出价格的差额。

Big Figure Quote，大数，交易员术语，指汇率的头几位数字。这些数字在正常的市场波动中很少发生变化，因此通常在交易员的报价中被省略，特别是在市场活

动频繁的时候。比如，美元/日元汇率是 107.30/107.35，但是在被口头报价时没有前三位数字，只报"30/35"。

Book，账本，在专业交易环境中，账本是交易商或者交易柜台全部头寸的总览。

经纪人，充当中介的个人或者公司，出于收取手续费或佣金目的，为买方和卖方牵线搭桥。与此相比，"交易员"经营资本并且购入头寸的一边，希望在接下来的交易中通过向另一方抛售头寸赚取差价（利润）。

1944 年布雷顿森林协定——此协定确立了主要货币的固定外汇汇率，规定中央银行对货币市场进行干预，并将黄金的价格固定成 35 美元每盎司。此协定沿用至 1971 年。

Bull Market，牛市，以长时期上涨价格为特征的市场。

Bundes Bank，联邦银行，德国中央银行。

C

Cable，英镑兑美元汇率，交易商针对英国英镑的行话，指英镑兑美元的汇率。从 18 世纪中期起，汇率信息开始通过跨大西洋电缆传递，此术语因此流传开来。

Candlestick Chart，烛台图表，表示当日成交价格幅度以及开盘及收盘价格的图表。如果收盘价格低于开盘价格，此矩形会被变暗或填满。如果开盘价高于收盘价，此矩形将不被填充。

Cash Market，现金市场，是以期货或期权为实际操作的金融工具的市场。

Central Bank，中央银行，管理一国货币政策并印制一国货币的政府或准政府机构，比如美国中央银行是联邦储备署，德国中央银行是联邦银行。

Chartist，图表专家，使用图表和图形，解释历史数据，以便能找到趋势，预测未来走势，并协助技术分析的人。也可称为技术交易员。

Cleared Funds，清算资金，能立即使用的现金，被用于支付交易。

Closed Position，关单价位，外汇的交易已不再存在。一关单过程为卖出或买进一货币来抵消同等数量的现有交易。此为持平账目。

Clearing，清算，完成一交易的过程。

Contagion，金融风暴，经济危机从一个市场蔓延至另一个市场的趋势。1997 年泰国的金融震荡导致其本国货币——泰铢——极其不稳定。此局面引发金融风暴席卷其他东亚新兴货币，并最终影响到了拉丁美洲。这就是现在所说的亚洲金融风暴。

Collateral，抵押，被用来作为贷款担保或执行保证的有价值的东西。

Commission，佣金，由经纪人收取的交易费用。

Confirmation，确认书，由交易双方交换、确认交易的各项条款的交易文件。

Contract，合约或单位，外汇交易的标准单位。

Counter Currency，相对货币，成对货币中的第二个货币。

Counterparty，交易对方，外汇交易中的其一参与者。

Country Risk，国家风险，与政府干预相关的风险（不包括中央银行干预）。典型事例包括法律和政治事件，如战争，或者国内骚乱。

Cross Currency Pairs or Cross Rate，交叉配对货币/交叉货率，在外汇交易中一外汇与另一外汇之交易。例：EUR/GBP。

Currency Symbols，外汇符号。

AUD–Australian Dollar，澳元。

CAD–Canadian Dollar，加拿大元。

EUR–Euro，欧元。

JPY–Japanese Yen，日元。

GBP–British Pound，英镑。

CHF–Swiss Franc，瑞士法郎。

Currency，货币，由一国政府或中央银行发行的该国交易单位，作为法定货币及交易之基本使用。

Currency Pair，对货币，由两种货币组成的外汇交易汇率。例：EUR/USD。

Currency Risk，货币风险，由于汇率的反向变化而导致蒙受损失的风险。

D

Day Trader，日内交易员，投机者在商品交易中的同一交易日内先于最后交易时限清算价位。

Dealer，交易员，在交易中充当委托人或者交易对方角色的人。投放买入或卖出订单，希望能从中赚取差价（利润）。与之不同的是，经纪人是一个人或公司作为中间人为买卖双方牵线搭桥而收取佣金。

Deficit，赤字，贸易（或者收支）的负结余，支出大于收入/收益。

Delivery，交割，交易双方过户交易货币的所有权的实际交付行为。

Depreciation，贬值，由于市场供需作用，货币价值下跌。

Derivative，衍生工具，由另一种证券（股票、债券、货币或者商品）构成或衍

生而来的交易。期权是一最典型的衍生工具。

Devaluation，贬值，通常因官方公告引起的一种货币币值对另一种货币币值的刻意下调。

E

Economic Indicator，经济指标，由政府或者非政府机构发布的，显示当前经济增长率以及稳定性的统计数字。一般的指标包括：国内生产总值（GDP）、就业率、贸易逆差、工业产值以及商业目录等。

End of Day Order（EOD），结束日订单，以一个指定的价格买入或卖出订单。这订单将持续有效直至当日交易结束，一般而言是下午5点。

European Monetary Union（EMU），欧洲货币联盟，欧洲货币联盟的主要目标是要建立名为欧元的单一欧洲货币。欧元于2002年正式取代欧洲联盟成员国的国家货币。于1999年1月1日，欧元的初步使用过渡阶段开始，目前，欧元仅以银行业务货币的形式存在，用于账面金融交易和外汇交易。这个过渡阶段为期3年，之后欧元将以纸币与硬币形式全面流通，欧洲货币联盟的成员国目前包括：德国、法国、比利时、卢森堡、奥地利、芬兰、爱尔兰、荷兰、意大利、西班牙，以及葡萄牙。

EURO，欧元，欧洲货币联盟（EMU）的货币，其取代了欧洲货币单位（ECU埃居）的地位。

European Central Bank（ECB），欧洲中央银行，欧洲货币联盟的中央银行。

F

Federal Deposit Insurance Corporation（FDIC），联邦存款保险公司，美国负责管理银行存款保险的管理机构。

Federal Reserve（Fed），联邦储备署，美国中央银行。

First In First Out（FIFO），根据FIFO会计法则，所有货币对交易头寸必须清算。

Flat/square，持平/或者轧平——如既没有多头也没有空头，即相当于持平或者轧平。如果交易商没有任何头寸，或者其所持全部头寸都互相抵消了，那么他的账目持平。

Foreign Exchange，外汇，（Forex，FX）在外汇交易场中同时买入一种货币并卖出另一种货币。

Forward，远期交易，将在未来约定日期开始的交易。外汇市场中的远期交易通

常被表达为高于（升水）或低于（贴水）即期汇率的差价。如要获得实际远期外汇价格，只需将差价与即期汇率相加即可。

Forward Points，远期点数，为计算远期价格，加入当前汇率或从当前汇率中减去的点数。

Fundamental Analysis，基本面分析，以判断金融市场未来走势为目标，对经济和政治数据的透彻分析。

Futures Contract，期货，一种在将来某个日期以特定价格交易金融工具、货币或者商品的方式。

FX，外汇交易。

G

G7，7个领先工业国家：美国、德国、日本、法国、英国、加拿大、意大利。

Going Long，买涨，对股票、商品和货币作为投资或投机的购买。

Going Short，卖空，卖出不属于卖方的货币或金融工具。

Gross Domestic Product，国内生产总值，一国的总生产量，收入及支出。

Gross National Product，国民生产总值，国内生产总值加上国际投资，交易收入。

Good'Til Cancelled Order（GTC），撤销前有效订单，撤销前有效。委托交易员决定，以固定价格买入或卖出的订单。在被执行或撤销前，GTC一直有效。

H

Hedge，对冲，用于减少投资组合价值易变性的投资头寸或者头寸组合。可在相关证券中购入一份抵消头寸。

"Hit the bid"，达到买价，在一买价价位上交易被执行。

I

Inflation，通货膨胀，一种经济状态，其中消费品物价上涨，进而导致货币购买力下降。

Initial Margin，原始保证金，为进入头寸所需的期初抵押存款，用于担保将来业绩。

Interbank Rates，银行同业买卖汇率，大型国际银行向其他大型国际银行报价时所按照的外汇汇率。

Intervention，干预，由中央银行所采取的行动，以此调整该货币的价值。协定干预是指由不同的中央银行一起干预来控制货币汇率。

K

Kiwi，新西兰货币的另一名称。

L

Leading Indicators，领先指标，被认为可预测未来经济活动的经济变量。

Leverage，杠杆，也称为保证金，为实际交易的金额与要求保证金的比例。

LIBOR，伦敦银行间拆放款利率。最大型国际银行间互相借贷的利率。

Limit Order，限价订单，以指定价格或低于指定价格买入，或者以指定价格或高于指定价格卖出的订单。例如，USD/YEN 为 117.00/05。

Liquidation，清算，通过执行一笔抵销交易，以结清一份未结头寸。

Liquidity，流动性与非流动性市场，市场能够轻松买入或卖出而不会影响价格稳定的能力。在买卖差价较小的情况下，此市场被描述为具有流动性。另一种测量流动性的方法是卖方和买方的存在数量，越多的参与者能产生越小的价差。非流动性市场的参与者较少，交易价差较大。

Long Position，多头，购入的工具数量多于卖出数量的头寸。依此，如果市场价格上涨，那么头寸增值。

Lot，单，一用来衡量外汇交易数量的单位。交易的价值总是相对于一整数"单"而言。

M

Margin，保证金，客户必须存入的抵押金，以便承担由反向价格运动引起的任何可能损失。

Margin Call，追加保证，经纪人或者交易员发出的，对额外资金或者其他抵押的要求，使保证金额到达必要数量，以便能保证向不利于客户方向移动的头寸的业绩。

Market Maker，运营者，提供价格，并准备以这些所述的买卖价格买入或者卖出的交易员。

Market Risk，市场风险，与整体市场相关的风险，并且不能以对冲或者持有多

种证券等方式加以分散。

Mark-to-Market，至市价，交易商以下列两种方式计算各自持有头寸：自然增长或者调至市价。自然增长系只计算已出现的资金流，因此它只表示已经实现的利得或者损失。调至市价方法在每个交易日结束之际利用收盘汇率或者再估价汇率，测算交易商的账面资产价值，所有利润或损失都被记录在账，交易商将持有净头寸开始第二天交易。

Maturity，到期日，一金融工具的交易日或到期日。

N

Net Position，价位，还未由相反交易抵消的买/卖的货币数量。

O

Offer（ask），卖出价，在卖出时，卖方愿意依照的价格或汇率。 参看买入价。

Offsetting Transaction，抵消交易，用于撤销或者抵消未结头寸的部分或全部市场风险的交易。

One Cancels the Other Order（OCO），选择性委托单，一种突发性订单，执行订单的一部分将自动撤销订单的另一部分。

Open Order，开放订单，在市场价格向指定价位移动时买入或卖出的订单。通常与撤销前有效订单相关。

Open Position，未结头寸，尚未撤销或者清算的交易，此时投资者利益将受外汇汇率走势的影响。

Over the Counter（OTC），柜台市场，用于描述任何不在交易所进行的交易。

Overnight Position，隔夜交易，直到第二个交易日仍保持开放的交易。

Order，指令，给予交易在特定日期执行的指示。

P

Pips，点，在货币市场中运用的术语，表示汇率可进行的最小增幅移动。根据市场环境，正常情况下是一个基点。每一个基点由小数点的第4位开始计算。例：0.0001。

Political Risk，政治风险，一国政府政策的变化，此种变化可能会对投资者的头寸产生负面效果。

Position，头寸，是一种以买入或卖出表达的交易意向。头寸可指投资者拥有或借用的资金数量。

Premium，升水，在货币市场中，升水指为判断远期或期货价格而向即期价格中添加的点数。

Price Transparency，价格透明度，每一位市场参与者都对报价说明有平等的访问权。

Profit /Loss or "P/L" or Gain/Loss，利润/损失，实际操作时，完结交易的兑现利润或损失，再加上被调至市价的理论"未兑现"利润或损失。

Q

Quote，报价，一种指示性市场价格，显示在任何特定时间，某一证券最高买入和/或最低卖出的有效价格。

R

Rally，上升幅度，从一阶段的价位下降开始回升。

Range，波动范围，在将来的交易记录中，一指定阶段的最高价与最低价的差别。

Rate，汇率，以别种货币计的一种货币价格。

Resistance，阻力位，技术分析术语，表示货币无力超越的某一具体价位。货币价格多次冲击此价格点失败会产生一个通常可由一条直线构成的图案。

Revaluation，再估价汇率，是交易商在进行每日结算时，为确定当日利润和亏损而使用的市场汇率。与贬值相反。

Risk，风险，风险暴露在不确定变化中，收益的多变性；更重要的是，少于预期收益的可能性。

Risk Management，风险管理，利用金融分析与交易技术来减少和/或控制不同种类的风险。

Roll-Over，回购，一交易日期放至另一远期交易日期。这一过程的成本为两种不同货币之间的利率差。

Round Trip，双向交易，买和卖一指定数量之货币。

S

Settlement，清算结算，一笔交易并进入记录的过程。这一过程可以不需实际货

币的有形交换。

Short Position，空头头寸，由卖出空头而产生的投资头寸。由于此头寸尚未被冲销，因此可从市场价格下跌中获利。

Spot Price，即期价格，当前市场价格。即期交易结算通常在两个交易日内发生。

Spread，价差，买卖价格之间的差价。

Square，轧平，没有多头也没有空头，即相当于持平或者轧平。

Sterling，英国英镑的另一名称。

Stop Loss Order，停止损失订单，以协议价格买入/卖出的订单。交易商还可以预设一份停止损失订单，并可凭此在到达或超过指定价格时，自动清算未结头寸。例：如一投资者以 156.27 买入 USD，他会希望下一停止损失定单为 155.49，以止损于当美元跌穿 155.49。

Support Levels，支撑位，一技术性分析中的术语，表示一货率在指定最高与最低价位间能自动调整自身走势，与阻力位相反。

Swap，掉期，一货币掉期为同时以远期货币汇率卖/买一相同数量货币。

Swissy，瑞士法郎的另一名称。

T

Technical Analysis，技术分析，通过分析诸如图表、价格趋势、交易量等市场数据，试图预报未来市场活动的做法。

Tick，替克，货币价格的最小单位变化。

Tomorrow Next（Tom/Next），明日次日，为下一日交割同时买入和卖出一种货币。

Transaction Cost，交易成本，与买入或卖出一款金融工具相关的成本。

Transaction Date，交易日，交易发生的日期。

Turnover，交易额，指定时期内的交易量或交易规模。

Two-Way Price，双向报价，同时提供一项外汇交易的买入和卖出报价。

U

Unrealized Gain/Loss，未兑现盈利/损失，现价的为开市价位的理论上的盈利/损失，由经纪人单独对其做决定。未兑现盈利/损失在关仓时变为实际盈利/损失。

Uptick，证券提价交易，高于同种货币较前报价的最新报价。

Uptick Rule，证券提价交易规则，美国法律规定证券不能被卖空，除非在卖空

交易前的交易价格低于卖空交易被执行的价格。

US Prime Rate，美国基本利率，美国银行向其主要企业客户贷款所依照的利率。

V

Value Date，交割日，交易双方同意交换款项的日期。

Variation Margin，变动保证金，由于市场波动，经纪人向客户提出的附加保证金要求。

Volatility（Vol），易变性，在特定时期内市场价格变动的统计计量。

W

Whipsaw，锯齿，此词条用于说明一种高速变动的市场状态，即在剧烈价格变动周期之后又紧接着出现一个反向的剧烈价格变动周期。

Y

Yard，十亿的另一种说法。

六、主要货币代码

除了我们交易中经常涉及的七大主要货币之外，在外汇新闻和外汇交易中还会涉及更多的币种，为了查阅方便，我们给出比较完整的国际货币代码表。表1来自世界银行的相关网站。

表 1　世界银行会员国、缩写和货币代码

国家	货币代码	国家缩写	货币缩写
阿富汗	059	AF	AFA
阿尔巴尼亚	162	ALB	ALL
阿尔及利亚	099	AL	DZD
安哥拉	157	ANG	AOK
安提瓜和巴布达	151	AB	XCD
阿根廷	062	AR	ARS
澳大利亚	045	AU	AUD
奥地利	047	AUA	ATS
巴哈马	128	BM	BSD

国家	货币代码	国家缩写	货币缩写
巴林	124	BH	BHD
孟加拉国	123	BD	BDT
巴巴多斯	130	BAR	BBD
白俄罗斯	167	BY	BY
比利时	002	BE	BEF
伯利兹	148	BEL	BZD
贝宁共和国	094	BEN	XOF
不丹	146	BHU	BTN
玻利维亚	003	BO	BOB
博茨瓦纳	112	BT	BWP
巴西	004	BR	BRN
保加利亚	159	BUL	BGL
布基纳法索	089	BUR	XOF
布隆迪	104	BU	BIF
喀麦隆	090	AM	XAF
加拿大	005	CAN	CAD
佛得角	139	CV	CVE
中非共和国	091	CA	XAF
乍得	092	CD	XAF
智利	006	CH	CLP
中国	140	CHA	CNY
哥伦比亚	040	CO	COP
科摩罗	133	COM	KMF
刚果人民共和国	093	COB	XAF
哥斯达黎加	008	CR	CRC
科特迪瓦	087		XOF
塞浦路斯	078	CY	CYP
捷克斯洛伐克	010	CS	CSK
丹麦	011	DE	DKK
吉布提	145		DIF
多米尼加	142	DOM	XCD
多米尼加共和国	012	DO	DOP
厄瓜多尔	013	EC	ECS

国家	货币代码	国家缩写	货币缩写
爱沙尼亚	163	EE	EEK
阿拉伯埃及共和国	014	EGT	EGP
萨尔瓦多	015	ES	SVC
赤道几内亚	118	EG	XAF
埃塞俄比亚	016	ET	ETB
斐济	120	FIJ	FJD
芬兰	046	FI	FIM
法国	017	FR	FRF
加蓬	095	GA	XAF
冈比亚	011	GM	GMD
德国	054	GER	DEM
加纳	067	GH	GHC
希腊	018	GR	GRD
格林纳达	131	CRD	XCD
危地马拉	019	GU	GTO
几内亚	103	GUI	GNF
几内亚比绍	134	GUB	GWP
圭亚那	110	GUA	GYD
海地	056	HA	HTG
洪都拉斯	020	HO	HNL
匈牙利	149	HU	HUF
冰岛	021	IC	ISK
印度	022	IN	INR
印度尼西亚	057	IND	IDR
伊朗伊斯兰共和国	023	IRN	IRR
伊拉克	024	IRQ	IQD
爱尔兰	064	IRE	IEP
以色列	058	IS	ILS
意大利	042	IT	ITL
牙买加	086	JM	JMD
日本	053	JA	JPY
约旦	055	JO	JOD
民主柬埔寨	119	KH	KHR

国家	货币代码	国家缩写	货币缩写
哈萨克斯坦	170	KZ	SUR
肯尼亚	106	KE	KES
基里巴斯	156	KI	AUD
韩国	061	KO	KRW
科威特	085	KU	KWD
老挝	075	LA	LAK
黎巴嫩	044	LE	LBP
莱索托	113	LSO	LSL
利比里亚	079	LBR	LRD
利比亚	071	LBY	LYD
立陶宛	164	LT	SUR
卢森堡	025	LU	LUF
马达加斯加	098	MAG	MGF
马拉维	107	MAI	MWK
马来西亚	068	MA	MYR
马尔代夫	136	MAL	MVR
马里	101	MLI	XOF
马耳他	152	MAT	MTL
马绍尔群岛	178	MH	AUD
毛里塔尼亚	096	MAU	MRO
毛里求斯	114	MAS	MUR
墨西哥	026	ME	MXP
蒙古	161	MNG	MNT
摩洛哥	070	MOR	MAD
莫桑比克	154	MOZ	MZM
缅甸	052	BA	BUK
纳米比亚	160	NA	ZAR
尼泊尔	077	NEP	NPR
荷兰	027	NE	NLG
新西兰	076	NZ	NZD
尼加拉瓜	028	NI	NIC
尼日尔	088	NIR	XOF

续表

国家	货币代码	国家缩写	货币缩写
尼日利亚	074	UNI	NGN
挪威	029	NO	NOK
阿曼	121	OM	OMR
巴基斯坦	049	PAK	PKR
巴拿马	030	PAN	PAB
巴布亚新几内亚	132	PNG	PGK
巴拉圭	031	PA	PYG
秘鲁	032	PE	PEI
菲律宾	033	PH	PHP
波兰	034	POL	PLZ
葡萄牙	073	PO	PTE
卡塔尔	126	QA	QAR
罗马尼亚	127	RO	ROL
俄罗斯	171	RU	SUR
卢旺达	105	RW	RWF
圣多美和普林西比	135	STP	STD
沙特阿拉伯	065	SAU	SAR
塞内加尔	081	SE	XOF
塞舌尔	143	SEY	SCR
塞拉利昂	084	SL	SLL
新加坡	109	SI	SGD
所罗门群岛	138	SOL	SBD
索马里	035	SO	SOS
南非	082	SA	ZAR
西班牙	072	SP	ESB
斯里兰卡	050	CE	LKR
圣基茨和尼维斯	153	SC	XCD
圣卢西亚	141	SLU	XCD
圣文森特和格林纳丁斯	150	SV	XCD
苏丹	066	SU	SDP
苏里南	137	SUR	SRG
斯威士兰	115	SW	SZL
瑞典	051	SWE	SEK

国家	货币代码	国家缩写	货币缩写
瑞士	060	CH	CHF
阿拉伯叙利亚共和国	043	SYR	SYP
坦桑尼亚	083	TA	TZS
泰国	048	TH	THB
多哥	080	TO	XOF
汤加	155	TON	TOP
特立尼达和多巴哥	097	TR	TTD
突尼斯	069	TUN	TND
土耳其	041	TU	TRL
乌干达	100	UG	UGX
阿拉伯联合酋长国	125	UAE	AED
英国	036	UK	GBP
美国	001	USA	USD
乌拉圭	037	UR	UYP
瓦努阿图	147	VA	VUV
委内瑞拉	039	VE	VEB
越南	063	VN	VND
西萨摩亚	129	WSO	WST
也门共和国	158	YEM	YER
南斯拉夫	038	YU	YUD
扎伊尔	102	ZR	ZRZ
赞比亚	108	ZA	ZMK
津巴布韦	144	ZIM	ZWD

七、前一百名外汇网站排行榜

对于国内的投资者而言，所知道的外汇网站屈指可数。我们这里给出一个外汇网站排行的地址，从中可以找到很多优秀的外汇交易相关网站，http：//www.top100forexsites.com/。

八、MT4 精选服务器地址

MT4 是国际上最为通用的外汇分析和交易平台，本书中的所有实例图片基本上都是采用 MT4 制作的，所以郑重向你推荐这一交易分析工具。其具体的安装和操

作方法请参考《外汇交易大师》一书的相关章节，下面给出下载地址和一些比较好的服务器地址。

MT4 下载地址：http：//www.metaquotes.net/files/mt4setup.exe。

demo.fxteam.ru：443
NorthFinance–Demo–North Finance Co.，Ltd.
汇率　黄金白银现货　德美股指　美股　美国股指期货　农产品期货　能源期货

66.114.120.22：443
MVP–Demo Accounts–MVP Global Trading，LLC
汇率

209.61.208.17：443
DirectForex–DirectForex–Direct Forex，LLC
汇率

66.235.184.157：443
MoneyTec–Retail–MoneyTec LLC
汇率

66.36.240.247：443
Orion–DEMO–Orion Global Financial Services
汇率　黄金白银现货　美股　原油期货　咖啡期货　美国股指期货　外汇期货
天然气期货

66.36.230.215：443
PTMillennium–Server–PT Millennium Penata Futures
汇率　亚洲股指期货

212.12.60.156：443
Gimex–NEXTT–Gimex Group

汇率　黄金白银白金现货　美国股指　美股　原油期货　天然气期货　白银期货

mt4demo.sts.bg：443
STS-Demo-STS Finance SC
汇率　黄金白银现货　美股　欧美日股指

217.27.32.243：443
WindsorBrokers-Demo-Windsor Brokers Ltd.
汇率　黄金白银现货　美股　美国股指期货　原油期货　天然气期货　燃油汽油期货　外汇期货　白银期货　咖啡期货

mt.forexua.com：443
Forex-Server-FOREX Ltd.
汇率　美元指数　美国股指　日经指数　美股 DJFOREX 新闻

217.74.32.222：443
Alpari-Demo-Alpari Ltd.
汇率　黄金现货　美元指数期货　美国股票指数　美股　美国股指期货　原油期货　农产品期货　黄金期货　白银期货　能源期货

demo.metaquotes.net：443
MetaQuotes-Demo-MetaQuotes Software Corp
汇率　黄金现货　美股　美国股票指数

将 IP 复制到工具—选项—服务器地址，然后注册新用户就可。

九、蜡烛图模式辞典

本书的正文部分没有详细介绍基础的蜡烛图模式，所以这里有必要给出扼要形象的介绍。另外，在外汇交易的英文文献中经常看到一些一般汉英词典查不到的蜡烛图术语，这里一并标注出来供大家参考。更为具体和深入的蜡烛图学习推荐《日本蜡烛图技术》，该书由西方蜡烛图之父——尼森写作。

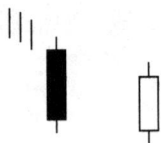

弃婴（Abandoned Baby）： 一个少见的反转模式。其特点是一个跳空缺口之后紧接着一个十字，然后又是另外一个反方向的跳空缺口 。同时，需要特别强调的是，该十字星的影线应该没有填补完前后的缺口。

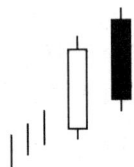

乌云盖顶（Dark Cloud Cover）： 一个看跌的反转模式。其特点是在上升趋势中出现了一根长实体的阳线，接着第二天开盘创出新高，但是收盘价却跌到了前天阳线实体的中线以下。

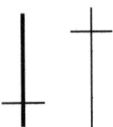

十字（Doji）： 当收盘价和开盘价相等的时候就会出现十字。上下影线的长短可以变化，由此可以等到各种不同的十字。十字的出现表明了市场出现了犹豫和拉锯战，因此价格在开盘之后经过盘中的震荡又回到了开盘价的位置收盘。

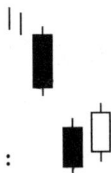

向下跳空并列阴阳线（Downside Tasuki Gap）： 一个持续形态。其特点是长实体阴线后出现向下跳空，得到一根阴线。第三根价格线为阳线，其开盘价处在第二根价格线实体内，同时其收盘价位于缺口之间，但是并未填补缺口。

蜻蜓十字（Dragonfly Doji）： 该模式的特点是收盘价和开盘价都等于最高价。其含义与其他十字线相似，它经常出现于市场转折点。

吞没（Engulfing Pattern）： 一个反转模式，同时用看跌吞没和看涨吞没，图中的是看涨吞没。在趋势中出现了跟趋势意义相同的小实体线（下跌趋势中

出现小实体阴线，上涨趋势中出现小实体阳线），然后出现颜色相反的蜡烛线，其实体覆盖了前一根蜡烛线的实体。

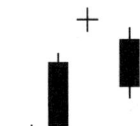

黄昏十字星（Evening Doji Star）：一个看跌反转形态，跟早晨十字星相反。在上升趋势之后出现了长阳线，接着高开出现了一个十字，然后一根阴线收盘低于长阳线的中点。

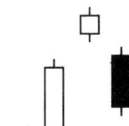

黄昏之星（Evening Star）：一个看跌的反转模式，其特点为上升趋势之后出现了一跟长阳线，接着出现高开的小实体线，然后一根阴线收盘低于长阳线的中点。

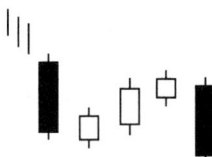

下降三法（Falling Three Methods）：一个看跌的持续模式。其特点是一根长实体阴线后面接着三根小实体线，且这三根线都被第一根的实体阴线所覆盖，第五根蜡烛线为阴线创出新低。

墓碑十字（Gravestone Doji）：一根特殊的十字线，也就是当收盘价，开盘价和最低价处于同一价格的十字线。这通常是一个反转信号。

锤头（Hammer）：锤头形成于下降趋势中，开盘后价格出现大幅度的下降，在收盘时价格回升到开盘附近，从而留下较长的下影线，这就是锤头，这是一个看涨反转模式。

吊颈（Hanging Man）：吊颈形成于上升趋势中，开盘后价格出现大幅

度的下降，在收盘时价格回升到开盘附近，从而留下较长的下影线，这就是吊颈，这是一个看跌反转模式。

孕线（Harami）：在上升趋势中，出现了一根阳线，之后出现一根实体较短的阴线，且该阴线的实体完全处于该阳线实体之内，这是一个看跌的反转形态，但是意味没有看跌吞没那么浓。

孕十字线（Harami Cross）：孕线的特别形式，跟孕线的含义相同，只是意味更浓一些。

倒锤头（Inverted Hammer）：一个看涨反转模式。其特点是在一个下降趋势中，一蜡烛线的开盘较低，但是盘中大幅度上升，而收盘时又跌到开盘价附近。

长实体线（Long Day）：实体很长的阴线和阳线，表明势头强劲。

长腿十字（Long-Legged Doji）：上下影线都很长的十字，反映了市场情绪的犹豫。

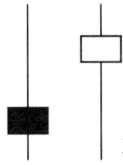

长影线（Long Shadows）：　　　　　　较长的上影线和较短的下影线表明盘中买方势力强盛；而较长的下影线和较短的上影线则表明盘中卖方势力强盛。

纯实体线（Marubozo）：　　　　　又称光头光脚线，反映了市场势力强大。

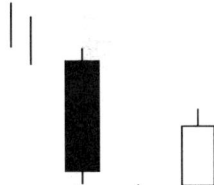

早晨十字星（Morning Doji Star）：　　　　　与黄昏十字星相反，是一个三根蜡烛线组成的看涨反转模式。

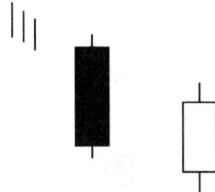

早晨之星（Morning Star）：　　　　　与黄昏之星相反，是一个三根蜡烛线组成的看涨反转模式。

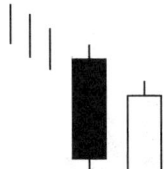

刺透线（Piercing Line）：　　　　　一个看涨反转模式，与乌云盖顶相反。刺透线出现在下跌趋势之后。

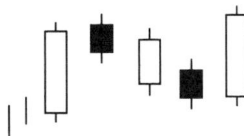

上升三法（Rising Three Methods）：　　　　　一个看涨的持续形态，与下降三法相反。

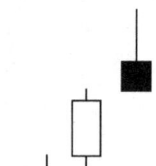

流星（Shooting Star）：一个看跌反转模式。其特点是出现在上升趋势之后，开盘较高，盘中更是大幅度上涨，但是收盘却又回落到开盘附近。

短实体线（Short Day）：实体长度很短（通常影线也很短），反映了市场的犹豫情绪。

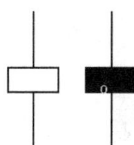

纺锤线（Spinning Top）：较短的实体加上很长的上下影线，反映了市场的犹豫不决和僵持。

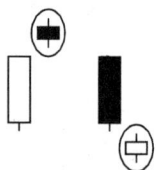

星线（Stars）：一个实体很短的蜡烛线向上跳空或者向下跳空就处于一个星位，这根蜡烛线就叫星线。

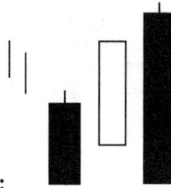

三明治线（Stick Sandwich）：一个看涨反转模式。其特点是两根阴线夹着一根阳线，而且两根阴线的收盘价必须相等，这表明了支撑线的存在。

三只乌鸦（Three Black Crows）：一个看跌反转模式。

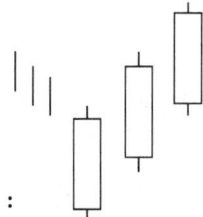

三个白兵（Three White Soldiers）：一个看涨反转模式。

向上跳空两只乌鸦（Upside Gap Two Crows）：一个看跌反转模式。其特点是出现于上升趋势之后，第一根为长阳线，接着出现一根小实体的向上跳空阴线，第三根阴线较第二根线的实体更长并且吞没第二根线。第三根线的收盘仍然高于第一根线的价格范围。

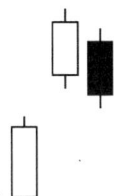

向上跳空并列阴阳线（Upside Tasuki Gap）：一个看涨持续模式，与向下跳空并列阴阳线相反。

十、外汇分析和交易的重要框架

我们在外汇交易领域存在一些独创而系统的框架，绝大部分在《外汇交易三部曲》一书中进行了阐述和示范，本书中也有一些涉及，我们将重要的分析和交易概念框架放在这个附录中，以便大家有一个全面的交易概念架构。

第一个框架是提升我们交易绩效的三个终极公式和问题：

表 2　三个终极公式和问题

上帝三问	三利公式
究竟什么是大部分交易者的盲点？	盲利公式
究竟什么是市场运动不变的根本结构？	复利公式
究竟什么是交易策略的根本不变因素？	凯利公式

第二个框架是我们外汇分析和交易的四个步骤及其要点：

表3 四个步骤及其要点

第一步	第二步	第三步	第四步
驱动分析	心理分析	行为分析	仓位管理
重要因素确定性结构变化	市场新兴焦点	分形和R/S	凯利公式
博弈的支付矩阵	博弈主体	博弈的行为分析	寻找占优策略
寻找潜在最强劲的单边市场和品种		确认单边市场和品牌	把握单边市场和品种

第三个框架是驱动分析的逻辑层次：

表4 逻辑层次

重要程度	结构水平	确定程度
地缘政治		
经济增长		
利率变化		
国际收支		
商业并购		

第四个框架是心理分析的焦点生命周期：

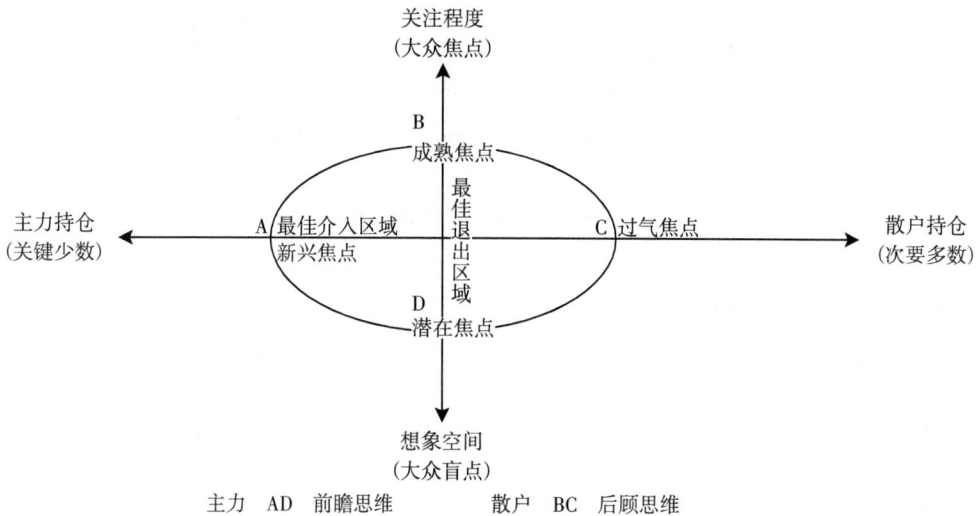

主力 AD 前瞻思维　　　　散户 BC 后顾思维

图2 生命周期

第五个框架是行为分析的势位态三要素：

表 5　三要素

要素	工具	分析要素
势	三 N 法则（N 字，N%，N 期）	向上 VS 向下
	两跨（跨时间分析，跨空间分析）	
	螺旋历法+波浪理论	
位	斐波那契水平线	支撑 VS 阻力
	中线（前日波幅中点）	
	波幅（日均波幅和离差）	
态	K 线（价态）	收敛 VS 发散
	成交量（量态）	

第六个框架是仓位管理的具体方式和要点：

表 6　方式（一）

帝娜进场三式	见位进场	凯利原理 仓位微调	投入单位试探仓（震荡走势） 金字塔加仓（单边走势）	胜算率上升 风险报酬率上升
	破位进场			
	顶位进场			
帝娜出场三式	后位出场		撤出单位试探仓（震荡走势） 金字塔减仓（单边走势）	胜算率下降 风险报酬率下降
	前位出场			
	同位出场			

表 7　方式（二）

破位进场　顶位进场　后位出场			
长	单边走势	大	大
交易的时间结构	市场趋势性质	账户规模	能承受潜在损失
短	震荡走势	小	小
见位进场　前位出场　同位出场			

表 8　要点

后位出场法 4 要点（初始止损和跟进止损）	主要作用
第一，关键水平外侧（做空止损放置在阻力线之上，做多止损放置在支撑线之下）；	设定最小疆界，或者说止损的最小幅度； 放大利润
第二，布林异侧外（做空止损放置在布林带上轨之上；做多止损放置在布林带下轨之下）	
第三，符合资金管理比率要求；（一般是 2%~8%之内）	设定最大疆界，也就是说止损的最大幅度； 截短亏损
第四，给予市场一定的回旋空间（一般只允许行情回撤前一波段的二分之一）	

上述表格将外汇交易的精髓和盘托出，大家一定要结合自己的实践认真揣摩其中的要义。

十一、读者疑问解答

(一) 如何提前发现趋势呢？技术分析可以提前发现趋势吗

首先回到第二个问题，这样第一个问题就会水到渠成地得到解决。技术分析是否可以提前发现趋势？这个问题是技术分析者必须搞清楚的最重要的一个前提。能够发现趋势是技术分析者追求的圣杯，但纯粹的技术分析是做不到这点的。因为技术走势是结果，是市场驱动因素的影子，我们不可能根据影子过去的运动推断影子未来的运动。要想推断出影子的运动轨迹就必须知道光源和运动物体本身的轨迹，而后者就相当于是驱动分析和心理分析。理查德·丹尼斯是《外汇交易圣经》中专门提到的一个人物，他从来都是强调跟随而不是预测，因为他明白通过价格走势预测价格走势是徒劳的。所以，纯粹根据价格走势和技术指标进行交易，并且能够从趋势中赚取丰厚利润的基本上都是趋势跟踪派。纯技术日内操作短线的往往也要有一个趋势跟踪的概念在里面，否则风控做得再好往往也赚不了什么钱，长期下去手续费就会亏不少。

回答完第二个问题，第一个问题的答案大概大家也有一定了解了。涨跌都是有原因的，但一个人的认知能力是有限的，精力是有限的，资金也是有限的，所以不可能所有的涨跌你都能找出原因，但这并不意味着原因不存在。驱动分析和心理分析能够帮助我们找到这些原因，但由于信息和精力有限，认识能力有限，所以我们只关注那些重要的变化，而趋势往往都是由重要的变化引起的。

简而言之，技术分析可以帮助你确认趋势，跟随趋势，但却不能预测趋势。趋势走出来了，技术分析可以"马后炮"地给你讲这波趋势形态是如何如何的，有什么样的规律。技术分析可以提供一百个可能的趋势，但真正形成趋势的可能只有一个。任何趋势的形成背后必然有驱动面和心理面的重大变化，这才是预测趋势的根本基础。

(二) 如何同时提高胜算率和风险报酬率

如果你采用纯技术的交易方法，那么长期而言就不可能同时提高胜算率和风险率。为什么呢？原因很简单，市场存在两种根本状态：一是震荡走势，二是单边走势。技术指标分为两大类：一是震荡指标，二是趋势指标。技术分析本身不能提前辨识单边还是震荡，因此在交易的时候你可能错配工具。震荡市中，你如果恰巧采

用了高抛低吸的方法，那么胜算率很高，风险报酬率不会太高。在震荡市场中，如果你不巧采用了顺向加仓的方法，那么就会经常亏损，虽然你的风险报酬率不会太差。在单边市中，如果你恰巧采用了顺向加仓的方法，那么你的风险报酬率会极其耀眼，而胜算率也不会太低。但是，如果你在单边市中采用的是高抛低吸的方法，那么你的胜算率将相当低，而风险报酬率也很一般。工具和市场错配还不是问题的关键，关键是市场不可能一直处于单边走势或震荡走势。

那么，如何同时提高胜算率和风险报酬率？尽可能处于一个单边市场并且顺向加仓做多。这就是涉及如何高效提前识别大趋势的能力了。这点可以参考我们对其他问题的回答。

（三）势位态三个要素如何有机地结合起来使用

势位态是技术分析的三个要素，首先明白趋势，如果你是纯技术交易者那么应该以跟随趋势为主，这时候可以先看最可能的趋势是什么？看日 K 线走势，看周 K 线走势，看美元指数等。看下更高级别的汇率走势，看关联市场的走势，这样就得到一个关于趋势方向的大概率判断。但需要明白的是，真正要对趋势有了解，还是要超越技术分析。知道了趋势，那么就是找关键位置了。找关键位置不是为了马上进出场，而是选出可能的进出场点。做趋势，那么就找日 K 线上的前期高低点，做日内短线，那么就找前日高低点等。有时候，震荡指标极值提供的进出场位置非常有效。有了关键位置要看价格买不买账，价格到了这一位置后有没有表现出预期的征兆，这就是态。势位态在进场上讲了一下，那么出场呢？也是同样的流程，不过趋势分析这步可能就有点差异，毕竟有时候出场并不是因为趋势完全结束。

（四）技术指标和形态哪个更为重要

从实践来说，真正的赢家对技术指标的依赖较少，他们往往是从价格数据本身来解读市场的动向。技术指标背后的心理意义理解透彻有助于更好地利用技术指标。从这点讲，形态比技术指标更加重要。不过，对于初学者而言，对技术指标有重点地掌握还是必要的，因为初学者如果直接看价格走势必然茫然无措，这是一个由简到繁的过程。随着读盘能力提高，就会精简技术指标，这就是一个返璞归真的过程。

（五）做日内交易需要看日 K 线吗

当然要看，"不看日线，不做日内"这是一个原则。日内交易者要想提高胜算率和风险报酬率，必须坚持看懂了日线趋势再做日内分析和日内交易。不看日线直接去日内找所谓的"势"，那是茫然的，而且亏得你没有方向，反复止损。

（六）为什么总是怕亏损

总是怕亏损，说明你的心理还承受不了这么大的投入，减小吧，减小到你能接受为止。有句话叫艺高人胆大，随着技术水平提高，你自然就敢承担更大的风险了。所以，怕亏损可以看作是一个自我保护机制。水平还不稳定的时候，小单买卖是正确的抉择。

做交易是水到渠成的，揠苗助长肯定不行。很多人抱着快速赚钱的目的，由于心里没底，所以是硬着头皮上的，一亏就心里就慌了。重仓不止损后大亏往往形成"一朝被蛇咬，十年怕井绳"的状态，所以千万注意不要仓位太重。

（七）面对众多的技术指标，我该如何抉择呢

势位态三个要素你各选一个指标就差不多了。趋势分析最简单的指标无非是趋势线和移动平均线，选择位置可以参考震荡指标和水平趋势线（R/S），形态一般用蜡烛线。如指标超过三个，效用就下降了，指标要互补而不是替代。趋势指标用1个和2个，长期看都差不多，所以有些交易者开列了三个以上的趋势指标，那就是费力不讨好。

（八）经常止损被打，怎么回事呢

第一，止损设定有问题，是不是在支撑阻力外侧了，是不是太近了；第二，有没有顺着日线上的趋势，这点没做好，你日内进场点选得再好也是枉然。一般而言，大多数有一定经验的交易者更容易犯第二个错误。

止损经常被打，你有三个解决办法：第一，基本不改变合理止损幅度的前提下找到更加有效的止损设定区域；第二，顺着日线趋势进场；第三，将止损显著扩大。最容易走向错误的解决办法是第三种。

（九）常用的心理分析指标有哪些

第一个指标是 CFTC 的外汇期货持仓情况，如何看这个持仓可以参考《外汇交易三部曲》和《外汇交易进阶》。

第二个指标是散户持仓状况，这个 FXCM 和 onda 都有提供。

第三个指标就是 MT4 平台上的交易量了。

第四个指标就是汇评整体的多空情绪了。

这些是常用的，其他还有期权比率之类的。

心理指标要和价格走势，还有驱动面结合起来使用才有意义。对于短线交易者而言，题材比心理指标要有效。而震荡指标其实是某种意义上的心理指标，并且随时可以查看。

（十）如何才能具体做到先立于不败之地

首先，合理的止损要恪守，仓位不能太重。其次，顺势，这个大家看其他一些问题的回答和本书就知道怎么找到趋势了。顺势后止损的频率就降低了，盈利幅度就大了。所以，合理止损且顺势就让你立于不败之地，同时有让你不放过击败对手盘的机会。

（十一）手续费对交易策略绩效的影响大吗

影响那肯定大，日内短线的手续费如果不是足够低肯定是做不好的。纯粹的趋势跟随交易对于手续费也是有要求的，因此纯粹的趋势跟随交易胜算率低，所以手续费对业绩有相当大的影响。手续费是长期绩效的关键影响变量，这点一定不能忽视。在其他前提不变的情况下，手续费越低越好，越低你的整体长期绩效越好。手续费最低化是花精力最少，但对绩效提高影响深远的一件事，但却被绝大多数交易者所忽略。

（十二）您好，我在书店买了好几本您写的外汇教程书，发现这个二维码我才偶然加上您的，我是个新手，今年 27 岁，两年前我无意中接触外汇，可能当时觉得很容易，可以挣点零花钱，不懂什么是杠杆，不懂蜡烛图，不懂指标，不懂所有的基本面，就这样我向妈妈借了 3 万元入了俄罗斯的一个平台。当时看起来只是觉得点差低，入金有几百美元的赠金，我不懂资金管理，仅仅一个月就爆仓了。这种心情很无助，后来我工作了把钱还给了我妈妈。一直到现在我不敢用实盘去操作，一直是用模拟，也看了很多书，以后我想做外汇交易为生，像我这样有没有什么好的建议，我目前应该做什么？大量去了解各个国家的基本面消息？还是去学习 K 线图形的形态呢？实在对不起，浪费您宝贵时间看我这些话，我真的是想以后去外汇交易为生，如果您看到并且回复，或许我们也算是一种缘分吧，感恩。

初期一定要注意观察基本面消息与价格之间的互动，然后基于一个系统进行仓位管理，在此基础上根据一段时间的绩效反馈不断完善。切忌这山望着那山高，在缺乏充足统计数据的情况下采用全新系统。

（十三）请问，您的书按照什么顺序阅读比较好

外汇交易方面先看《外汇交易三部曲》和《外汇交易中的道氏理论》，在实践中结合《外汇短线交易的 24 精品课堂课》提升自己。不看三部曲，缺乏系统思维，不看道氏理论，缺乏重点思维。

股票交易方面重点看《股票短线交易的 24 堂精品课》，然后结合《题材投机》理解题材生命力，并且开始建立题材池，观察板块与消息面的互动模式。有一定感觉

后，开始入手仓位管理，这个时候以《短线法宝》和《高抛低吸》为蓝本优化出自己的仓位管理系统。股票方面就这四本书了，不会再出新著作。

黄金交易方面，重点看《黄金短线交易的24堂精品课》，然后以《黄金高胜算交易》为蓝本开发自己的仓位管理系统。我们不再会专门出版白银方面的书籍了，白银24堂课取消了，没时间撰写这样一本意义不大的书，参考黄金24堂课即可。

期货方面，这个暂时不发表意见，可以关注即将出版的《原油期货交易的24堂精品课》，毕竟原油是商品之母，美元是商品之父嘛！（这句话是我说的，后续有人再说肯定是复制我的）

我的所有交易哲学和方法论都写在《股票大作手操盘术》、《道氏理论》和《股票作手回忆录》三本译著的旁注中了，有兴趣的人看看。

（十四）对于新手而言，您觉得是先用复盘软件来复盘练习比较好，还是先用模拟盘好，还是直接实盘好些

模拟软件玩几天足够了，最好一开始就是真实账户。原因在于：

第一，模拟交易的心态与真实交易有很大区别。模拟交易无法锻炼心态。

第二，模拟交易软件不会遭遇流动性问题，而真实交易的成交或多或少存在摩擦。

第三，模拟交易时，人很难全身心投入，因此提高起来缺乏针对性和积极性。

不过，开始的时候一定要小额尝试，业绩满意后再逐步加资金。台阶式地增加投入本金，否则很容易"伤心"。

（十五）凯利公式中：如果某次交易盈亏比为2，胜率为0.5，那么这笔交易的风险资金就是25%，是不是偏大了一点？还是我的算法有错？请魏老师解答，感激不尽

凯利公式的思维可以借鉴，照搬是不行的。凯利公式对于扑克牌和各种赌博来说，非常有价值，因为其中的风险报酬特征是确定而清晰的。对于交易而言，凯利公式更多提供了一个思维原则，那就是根据潜在的胜算率和报酬率高低来确定仓位轻重。

（十六）魏老师，看到您书中不止一处介绍了"通过比较历史上同一价位的那段时间的驱动面因素来决策"这个方法。所以请教下，有什么方法可以快速获得历史上具体某一天的驱动面因素（如数据的预期值和实际值等）

你可以通过"日期＋品种名称"的方式搜索相应的新闻报道，然后找出驱动事件和数据。